Shiobara Toshihiko
World History of Bureaucrats:
Structure of Corruption

官僚の世界史
腐敗の構造

塩原 俊彦［著］

社会評論社

はじめに

　本書の関心は「腐敗」にある。曖昧な概念をあえて分析する際に大切なのは、どう分析するかの視角ではないか。「腐敗は私的目的をかなえるための、受けいれられた規準から逸脱した公務員の行為」(Huntington)、「私的な観点(個人・近接する家族・私的派閥)からみた金銭的ないし地位上の利得のために、公的役割という、形式上の義務から逸脱する行為」(Nye) といった定義からみても、腐敗を分析対象とするのは困難であることがわかる。「公務員」や「公的役割」を定義することさえ難しいからだ。そこで本書では、「腐敗とはなにか」を問うのではなく、「どのようにして人間は腐敗を犯罪とみなすようになるのか」を考えることにした。「腐敗がどのようにして腐敗とみなされるようになるのか」を考察対象とすることにしたのである。これは、「言語コミューニティごとの人間生活の具体的現実の只中においてこそ、個々の倫理的または道徳的キータームの意味は形成される」と説く井筒俊彦の視角に立って、いわば「文化パラダイム的相違」のなかで腐敗を考察することを意味している (井筒, 1959=1992, 2015, p. 13)。
　その考察過程で気づいたのは、腐敗が贈与と返礼という互酬関係に深くかかわっているという点である。これに気づけば、なぜ互酬に基づく行為のうち、公務員といった人物にかかわる互酬が腐敗や汚職とみなされ、刑法犯罪に問われなければならなくなったのか、という疑問が湧く。この明確な疑問こそ、本書が解こうとする主要テーマなのである。それは、腐敗の定義ではなく、互酬関係にある取引のなかで一部の取引が刑事犯罪の対象になってしまうメカニズムを研究することを意味している。
　メソポタミア時代からさかのぼって、腐敗について考察してみると、そこに、人間、神、自然といったものの関係が変化するなかで、つまり、人間と自然、人間と神、人間と人間、神と自然といった関係が少しずつ変化するにつれて、それらの関係における交換様式もまた変動してきたことがわかる。交換様式が少しずつ変化するなかで、あるいは、互酬が

徐々に維持しにくくなるなかで、その互酬原理に基づく一部の行為が刑事犯罪、すなわち腐敗とされるようになったのだ。

　互酬には別の側面があることも忘れてはならない。互酬そのものは、他者との交流を通じて、「敵」「味方」を区別する作用を伴っているから、「人間の安全保障」と深くかかわっている。その意味で、「腐敗は安全保障の問題である」と言っても、決して間違いではない。なぜなら贈与者と返礼者の間の敵か味方かの区分がその後の贈与と返礼の実現に深くかかわり、その行為が安全に資すると判断したうえで行われるからである。さらに、この安全保障が共同体を前提としていることを忘れてはならない。腐敗の問題は共同体の安全保障の問題であり、共同体がどう腐敗を位置づけるかにかかわっているのだ。

　人間は「動物的」であった昔から、相互に便益や恩恵を分かち合う互恵という精神を大切に維持してきた。贈収賄にかかわる当事者にとって、その取引は互恵的である。にもかかわらず、なぜ贈収賄を腐敗とするのか。そこには共同体としての主権国家を守ろうとする意志が強く働いていることに気づかなければならない。その結果、複数ある主権国家のなかには、他の主権国家からみれば贈収賄そのものであっても、それを贈収賄とはみなさない抜け道を法律として制定しているところまである。それがアメリカ合衆国であるために、その影響力の大きさから世界は混乱に陥っている。

　米国は、ロビイスト規制法のような法律を使って、事実上の贈収賄を隠蔽したり、あるいは、文字の非使用や職務権限の曖昧化といった徹底した隠蔽工作を行ったりすることで、不可思議な腐敗規準を設けている。つまり、腐敗と名づけられて刑罰の対象としている行為のなかに、実は、主権国家が自らの安全保障のために編み出した、腑に落ちない「歪み」が隠されている。

　極論すれば、現在、多くの国々で主張されている反腐敗への掛け声は、「主権国家」という、近代化の過程で生まれた、不可思議な概念をあくまでも守ろうとする人々による「歪んだ運動」にすぎない。その運動によってなにを守るかというと、主権国家そのものである。なにに腐敗を見出し、それからなにを守ろうとするかは、実は人間の歴史において、異なっている。どんな腐敗を「悪」として防止するかは、あくまで安全

保障の一環として、敵、味方を区別する世界観のもとで展開されている運動にすぎないのである。手探りであっても、こうした全体像を把握すべく努力しなければ、腐敗と呼ばれている行為の本質に迫ることはできない。

この「歪み」を炙り出し、主権国家優先の近代的な見方に潜む「虚構性」を暴くこと。そして、すでに揺らいでいる主権国家に代わるイメージを模索しながら、新しい反腐敗政策を議論すること。この二つが本書のねらいである。

こう考えたうえで、包括的な腐敗理論を構築するには、どんなアプローチが可能なのか。それには、腐敗を交換様式のなかで考察することが必要だと気づかされた。それは、共同体にとっての敵と味方を区別するところに現れる。賄賂を贈るものは、当然、見返りを期待しているのであり、そこには、贈与と返礼という互酬関係が成り立っている。だが、互酬関係自体は犯罪ではない。いつのころからか、ある種の互酬関係を腐敗とみなし、刑法犯罪の対象とするようにまで変化した。互酬関係にある味方、仲間同士の取引なのに、なぜその取引が「悪」として排除されることになったのか。歴史をたどれば、そこに腐敗の本質がみえてくるのではないか。それが本書の目論見である。

序章では、腐敗分析を行うにあたり、これまでの腐敗に関する議論を概観する。そのうえで、歴史的視点にたった分析が重要であることを示したい。さらに、本書で展開する理論的アプローチについて説明したい。

第1章では、人間があるルールのもとで信頼を寄せる対象（「同じ超越的視点」）が明確に想定できることが腐敗問題の根本にあることを前提に、この「同じ超越的視点」について考察する。それは神であったり、国王であったり、国家であったりするのだが、ここでは、それが神であるケースにおける「神−人間」関係を取り上げる。

第2章以降では、「同じ超越的視点」が人間である「人間−人間」関係において、超越的立場に立つ、裁判官、将軍、国王、政治家、官僚などとの信認関係をどう守ろうとしたかについて、中国、日本、ヨーロッパ大陸、米国の順に分析する。第2章では、まず、中国を考察対象とする。

第3章では、日本において腐敗を犯罪とみなす視角がどのように生ま

はじめに

れたかを考えたい。

　第4章では、ヨーロッパ大陸における腐敗概念の成立をめぐる経緯を歴史的に概観する。ローマ帝国以降、キリスト教の影響下で腐敗が贖罪にかかわる形で犯罪とみなされるようになった実情について取り上げたい。

　第5章では、米国における腐敗への視角の変遷を俎上に載せる。とくに、ロビイストと呼ばれる職業が超越的立場にある人物の腐敗を隠蔽していることを指摘したい。

　終章では、「21世紀の腐敗論」として、本書の第1章から第4章までの分析を踏まえて、腐敗分析においてなにが問題なのかを改めて議論する。そして、そこに新しい反腐敗政策の可能性を探りたい。

　最後に、本書のタイトルが最終的に『官僚の世界史：腐敗の構造』となったことについて説明しておきたい。それは、腐敗について考察することが官僚について深く洞察することにつながっているからである。

　カール・マルクスの国家分析が不十分であったことは周知の通りである。柄谷行人は、「マルクスは資本主義の本質を深く考察したが、彼の国家理解は不適切であった」と指摘している（Karatani, 2014, p. 175）。なぜか。それは、マルクスが「税」を捨象したからにほかならない。『資本論』では、資本によって稼ぎ出された総所得が利益、地代、賃金という三つの形態を通じて分配され、それが三つの社会階級を形成することにつながると論じられている。だが、これはリカードの『経済学および課税の原理』と決定的に異なっている。リカードは、税収に基づく階級（軍と官僚）の存在を暗に示唆していたのだが、マルクスは国家を捨象しただけでなく、軍・官僚という「階級」を捨象したのである。つまり、本書の試みはマルクスの捨象した官僚について真正面から考察することを意味していることになる。やや無謀な野心が見え隠れする書物を刊行してくれた社会評論社の松田健二さんに深謝したい。

　2016年8月　　　　　　　　　　　　　　　　　　　　塩原　俊彦

官僚の世界史：腐敗の構造＊目次

はじめに

序　章　腐敗分析の視角 —————————————— 9
1. 無定見な腐敗議論　9
2. 歴史的考察の必要性　12
3. 理論的視角　19
   (1) Tをどうみるか
   (2) Fをどうみるか
   (3) FとCとの腐敗関係

第1章　「神－人間」関係 ————————————— 67
1. 「神－人間」関係における相互作用　67
2. 不可逆的時間と一神教　72
3. 神意の解釈　75
4. 神と人間の互酬性　78
5. ユダヤ教、キリスト教、イスラーム教　83

第2章　中　国 ————————————————— 89
1. 「人間－人間」関係　89
2. 人間としての統治　90
3. ふしぎな官僚　91
4. 統治のための儒教の制度化　94
5. 『水滸伝』から『金瓶梅へ』　109
6. 近代化後の中国　114

第3章　日　本 ————————————————— 117
1. 律令制　117
2. 徳川体制：上半身だけの律令制　124
3. 近代化後の官僚制　130
4. 「社会」のない国、日本の官僚支配　135

第4章　ヨーロッパ大陸 ————————————— 137
1. ローマ帝国　137

目 次

  2. カトリック教会　143
  3. 教会法から世俗法へ　150
  4. エルベ川を挟んで　156
  5. 商品交換と互酬性　160
  6. 賄賂罪の明確化　168
  7. ナポレオン刑法典　174
  8. 行き過ぎた警察支配　178

第5章　米　国 ―― 189
  1.「ロビイスト」ってなに　189
  2. 請願権の絶対性：所有権の優位　193
  3. 贈収賄の防止　198
  4. ロビイスト規制　200
  5. 世界に広がるロビイスト　210

終　章　21世紀の腐敗問題 ―― 219
  1. 主権化と主体化　219
  2. 国際機関職員をめぐる腐敗　224
  3. 新しい反腐敗政策　227
    （1）信認関係と腐敗
    （2）人権と腐敗
    （3）もう一つの腐敗防止策
    （4）「無領土国家」
  4. オープン・コモンズ　248
  5. 民主主義の立て直し　258
    （1）選挙制度の改革
    （2）政府の改革
    （3）偶有性（contingency）の徹底
  6. 結びにかえて　279

［註］288

［参考文献］318

序　章　腐敗分析の視角

1. 無定見な腐敗議論

　腐敗認知指数（Corruption Perceptions Index, CPI）という、国別の腐敗度をランキングするための指標がある。腐敗の定義さえ困難ななかで、腐敗の程度を数値化するという試みを大胆にも行っているわけだが、各国比較ができるという「事実」のために、あるいは、その簡便さから、さまざまな形で利用されている。この CPI は収賄側として想定された官僚についての腐敗の程度を各国の専門家やビジネスマンが評価した結果に基づいている。最も腐敗認知度が高い評価（腐敗が低水準）は 100 で、数値が少なくなるほど、腐敗度合が高い。具体的な CPI を示したのが表 1 である。

　だが、この CPI は腐敗状況を必ずしも反映していない[1]。その理由は第一に腐敗自体の定義が曖昧でその CPI 自体の信憑性がないというところにある。第二の理由は米国や英国の CPI が甘く評価されている点にある（Shaxson, 2011）。2015 年の評価では、168 カ国中、英国が 10 位、米国が 16 位だった。2014 年の評価では、175 カ国中、英国が 14 位、米国が 17 位、2013 年の評価では、177 カ国中、英国が 14 位、米国が 19 位だった。いずれも世界中でみると、腐敗が低水準の国にランクされている。だが筆者に言わせると、米国も英国もずっと「腐敗」しているのではないか。

　米国についてみてみると、たとえば、メリーランド大学の経済学者ジョン・ワリスは、「米国史におけるシステマティック腐敗の概念」という論文のなかで、「腐敗は 21 世紀の米国の政治から消えていないが、大きな関心事ではなくなった、腐敗をめぐる関心は米国政治から消滅した。米国人は腐敗をコントロールする方法を考え出したからである」と記している（Wallis, 2006, p. 24）。

しかし、この指摘は大いに怪しい。なぜなら、そうは考えない、心ある米国人もいるからだ。たとえば、ハーバード大学の経済学者アンドレイ・シュライファーはつぎのような興味深い指摘をしている（Shleifer, 2005, p. 82）。

「いくつかの国では、腐敗は合法化されている。なぜかというと、賄賂という言葉が使われていないからである。たとえば米国では、政治家は好意と交換に運動寄付金を受け取っているのだが、それは他国では賄賂をもらうことである」というのがそれである。他国からみると、収賄罪にあたる行為が刑法犯罪とみなされていないのだ。同じ大学の憲法学者ローレンス・レッシグは、ロビイストによって選挙運動資金を集めるシステムが出来上がり、結果としてロビイストと政治家との関係が腐敗していることを慨嘆している（Lessig, 2011）。ロビイストは政治的な寄付が直接、立法上の結果（議決における投票行動など）を買った、「お返し」（quid pro quo）であるという証拠を消すために議員との間で日常的な接触を行う。いわば、贈与と返礼による互酬関係を日常的に構築して、特定の「お返し」を隠すわけである。レッシグはロビイストが国家と利害関係者との間をつなぐ仲介者として重要な役割を果たしており、それゆえに米国の民主主義自体を破壊しようとしていると警鐘を鳴らしているのだ。なぜならロビイストがもたらす腐敗が民主主義の原理を歪めているからである。

英国についても、注意を促したい。英国では、「隠蔽」による「腐敗」がまかり通っている。制定法がなくても、現実に合わせて機動的な対応ができるコモン・ロー（common law）が息づいている英国では、かつて英国内にありながら、英国の規制を受けないユーロドル市場という不可思議なものが創出されたが、この延長線上で、1980年代になると、ロンドンにオフショア金融センター（Offshore Financial Center）が創設された。ロンドン・シティはいわば、「秘密の厳守を前提に税金を節税・脱税する目的で行われる取引を容易に可能にする法令を備える法域」である「タックスヘイブン」としての実態をもち、その足元には、元大英帝国傘下の地域である、ジャージー島、ガーンジー島、マン島などが広がっている。「隠蔽」が「腐敗」を隠すことで、腐敗が存在しないかのように振る舞っているにすぎない。

表1 CPIの推移

	2015	2014	2013	2012	2011	2010	2009	2008	2007	2006	2005	2004	2003	2002	2001
デンマーク	91	92	91	90	94	93	93	94	94	95	95	95	95	95	95
フィンランド	90	89	89	90	94	92	89	90	94	96	96	97	97	97	99
スウェーデン	89	87	89	88	93	92	92	93	93	92	92	92	93	93	90
ニュージーランド	88	91	91	90	95	93	94	93	94	96	96	96	95	95	94
オランダ	87	83	83	84	89	88	89	89	90	87	86	87	89	90	88
ノルウェー	87	86	86	85	90	86	86	79	87	88	89	89	88	85	86
スイス	86	86	85	86	88	87	90	90	90	91	91	91	88	85	84
シンガポール	85	84	86	87	92	93	92	92	93	94	94	93	94	93	92
カナダ	83	81	81	84	87	89	87	87	87	85	84	85	87	90	89
ドイツ	81	79	78	79	80	79	80	79	78	80	82	82	77	73	74
ルクセンブルグ	81	82	82	80	85	85	82	83	84	86	85	84	87	90	87
英国	81	78	76	74	78	76	77	77	84	86	86	86	87	87	83
オーストラリア	79	80	81	85	88	87	87	87	86	87	88	88	88	86	85
アイスランド	79	79	78	82	83	85	87	89	92	96	97	95	96	94	92
ベルギー	77	76	75	75	75	71	71	73	71	73	74	75	76	71	66
オーストリア	76	72	69	69	78	79	79	81	81	86	87	84	80	78	78
米国	76	74	73	73	71	71	75	73	72	73	76	75	76	77	76
香港	75	74	75	77	84	84	82	81	83	83	83	80	80	82	79
アイルランド	75	74	72	69	75	80	80	77	75	74	74	75	75	69	75
日本	75	76	74	74	80	78	77	73	75	76	73	69	70	71	71

(出所) http://www.transparency.org/

2. 歴史的考察の必要性

　これまでの腐敗研究を概観すると、まず、政治学者の取り組みに気づく。たとえば、2人の高名な政治学者がほぼ同じころ、腐敗について興味深い論文を公表している。最初の一人は、サムエル・ハンチントンである。ハンチントンと言えば、『文明の衝突』を思い出す読者も多いだろう。彼は、1968年に「近代化と腐敗」という論文を公表している。一方、もう一人はジョセフ・ナイである。ナイと言えば、『ソフト・パワー』を思い浮かべる人もいるだろう。その彼は「腐敗と政治的発展：損益分析」という論文を1967年に発表している。この二つの論文は、アーノルド・ハイデンハイマー編著『政治腐敗』のなかに収載されている（Heidenheimer, 1970）。

　この2人の腐敗の定義を検討してみよう。ハンチントンの定義によれば、「腐敗は私的目的をかなえるための、受けいれられた規準から逸脱した公務員の行為」ということになる（Huntington, 1968=1970, p. 492）。彼は公務員を問題対象としたうえで、国民国家ごとに制度化された近代的官僚制度のもとで官吏に課された法的義務からの逸脱を問おうとしている。その意味で、彼は他者に対する義務を一律に設定するのではなく、共同体内の他者との連帯を前提にその範囲内での「共通善」の実現を重視する立場から、その実現のためにさまざまの制度やルールを定め、それを守ることを課す立場に近い。だが、共同体重視のこの立場は共同体に属さない人々への偏見や差別を助長し、決して普遍的な価値観とはなりえない。共同主観性から抜け出した単独者としての人間を軽視しているために、単独の人間と向かい合う神や自然の正義といったものを忘れている。共同体は時代や空間に左右されるのであって、本来普遍的ではない。それは「特殊性－一般性」という限られた枠内での独善的な見方しか提供しない。

　ナイの場合はどうか。ナイは、腐敗の一方を、「私的な観点（個人・近接する家族・私的派閥）からみた金銭的ないし地位上の利得のために、公的役割という、形式上の義務から逸脱する行為である」と定義している（Nye, 1967=1970, pp. 566-567）。もう一方は「私的観点からみたある種のタイプの営為に反してルールを破る」ことを意味している。具体的

には、信頼のある立場にいる人の判断を誤らせるために報酬を使う賄賂や、利点よりもむしろ帰属する関係を理由にして引き立てという贈与を行う縁故者びいき、私的観点からの利用のために公的資源を不法に適用する横領といった行為を意味している。ナイも公的役割と私的観点を分けているが、そこでの関心はルールからの逸脱と、利得優先の私的な立場にある。彼は「この定義が西側的標準（Western standards）によって一般的に腐敗とみなされる特定の行動を指示し、この特定の行動が異なる条件下でどのような影響をおよぼすかをわれわれが問うことを可能にしてくれるというメリットをもっている」とのべている。ナイは少なくとも「西側」という共同体を前提にして、幸福と結びついた利益に関心を寄せていることになる。ここでも、共同体的な価値観を前提としており、単独の個としての人間を忘れている。

　ここで、過去の腐敗分析を分類する努力をしてみよう。腐敗を分類したハイデンハイマーの本では、腐敗の定義には、主として三つの種類があるとしている（Heidenheimer, 1970）。第一は、公務員の義務に関連づけて理解するものだ。ハンチントンの定義がこれに近い。第二の腐敗の定義は、経済理論に由来する需要、供給、交換という概念に主として関連づけて理解されているものである。第三の定義は、公的利益（public interest）の概念に関連づけて腐敗を理解するもので、これは第一の定義に近いが、公的利益に損害をおよぼす行為として、腐敗をより広く解釈するものだ。

　本書では、このハイデンハイマーの分類を手掛かりにしながら、別の区別を導入したい。それは「政治腐敗」と「経済腐敗」という区別である。

　腐敗は歴史的に古くから存在した。したがって、腐敗を国家権力の歴史と同じように古いとみなし、もっぱら政治腐敗の問題として腐敗をとらえる見方があるのは当然と言える。あるいは、腐敗が国家とともに生まれ、国家とともにはじめて滅亡しうるとする考えもある。さらに、近代化後の「近代官僚制」の問題として腐敗を考察する立場もある。ハンチントンは、「腐敗は近代化に伴って生じる、公的福祉と私的関心との間の相違の産物」と指摘、近代化と関連づけて腐敗を論じている。これ以外にも、"public office"、"public interest" などに関連づけて腐敗を定

義する見方があるが、いずれも「公共」概念の成立という近代化を前提にした議論を展開している。

歴史学者アクトン卿の有名な言葉「権力は腐敗し、絶対的権力は絶対的に腐敗する傾向がある」にある腐敗も、国家権力の腐敗を前提に語られている（Acton, 1887=2013, p. 11）。それは国家体制の問題につながり、政治システム、とくに民主主義と腐敗との関係を論じる視角につながる。こうした見方にたって、アルヴィンド・ジャインは『腐敗のポリティカルエコノミー』（Jain, 2001）という本を編集した。そこでは、腐敗定義の変遷、政治制度とくに憲法と腐敗との関係、政治家へのロビイ活動問題などが分析されている。いずれにしても、これらの腐敗へのアプローチはいわば、「政治腐敗」を関心の中心においているようにみえる。このとき、政治は国家という共同体を前提に語られている。国家という共同体内の公務員という権力保有者における腐敗はいわば、共同体内で生み出された規範や規則を規準に判断されることになる。

一方、腐敗を国家や官僚の不正とみなす視角は政治腐敗の見方と同じだが、経済腐敗では、私的利益と共同体全体の利益との関係を考慮することで、問題を「経済」の問題とする。たとえばシュライファーとロバート・ヴィシュニーは、腐敗を「個人的利得のための政府官吏による政府財産の売却」と定義している（Shleifer & Vishny, 1998）。こうすることで、腐敗であるかの規準を「幸福＝利益」をもたらすかどうかにおいている。この場合、官吏による個人的利得の獲得は、共同体全体としての利得を損なう点で悪と判断されるわけである。もちろん、腐敗を汚職とみなす狭義の定義をとってみても、実際には公的権力の利用は私的関心のためだけでなく、党、友人、家族などのためでもありうる。さらに腐敗を政府部門の官吏に限定すべきかどうかという問題もある。民間企業同士の取引においては贈収賄という名前の犯罪は存在しない。民間の契約当事者間にリベート、キックバック、不正支払などがあっても、それは贈収賄にあたる不法行為とはみなされない。会社の資金の横領や偽計業務妨害のような犯罪とみなされる。このため、どんな不法行為を腐敗と考えるべきなのかという問題もある。倫理規準からの逸脱や公的利害に反する行動として腐敗を定義づける方法と、法律からの逸脱として定義づける方法の二つの見方があるという主張もある。

しかしいずれの場合にも、利得、利益を問題にしている背景には、まず、「幸福＝利益」を全体としての共同体構成員（国家や企業などさまざまの共同体が想定できる）にもたらすかどうかの規準があると考えるべきだろう。そのうえで、その規準を法律に限定して考えるのか、もっと広範囲に設定するのかという議論があるのだ。たとえば、前述したハンチントンの定義、「腐敗は私的目的をかなえるための、受けいれられた規準から逸脱した公務員の行為」においては、「私的目的」という言葉はあっても、全体として利益を腐敗の判断規準とする見方は想定されていない。これに対して、本書でいう経済腐敗は、「幸福＝利益」とみなし、その幸福をもたらす行為を善とみなす、功利主義的見方を前提にしている。そこでは、私的利益と公的利益が問題になる。私的利益を求める行為が共同体全体の利益を損なえば、腐敗になる。あるいは、社員が私的利益を求める行為が企業の利益に反する場合にも、腐敗とみなすことが可能になる。いずれも、費用（コスト）と便益（ベネフィット）を計算でき、ベネフィットの多い選択肢を選ぶ行為が合理的であるという信念に貫かれている。

ここでいう経済腐敗へのアプローチは、近年の腐敗への関心の高まりを支えている。こうしたアプローチこそ、経済学の新しい領域を開拓しているのだ。しかし、日本では、残念ながらこうした認識が乏しく、経済学の分野から腐敗問題に真正面から取り組む動きがほとんどみられない。だからこそ、本書が誕生したわけである。

ここで、政治腐敗重視アプローチと経済腐敗アプローチが同じ腐敗現象をそれぞれ別の面からみているだけなのではいかという疑問を提起しておきたい。すでに紹介したワリスは、政治過程を通じた個人的利益の追求から生じる腐敗を"Venal corruption"（カネで買える腐敗）と呼び、経済が政治を腐敗させる現象とみなした（Wallis, 2006, p. 25）。これに対して、政治家が独占、料金認可、数量割当などの規制の構築を通じて、経済活動の参入制限などを課してレントを創出し、そのレントをかすめ取るという腐敗を"Systematic corruption"（組織的腐敗）と呼び、政治が経済を腐敗させる現象とみなした。この二つの腐敗は、政治と経済の相互依存のもとで生じる"Dependence corruption"（「依存腐敗」）と言えるかもしれない（Lessig, 2011, p. 230）。政府の役割が高まる

ほど、政治と経済の相互依存関係が強まり、そこに"Venal corruption"も"Systematic corruption"も生じることになる。ゆえに、"Dependence corruption"を分析するために、政治腐敗重視アプローチと経済腐敗アプローチをともに駆使すれば、腐敗の実態により肉迫することが可能となる。

　だが、事態はそう簡単ではない。政治腐敗アプローチおよび経済腐敗アプローチはともに、「結果」しか重視していないという点で決定的に不十分であるからだ。行為の過程で共通善であるかどうかを判断するのではなく、行為後の結果に対して共通善という物差しをあてはめてみるという姿勢や、行為の過程で幸福をはかってみても、それはすぐに変動してしまうから、結果からしか幸福や利益を計測できないアプローチでは、腐敗の現実を分析することはできない。こうした「結果」重視の見方はいずれも共同体という枠内で、その結果を評価・判断しようとしていることによってもたらされている。人間はたった一人だけでは生活できないのは事実だが、だからといって安易に定義の曖昧な共同体を暗黙のうちに前提とすることは危険なのである。

　前述した政治腐敗は腐敗を「ルールからの逸脱」とみなし、そのルールを公共的なルールに限定する場合や民間を含めたルールと広義に解釈する場合もある。政治腐敗は政治制度、とくに民主主義を問題にし民主主義を金科玉条として無批判に受けいれる議論が多い。民主主義の制度である法令に違反する行為を腐敗とみなす傾向が強い。このとき、民主主義は国家という共同体を前提にしてきたことを忘れてはならない。民主主義を尊重する国家同士は互いに親和的だが、逆に民主主義的でない国家に対してはこれを強烈に排除しようとする。民主国家同士は民主主義を共通善とみなし、国家間の共同体をも見出すことが可能な状況にある。だが他方で、非民主的国家はこうした民主主義国家からなる国家間共同体から排除されてしまう。これは民主主義が個としての人間を最初からある種の共同体に内属する者として想定し、その共同体の諸制度がもたらす規制のなかであくまで受動的に獲得する自己を「主体＝私」と誤解するなかで、その「私」にあてはまることが万人にも妥当するという「独我論」に陥っている結果だ。民主主義はこの独我論に基づく同質性を前提とした制度にすぎない。

共通善という見方のベースにはアリストテレスの倫理学がある。そこでは共同体がもつ善の観念である「共通善」が問われている（ただし、この善はキリスト教が問題にする絶対的善とは異なっている点に注意）。政治腐敗からのアプローチは共同体にとっての善悪を法律などの制度を規準にして腐敗かどうか判断することになる。共通善を規準にした判断に基づいて正義のもとに腐敗を断罪するという構図だ。

　このとき、民主主義国家が「市場」を重視した制度を整備していれば、そこでは自由を重視するリベラリズムも大きな役割を果たしていることになる。ただ、リベラリズムが表立って規準の役割を果たしているわけではない点を忘れてはならない。もう一つ注意すべきことは、アリストテレスが目的を重視した点である。共通善を実現するためにつくられた制度には、目的があり、その目的との適合度によって行為の善悪が判断されることもある（「役立つ」かどうかを問うことになる）。法律に書いてなくとも、その立法趣旨からみて腐敗かどうかを判断することが可能ということになる。こうした目的論的思考こそ、原因と結果を取り違えることにつながっている。たんなる結果だけをみて、それが原因であるかのようにみなし、断罪しても腐敗はなくならない。腐敗と断罪する対象は単なる結果にすぎず、原因ではないのだから。

　経済腐敗は、功利主義の観点から、「幸福＝利益」の削減を問題にする。利益の計算は費用と便益の比較に基づいている。腐敗を国家と結びつけず、むしろ、官僚の不正としてのみ限定的に考え、私的利益と共同体全体の利益との関係を考慮して、腐敗かどうかを判断する傾向が強い。利得、利益を問題にしている背景には、まず、幸福＝利益を全体としての共同体構成員にもたらすかどうかの規準があると考えられる。功利主義プラス共同体重視の姿勢が背後にあるのだ。

　政治腐敗アプローチや経済腐敗アプローチとは異なるアプローチもある。それは行為の結果として腐敗かどうかを判断する功利主義的なアプローチではなく、腐敗行為者の自由度を問うことからはじめるアプローチだ。やむをえず腐敗を強いられている人々と、まったく主体的に故意に腐敗をなす人々を区別したいのである。これは権力に結びつけて腐敗を分析するものであり、「権力腐敗アプローチ」と呼ぶべきものだ。

　腐敗行為をなす主体を想定しその主体の自由度を考慮することは、腐

序　章　腐敗分析の視角

敗議論において無視できぬ大問題である。そのとき、主体に働きかける権力も問われなければならない。腐敗という現象を権力と関連させることで、遍在する権力に対応して政治や経済などの諸局面における腐敗について考察することが可能になる。このアプローチの延長線上に本書の分析が成り立っている(4)。この立場にたてば、腐敗が国家に関連した場面だけでなく、さまざまの経済活動の場面において生じていることを広範に分析対象とすることができる。それだけでなく、腐敗が共同体の変容とともに、その概念を変えてきたことにも気づく。ゆえに歴史的視点を重視する必要があることがわかる。

　本書で「腐敗」と書いてきたのは、英語の"corruption"の翻訳である。英語の"corrupt"はラテン語の"corruptus"と同じように、悪のイメージを伴う道徳的意味合いを本来、有しているとされる。"corruptus"は"corrumpere"の過去分詞で、"cor-"は"altogether"を、"rumpere"は"to break"を意味している。「ともに破る」という規範からの逸脱行為をイメージしていることになる。おそらく腐敗は、道徳的な逸脱、あるいは法律違反といった「悪」に関連したものなのだろう。

　ギリシア語では、"corruption"は"pthora"という。"pthora"は「腐蝕」、「腐敗」を意味しており、これから派生した"diaphthora"も"corruption"の訳語として使われてきた。その動詞は"diaphtheirein"である。ここで「腐敗」と訳している概念に近いイメージはソクラテスにもアリストテレスにもあったことになる（Mulgan, 2012, Saxonhouse, 2012）。ただし、それは「人の独立した判断や行動を壊すこと」を意味していた（Philp, 1997, p. 442）。西洋における腐敗概念の変遷を分析したブルース・ブチャンによれば、アリストテレスは「変質」（degeneration）を物質的なものにも、道徳的なものにもありうると考え、道徳的堕落を物質的な腐蝕に結びつけていた（Buchan, 2012）。

　やがて、貨幣経済の発展にともなって、紀元前1世紀のキケロの時代には、腐敗が貨幣に対する過度の偏愛や濫用によって引き起こされる、道徳・法・政治上の歪みを示すために使われるようになる。さらに、中世の西洋では、キリスト教との関係から、腐敗概念がイメージされるようになる。さらに、絶対王政、それに続く主権国家の成立、近代議会制民主主義の到来などの過程で、腐敗概念は変容を重ねてきた。本書では、

腐敗のもっとも典型的な例と考えられる「賄賂」について、その概念の歴史的変遷を探り、その過程を知ることで、腐敗概念の本質に迫りたい。

3. 理論的視角

　腐敗を分析する際、もっとも基本的な理論的視角は、図1に示したような3者間の関係に注目する点にある(5)。委託者（Truster）、受託者ないし受認者（Fiduciary）、腐敗させる者、贈賄者（Corrupter）がその3者である。これは、マフィアの分析で有名なディエゴ・ガンベッタの主張を踏襲したものである。といっても、ガンベッタの考察の中心は近代以降にあり、そこでの用語も近代化後を前提としたものとなっている（Gambetta, 2004, p. 6）。それが意味するのは、T、F、Cがともに主体として選択の自由をもっているということである。その前提のもとで、Tは、Fが自己利益よりもTの関心に奉仕すると予想する場合、Fに資源を委ねることを受けいれる。Tの関心は利他主義的で公共的関心に一致する傾向がある。彼は明言していないが、Fにフィデュシャリー（受託者）という言葉をつかっている以上、TとFの関係において、TがFを信認し、Fは単にTとの契約で定められた義務以上の義務を負っている（塩原, 2003, p. 43）。これはFのもつ専門知識がTのもつ情報よりも多いという情報の「非対照性」を前提にしたものだ。だが、全能の神を想定すると、FよりもTに情報があり、Fに信認義務（fiduciary duty）を課しにくくなってしまう。もっとも、ガンベッタ自身は近代以降だけを考察対象としているから、こうした疑念はあてはまらない。

図1　腐敗の基本的関係

　典型的な腐敗（近代化以降の腐敗と言えるかもしれない）では、FとCが市場的交換（market exchange）の関係にあり、Fに賄賂を払うよう、FがCに圧力をかけたり、Fに賄賂を受け取るよう、FにCが圧力をかけたりするような圧力がなくても、FとCとの間に腐敗が成り立つ

(Gambetta, 2004, p. 6)。FとCとの間には、FもCもともに利益を得る、互恵関係が生まれる半面、FとCは共同してTを騙すことになる。つまり、TとFとの間には、信頼に基づく一定のルールがあるはずなのに、Cの願いをかなえるためにそのルールを破るよう、CがFに賄賂を贈るわけだ。もちろん、FとCが同一人物であることもある。賄賂がなくても、Fが自分の利益のためにTとの信頼関係を傷つけることがありうる。自分の子供や親戚を雇ったり、出世させたり、契約したりする行為はTとの信頼関係を裏切りかねない。いずれにしても権力の働きかけに留意した腐敗分析が可能となるという意味で、この理論は優れている。

「同じ超越的視点」

ガンベッタによる、3者に分けた腐敗分析の理論的視角を利用しながら腐敗理論について考察したい。ただし、以下の分析では、T、F、Cが主体であるかどうかにつねに留意した議論を行う。意識をもった「私」だけを前提にするのではなく、「私」の知覚できない「自分」という存在があるにもかかわらず、「私」が「自分」と一致しているとみなす立場(「近代的誤解」)にたつのではなく、人間の発展段階により、「私」と「自分」との関係が異なっているという見解にたって議論を進めることにしたい。これは、各章で考察する歴史の段階に応じて「私」と「自分」との関係に注意を払った分析を行うことを意味している。そこでは、安易に共同体に内属する「私」を当然のように前提としないよう心掛ける必要がある。TもFもCも主体性をもった人間である必要はない。これらは人間の歴史のなかでさまざまな関係を形成するからだ。

(1) Tをどうみるか

ここで用いる腐敗分析の理論的視角で重要なのは、第一に、Tの存在である。FとCだけでは、腐敗は成立しない。必ずTの存在が必要になるのだ。Tを裏切る行為が腐敗であるからである。歴史的にみれば、Tが神であったり、国王であったり、国家であったりする。人間があるルールのもとで信頼を寄せる対象が明確に想定できることが腐敗問題の根本になければならない。その意味で、後述する「神奉仕」の姿勢や王

や国家への忠誠といったルールこそ腐敗の裏側に存在しなければならないのである。信頼を守るといったルールを課すことが T の役割であり、このルールがなければ、腐敗かどうかの規準が見い出せない。それは、「同じ超越的視点」というルールを受けいれるかどうかを出発点としていることになる。「同じ超越的視点＝ T」を受けいれれば、それは味方であり、拒否すれば敵とみなされる。まず、敵か味方かを峻別して、味方を見出し、その味方に信頼を見出し、信頼を裏切らないように期待するという視角がなければ、腐敗は存在しないことになる。そこに、腐敗問題の出発点がある。別言すれば、「敵と味方をいったん区別して、そのなかでなにかをなす」という世界観のもと、つまり、「同じ超越的視点の有無」の確認のもと、味方の間で通用する正義を見出し、それを腐敗かどうかの規準に据えるのだ。それは味方としてどんな「共同体」を想定するかという問題につながる。

　ここで重要なことは「共同体」とその内部を構成する人間の関係である。たとえば、定住以前の狩猟採集社会では、人間は共同体を形成しながらも遊動的であるために狩猟採集で得た物はそれに参加しなかった者を含めて平等に再配分された（柄谷, 2014, p. 45）。そこにあるのは、「純粋贈与」であって贈与と返礼がセットになった互酬ではない。互酬が成立するためには、定住し蓄積することが可能になることが必要になる。気候変動によって定住を余儀なくされた人間は、定住によって生じる富の不平等や権力格差を解消するシステムとして互酬を始めたのである。それは、同じ世帯や同じ部族内での「同じ超越的視点＝ T」としてではなく、異なる部族間の、つまり、共同体間の「同じ超越的視点＝ T」として機能するようになる。ゆえに、互酬はある共同体の「掟」として機能しつつ、別の共同体の「掟」としても機能する。「掟」も「法」と言えなくはないが、「法」が成立するのは、共同体の掟が通用しない領域、つまり共同体と共同体の間であり（古代ローマの法［lex］はローマとトロイアの同盟関係を定める協定のような「親密な結びつき」という意味をもつ）、それを整備することが可能になるのは、複数の共同体を集権的に支配する国家の成立を待たなければならない。

　国家は当初、専制国家として誕生した。互酬という、国家の成立を妨げてきた交換システムが支配的な状況を打破するには、人間を統治する

技術としての官僚制が必要になる。王権が貴族や豪族を圧倒するには、王に従順につき従う上意下達の官僚制が不可欠なのだ。それは軍事を支えるものと、宗教を支えるものに大別できるだろう。王権が貴族や豪族を圧倒するには、王に従順につき従う上意下達の官僚制が不可欠だし、政教未分離の段階では、宗教面からの統制でも官僚を必要とする。いずれの官僚制も、血縁を超えた「ギブ・アンド・テイク」の関係を重視する関係を広げる。同時に、王権に抵抗する勢力を抑え込むための常備軍も必要となる。注意すべきことは、軍そのものが規律を教え込む機構であり、官僚制と同じ上位下達を本来、備えている点だ。こうした上位下達制に基づく専制国家は他の共同体による支配を怖れた共同体によって、いわば「恐怖に強要された契約」として受けいれられることになる。国家もまた共同体と共同体の間に「同じ超越的視点＝T」として成立する。ここでは、支配と保護を基本とする交換システムが支配的になる。このとき、共同体間に「同じ超越的視点＝T」が成立したことで、「掟」を超えた「法」が成立するのである。別言すれば、より普遍的な価値観が国家によって強制されるのだ。

「恐怖に強要された契約」だけでは人間の支配はつづかない。反乱が必ず起きてしまう。自発的に規則に従って労働するような規律が必要になる。この規律を支える倫理として登場するのが宗教であり、「同じ超越的視点＝T」として「神」が登場する。

さらに貨幣と商品を交換するシステムもまた共同体と共同体との間で生まれたことに注意しなければならない。まず、貨幣そのものが共同体と共同体の間で成立する。複数の共同体間に「同じ超越的視点＝T」として貨幣が生まれ、貨幣と商品の交換が可能となるのである。その商品交換を規制する「法」が必要とされ、その法を支える「同じ超越的視点＝T」も見出されることになる。ここでも官僚が貨幣制度を支える。

このように概括すると、各人は互酬、支配と保護、商品交換といった交換システムの内部に埋没しているかにみえる。だが、こうした交換様式の変化のなかで人間と人間との関係も変容するのであって、共同体間だけでなく人間と共同体との間、人間間について周到な考察が必要になるのだ。

血縁選択と互酬的利他行動

　部族といった小さな共同体の各世帯で行われる、親が子供の面倒をみるといった行為は互酬ではない。たとえば日本の刑法第244条1項には、配偶者、直系血族または親族との間で、窃盗罪、不動産侵奪罪またはこれらの罪の未遂罪を犯した者はその刑を免除するとされている。どうやら核家族と呼ばれる最小単位の世帯をめぐっては、その構成員の財産権そのものが論点となり、扶養義務の問題、相続や贈与に対する課税の問題などが問われる。そこには親族といった血縁集団と非血縁集団とを区別しながらも、各種共同体に属しながら生活せざるをえない人間社会の複雑な関係がある(7)。

　人間という動物は本来たった一人では生きていけないから、どんなに小さな集団であっても共同体内で生きていくために「血縁選択」(kin selection) と「互酬的利他行動」(reciprocal altruism) という社会性をもっている (Fukuyama, 2012, p. 439)。ともに生物学的進化システムにおける利他行動を説明するための理論であり、前者は子の保護にみられるように、遺伝的に近い家族や近縁者に対する利他行動が代々つづいて、利他的遺伝因子が代々増加するような自然選択をさしている。自然淘汰における成功の尺度である適応度 (fitness) は個体が残せる子の数で表わされるのに対して、「包括適応度」(inclusive fitness) は遺伝子レベルでの成功の尺度で、血縁者を通じて残される子の数も含める。女王バチが産んだ子と働きバチの遺伝子の半分が共通しているため、働きバチが女王バチの子を育てるのと自分の子を育てるのとは包括適応度からみれば等価になる。人間で言えば、各人は自分の遺伝子の半分を父母からそれぞれ受け継いでいるが、イトコになれば、8分の1の遺伝子を共有していることになる。こうした遺伝子の継続と、利他行動との関係を論じたのがウィリアム・ハミルトンであり、彼は各人がその遺伝特性を自分の親族と共有している点に注目し、利他的行動とみられている行為も遺伝特性を存続させる目的からみれば、まったく利他的ではなく、むしろ利己的ということになると主張した (Hamilton, 1964)。

　人間の場合、血縁選択は長子相続か兄弟相続か末子相続かといった相続形態にも関連している。あるは父方居住か、母方居住か、双処居住かといった相違が家族類型に影響をおよぼすことにもなる。親族間の婚姻

という内婚制か、それとも非血縁者との婚姻という外婚制かという違いも血縁選択にかかわっている。

　互酬的利他行動は、主として非血縁者への利他的行動を説明するものである。事故、略奪、侵略などの危機における扶助、食料の分かち合い、傷病者や幼児・高齢者への支援、道具や知識のシェアといった行為は利他行動にみえるが、自分がしたのと同等かそれ以上の見返りをのちに得ることを想定して行う援助行動ともみえる。「互酬的」な利他行動と考えるわけである。「お返しを期待して他者を助ける行為」は、利他的行動には映らないかもしれないが、ともかくも、こうした行為を"Reciprocal Altruism"と呼ぶのである（Trivers, 1971）。利他的か利己的かの区別は、それを動機からみるのか、それとも行動そのものからみるのかによって異なってしまう。そもそも、利他的にみえる行動であっても、遺伝子を継続するという最適者生存の法則を前提にすると、つまり動機に注目すると、上記の利他行動の例はいずれも利己的行動とみなすことができる。利他的かどうかの判断は難しいのだ。

　ハミルトンの研究後、人間以外の種の利他的行為は、血縁選択あるいは互酬的利他行動という言葉で説明されるようになる。個体が遺伝的につながりのある他の個体を助けるのは血縁選択の遺伝子の共有の結果であり、個体が遺伝的なつながりのない個体を助けるのは将来の見返りを期待してのこと（互酬的利他行動）であるとされた。だが、人間の場合、その利他行動は血縁のない相手や、見返りの期待できない相手に向けられることも多い（Mesoudi, 2011=2016, p. 340）。

　生物学的進化に着目すると、個体差を重視して「集団」（種）の進化を考察することの重要性に気づく。人間も同じだ。集団を形成して生きていかざるをえない環境下で、人間はルールを必要としている。生まれながらにルールに従わなければ生きていけない人間は、有無を言わさぬ生得的な傾向として、理性よりも感性に基づくところにその基礎を集団のなかで形成する。この感性のなかには、罪悪感や恥辱、怒り、当惑、感嘆といった感情が含まれており、こうした感情はなかなか理性では抑え込めない。

　互酬的利他行動を考察したロバート・トリバースは、助けてもらうことはあっても助けてやらない者、すなわち、ずるい者（cheater）がその

「不正義」、「不公正」、「互酬性の不足」のために人々の怒りや攻撃の対象となるとする（Trivers, 1971, p. 49）。ゆえに、こうしたずるい者は絶滅する運命になるのだが、問題は協力するふりをして協力しない「ずるがしこい者」（subtle cheater）に対する対応だ。そこに、道徳的な義憤や復讐心のようなものが生じる。第三者には同情心、ずるがしこい者には罪悪感のような感情が生じるようになる。ハミルトンもトリバースも、こうした感情が人間の生得的な行動パターンとして受け継がれると考えていたことになる（Fisher, 1982=1983, p. 129）。この生得的感性は乳幼児のころから押しつけられるルールによってもなかなか修正できないから、その人間の共同体を取り巻く環境が変化してルールの修正が必要になっても、頭のなかではルールの変更が必要だと理解できても、つまり、理性的に考えれば改革の必要性がわかっても、実際にルールを変更することは困難をきわめることになる。他方、言語を通じて形成される理性は長く感性よりも劣位におかれてきた。この関係が逆転するようになる時代は、互酬的利他行動を制御するための多岐にわたる集団内の制度が整備される時期と対応関係にある。

　本書では、生物全体ではなく、ヒトだけを前提とする議論をするために、血縁選択を血縁者や近縁者への扶助や犠牲行動を優先させる行為とみなし、互酬的利他行動を非血縁者との相互関係における互酬的行為と定義する。だが、人間の行動パターンが生物学的基礎のもとに、すなわち、遺伝的に決定されているとみる、ハミルトンやトリバースの主張を本書は踏襲しない。人間の育つ環境と遺伝との問題は決着をみていない以上、ここでは、この問題には深入りしない。(8) 進化論でいう「遺伝子型」と「表現型」という区別に対応させて言えば、子孫に受け継がれる遺伝情報としての「遺伝子型」については本書では考慮しないが、遺伝情報が身体構造や生理的構造に表現された「表現型」については関心を寄せたい。政治的信条のようなものは、身長や肌の色と同じ形質の一種（文化的形質）とみなしうるが、この形質は神経系レベルでは不連続な伝達単位（文化遺伝子、ミーム）によって決定されているのかもしれず、無視するわけにはゆかないからである。

　血縁選択が互酬的利他行動よりも優位にたつ状況では、縁故主義（cronyism）がはびこることになる。共同体全体が血縁選択をより重視

する見方を受けいれている場合には、その共同体の構成員が縁故主義自体を「悪」とみなすことはないだろう。だが、血縁選択を重視することで、その共同体全体の「力」が互酬的利他行動を多少なりとも尊重する別の共同体に比べて劣るようになる蓋然性は高い。だからこそ、人間は多くの場合、父方の血縁集団を重視する父系制をとりながらも、他の血縁を採り入れるルールを構築し、種としての人類を保存させようとしてきたのである。[9]

家族システムと文化進化

人間の家族類型として、①不安定家族（つまり核家族）、②直系家族（普通、男性長子相続だが、末子相続などがある）、③家父長（共同体）家族（婚姻時がきても、すべての男子は両親の世帯に残り、己の妻をこの世帯に組み込み、父親が死ぬと一定の移行局面ののち、兄弟は平等主義的なやり方で遺産を分配し別れる）という3分類が有名だ。エマニュエル・トッドは②と③のほか、①を囲い地に統合された核家族、一時的同居を伴う核家族、純粋核家族に区分し、さらに双処居住、父方居住、母方居住に分けるなどして、合計15の家族類型を提案している（Todd, 2011=2016 上, p. 104）。

ここで注目したいのはこれらの家族類型がそこで形成される文化をどう伝達するかである。ダーウィンは生物の変化（進化）が変異、生存競争、継承（遺伝）の観点から説明できると考えたわけだが、文化の変化も同じような説明ができないかを探究したのがアレックス・メスーディだ。ここでいう「文化」とは「模倣、教育、言語といった社会的な伝達機構を介して他者から習得する情報」を意味するから、規範や信条、知識を含む広範なものを指す（Mesoudi, 2011=2016, p. 13）。実に興味深いのは社会によって公正さの度合いが異なるという指摘だ（同, p. 21）。そうであるならば、腐敗であるかの規準もまた、地域によって異なることになるだろう。本書ではこの点にも関心をもちつづけることにしたい。

暴力性の抑制

人間は他の霊長類と同じく、結局、感情にまかせて暴力をふるうことをつねとする。人間は暴力に頼らざるをえない性向を本来もっていると

指摘せざるをえない。もちろん、暴力を抑止することが自らの安全保障にも有利になることが理解できるようになると、暴力性はある程度まで隠蔽できるが、それは暴力性の根絶を意味しない。

　暴力的性向を抑えるルールとして、血縁選択と互酬的利他行動をどうバランスさせるかが重大であったことになる。このバランスは既存の共同体においては互酬的利他行動に対する血縁選択の優位としてはじまったと考えられる。人間はまずは血を重視したであろうから。別の共同体に出会ったときにはじめて、他の共同体との互酬的利他行動が問題化し、血縁選択と互酬的利他行動のバランスの制度化が問題化する。その後、共同体間の絶えざる戦争のなかで、軍事力を整備する前提である官僚制が人間を統治する技術、方法として役立った。官僚制では、血縁選択ではなく、能力による互酬的利他行動が優先されるからである。

　この過程において、暴力による強制ではなく自発的行動の促進による人間の統治問題が重要であることが気づかれるようになる。自発的行動を促すには規律が必要であり、この規律を宗教の教えが提供するのである（その後、忠誠心や愛国心がこれに取って代わる）。既存の共同体では血縁選択が優位を維持しながらも、宗教によって互酬的利他行動を秩序づける方向に向かう。そこで重要な役割を果たしたのが宗教ということになる。神や霊魂にかかわる超越性を見出すことで、人間を含めた「自然」のなかに序列をつくり出すことによって人間は自主的に秩序を守る規律の必要性に気づくのだ。それは神のような超越的立場から、部族長のような超越的立場にたつ人間をも生み出し、同じ血族に属さない他者からも一目おかれる「身分」のような仕組みを構築することを促す。そこでは、他者が目でみてわかるような認知上の差が重要になるのだが、霊魂の問題は依然として人間を悩ませる。

　①「T＝神」の場合
　Tの位置に神や国家がつく場合を個別に考察してみよう。「同じ超越的視点＝T」がもてるようになって、はじめてそのTが掟や法のように機能し、善悪や腐敗かどうかの規準を提供するようになるからである。ただし古代ローマ人の場合、道徳的な善悪を決めるために相談したのは神や宗教的指導者ではなく哲学者であり、同じくハンムラビは神ではな

く厳しい制裁を科す法典に頼ったのであり、「T＝神」が普遍的であったわけではない（Johnson, 2016, p. 184）。

「T＝神」である場合を想定してみよう。超越者たるTが信頼のおける、りっぱな神であるイスラーム教では、神の言葉を記したクルアーンが法源としてすべての法の根源を形成する。加えて、預言者ムハンマドが語ったこと、行ったこと、黙認したことである「スンナ」も法源となっている。日常生活の細部まで指図するルールがイスラーム教徒であるムスリムに課された。神に不安を感じざるをえないユダヤ教では、神意をつかみかねるところがあり、それゆえに、「トーラー」という書かれた律法以外に、口伝の律法として「タルムード」をつくり、神意が補完された。

イスラーム教でもユダヤ教でも、定められた割合の喜捨は義務化された。互酬的利他行動が宗教自体に内部化・制度化されていることになる。その結果、Tからの委託を受けるFはTへの贈与をTからのルールに則って行う。その際、国家宗教となりえなかったユダヤ教は、国家宗教になったキリスト教が教会を発展させたような経路をとって発展することはなかった。イスラーム教では、ムスリムが神の前で等しく平等であるとの強い教えによって、教会のような聖職者による団体が大きな権力を握ることはなかった。いずれの場合でも、神と人間との間に贈与と返礼に基づく互酬的利他行動が内部化されているため、その仲介役を果たす聖職者の集団の取り分が限定的で、キリスト教会のように巨大化しにくかったと考えられる。

他方、ユダヤ教の律法を否定するキリスト教では、「神を愛せ」、「汝の隣人を愛せ」というイエスの言明があるだけで、それは法ではない。このため、現実に即応したルールがつくりやすかったことになる。

中国の場合、「天」はあっても、「天」は「自然」、「ものごとの摂理」や「全体の秩序」のようなものをイメージしており、神ではない。天命を担った皇帝が統治するわけだが、そのとき皇帝は自らが「法の支配」を実践することになる。ゆえに、中国には「法の支配」がない。法の上に皇帝がいるからである。皇帝による統治のためのルールが重要性をもち、度重なる戦争を経て、血縁選択によるのではない能力主義に基づく官僚制や軍人養成のシステムが制度化される。Tによる統治ルールの制

度化が進み、比較的早くから統治を守るために超越的立場にたつ官僚や軍人への賄賂を犯罪とみなす視角が整う。ただし、その犯罪の発動は政治的に利用されることが多く、皇帝が代わるたびに適用規準が揺らぐ。

　同じキリスト教世界であっても、東ローマ帝国（ビザンティン帝国）の場合、皇帝教皇主義（カエサロパピスム, Caesaropapism）という言葉が生まれ、教皇が皇帝に従属するシステムが確立する。9世紀から始まるマケドニア王朝時代には、共同皇帝戴冠による皇帝位の世襲がみられるようになる。皇帝がいわば、絶対的な専制君主に近づく。皇帝が絶対的な専制君主に近づいたビザンツ帝国では、世襲制の容認のもとに血縁選択の優位が生じる。教会は世俗化しつつも帝国維持のための社会的再配分の機能を担う。互酬的利他行動を教会が果たすのだが、そこでは、贈与と返礼を教会には適用しないという視線はなかなか育たない。超越的立場にたつ皇帝、その委任を受ける教会というヒエラルキーが受けいれられる一方、皇帝を含めて法に従わなければならないという「法の支配」は体系化される。キリスト教の国教化により、宗教的規律のもとに皇帝を組み込んだことがこれを支えたのである。宗教的倫理に基づく正義が国家の上にたつのだ。だが、血縁選択と互酬的利他行動との区別が曖昧なままの状況下では、贈収賄を刑罰に処するという視角そのものが明確化せず、実際の適用は困難であった。

　他方、西ローマ帝国は5世紀に滅びる。その後、11世紀はじめまで西欧世界の大部分は基本的に皇帝教皇主義のもとにあった。政治的権力が教会の権威者の任命権をもち、皇帝、王、封建領主が教会の司教を任命できたし、教会の会議を召集する権限をもっていたし、教会法を公布することさえできた。これに対して世俗的権力から離れてローマ教会と直結する修道会組織、クリュニー修道院が修道院・教会の改革運動を開始するようになる。グレゴリウス七世はこのクリュニー修道院出身者で、彼によってローマ教会は革新される。

　ついでに紹介しておきたいのは、ヨーロッパにおける修道院の果たした役割の重大性についてである。未開のヨーロッパを開拓するために修道士は引き籠って修行する場というよりも一種の工場である修道院で労働を神への奴隷的奉仕として行った（関, 2016, pp. 22-23）。キリスト教は人間の生命を重視したから、その生命を維持するための労働が「聖なる

義務」のように認識されるようになる。

　「Orare est laborare, laborare est orare」（オーラーレ・エスト・ラボーラーレ、ラボーラーレ・エスト・オーラーレ）、すなわち、「祈りは労働なり、労働は祈りなり」という言葉こそ、ベネディクト会のモットーであった。修道士は「モナコス」と呼ばれていた。これはギリシア語で「単独者」という意味で、そこで修道院はギリシア語の「一人でいる (monástein)」から派生して「モナステリー」と呼ばれる。このモナコス、単独者としての修道士がヨーロッパの個人主義の原型であると、関曠野はのべている（同, p. 23）。どういう単独者としての個人であるのかというと、神の前に立つ裸の個人、徹底的に無力であって、神の恩寵を期待するしかない個人、そういう意味で社会資本も文化資本もすべて奪われた裸の個人としてあるという。しかも、無力さが強調され、無力であるがゆえに神の恩寵を願うしかない。ヨーロッパの個人主義の原型は徹底的に無力な個人なのだと関は説く。問題は、近代ヨーロッパの個人主義がこの卑下に対する反逆という面をもつ点にある。そこから近代ヨーロッパの個人主義にみられる独特の攻撃性が出てくるのだ。個人は無力感に悩むがゆえに、一転して宇宙の支配者になろうとする。デカルトの「コギト・エルゴ・スム（我思う故に我あり）」では思考する個人は神にも似た世界の創造者になるという（関, 2016, p. 24）。こう考えると、労働にかかわる問題が実は、キリスト教そのものに深く関連するだけでなく、ヨーロッパの個人主義や、神にも似た立場からヨーロッパの思想を世界中に広めようとするその攻撃性にもかかわっていることがわかる。

Tが主権国家とならなかった地域
　Tの位置に主権国家が就くようになると、その主権国家を守るためのルールがさまざまの形で制度されることになる。そのためには、皇帝、国王、教皇といった人々が「法の支配」を受けることが必要であった（専制君主の登場までは3者は神の支配を前提とする自然法のもとに置かれていた）。中国のように、皇帝が法より上に立ち、皇帝自ら法をつくるような体制では、いわば、皇帝が主権者であり、国家に主権を見出すことはできなかったことになる。

　これに対して、神がつくった律法が支配するユダヤ教やイスラーム教

の世界では、神の法の支配下に聖職者を含む人々を置くことはできても、国家に神の役割を担わせることは難しかった。「T＝神」が残存し、神による律法が人々の生活にまで入り込み、教会も国家も神の代理物にはなりえなかったのである。

　ビザンツ帝国を滅ぼしたオスマン帝国では、キリスト教徒の優秀な子弟を強制徴集（デヴシルメ）し、イスラーム教徒に改宗させてイエニチェリという常備歩兵軍団が形成されるようになる。当初は結婚が認められず家族をもてなかったが、16世紀のスレイマン1世による火器を装備した歩兵の重視で、デヴシルメによらずムスリムとして入隊する者も増え、妻帯も認められ子どもの入隊も可能となり、世襲化さえ起きるようになる。この軍事奴隷（マムルーク）による軍人制度は部族主義に対抗して王権を強化する役割を果たした。加えて、デヴシルメで集められた宮廷奴隷出身者の一部が官僚化し、宰相や知事などを務めるようになる。オスマン帝国では、騎士にディルリク（徴税権）を授与する封建制度（ティマール制）が整備されたが、ディルリクの相続権は認められておらず、そこが西欧での封建制度を決定的に異なっていた。これにより土地に結びついた強力な領主の登場を抑止したわけである。

　16世紀後半以降、ティマール制で封土された土地は徴税請負地（大地主が経営する大農場チフトリキ制）となり、県知事（アミール）による支配に転化する。17世紀には、政務を日常的にこなすための官僚制が整うようになり、官僚の役割が増大する。官僚組織の分化が進むなかで、官僚のなかに家産を蓄え巨大化する大官となる者が出現する。大宰相府出身の文書官僚を中核にしながら官僚化が進むなかで、大官の「家」（カプ）の役割が高まり、それが近代西欧化による改革を実施する勢力につながってゆくのだが、オスマン帝国の君主たるスルタンは16世紀後半からの「スルタンの代理人」としての大宰相の役割拡大で、スルタン自身の権力は弱体化に向かう。スルタンは主権者として絶対化するに至らず、それが主権国家の出現に向かうことを妨げたことになる。

教皇革命がもたらした大きな変化

　カトリック教会が支配的だった西欧で主権国家が誕生する。グレゴリウス7世による「教皇革命」（Papal Revolution）と呼ばれる改革が果た

した役割がきわめて大きい。彼は聖職者が結婚したり子どもをもったりすることを制限しようとした。具体的には、結婚した聖職者や内縁関係のもとで生活する聖職者が洗礼、婚姻、告解といった秘跡（サクラメント）を行わないように強制し、教会への義務と家族への義務のどちらを選ぶかを迫った。さらに、聖職にかかわる任命などで便宜供与する代わりに、聖職者がカネを受け取るといった行為を禁止した。こうして教会内にはびこっていた「世襲財産主義」（聖職者が教会の資産を子孫に相続することを肯定する考え）を攻撃したのである。血縁選択から互酬的利他行動の重視への転換は、教会だけの問題にとどまらず世俗による支配にも影響をおよぼしたから、その後の世俗的権力たる王権と聖なる権威たる教会との関係を変容させることになる。

神聖ローマ皇帝、ハインリヒ4世が叙任権を行使するようになると、グレゴリウス7世はこれに抗議し、両者の関係が尖鋭化する。ハインリヒはグレゴリウスを教皇の座から引きずり下ろす動きに出たのだが、これに対してグレゴリウスはハインリヒを破門した。王位の簒奪にもつながりかねない切り札をグレゴリウスは切ったことになる。その結果、諸侯や民心が離れ、ハインリヒは1077年、教皇への直接の謝罪を余儀なくされた。だが、破門が解除されても王位については不明確で、それがその後の対立につながった。戦争を経て、グレゴリウスは1080年、ハインリヒの破門と廃位を宣言したのだが、ハインリヒはローマに攻め込み、クレメンス3世を擁立して教皇位に就け、自分はクレメンス3世から王冠を授けてもらう。ローマから逃げ出したグレゴリウス7世はサレルノで1085年に死亡した。

グレゴリウス7世の死後も叙任権闘争は継続する。結局、ヘンリー5世とカリクストゥス2世によって1122年に結ばれた「ヴォルムス協約」によって叙任権闘争に決着がつく。この協約によって、皇帝は叙任権をあきらめることになったが、教会は皇帝の権利（レガーリエン）として公の官職、財政的利用権、土地所有を認めた。これにより、封主と封臣とのゲルマン的封建制（レーエン制）が確立することになる。同時に、教会の世俗的所有として、国王の贈与によるもの、私人の贈与によるもの、教会の宗教的力によるものの三種類が明確に区分されるようになる。こうして、少なくともカトリック教会が勢力圏の西欧では、前述した皇

帝教皇主義的な時代が終焉を迎えるのである。

　世俗法による支配を意図的に推進したのが神聖ローマ帝国の皇帝で、シチリア王国の国王でもあったフリードリッヒ（フェデリコ）2世だ。彼は1224年にナポリ（フェデリコ2世）大学を設立し、神学や教会法に重きを置くのではなく、ローマ法を主要科目とし、官僚育成に務めた。1231年には、世襲によって王となったシチリア王国（南イタリアとシチリア）を法治国家とするための「憲法」として「メルフィ憲章」を公表するに至るのだ。中世に忘れられていたアリストテレスといったギリシア哲学を学べる状況にあったナポリ大学に学んだからこそ、トマス・アクィナスはキリスト教思想とアリストテレス哲学を統合したスコラ哲学の大成者になりえたと思われる。

　法治国家の形成上、法のもとでの公正を保つには、裁判権や警察権を封建領主や聖職者（大司教・司教などの高位聖職者として地方に任官され、そのまま領主のようになった人々が多数いた）から奪い、裁判に必要な裁判官、検事、弁護人を独立させる一方、警察権に基づく捜査の独立性を確保し、経済的に恵まれない人でも裁判に訴えられるようにすることが必要になる。ゆえに、裁判官、検事、弁護人などの専門の職業をもつ人物を養成するためにナポリ大学が必要とされたのだ。フリードリッヒ2世は、裁判の公平期すために、裁判官の任地での仕事の期間を1年としたという。これは腐敗問題を考えるうえで興味深い。裁判官や警官という超越的地位にたつ者が腐敗しやすい現実をよく知っていたのだ。他方、教会法では、告訴されると有罪になり、控訴権が認められていなかった。メルフィ憲章では、明確に控訴権が認められており、控訴先は皇帝となっていた。ローマ法をもとにしているメルフィ憲章では、もちろん、実証する証拠がなければ有罪にはならない。

　加えて、フリードリッヒ2世は教会が徴収していた税金とは別に領主が徴収していた徴税権を奪い、シチリア国王だけが徴税権をもつ仕組みに改めたかったに違いない。だが各地の領主が徴税をしてきた背後には、各領主が自ら武装し、その配下に騎士や兵士をかかえてきたという伝統があった。領主はその常備兵を養うために資金を必要としていたのだ。国王も封建諸侯並みの兵をもっていたが、封建領主から武力を取り上げて国家全体の防備のための常備軍に統合することはそう簡単ではな

かった。王は諸侯に求めて兵士を集め、敵と戦うことはできた。だが、それには諸侯の武力を温存し一定の忠誠心をもたせることが不可欠だった。諸侯は国外の敵と戦うだけでなく自分の領地内の不穏分子を攻撃するために武装していたから、この武力を失うことは全財産の喪失に直結しかねない一大事であった。こうみてくると、徴税権の問題は軍事力の問題に直結していることがわかる。ゆえに封建諸侯から徴税権を奪取するのは困難であった。フリードリッヒ2世はメルフィ憲章では臨時特別税の課税権を国王がもつとしたにすぎなかったのである。その後フィレンツェ共和国の官僚だったマキャヴェッリこそ常備軍の必要性を説いたのであり、この主張が徐々に認められていく。

　13世紀になると、神学者トマス・アクィナスが「愛と生命との共同体」=「神との共同体」との関係で価値づけられる地上の国は、「公共の福祉」を実現するために万人の服すべき秩序をなすと主張した。この際、彼は「超自然秩序」と「自然秩序」の法的次元での関係づけとして、3種の法を位置づける。最上位は神意それ自体である「永久法」で、人間の有限な知性では全体を知りえない。この永久法が人間に啓示されたものが「自然法」であり、これに基づいて定められたものが「人定法」である。「永久法」と「自然法」との間に「切れ目」を入れたことで、自然法は「人間固有の理法」とみなされるようになり、それがホッブズやルソーの自然法思想へとつなげられていった。「神でさえ、2かける2が4であることをひっくり返すことはできない」とフーゴー・グロティウスがのべたとき、彼は神の力さえ無制限ではないと考えたのであり、人間の理性に基づく数学的な法こそ人間固有の理法と呼べるにふさわしいものだった。このとき、神意が最上位である以上、世俗権力は聖書が示す神の法と理性が教える自然の法に服さなければならないことになる（関, 1997, p. 73）。

　国の形態をもつ教会は、行政機構としての官僚に依存する制度を創出する。そこでは、「官職」のような「職務」（office）とその職にある者（officeholders）が区別されるようになる。職務は私的財産ではないが、職務を保持する者はヒエラルヒーの規律に従属する俸給で雇われた官吏のような存在になる。職務は機能で定義されるのに対して、職務保有者は能力に応じて定められる。これに対応して、教会は12世紀はじめこ

ろから、「教会職」（オフィキウム）と「聖職禄」（ベネフィキウム）を区別するようになる。後者は、封臣への「知行」を意味する言葉と同じであり、聖職者への知行に近く、教会職に応じて教会の所領ないし奉納物から一定の収益を得る権利、あるいは、その権利によって得られる収入を意味していた。だが、オフィキウムとベネフィキウムの区別にともなって、教会職をもつ者は教会の被雇用者のような存在として俸給を受け取るだけの存在に変化してゆく。能力によって評価され、その出来不出来次第では、解雇されるようになる。教皇公文書保管所のような新しい聖職が生まれ、そこに聖職保有者たる官僚のような人々が働きはじめるようになる。これこそ世俗的権力を支えた官僚の公文書館での仕事のモデルとなったのである。

　11世紀末から12世紀に、世俗法は世俗的支配者の決断および大学でローマ法や教会法を学んだ法律家の影響によって、ようやく転機を迎えることになる。この変化を少しずつ促したのは、国王のために土地を管理する監督者（イングランドでは sheriff、フランスでは prévôt と呼ばれた）の普及であり、彼らは土地や収穫の記録や会計に従事した。それだけでなく、彼らは小作人間の争いや軽犯罪などを裁く役割も担っていた。殺人といった重大な犯罪についてだけは国王などの裁きの場でなされることもあった。民事については、訴訟当事者が地方の監督者たる領主の「法廷」を迂回して直接、王の「法廷」などの上級の裁判の場に持ち込むこともできる手続きもできた。これが王による裁判への直接的干渉の道を拓き、国王の権威を高めることにつながったと考えられる。重要なのは、教皇革命が皇帝や国王から彼らの聖なる性格および教会の最高の支配者であるという役割を奪い取ることで、彼らを一時的な世襲的君主の地位にまで貶めたが、同時にそれが、王の統治という、新しい領土的概念の助けを借りて王の権力を高めたことである。他方で、正義は世俗的支配者に本質的に帰されると、教会が主張するようになったことで、王は正義を行うと戴冠式で約束するようになる。ここでは、天与の世界秩序が善や正義を自明のもととみなす自然法が支配し、世俗の王のもとでの国家は善と正義をこの信念に対応して政治秩序として具現したものとされていた（関, 1997, p. 78）。

　さらに、その新しい領土的概念は氏族のトップや封建体制での上級領

主が与えられた領地の最高支配者に転移するのを助けた。12、13世紀になると、国王は王の保護下にある判事や徴税人のような特定の役割をなす官僚（officers）を通じて直接、すべての対象を統治するようになる。ゆえにジョセフ・ストレイヤーは、「こうして1000年から1300年の間の世紀に近代的国家の本質的要素のいくつかが現れ始めた」として、土地と人民を中核とする政治的実在が世代を超えて合法との性質を獲得したと指摘している（Strayer, 1970=2005, p. 34）。主権の端緒がここに現われるのだ。具体的には、ボーマノワールの『ボーヴェジ慣習法書』に「主権」（sovereignty）という表現が現れる。[10] 13世紀のことだ。そして、これらの国王の保護下にある官僚は「王の法」（royal law）に拘束されるようになる。この王の法は裁判において証拠を合理的手段と定め、神盟裁判からの離脱を可能にした。こうして新しい統治形態のもとで、新たな官僚も生まれ、彼らに対する賄賂の問題も新局面を迎えることになる。これは、仲介者なる各種官僚の多層化という現象を生み出す。「神の正義」（教会法）と「王の法」（世俗法）との併存、融合や対峙のなかで、正義の問題が深化していくのである。善と正義の具現としての国家から自ら正義を政治的決定する機関へと変化する。

②「T＝主権国家」の場合

ホッブズの社会契約論に導かれて、主権国家がTの役割を果たすようになる。彼が想定したのは、人間のもつ自由意志自体が自然権の一部で神から与えられたものであるとの前提から、人間が自覚的な自由意志に基づいて自然権を放棄したことの結果として現れる「統一された合議体」、すなわち、「コモンウェルス」（ラテン語で言えばキヴィタス）である。その人格を担う者は主権者と呼ばれ、主権者権力をもつとされる。ここに彼は、怪物リヴァイアサン（Leviathan）、すなわち「可死の神」（deus mortalis, mortal God）をみている。神はふつう、永遠で不死を特徴とするが、「巨大な権力」の象徴としてのリヴァイアサンは国家の魂の部分であり、主権国家自体は保護を実現する機械と化す。その意味でそれは朽ちる可能性を排除できない。主権国家は神のようでいながら、神と異なり死ぬのである。主権国家はそれ自体が神であるかのように振舞うから、主権国家間には正義のための戦争は成り立たない。いず

れもが正義を掲げて戦争しても、その正当性はもはや決しようがないのだ。ゆえに主権国家による戦争は勝利者となった主権国家がなんの正当性もない理屈を敗者に押しつけることになる。

　主権国家化は国家自体が神のように振る舞うための制度化を必要としている。そこに「神奉仕」から「国家奉仕」への転化が起き、国家への忠誠心が埋め込まれる。国家語を作成し、それを、義務教育を通じて強制することで国民なる幻想を多くの人々に植えつける。官僚制によって徴税を国家が直接実施する一方、通貨発行も国家が独占しその通貨による国内取引決済を義務づける。加えて国家直属の軍隊を整備し秘密警察により国家守護を堅固にする。なにしろ国家は神のような存在なのだから。だが、この原理は法が本来、神意とは無関係に共同体間に生まれたものにすぎず、超越的源泉としての神を必要としていなかった事実を忘れている。社会契約としての法は本来、互恵的なものとしてあったのだ。社会契約は時代によって変化するのであり、17世紀になると社会契約には、神との盟約、ホッブズのいう社会契約（個人と政府）、ロックのいう社会契約（個人と社会）があった（Arendt, 1970 → 1972, pp. 85-86）。

　主権国家成立の大前提には、身分制を否定した、生まれながらに平等な人間による自覚的な自由意志がある。ホッブズは、共同体的拘束から解放された「原子的個人が恐怖のうちに集まり、理性の光が閃き、かくて最強の権力下に普遍的かつ無限に服従することの合意が成立する」とみなした（Schmitt, 1938=1972, p. 62）。単独の個人が前提とされている分だけ、この主張には普遍性があるように思われるのだが、実際には、人間はさまざまの共同体に属さざるをえないから、ホッブズのこの仮定は現実を無視したものと指摘しなければならない[11]。

　主権国家を運営するために、徴税、通貨制度、軍、警察、裁判、教育などの諸制度が整備されることになる。とくに都市国家をモデルとする「ポリス」と呼ばれる秩序維持にかかわる概念から、宗教、習俗、衛生、食糧、道路、公共の治安と安寧、自由学芸、商取引、製造業と工芸、家内使用人・肉体労働者、貧民にまでおよぶ広範な対象に対して、君主が干渉することで秩序を守るという認識が広がる。フランスでは、17世紀、パリ市において初のポリスの制度化が行われた。それまであった治安特任官（警視）の王権とパリ市民との仲立ちをする立場を改め、警視に刑

事訴訟のための調書作成や証人・被告人への尋問といった権限を与え、王権の利益を代表する役職に衣替えしたのである。1667 年には、警視総監職が新設され、犯罪の防止・摘発だけでなく、言論統制、経済活動の監視・保護、保健衛生などの広範な権限が集権化された。こうしたポリスという、いまの近代化後の警察よりもずっと広範な権限をもつポリスが欧州各地に生まれ、それが王権の絶対化に役立ったのである。

君主は自らの権力を強化するためにポリスを徹底的に利用するようになる。スパイの横行、拷問、でっち上げが当たり前の警察国家が出現するのである。絶対君主の利益を最優先化するために、金銀を保有し蓄積することで国家の富を築こうとする重商主義が幅を利かすようになる。輸入を減らすために、コーヒーなどの嗜好品の消費に制限を加える一方、輸出を増やして金銀の流入を増加させようとした。こうした絶対君主の横暴が 1649 年のインフランド王、チャールズ 1 世の斬首や 1793 年のフランス王ルイ 16 世のギロチンでの処刑につながった。

その後も、残存していた絶対君主はなりふりかまわぬポリスの活用による生き残りをはかる。だが、それがかえって主権国家の権限への厳しい批判につながり、絶対君主自体による啓蒙化で事態の鎮静化をはかる動きが生まれる一方、憲法によって絶対君主をも含めたすべての国民を法の支配化におく動きも加速する。こうして立憲主義のうねりのなかで、主権国家の運営にあたる政治家、官僚、軍人、裁判官、警官などの超越的立場にある者に対する厳しい視線が向けられるようになる。主権国家が立憲主義のもと、官僚を厳しく選抜し、彼らの犯罪に厳しい処罰を科すようになるのだ。

この過程で、主権国家の横暴に対峙したのが個人の自由であり、そこに人間の主体化が進む。ただし、こうした激動はヨーロッパで起きたことでしかない。主権国家による世界の秩序化が進むようになると、アジアなどでも形ばかり憲法が制定され、主権国家を運営するための行政機構や司法制度、選挙制度などが輸入される。だがそれは、主権国家成立後の絶対君主と民衆との間で起きた、生きるか死ぬかの闘争の結果として生まれた、主権国家の主権者を厳しく制限するための法的枠組みの構築という立憲主義の本質への理解を欠いた国づくりでしかなかった。「文化伝達」には「模倣の誤り」（突然変異）がつきものなのだ。

エリート意識

　この選抜と規律は主権国家を担う官僚のエリート意識へと転化する。それは、万人が同一的であるとして自己を身体的統治することに成功し、真理により近づけた者がそこに至らない者を絶対的に統治して当然だと考える朱子学的な見方を可能にする。あるいは、異質な者は最初から排除して民主主義の枠外へと追いやり、同質を前提とする者だけからなる共同体で選抜を潜り抜け規律を遵守する者だけがエリートとしてその同質的共同体を指導することを受けいれるべきであるとみなすようになる。そこに神の正義とはかけ離れた正義が生じるのだが、その正義は主権国家を守護するための正義であり、主権国家ごとに異なる正義が各国に応じた腐敗規準を押しつけることになるのだ。もちろん、グローバリゼーションを通じてその腐敗規準は標準化へと向かってはいる[12]。だが、それは各主権国家の守護という本質において変化していない。

　経済的な側面に注目してみると、教皇革命や宗教改革を経て、人間が神の呪縛から逃れて主権国家を発明するに至ると、主権国家はその統治を盤石にし貨幣という仲介者を国家の管理下に置くために貨幣発行権の独占支配と法定支払手段の強制を法制化する。これにより、個別の市場やそこでの市場価格への介入ができなくても、貨幣を通じて交換への関与を継続し主権国家の保持をはかるねらいがある。これは、公金という概念をより明確化し、公金取り扱いにかかわる職務行為に対する特別の姿勢を要請し、その行為の適正保持のための規範が求められることになる。「T＝主権国家」の時代に入り、F部分の多様化がはかられる。主権国家を統治するためには、さまざまなFが求められるためだ。「F＝官僚」、「F＝議員」といった役職上の権限が明確になったFが形成される。こうした変化がFとCとのさまざまな腐敗を引き起こす。

　やがて主権国家は民主制に基づく近代国家へと転位する。その主権の正当性を民主主義におく結果、民主主義の絶対化に向かう。このため米国にみられるように、国家と利害関係者との間の利害調整を行う民主的メカニズムとして、請願権を仲介するロビイスト（lobbyist, L）を法律の範囲内で積極的に利用する動きが生じる。それは議員と有権者との間の贈収賄の関係を隠す手段でもあるが、この贈収賄は違法とはみなされない。FとCとの間にLを入れて「F-L-C」とすることで、「F-C」間

の贈収賄を隠蔽するからだ。主権国家は自らの正当性を保持するために、別の国家からみれば、あるいは別の外部者からみれば、贈収賄でしかない行為であっても贈収賄とはみなさない法体系を主権国家の内部に構築するまでに至る。端的に言えば、贈収賄の合法化されたメカニズムを国家内に築くことまでして主権国家を守ろうとしていることになる。

(2) Ｆをどうみるか

　第二に重要なのは、そのＴと信認関係を結ぶＦの存在も不可欠である点だ。共同体を前提にすると、Ｔと信認関係を結ぶＦを想定しやすいのは両者が同じ共同体にいることである。Ｔを「同じ超越的視点」とみなせば、ＴとＦが必ずしも同じ共同体でなくても同一の超越点を規準にして腐敗かどうかを判断することはできる。他方、ＦとＣは同一人物であってもかまわない。Ｔとまったく無関係なＣという人物を同じ共同体ないし別の共同体に想定し、Ｔおよび、Ｔとまったく無関係なＣとの間で腐敗関係が生じることはありえない。Ｔという「同じ超越的視点」がＣという人物に見出せなければ、腐敗であるかどうかの規準がないからである。重要なのは、人間のレベルで言えば、ＴとＦとが敵か味方かの判断があって、そのうえで味方同士の関係において信認関係に入るかどうかという点だ。ＴとＦとの間に信認関係を結ぶかどうかはまさに安全保障にかかわる重大事ということになる。あるいは、ＴとＦが違う共同体に属していても、「同じ超越的視点」を見出して味方同士の信認関係に入れれば、ＴとＦとの間の腐敗関係を問題視することはできる。

① 「Ｆ＝裁判官」の形成

　超越的視点に立つ役割を担った人物として裁判官がいた。「Ｆ＝裁判官」という視点はユダヤ教の初期段階に存在した。旧約聖書のモーセ５書の一つ、申命記第16章19において「あなたはさばきを曲げてはならない。人をかたより見てはならない。また賄賂を取ってはならない。賄賂は賢い者の目をくらまし、正しい者の事件を曲げるからである」というとき、英訳では賄賂としてbribeが使われることが多いが、本来は「贈物」を意味する言葉が使われていた。同じく申命記第27章25

において、「まいないを取って罪なき者を殺す者は呪われる」との記述もある。この「まいない」も英訳では bribe がだが、ヘブライ語では、shoḥadh（shochad）になる。この言明は「士師」（イスラエルで、その王国成立前、ヨシュア以後サムエルの時まで［前1200年頃〜前1000年頃］、対外的困難の際に民衆の指導者となった者たち）に対してなされたものでもあり、起訴したり証人になったりする人々に向けられたものでもある。

　伝道（コヘレト）の書の第7章には、「賄賂は人の心を壊なふ」とある。詩編15編には、「賄賂をいれて無辜をそこなはざるなり」（賄賂を受け取り罪なき者を陥れない）といったものもある。裁判において、賄賂を得て嘘の陳述をすることのないように戒めている。出エジプト記の第23章では、「汝賄賂を受べからず。賄賂は人の目を暗まし義者の言を曲しむるなり」とされている。ここで賄賂と訳した言葉は、英語訳では gifts とされている。他方、サムエル記上8では、サムエルがイスラエルのために裁きを行う者として任命した息子たちが父の道を歩まず、不正な利益を求め、「賄賂をとって裁きを曲げた」と記されている。さらに、イザヤ書第1章では、「支配者らは無慈悲で、盗人の仲間となり。皆、賄賂を喜び、贈物を強要する。孤児の権利は守られず。やもめの訴えは取り上げられない」との指摘もある。

　ギリシアにおいて民衆裁判所による紛争解決が重要性を増すと、裁判の陪審員に賄賂を渡して利益をはかる贈賄者に厳しい刑罰を設けることになった。紀元前5世紀に民主政を完成させたペリクレスによって裁判制度が整備された（Dawson, 1960, p. 11）。民衆裁判所は世俗犯罪を扱い10程度のパネルに分かれ、501人を標準とするアテネ市民が事実と法に照らし合わせて判断をし、秘密投票によって有罪か無罪かを決めた。30歳以上でアテネに税金の不払いなどのない、市民権を没収されていないアテネ市民は選挙に出る資格が与えられ、当選はくじ引きで決められた。裁判に従事する時間に対して支払いが行われた。ジョン・ドーソンによれば、近代的意味での法律家は紀元前5世紀から前4世紀のアテネにはいなかった。なお、紀元前403年には公式に調停制度が組織され、ある金額を超える訴訟は最初、60歳を超す、古参の市民が務める調停者に提起されることになる。当時のアテネでは、警察執行部隊として僭主制時代に奴隷としてやってきたイラン系の遊牧民であるスキタイ人が活躍

していた。スキタイ警察部隊は民衆集会において権力側の意向に従わない者を排除したり市場を守ったり道路の安全を確保したりする警察として活動した（菊池良生, 2010, p. 27）。スパルタでは、圧倒的に多かった農奴を監視するための秘密警察として、警察は活動していた。

　古代ローマ初の十二表法では、「決定を宣告するために賄賂を受け取って有罪となった審判人または法的に任命された裁定者は極刑に処せられなければならない」（第9表の3）とされていたほか、紀元前122年のローマ法（アシリア法）では、元老院議員でない陪審員は腐敗で起訴されないとされていた（Kiselewich, 2004, p. 11）。このころ、すでに"corruptio"（腐敗）が刑罰の対象として存在していたことになる。*corrumpere*（腐敗する）という動詞も裁判との関係で、紀元前1世紀頃にはローマ帝国において使われていたとみられている。ローマ時代の裁判制度をみると、古代ローマ時代初期には、重罪の疑いのある市民は、処罰を停止するよう全市民に訴えること（*provocatio*）が認められていた。やがて、新しい犯罪裁判所が紀元前171年に姿を現す（Dawson, 1960, p. 16）。この段階で、属領総督による属領民への強奪が犯罪として裁かれるようになる。こうした犯罪を裁くために、元老院議員が審議し判決をくだす裁判所の設置が紀元前149年の制定法で決められた。紀元前122年になると、裁判官を元老院議員から騎士に移す制定法ができ、450人の騎士が個別事件ごとに選出されることになる。やがて紀元前1世紀に、殺人、反逆、涜神、強要、偽造といった重罪が特定の社会層（元老院議員、騎士、商人）から選ばれた素人50人ほどによって裁かれるようになる。ローマ帝国の初代皇帝アウグストゥスの時代には、この裁判官の資格人リストが4000人に広げられ、名誉を根拠に裁判官の人選が行われるようになった。こうして裁判官への厳しい視線が収賄を犯罪として罰することで裁判の公平性を保とうとする。

　警察については元老院の承認に基づいてもつことが許されたインペリウム（全面的な命令権）をもつ共和政ローマの執政官（コンスル）などの要人警護のための「リクトル」という護衛が形成された。彼らは「ファスケス」（一本の斧の周りに複数の棒を束ねたもの）を携帯し警護にあたった。ファスケスは団結の象徴となり、やがて1919年、イタリアのベニート・ムッソリーニはこのファスケスをファシスト党の党章とし

た（「ファスケス」のイタリア語読みが「ファッショ」）。このファスケスこそファシズムの語源となったのである。その後、按察官という、平民出身の護民官の助手として設置され平民の選挙で選ばれた存在であったが、前367年、政務官の一つになり、治安警察の役割を果たすようになる（菊池良生, 2010, pp. 30-31）。公共建築物の管理・補修、市場の管理・運営、道路清掃の監視、浴場や飲食店の監視などに従事した。

初代皇帝のアウグストゥスは紀元6年に「ウィギレス」という警察組織をおき、7000人から8000人が首都ローマの治安維持に従事する。ウィギレスは自由ローマ市民からリクルートされたローマ軍とは違い解放奴隷から構成されていた。ローマ警察部隊の司令官は警察組織と裁判組織が未分化であったため、刑事、民事のいずれの事件の判決を下すことができた。それだけ絶大な権力をもったため、同司令官は皇帝のローマ不在の際には首都の治安を守る皇帝代理となった。ウィギレスの重要性は軍から独立した組織として機能した点だ。それまで軍と警察が未分化であった時代が長くつづいていたのであり（市民皆兵制のもとで軍が形成された一部のギリシア都市国家を除く）、軍事目的では投入されない組織としてウィギレスが設立されたことの意義は大きい。

イングランドの場合

裁判官は超越的立場にある以上、この超越性を利用すれば大きな権力を得ることが可能になる。これを実践したのがイングランドの国王だ。

イングランドはフランスに比べて明らかに国内王権が脆弱であった。それは、10世紀から11世紀ころ、デーン人による相次ぐ侵入・征服に遭遇し、国内が混乱した結果である。征服王ウィリアム1世になって、イングランド王家との縁戚関係を結び、フランス王の臣下（ノルマンディ公）でありながら、1066年にイングランド王として戴冠された。国内の混乱のため強大な地方支配者層が創出されなかったことが幸いして、彼は少しずつ権力基盤を固めていった。それは、第一に、「王室会計局」(English Exchequer)による王室財産である城や森林の管理者や土地管理者（sheriff）などの提出する会計書類の監査を行う責任を負い、同機関を通じて中央集権的な会計制度を整備することによって支えられる。第二に、後述するように、王による裁判を通じて王権が強化されたこと

である。これは征服民による被征服民への警察的監視体制の構築をも意味していた。必要に応じて、中央の王権に基づく判事に巡回判事として地方を回らせ、地方領主の裁判との競合を避けながら、迅速な裁判が行われた。このため、地方の事情をよく知る陪審員が重要な役割を果たすようになったわけである。こうして12世紀末までに、王室会計局は会計書類の記録を、王の判事は裁判記録を蓄積し、それが文書を管理する官僚の重要性を高めた。国王などが名宛人に行為の実行を指示する命令書（writ）の管理などを行う役所（chancery）も生まれた。

　これらの仕事は専門性を必要とし、専門的ないし準専門的な官僚を必要とした。それが国王を中心とする主権の成立を促すことにつながったのである。第一に王の裁判所からの命令書なしに土地所有に関する裁判がはじめることはできないというルールの形成につながり、第二に全領土に直接税金を課す（王の許可なく税金を課すことがだれもできなくなったことを含む）ことにもつながったからだ[13]。こうして1300年までにイングランド王は主権を獲得したとも言えるほどの状況になった。それは領主などとの個別の交渉を不要とし、比較的少数の王直属の官僚による支配を可能にした。しかも王は教皇の同意なしに聖職者への課税権を主張するまでに至る。人々の忠誠心は徐々に家族、コミュニティ、教会から国へと移行することになったと考えられる。

聖職者の法廷と世俗法廷

　イングランドの場合、11世紀になると、教皇権力と皇帝権力との対立によって、それがかえって世俗的法制度の必要性を高めることになる[14]。1066年にイングランドに侵攻した、ノルマン人のギヨーム2世（ウィリアム1世）によるイングランドや対岸のノルマンディの征服後の1067年、彼は、インフランドおよびノルマンディで催される聖職者会議が彼の合意なしに教会法を制定することができないとした。彼の家臣や官僚に科された聖職者による罰金に対する拒否権もウィリアムがもつとした。さらに、彼は聖職者に関する法廷と世俗法廷を分離するに至る。

　当時、領主は自らの支配地域での係争を領主の判断で処理できた。つまり、ローカルな裁判権を領主がもっていた。イングランド王の権限が弱く、領主の既得権を認めざるをえなかったのである。だが、ノルマン

朝の王はほぼ一生の間、自らの支配する国土を旅してまわり、そこで控訴裁判をするようになる。イングランドの王を領民に示し、忠誠心を養うねらいがあったほか、領主の判断を覆せば王の威信を高めた。そればかりか、各地の領民が控訴裁判を求めてくること自体、領主より王が高位にあることを示すことにつながったのである。

コモン・ローの起源

コモン・ローと呼ばれるものの起源はこの王の裁判所の判決である。1154年にヘンリー2世が戴冠すると、イングランドは政治的に構成単位が地方と封地に分けられ、後者は領主によって治められ、そこでの法廷は領主の管理下におかれた。領主に対しては、ヘンリー2世自身の法廷がつくられ、1178年には2人の聖職者と3人の平信徒からなる判事が訴えの処理にあたるようになる。それが"Court of Common Pleas"（ウェストミンスター）と呼ばれるようになる。13世紀には、専門の判事が登場する。この段階で、領主による地方の裁判所の自律性は完全に失われてしまう。国内の世俗的な問題に関して、司法権は国王に帰属するものとされ、地方の裁判所は下級裁判所として意味づけられるようになる。重罪犯については、"Court of King's Bench"があたる。なお、ヘンリー2世はウェストミンスターでの審理を、土地や家畜の所有権および人の肉体的安全保障に対する不法侵害に限定したが、後に、金銭債務返済や家畜の不法占有による損害賠償などにまで拡大された。

陪審員制度

こうした変化のなかで、ヘンリー2世は陪審員制度を発展させた。フランク族の王はときどき、主に地方の慣習上の王の権利を尋ねるために隣人（陪審員）を査問していた。ノルマン人はこれを継承する。フランク族の法でもアングロサクソンの法でも、あるいはノルマン人の法でも、民事事件と刑事事件の区別はなく裁判は神盟裁判ないし無罪立証によって行われていた。有罪者は犠牲者ないしその家族に賠償しなければならなかったが、ノルマン人は重罪（felony）についてはその制度を改める。被告が有罪になると、すぐに絞首刑か手足を切断され有罪者の土地は領主に没収されることとし、家畜については王に没収されることとした。

序　章　腐敗分析の視角

ヘンリー2世はこうした伝統のなかで巡回判事に殺人や傷害のような重罪を報告するための査問を復活させた。当時、王は警察権力をもっていなかったから、巡回判事への報告によって犯罪を取り締まろうとしたわけだ。王に仕える判事は地方の陪審員を通じて実質的な犯罪にかかわる法をつかさどるようになったのである。その犯罪には重罪として、殺人、傷害、レイプ、放火、押し込み、強盗があり、ほかにも窃盗や反逆罪があった。罰金の対象や短期間の投獄にしかあたらない軽犯罪については多くの場合、地方当局によって起訴された。

　この当時の陪審員は宣誓のもとでいくつかの質問に真実をこたえるために召喚された隣人を意味していた。出張してやってくる王の判事に地方の事情を伝える地方の名士だ。陪審員は情報取集という点で効率的な手段であった。やがて判事は陪審員の同意なしに評決できないという漸進的変化をもたらす。それが1215年6月に国王ジョンが合意したマグナ・カルタにおいて明文化されるようになる。何人も「同僚」(peers)の法的判断なしに罰を科されない」ことになったのだが、これは当時、国王が王の判事や権力に対するチェックとして陪審員を受けいれたことを意味していた。

　マグナ・カルタでは、イングランド王が議会を召集しなければならないケースが定められたが、インノケンティウス3世の勅令によって無効となる。その後、エドワード1世は1295年、スコットランド遠征のための戦費捻出のために、高位聖職者、高位貴族、各州より2人ずつの騎士、各都市より2人ずつの市民、各司教区から2人ずつの司祭の代表などを召集し、議会を開催した。これは「模範議会」と呼ばれるようになる。エドワード3世治下の1341年、模範議会は貴族から構成される貴族院 (House of Lords) と、州の騎士や都市代表らからなる庶民院 (House of Commons) に分かれた2院制議会になる。必ずしも強い権力をもたなかった国王は都市に免税などの特権を与えて保護し、貴族である領主に対応しようとした。その結果、解放された農奴のほか、逃亡農奴、中小の職人など雑多な民族からなる都市は発展し、商工業者を中心とする中産階級（ブルジョワジー）が登場する。

　14世紀になると、議会は「同僚の法的判断」という部分に陪審員による裁判を含めると解釈するようになり、陪審員の影響力は増大する。

ただ、執行官が不公平であったり、陪審員が堕落したりしている多くのケースでは、民事裁判で貧しい人々が訴訟を起こし、なおかつ勝訴することはきわめて困難であった。ゆえに 14 世紀後半には、国王に留保されている特別の裁判権を大法官に任せ、人々が大法官に民事訴訟を請願する大法官府裁判所（Court of Chancery）が機能するようになる。これはもともと、過去の判例から生み出されたコモン・ローに従って法を適用する王座裁判所の判決に不満をもった場合に、国王に特別の裁量を求める裁判を可能にするものであったが、おめこぼしを求める者が増加するにつれて、枢密院の官僚、すなわち大法官が裁判を行うようになるのだ。これを衡平法上の裁判と呼ぶ。ところが、時の経過につれて大法官の仕事が増え、「おめこぼし賄賂」をつかさどるための官僚組織も作り出され、衡平法裁判所にまで成長する。王座裁判所よりも上位に位置するものとして衡平法裁判所が君臨する時代が生まれたのである。

　14 世紀になって確立した治安判事（magistrate）制度のもとでは、行政・司法・警察を握る担当地区（教区）の治安判事が大きな権力をもつようになる。ただし、この職は名誉職で無給であった。このため、「治安判事は担当地区と中央機関の媒介としてイギリス行政機関の中核をなし、同時にあらゆる警察権力の乱用に対する歯止めとなった」（菊池良生, 2010, p. 115）。治安判事の警察活動の助手の役割を果たしのが「コンスタブル」で、最初は選挙で選ばれていたが、警察業務に限定された仕事をするようになると、治安判事によって任命されるようになる。任期は 1 年で教区の地域住民が二人一組、交代で務めた。仕事は地域住民の義務であったから無給であったのだが、議員、聖職者、弁護士、医者、貴族などは免除された。ついには、コンスタブルの仕事を多くの住民が嫌がるようになり、代理制も認められたことから、その質が急速に悪化するようになる。これは 17 世紀初頭からの治安判事の堕落につながった。同時に、治安判事は犯罪捜査にあたる請負業者（シーフ・テイカー）を使うようになる。彼らには武装が認められ、重犯罪人を逮捕・訴追することも可能となった。検挙した人物の所持品を没収する権利も認められたので、シーフ・テイカーは犯罪捏造を常とした。

　1641 年には、国王の大権のもとで刑事事件などを扱った星室庁（The Star Chamber）が廃止され、国王による裁判への干渉ができなくなる。

そして、1701年の王位継承法（Act of Settlement）において、王と議会からの司法の独立が確認されるに至る。1640年代に起きた星室庁、国王大権に基づく各種法廷の停止および衡平法裁判所、海事審判所、聖職者法廷に対するコモン・ローの優位の結果、多くの民事裁判権をコモン・ロー裁判所が掌握するようになった。こうして同裁判所は17世紀末から18世紀初期に、契約違反、不法行為、不公正な富裕化から生じる民事上の義務を主として取り扱うようになった。つまり、「おめこぼし」を求める裁判をしにくくすることで、それに伴う贈収賄が規制されるようになったことになる。

腐敗と請願

　超越的立場にある者である官僚、将軍、裁判官、政治家などへ下位者が願いごとをする場合、下位者は上位者に賄賂を渡すこともできるが、暴力に訴えることもできる。いずれも下位者が上位者に願いごとを申し出るという意味で、これを広義の「請願」とみなすことができる。ただ、人間の歴史のなかでは、請願はなかなか制度化されず、不明確な状況がつづいてきた。請願には、口頭によるものと文書によるものがあり、後者が制度化するには文字が必要であったことがネックとなったのである。

　請願の制度化は歴史的には、専制君主の行う絶対的支配に対する人々の権利確保のための手段として制度化されてきた。請願権はいわば、立憲政治の発達とともに明確に法として制度化されるのであり、その源流は立憲政治の母国、英国から発していると考えられている（田中, 2006）[15]。そのイギリスの議会は、9世紀から11世紀にかけて小王国が統合されイングランド統一国家が成立し、国王の諮問機関である「賢人会議（ウィテナゲモート）」が起源であるといわれている（『請願制度改革』, 2012）。14世紀のイングランドの初期議会では、州騎士や市民は召集に応じ議会に参集すると、地方の要望をまとめた多くの請願を国王に提出するようになり、議会の記録の圧倒的大部分が請願の審理に関する記載で占められていたという。ただし、議会といってもここで立法がなされるわけではなく、王の提案の可否を決めるにすぎない。

　14世紀半ば、貴族院と庶民院の両院制になって以降、両院が請願を受理・審査の上、適当と認められたものが国王に提出されるようになる

が、とくに庶民院は全体として種々の請願を提出した。請願が提出されても、国王が採択するかどうかの保障はなかったし、採択されても請願通りの内容となるわけではなかった。ただ、庶民院は国王の窮乏を巧みに利用し、課税承諾権を後ろ盾にして請願の法律化を獲得していく。15世紀のヘンリー6世の時代以降、従来請願の形であったものを直接法律案（Bill）形式で起草する例が開かれた（田中, 2006）。17世紀になって、チャールズ1世による戦費調達のための強制的金銭徴収に対する抗議として、エドワード・クックの起草により1628年の権利請願が国王に提出され、確認されるに至る。そして、名誉革命後の1689年の権利章典において国王に請願する臣民の権利が保障されるに至る。現行の英国の請願制度は1669年の庶民院決議と庶民院規則に基づいている。

　といっても、多くの支配者は請願を禁止したり制限したりしようとしたから、一直線に請願制度が整えられたわけではない。1648年には、イングランドの1640年から召集されていた長期議会において、20人よりも多い個人による請願提出が禁止された（van Voss, 2002, p. 4）。チャールズ2世の治世下では、議会召集の請願が反逆罪として刑罰の対象になったし、ジェームズ2世は宗教政策に反対する請願を理由に主教らをロンドン塔に監禁させた。(16)

　請願権の明確化はヨーロッパでは17世紀に起き、それが請願を書き、議論し署名するための集会をする権利につながることになる（van Voss, 2002, p. 3）。(17) 請願の制度化に伴って、賄賂を使った請願が「悪」とされ、贈手も受け取り手も刑罰の対象とみなされるようになる。他方で、法律に基づく制度化された請願の仕組みが確立し、その立法趣旨にしたがっているかぎり、請願が合法的にできるようになっている。こちらが狭義の請願ということになる。この場合、官公庁などの行政に行う請願もあれば、議会という立法府に行う請願もある。人類史的な観点からみると、広義の請願から狭義の請願への変化が賄賂をめぐる腐敗に対する視線の変化に呼応していることになる。

カトリック教会のコモン・ロー

　ここまでの説明で重要なのは、王に司法権が長く属していたとしても自分自身が法に優越していると思うようなイングランド王はいなかっ

たことだ。まだカトリックしかいなかったイングランドにおいてイングランド王が見出すコモン・ローとは結局、カトリック教会のコモン・ローであった。「外から見ると、王は、判決を通じて法を創造しているように見えるのだが、王の主観的な観点からは、先在しているカトリック教会のコモン・ローを探り当てているだけである」というのだ（大澤, 2015a, p. 134）。王自身によっても臣民によっても、カトリック教会のコモン・ローに合致しているとみなされる判決でなくては公正なものとして受け取られない状況がそこにはあった。

　ヘンリー8世の離婚問題を端緒として、16世紀にイングランド国教会がローマ教会から分離するようになるまで、イングランドでは王がローマ教会の権威を利用しながら自らの権威を高めるために裁判を使い、その判決を法として幾重にも重層化しつつ積み上げる形をとった。これが「司法を核として上向的に形成される法」としてのコモン・ローの本質であった。つまり王はコモン・ローを使って王権を強化したのだ。

イングランドにおける贈収賄規制
　イングランドでは、後に収賄防止法令の端緒とみなされるようになる法が1384年に施行された（Lindgren, 1993, p. 1704）。判事は価値の低い肉と飲み物の褒美を除いて、いかなる衣服、謝礼、贈物、ないし、王からの贈物を除くいかなる褒美も受け取ることはできないというものだ。同法は1881年まで有効であった。一方、強要を取り締まる英国法には、1275年から1968年まで効力を有したウェストミンスター第一法令がある。州知事もあるいは王の他の役人も任務を果たすためにいかなる褒美も受け取ってはならないが、王から受け取るものは支払いと認められるというものだ。ジェームズ・リンドグレンによれば、「収賄行為と呼ばれる罪として、この犯罪はおそらく比較的遅い時期（1500年代半ば）に現われ、1800年代まで役人に常套的に適用されることはなかっただろう」という（同, p. 1696）。犯罪と認識されてはいても、実際に適用され処罰されるケースは少なかったとみられる。

　イングランドでは、1600年に裁判官と証人だけが、カネを受け取ることで影響を受けるため、そうした行為が犯罪とされた（Noonan, 1984, p. 579）。18世紀になって、初代インド総督ウォーレン・ヘースティン

グズがこうした行為（腐敗）などで弾劾されたことから、行政官にもこの犯罪範囲が広げられた。こうした動きが米国にも波及し、19世紀になると、立法府の議員も適用対象となった。20世紀半ばまでに、政府のすべての役人・職員が対象となった。1962年の模範刑法典（Model Penal Code）で、その対象は政党の役員や職員に広げられた。公職者の妻や子供も対象となった。腐敗を厳しく糾弾する動きは決して急速に広がったわけではなく徐々に波及したのである。

フランシス・ベーコンの収賄

1618年にイングランドの大法官（民事裁判を行う大法官府裁判所において、国王が行使しうる特別の裁判権を行使）にまでのぼりつめていたフランシス・ベーコンは1621年、収賄で有罪に至る。同年3月、裁判所委員会は裁判にためにベーコンに100ポンドを支払ったという者からの訴えを受け取って以降、3月19日から21日までの間に、議員らは9件について事情を徴取した。結局、ベーコンは4月、「自分が収賄（corruption）で有罪である」との告白を文書で送った。彼は訴えられていた28件について告白したが、判決を弱めることはあったかもしれないとしながらも、罪の軽減をしようとはしていないと主張した。当時はまだ訴訟当事者から金銭を受け取っても、収賄罪になるかどうかが必ずしも判然とはしていなかった。ベーコンが4万ポンドの罰金を科され、ロンドン塔に国王の望む限り入れられることになり、さらに公職追放になったことで、収賄罪が現実の刑罰として広く知られるようになる。実際にはベーコンはすぐに釈放され、罰金も大幅に軽減された。過去に収賄で絞首刑になった判事もいたが、ベーコン裁判の与えた影響は大きかった。

②「F＝将軍」の形成

軍人もまた、早くから「F＝将軍」という超越的立場におかれた。ギリシア時代には、将軍に対して特別に厳しい視線が生じていたことがわかっている。

贈収賄という犯罪行為を意味するギリシア語は「ドーラ」（dσra）で、「贈物」という意味をももっていた（橋場, 2012, pp. 24-25）。ギリシアには、

序　章　腐敗分析の視角

都市国家であるポリス成立以前から「クセニア」（異なる共同体の個人間において財・サービスの交換を契機に成立する賓客関係）にみられる伝統的互酬性があり、もののやり取りが法律に違反する対象とはなかなかみなされなかった。だが、前5世紀初頭、アケメネス朝とギリシア都市連合との間でたたかわれたペルシャ戦争を機に、ペルシャ王が賄賂を使ってギリシア連合軍の寝返りをねらっているとの危惧が起こり、賄賂が破壊的結果をもたらしうることが知られるようになった。これは、異なった共同体から贈物を受け取る行為への罪という意識を形成する。本来、共同体間で成立した互酬は共同体を代表する者の間での贈与と返礼であったはずだが、ここで問題になったのは、外部の共同体構成員からの非公式の贈与であった。共同体の外部からの贈与を窃盗とみなすのは困難であり、ここで当該共同体に生まれた視線は外部からの非公式の贈物を受け取ることが当該共同体への離反につながる危険があるというものだ。ゆえに、こうした贈物を否定的にみなし、賄賂（「ドーラ」）といった悪いイメージをもつ言葉として定着することになる。贈与論で有名なマルセル・モースも、ゲルマン語のギフト（gift）という単語が「贈物」と「毒」という二つの意味をもっていることに注目している（Mauss, 1924=2014, p. 37）。同じ共同体の内部からのギフトは単なる贈物である可能性が高いが、外部からのギフトが毒である懸念は捨てきれない。同じギフトであっても、二つの意味をもつようになるのも当然といえば当然なのだ。

　紀元前4世紀後半には、つぎのような贈収賄罪に対する訴訟手続きや法律が整備された（橋場, 2012, pp. 136-137）。①役人の収賄罪に対して、「執務審査」という手続きがあり、これにより有罪となった場合の刑罰は収賄額の10倍の罰金、②評議会や民会における動議提案者の収賄罪に対して、「贈収賄に対する公訴」があり、有罪の場合、10倍の罰金、③将軍や動議提案者による国事犯級の収賄罪に対して、「弾劾裁判」があり、刑は死刑、④国事犯級の収賄罪に対する「アレオパゴス評議会による捜査報告」があり、刑は死刑。紀元前5世紀末になると、民衆裁判所関連の贈賄罪にかかわる「法廷買収罪関連法」が制定された。賄賂を贈る側に対する刑罰が初めて導入されたことになるが、有罪になれば、刑は死刑であった。さらに、全般的にすべての贈収賄行為を犯罪として

罰する「一般贈収賄関連法」が前5世紀に生まれた。収賄、贈賄、贈賄の約束などが犯罪行為とされた。

　ギリシアにおける贈収賄の考察から、役人よりも将軍や政治家が収賄者として厳しく糾弾されたことがわかる。それはペルシャ戦争を契機に対外的贈収賄への警戒感となって現われたのだ。ただし役人については注意が必要だ。アテナイの場合、役人の大多数は抽選で選任され、任期1年で原則として再任は認められなかった（橋場, 2012, p. 165）。同種の役職には10人ひと組の同僚団があてられたので、そもそも役人への贈賄が「効率的」ではなかったのである。しかも役人は任期中の公務について厳密な執務審査を受けることが義務づけられており、執務審査のなかで収賄行為の有無も調査された。執務審査を行う執務審査官のほか会計検査を行う会計検査官も生まれ、彼らが民衆裁判所において公開の場で公金横領、収賄などの罪で裁かれるようになると、公金への関心がますます高まり、それが市民の役人への厳しい目につながった。

　軍事専門家である将軍は一般の役人と異なって、抽選ではなく選挙で選ばれるので人望を集めやすく再任に制限はなかったから、その権限に対する警戒感が強まったと考えられる。政治家は役人でないため、執務審査を通じて不正行為を糺す対象とはなりえず、それでいて大きな影響力をもつに至る。ゆえに法的訴追により、収賄行為を罰する必要性があったことになる。他方、民衆裁判所による紛争解決が重要性を増すと、その裁判の陪審員に賄賂を渡して利益をはかる贈賄者に厳しい刑罰を設けた。それは民主政というシステムを維持するための方策だった。両親ともにアテナイ人であれば、貧富の差にかかわらず、成年男子に均等な市民権が認められたアテナイの民主政にあっては、陪審員手当や民会手当を通じて下層市民の政治参加を促す措置をとっていたのであり、贈収賄という、富の力による不公平によって市民全体の意思決定が歪められる事態を防止する必要があったのである。贈収賄を刑罰とするのは共同体を守るための安全保障原理に深く根ざしていたことになる。

　ただ、アテナイにおいては、裕福な市民もしくは非市民が、国に対して有形無形の贈与を行った場合、これに名誉をあたえることによって顕彰する制度が設けられていた（橋場, 2012, p. 175）。贈収賄を厳しく処罰する一方で、互酬性原理をシステムに組み込むことで、アテナイ民主政

は贈与文化をうまくコントロールしていたことになる。ここでも、共同体の安全保障を守る原理が働いていたのである。

軍人の重要性

プロシアでもフランスでも、貴族と呼ばれる階層は、連隊長や中隊長に就くことで、自分の部隊を家産的に保有、経営できた。あるいは、文官（たとえば地方監理官）としての官職に伴う収入を独自に得て、その地位そのものを家産として世襲することが当たり前であった。ゆえに、こうしたポストが売買の対象となっていたのである。フランスの場合、売官制が廃止されたのは1776年のことだ。それまで、売官制のもとで、連隊長などのポストを売って利益を得たのは、大貴族と、ブルジョワ上がりの新貴族（最高法院評定官や国王秘書官）だ。売官制が当たり前であった結果、成り上がりのブルジョワが軍事に介入する事態にまで至る。富の力でポストを得ることが日常茶飯事となり、軍の士気は低下する。このため、売官制の廃止後、1781年には少尉として軍務に就くには最低4代の貴族証明を求める法令（「セギュール規則」）が制定された（竹村, 2010, p. 269）。こうした規制を設けなければならないほど、軍内部のモラルが低下していたことになる。

③「F＝官僚」の形成

「F＝官僚」がどのように形成されるかにも留意しなければならない。「T＝国家」となったとき、「F＝官僚」は戦争に勝つための国家統治を具現化する役割を担うことになる。あるいは、宗教による統治においても、官僚が必要になる。国家にとっては、領土内に王のほか、領主や小作農などがいた。国家の安全保障上、重要であったのは軍人だが、それを機能させるには、官僚による徴税と軍事化がきわめて重要であった。王からみると、領主の権限を奪い、中央集権的支配を確立することがより安定的な国家統治につながる。だが、領主が従来、保有してきた軍事力や徴税権、裁判権などを国王が奪取するのはそう簡単ではない。他方、血縁を重視する国では、世襲を繰り返すなかで、能力の低い領主や軍人、官僚が統治にかかわり、結果的に国力を弱体化させる。

中国の場合、皇帝が神に代わって統治する形態がとられたため、皇帝

が専制君主として法を制定し、立法を行い、裁判権も有していた。度重なる戦争で、能力主義に基づく官僚の役割の重要性がよく理解されるようになる。俸給をもらいながら、住民への強要によって貢物を取ろうという姿勢が「盗み」として意識されるようになり、「盗み」の延長線上に収賄を犯罪とみなす視線が生まれる。やがて統治に活用するための能力に長けた人物を選抜する目的で、科挙という公開試験を通じた、世襲制ではない官僚制が採用され、そこに、官僚が賄賂を受け取ることで政治が歪むことへの警戒感が広がる。こうして、比較的早期に、中国では収賄罪が設けられたのである。贈賄も罪に問うことで、皇帝による統治を円滑に行うための制度化が進められた。

　他方、ローマ法では、「公的職務を遂行しつつ利害関係者から金を受け取る者は、強奪の罪を犯す者である」という規定が紀元前2世紀には存在した。ここでも、収賄者が「強奪」という「盗み」にかかわる罪を犯す、と意識されていたことになる。公的職務に対する俸給を受け取りながら、他方で、利害関係者から贈与を強制的に受け取るから、これが強奪にあたるようにみなされたのである。

　イスラーム社会では、部族主義が色濃く残存したために血縁選択が優位をつづけた。父系・共同体的・内婚制に基づく親族システムの力が強く、兄弟とイトコたちの横の連帯が官僚機構の台頭に抵抗したのである（Todd, 2011=2016 下, p. 679）。そのため、能力主義に基づく軍人や官僚の育成が困難であった。ゆえに、マムルークに代表されるような外国の異教徒を使った軍人や官僚の育成が制度化されるに至る。いわば、軍事奴隷が軍人や官僚になることで国家の支配者を巡って領主間で争うといった事態が回避された。

　イスラーム教のクルアーンでは、自分の財産を裁判官向けの「餌」として使用してはならないというように、間接的に腐敗を禁止している（Quddus, Bailey & White, 2005, p. 153）。支配者、裁判官、意思決定者、紛争当事者が賄賂と交換に有利な決定をして他者の財産ないし公的財産の不正な盗用を促すことを禁止する規定がある（Iqbal& Lewis, 2002, p. 8）。預言者ムハンマドが受けた啓示を記したスンナでは、「賄賂（rashwa）を受け取る者（収賄者）も贈る者（贈賄者）も地獄で焼かれるだろう」とされ、制裁を通じたそうした行為の禁止を求めている。この

ようにイスラーム教世界では、司法上の権力、行政上の権力、富み、政治的権威などの誤った利用を通じて信頼の濫用が生じる事態を腐敗と考え、これを防止しようとしてきたことがわかる。

　主権国家への脅威として賄賂が明確な犯罪と認識されるのは、インドのベンガル総督だったウォーレン・ヘースティングズが1787年に腐敗などの嫌疑で逮捕された事件がきっかけであった（詳細は第4章第6節を参照）。ヨーロッパ大陸では、1810年に公布されたナポレオン刑法典（1791年刑法典に代わるもので、1994年刑法典に代わるまで180年ほど通用）に初めて収賄罪が盛り込まれたとされている（Leijonhufvud, 1999, p. 149）。行政的命令や司法的命令にかかわる公務員、行政の代理人・監督者はすべて収賄が禁止されたが、贈賄罪の規定はなかった。有罪者はさらし台にさらされ、収賄額の二倍の罰金を科された。裁判官や陪審員の収賄に対しては、独房での懲役が付加された。この段階では、神から与えられた職務としての官職ではなく、人間が選抜されて得た役職が注目され、その役職が法的に伴う権限の範囲が注目されるようになる。

　④「F＝議員」の形成
　選挙で選ばれる代理人である議員も超越的立場に立つ。これは選挙時の賄賂に基づく得票における不正はもちろん、議員としての賄賂による賛否の意思決定などに対する厳しい視線を用意する。ギリシア時代、政治家は役人でないため、執務審査を通じて不正行為を糺す対象とはなりえず、それでいて大きな影響力をもつに至る。ゆえに、法的訴追により収賄行為を罰する必要性があったことになる。両親ともにアテナイ人であれば、貧富の差にかかわらず、成年男子に均等な市民権が認められたアテナイの民主政にあっては、陪審員手当や民会手当を通じて下層市民の政治参加を促す措置をとっていた。贈収賄という、富の力による不公平によって市民全体の意思決定が歪められる事態を防止する必要があったのである。

　ここでは米国の例を紹介しよう。1853年2月26日、「米国財務省への詐欺防止法」という法律が制定されて以降、連邦議員などへの資金供与が規制され、その後、1862年7月16日にリンカーン大統領が署名した法律で、政府調達に関連して資金などを受け取った連邦議員や連邦政

府職員および贈賄者、連邦議員の票と交換に、賄賂、贈物、報酬、その他の価値物を受け取った議員に刑罰や罰金を科すことになる（Noonan, 1984, pp. 453-454)。1846年にニューヨークでは首長や議員などに資金や資産を渡して投票に影響を及ぼす贈賄者に10年の刑を科す法令を制定していたが、連邦議員に対する法制定は遅れていた。

1867年には、最初の連邦選挙資金規制法として海軍割当法が制定される。政府職員が海軍船員に対して選挙資金を懇請することが禁止されたのだ。ついで、1883年には、Civil Service Reform Actが制定され、すべての公務員に対して、選挙の寄付金を求めることが禁止される。

選挙資金規制の歴史をながめてみると、1929年にニューヨーク州はすべての州民に対して、印刷物を除いて選挙向けに資金を寄付することを禁止する法律を制定する。だが、ニューヨーク州のような特別法で規定されていないかぎり、寄付は賄賂とは区別され、行われていた。この寄付という言葉は、許しのための合法的な支払いと罪深い賄賂ないし自由な贈物と区別するために使われていた、15世紀ころのラテン語、"contributio" と等しい意味をもっている。

寄付は自らの目的と合意できる目的をもった他者と分かち合うものであり、その目的のために寄付が使われることになる。この点で寄付は賄賂と区別された。ただ、寄付金が高額の場合、選挙後に選出された候補者の政治活動に及ぼす影響力が大きくなる恐れがあることから、セオドア・ルーズベルト大統領政権下で、1907年にTillman Actと呼ばれる法律が制定され、企業による、大統領、連邦上・下院議員選挙での寄付禁止が決められた。1910年には、Federal Corrupt Practices Act（いわゆるPublicity Actとして知られている）が施行された。その後、1911年、1925年に改正される。1910年法は下院選での政党の選挙支出に制限を設けたほか、政党（候補者ではない）による財務支出の情報開示を義務づけるに至る。1911年の改正で、適用範囲が上院の議員選や予備選に広げられる。だが1921年、最高裁判所は議会が党の予備選での支出を制限するだけの憲法上の権限を有していないとした。このため、1925年の形成で予備選が対象外とされたほか、100ドル超の寄付の報告が義務づけられるなどしたのである。

こうした過去の規制の延長線上で、1971年に連邦選挙に関する政治

資金規正の一般法として、寄付の規制や公開を行う連邦選挙運動法が制定される。1973 年と 1974 年に個人が選挙運動に与えることができる金額が規制された半面、連邦選挙に関して政治活動委員会（Political Action Committee, PAC）と呼ばれる組織の設立を正式に認める（Kaiser, 2010, p. 116）。PAC は会社、組合、利害関係集団が母体となって設立される組織で、PAC の名前で政治家の連邦選挙に資金を寄付するよう勧誘することができ、政治資金団体を設立して、そこに個人から集めた資金を献金し、候補者を支援するのである。

(3) F と C との腐敗関係

　F と C との関係がなぜ腐敗とみなされるようになるかも重要だ。ガンベッタは F と C との関係が市場的交換から成り立っているとみなした。それは金銭による「腐敗サービス」の購入という一種の商品交換を前提に考えているからだ。中世から近代化の直前まで、聖職売買や官職売買が行われていた。これは閉鎖的ながら市場的交換に近いかもしれない。だがこうした「F－C」間の取引は実際に多いかどうかはわからない。市場的交換とガンベッタは名づけたが、取引が腐敗であると気づいていれば、その取引は隠蔽されやすいから、その実態はわかりにくい。

　実はこの「F－C」間の関係も歴史的に変化している。互恵的ではあっても贈与と返礼に基づく互酬的なものであったり、まれに市場的交換であったりする。あるいは、互恵的とは言えない場合もある。F と C との関係に注目すると、F による C への強制という強要（extortion）という事態もあるからだ。F が職務上の権限を利用して、カネを要求するのである。あるいは、C による F への脅し（threat）もある。F やその家族への暴力で F を脅し、F の職務権限を C の利益になるように行使させるのである。問題は F と C との取引自体を「腐敗」とみなす視線がなぜ、どういうメカニズムで生じるかにある。どうして官吏と互酬関係を結ぶと贈収賄罪とみなされるのか。この問題を歴史的に考察することが腐敗の本質に迫ることを可能にするのではないかと思われる。

　ここで、"bribery" と "extortion" の区別について考えてみよう。なぜなら、歴史的にみると、両者の意味内容の解釈に混乱がみられ、両者を取り締る法にも混乱がみられるからである（Lindgren, 1993）。すでに

指摘したように、briberyはbribe(「盗品」→「脅し取った物」→「賄賂」へと意味が変化)をすることを意味し、盗むこと、贈賄や収賄を働くことを意味する。これに対して、"extortion"はラテン語のextotio(恐喝)から派生した言葉で、原義では、「ex-(外へ)+-tor(ねじる)+-tion」＝「金品などを絞り取ること」を意味していた。強要、強奪、ゆすり(blackmail)、たかりなどを意味している。この二つの言葉はよく類似した行為にかかわる意味内容をもっていたことになる。具体的な事例を考えると、たしかに"bribery"と"extortion"が重なり合って、その区別が難しいケースが数多くみられる。たとえば、近代化以降で言えば、警官がもしカネをくれれば、逮捕しないでやると示唆する場合、言われた側は逮捕という劣悪な状況におかれると脅され、強要されているようにみえる。半面、犯罪者はカネを支払うことで公正な取扱い以上のものを求めているようにもみえる。

　重要なことは、近代法以前のコモン・ロー支配下の英国や米国では、官僚がその公職という制度的権力を背景に強要という形で収賄するケースが多くみられたという事実である。おそらく市民法を意味するシヴィル・ローの支配的な諸国でも事情は同じであったろう。カネを受け取るという腐敗にかかわっていたのが"extortion"であり、支払うという腐敗にかかわっていたのが"bribery"であるというイメージが定着するようになる(18)。だが近代化以降、社会契約を前提とする近代的官僚制度のもとでは、一人一人の国民の権利が強化される一方、官僚の権限が相対的に弱まり、強要に基づく収賄よりも各官僚のもつ権限の範囲内だけの「取引」が問題化する。職務権限の範囲が収賄を立証するうえで重要になるのだ。強要の有無よりも職務権限の有無のほうが重視されるようになるのである。「強制された腐敗」という、かつて広範に存在した腐敗が忘れ去られてしまった理由もここにある。

　贈物を贈る者にとって、強要を理由に罪を免れることができる。これこそ、公的ハラスメントからカネを支払うことは、罪ではないとみなす、中世的な道徳観に基づいた考え方であった。だが英国では、1962年の模範刑法典(Model Penal Code)はこのルールを撤廃した。脅迫した公職者に資金を支払った者は政府の立法化過程を破壊しようとした者であるとみなされ、刑罰の対象となったわけである。そうした場合、脅迫を

受けた者は脅迫に抵抗し、それを報告すべきであったことになる。

贈収賄と強要

　米国における贈収賄と強要との関係は複雑な経路を辿ってきた。1881年ニューヨーク刑法典（Penal Code）では、強要が「誤った力の使用ないし脅迫によって、あるいは、公権という旗のもとで誘発される合意を伴って他者から資産を獲得すること」と定義され、「強要と職権濫用（oppression）」の条項において公務員の強要が犯罪として明記されていた。だが、1934年に制定された反脅迫法（Anti-Racketering Act）には強要という言葉はない。そのねらいが暴力や誘拐という脅迫を防止するところにあったためだ。1946年制定のHobbs Actでは、強要が「実際の力ないし脅迫的力あるいは暴力ないし恐怖の誤った使用によって、あるいは、公権という旗のもとで誘発された合意のある条件下で他者の合意を伴って他者の資産を獲得すること」と定義された。

　「公権という旗のもとで」（under color of official right）という規定を利用して、1972年にニュージャージーで民主党のボス的存在だったジョン・ケニーがHobbs Actで起訴される。これは「公権という旗のもとで」の強要が贈収賄に等しいという主張からなされたものであった。こうして、Hobbs Actの強要の容疑で贈収賄を立件することがさかんに行われるようになる。他方、1961年制定の旅行法では、強要や贈収賄といった州法にある規定に反して州にまたがる施設を使用したり旅行したりする連邦犯罪を取り締まっており、これを使って州の贈収賄の立件が行われていた。1970年には、威力脅迫および腐敗組織に関する連邦法が制定される。組織的経済犯罪の防止のために制定された法律だが、このなかで脅迫（racketeering）とみなされたのは、「殺人、誘拐、賭博、放火、強盗、贈収賄、強要、あるいは、麻薬ないし危険な薬物取引にかかわる行為」であり、組織犯罪と贈収賄との間の密接な関係が認識されたという点が重要である。1977年には、海外腐敗行為防止法が制定され、外国公務員への贈賄禁止などが規定される。贈収賄にかかわる法律には、ほかに内国歳入法、郵便や通信不正防止法令、共謀法令などがある。こうして米国は世界中の贈収賄防止をリードする存在となった。

互酬原則の例外としての腐敗

　ＦとＣとの関係に腐敗をみる視線は、実は、不可思議である。なぜなら、Ｆが行う行為に対してＣが返礼するのは贈与と返礼という互酬原則にかなっているからだ。にもかかわらず、どうしてＦの行為が腐敗として断罪されることになるのか。それは、Ｆが超越的立場におかれているということが決定的に重要性をもつ。

　人間は早くから裁判官、軍人（将軍）、官僚、政治家などが超越的立場にたって行動するという社会秩序のなかに組み込まれてきた。彼らが特定の贈与によって歪められ、全体の利益ではなく、特定の利益のために恣意的に行動するようになると、結果的に全体の不利益をもたらすことから、こうした事態を避けるために、超越的立場に立つ者に対して互酬原理を適用しないというルールを構築するようになるのだ。たとえば、すでに紹介した士師に対する規制は早期の例と言える。

　ここで人間は比較的早くから天秤を発明していたことを思い出そう。古代エジプトでは、人間の魂は死後、冥界の神オシリスのもとで審判を受けると信じられていた。その審判に合格すれば、楽園である「イアルの野」に住むことを許され、永遠の生命を享受できることになる。その審判に使われたのが天秤だ。この審判を示した「死者の書」にある絵はさまざまで、概して言えば、天秤の一方には死者の心臓、もう一方には正義と真実の化身である「マアト」の羽根ないし小像が載せられる。計量はジャッカルの頭をもつアヌビス神が行い、記録するのが朱鷺の頭をもったトト神だ。死者の心臓のほうが重く、マアトの羽根が吊り上ってしまうと、死者の告白は虚偽とされ、心臓は天秤の下で待ち受けている、ワニの頭とライオンの胴体、カバの後ろ足を持つ怪物アメミットに食べられてしまう。他方、天秤が釣り合えば、罪状はなく潔白であるとされ、審判により再生・復活し、イアルの野に暮らせるようになる。

　天秤をめぐるこのイメージは数々の問いを喚起する。一つは釣り合うことを「よし」とする考え方をめぐるものだ。配分をめぐる均等性に対する強いこだわりが暗示されている。それは当時の人々が贈物とそれへの返礼についても釣り合いを重んじたのだろうかという疑問につながる。その釣り合いが崩れているとき、一方は他方に対して、どんな感情をいだいたのだろう。あるいは、心臓という「量」の明確なものと、真実や

正義といった「量」の定まらない「質」的なものを比べることができるという発想はどこから生まれ、どう説得力をもって受けいれられたのだろうかという疑問も浮かぶ。

実は「死の計量」や「運命の計量」はエジプトだけの現象ではない。紀元前1200年ころの宗教家ゾロアスターの教義を記した古代ペルシャ語の聖典『アヴェスタ』にも秤による死後の審判がある（小川, 1997, p. 168）。イスラーム教では、死後の個別裁判という形ではなく終末裁判において秤による計量が行われるとされている。あるいはギリシア文学では、『イーリアス』（吟遊詩人の伝統によってつくりあげられた紀元前1230年～850年ころの作品）において、ギリシア軍とトロイア軍の「死の運命」が神ゼウスによって天秤にかけられたり、英雄アキレウスとヘクトルの運命もまたゼウスの秤によって計量されたりしている。

腐敗の典型である賄賂はいわば贈物であり、それに対する返礼との価値の釣り合いが問題になる。天秤はその釣り合いを計量するための優れた道具であった。興味深いのは、贈与と返礼の価値が天秤で実際に計量できる重さだけに還元されないことに人間が早くから気づいていたと思われる点である。だからこそ、「心臓」と「正義や真理」を計量しようとしたのであろう。物に霊や魂が込められていると感じていたのだ。

そのうえで、両者の比較計量にこだわっていたことを留意しなければならない。互酬によってもたらされる贈与と返礼の価値へのこだわりが贈与者と返礼者との間に債権・債務の関係をもたらす。贈物の価値に比べて返礼の価値が小さい場合にだけ、イニシアチブをもつ贈与者側が騒ぎ立て、「盗まれた」と感じるようになる。「汝、盗むなかれ」はモーセの十戒の一つとして知られており、ユダヤ教の律法の一つである。互酬原理はこの古い戒めを根拠に、贈与と返礼に伴う交換対象の価値の等価性を重視するのだ。この問題こそ、「正義」や「法」にかかわる問題を提起するのだが、物に霊性や魔性が含まれているとみる視線はそう簡単にはなくならない。

共同体の外との交流

他の哺乳類や霊長類から推測できるように、これらの動物は縄張り意識をもち、自らの属する集団とは別の集団や生き物が外界に複数、存在

することに生得的に心得ている。生まれてから親離れする時間が長くなるにつれて、親への依存が強まり、それが血縁選択の優位性にかかわっていることになる。その一方で、他の共同体との緊張関係があることをつねに意識しなければならない現実があることを知る。血縁選択優先の部族共同体のような場では、あまり重要ではなかった互酬的利他行動に目を向けなければ、自らの属する共同体の安全保障が保てない現実にさらされることになる。そこで人間は、自分自身であるために必要なものが欠けているからこそ共同体に帰属せざるをえないと感じることに由来して、その欠けているものを他者から贈与されることで自己の完成につなげることができることに気づく。それは他者に対して贈与を受け取ったことを示すことではじめて完成する。受け取ること自体はすでにお返しという側面をもつにしても、他者に本当に受け取ったことを示すには、お返しを行い、反対贈与により返礼することがもっとも望ましい。これが互酬性を支える原理となる。ここに贈与者とみなされた他者に対する威信なり、敬意が生じ権力者が生まれる。このとき、贈与と返礼の対象物は物であり、相互に貴重な物があてられるが、それは決して無機質な物ではなく霊や魂が宿った物として意識されていた。別言すれば、そこには、アニマのような神々が存在し互酬性そのものに宗教的色彩があったことになる。

　やがて、人間は外部の共同体との間での互酬原理の適用において、難しい問題があることに気づく。戦争の最中、敵からの贈物に心を動かし、共同体の敗戦につながる裏切り者が出てしまっては、困るからだ。ここでは、贈物と返礼との価値の差が問題なのではなく、敵と互酬的関係を結ぶ行為そのものが問われている。これは、贈与と返礼に伴う互酬原理がもたらす債権・債務関係の程度よりもむしろ、そうした関係の有無に焦点をあてることを意味している。ここに、互酬原理の見直しが迫られることになる。贈与を受けること自体を犯罪とみなす視線が生まれるのである。その贈与が外部の敵からのものかもしれないからだ。これは、同じギフトであっても外部者からのギフトは「贈物」ではなく、「毒」とみなす視線が明確化することを意味している。

　この視線はやがて各共同体内部での変化にも関係するようになる。共同体内で進んだ階層分化のなかで、「持てる者」と「持たざる者」との

格差によって同じ共同体内の人間間での互酬原理の維持が困難になるからだ。これは、共同体内における血縁選択と互酬的利他行動とのバランスという問題を提起することを意味している。同じ血縁間での格差、異なる血族間の格差、個々の人間の格差の問題をどう調整するかが課題となるのだが、その際、重要となるのは集団としてのまとまり、集団としての「力」である。大雑把に言えば、集団は共同体内の支配層と被支配層に二分され、支配層は王、領主、地主などに分岐する一方、非支配層は小作農、農奴などに分化する。この過程で、血縁選択が優位であれば、世襲財産の継承を前提とする制度が整備されることになるのだが、分業化の進展、貨幣経済の浸透といった外的要因の変化にともなって別の制度への変更が求められる。ここに「法の支配」(rule of law)をどう制度化するかという大問題が現れる。神と法と人間をどう関係づけるかが問われることになる。

　たとえば、価値あるもので返礼が困難な貧しき者が称賛や名誉といった評判による認知を超越的立場にある者に与える制度ができれば、贈与と返礼との間の価値の等価性は問題ではなくなる。逆に言えば、共同体内の人間間の交換において、贈与と返礼の価値の等価性の重視が維持できなくなったがゆえに、等価性に重きを置くのではないルールが必要になったわけである。これは、贈与と返礼に伴う債権・債務関係、あるいは、それに伴う「盗み」かどうかへの関心が薄れ、むしろ、「盗み」とは違う視点から、すなわち、「徳」といった規範の観点から、贈与と返礼という交換が見直されることになる。それは、物に込められた霊性や魔性の軽視にもつながる。

　血縁選択が互酬的利他行動に優位している条件下において、世襲的財産制が共同体内でルールとして受けいれられていても、共同体内で超越的立場にたつ人物が持続的にその身分を世襲しつづけることはそう簡単ではない。共同体内で集団的利害を代表するさまざまの階層との軋轢を回避しながら、共同体な秩序を維持するのは難しい。共同体がより巨大化するにつれて、血縁選択に加えて互酬的利他行動をある程度反映した統治を制度化しなければ、共同体の治安維持が難しくなる。「徳」の観点から、あるいは、「法の支配」の観点から、超越的立場にたつ人物が贈与をもらう行為自体が非難の対象になるように変化するのだ。これは、

互酬原理を超越的立場の職業に就く人物に適用しないことで、互酬的行為を排除しようとするものだ。そうした視線のなかで、超越的な立場の「裁き人」のような人間と、贈与を贈る者との間で、あえて互酬的関係を結ぼうとすれば、その贈与と返礼は隠れて行われるようになる。これは逆に、そこでの贈与と返礼の価値の等価性を重視させることになる。このとき、裁き人と依頼者との間では、厳しい互酬原理が遵守されなければならない。
　「徳」の観点、あるいは、「法の支配」の観点というのは、人間にとって新しいルールを意味し、共同体内での交換を見直し、一部の交換行為を抑制するためのルールとして機能する。そこでは贈収賄にみえる行為のうち、まず収賄を犯罪として罰する方向に向かう。「徳」ある人物（超越的立場にある者）はものを受け取ること自体が犯罪だという視線がまず生まれるのだ。彼らによる脅しへの厳しい視線も作用した。
　別言すると、共同体の発展によってその内部においても互酬原理が維持できなくなったのに対応して「盗み」の禁止といった旧ルールではない、新ルールが必要になったのである。それが超越的立場にある、官僚、将軍、裁判官、政治家などとの互酬原理の適用除外として結実していく。彼らとの関係においては、贈与と返礼との関係の等価性ではなく、互酬的関係そのものが表面上、否定されることになる。ここで「盗み」をもとにするルールとは別のルールになるわけだ。そのとき、超越的立場にある者が贈与をもらう行為そのものを共同体の安寧への敵対行為とみなすようになる。共同体の統治のうえで、そうした贈与と返礼が阻害要因になるからだ。そこには外部の他者を敵とみなしてきた呪術時代の視線と似た視線がある。共同体内であっても、敵を見出しその敵を罰することで共同体の安定は確保される。同じ共同体の構成員からのギフトであっても、それを「贈物」ではなく「毒」とみなす視線が生じるのだ。
　同時に、ギフトとしてなにを贈るかという問題も重要になる。官僚は貨幣経済を前提に基本的には王によって雇われた者として虐げられた存在でしかなかったが、その官僚が賄賂としてカネを受け取るようになるのは貨幣が「毒」であるからではなく、貨幣が一般的な等価形態に置かれた価値物であると認識していたからであろう。政治家や裁判官が賄賂として貨幣を受け取るようになるのも同じである。こうして結局、ギフ

トの対象に内在したはずの霊や魂といったイメージや「毒」といった視線は薄れていくことになる。とくに、物のなかから「貨幣」という不可思議なものが出現することで、物の「霊性」は相対的に弱まる。それは「貨幣はケガレの吸引装置である」という見方に呼応している（新谷, 2003）。次章では、こうした問題について論じたい。

第1章 「神－人間」関係

1.「神－人間」関係における相互作用

　序章で指摘したように、腐敗問題を解くための第一の鍵は委託者(Truster)の存在である。そこで、第1章では、最初の委託者である「神」と「人間」との関係について考察しなければならない。

　モーリス・ゴドリエが『贈与の謎』のなかで注目したのはあらかじめ人間より上位に位置する神々であった。人間にとって、神々からの贈与はすでになされたものとして意識されるから（天変地異のように自然の脅威を経験するといった出来事がまず先にある）、人間は神々に贈与することで神々への負債を返済しようとした。このとき、人間は血縁で結ばれた氏族のような共同体を形成することで生きていたから、共同体として神々に返礼し、神々に贈与した。神々による贈与は人間の共同体に有無をいわさず受け取られるが、神への贈与は受け取られるかどうかわからない。神々は人間の上位にいるから、人間の贈与を受け取る義務はない。ここでは、こうした「神－人間」関係の変遷を歴史的にたどることで、「人間－人間」関係の変遷を考察する一助にしたい。二つの変遷は相互に深く関連づけられているからである。

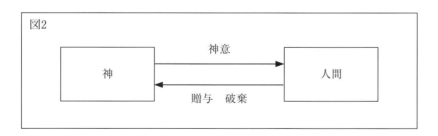

　ここでは、図2に示したような簡略化した「神－人間」関係について

考察を加えたい。神々による人間への働きかけである「神意」は最初、天変地異のような自然の変化として、つまり過去の出来事として人間に感得されたに違いない。神々による人間への贈与がまずあったことになる。自然の猛威によって人間が生命の危険にさらされるような事態に直面すると、人間はその神の神意を鎮めるために贈与を行った。これが供犠である。他方で、自然から食糧を得て安寧に暮らすことができた場合にも、神への感謝として人間は返礼をした。人間の贈与を神が受け取るかどうかはわからないが、最後の手段として人間が神を見限り、破棄して別の神を見出すこともあったことは忘れてはならない。

　供犠の仕事を終えた犠牲獣は「われわれ」によって食されることも大切だ。ここで思い出してほしいのは、犠牲獣の牛の肉を公平に分配することをギリシア語でネモー（νέμω）といい、これからできた言葉がノモス（νόμος）、法であることである。中国では、敵を奉献したあと、それは軍や法廷のメンバーが消費するための「ミートソース」にされたという（Fukuyama, 2012, p. 109）。興味深いのは和歌森太郎による共食モデルの提唱である。贈物は本来、神に対する供物であり、その供物は神と神を祀る人によって共食され、これが変化して祭りに参加する人々の共食となり、さらに変形して人々の間で贈物がやり取りされる贈答になった、というのである（和歌森, 1981）。

　ここで、エミール・デュルケームが『宗教生活の原初形態』において、「聖なる」禁忌としての「ネガティブな儀礼」（接触の禁止、断食など）と、「ポジティブな儀礼」を区別し、後者には、「悦ばしい祝祭」（交霊的・共餐的供犠、模擬的儀礼、記念的・再現的儀礼）と「悲しい祝祭」（贖罪的供犠）があるとしていることを思い出そう。おそらく最初の供犠は「悲しい祝祭」として流血を伴ったものであっただろう。神々への恐れがあったからこそ、その恐れを除去するために人間の犠牲が強制されたのだ。日々の生活が平穏に過ごせていれば、なにもする必要性はないだろう。天変地異の脅威を知り、それを供犠によって鎮め、その後に日々の平穏に感謝する儀礼の必要性も生まれる。そればかりではない。神々による人間への働きを過去にみるのではなく、神々に日常的に贈与することで将来の神々の怒りを制御するという発想が生まれるのだ。こうして、神々による神意を過去にだけ見出すのではなく、神々への贈与によって

神々から将来を受け取ろうとする企みが芽生える。

互酬の原理

　贈与と返礼からなる互酬の場合、贈与は「与える義務」、「受け取る義務」、「お返しの義務」からなり、受け取ること自体はすでにミニマムなお返しという側面をもつ（Mauss, 1921=2014, p. 230）。与える義務はなにものかに対する負債を感じているところから始まるのであり、それは共同体にとって必要なものが欠けているように感じることに由来する。それは人間一人一人の意識の問題として理解されるのではなく、共同体としてまとまってしか生きてゆけなかった人間がそれぞれ属していた各共同体の義務として成立する点に注意しなければならない。

　よく引用されるのは、マルセル・モース著『贈与論』である。この本では、贈与と返礼がセットになった世界観が示されている。それが、共同体のレベルで強制されている姿を分析している。これは、人間が定住した後に、そこで生じる富の不平等や権力格差を解消するシステムとして、共同体間の「贈与する義務」、「受け取る義務」、「返礼する義務」をセットにした交換を開始したことを意味している。このセットこそ通常、「互酬」と考えられている。集合的な交換形態として想定されており、アメリカ北西海岸部では「ポトラッチ」という名前で知られている。

　この互酬原理は、同じ世帯や同じ部族内での「同じ超越的視点」としてではなく、異なる部族間の、つまり、共同体間の「同じ超越的視点」からの部族や共同体への強制という原理として働く。互酬はある共同体の「掟」として機能しつつ、別の共同体の掟としても機能する。掟も法と言えなくはないが、この法が成立するのは、共同体の掟が通用しない領域、すなわち、共同体と共同体の間であり、それを整備することが可能になるのは、複数の共同体を集権的に支配する国家の成立を待たなければならない。ただし、互酬性は国家の成立を抑制する仕組みとして働いている点が重要だ。

　一方で、供犠に互酬性を見出すことも可能である。むしろ、歴史的な順序からみると、まず、互酬原理は自身ないし自分の属す共同体の安全保障に深くかかわるものとして供犠から始まったと言えるかもしれない。人間が「動物的」であった昔、人間は万物にアニマ（霊）を見出し、そ

れを贈与によって抑え、対象と関係できるように物化させたのだ。これは、超越的な他者への垂直的な贈与である、供犠という互酬の始まりである。死者の埋葬も贈与として、死者の霊を抑え、自らの安全保障に資する目的でなされた。呪術はアニマに贈与することによって、人間が自然との関係を物ととらえることを可能にし、安寧をもたらしたのである。つまり、モースが指摘するように、「贈与がおこなわれるためには物かサービスがなくてはならない」のであり、そして、「その物やサービスは受け手に必ずや義務を負わせる」必要がある。この二つを実現するには、物が単なる無機質の存在物であってはならない。物には内在的な力が宿っているとみなすことで、この二つの前提を満たすことが可能となったことが決定的に重要であったのである。

物の内在する魂

　贈物が人の手を経めぐり、人が贈物を与え、贈物にお返しをする背後には、この互酬にかかわる全部族において、その財が全体としてつねに霊的な起源をもち、かつそれ自体が霊的な性質をもっていることが関係している。ポトラッチの対象となる物（とくに銅製品）も、富も、位階も、すべての物はそれを使用することと一体化しており、それを使用して得られた物とも一体化しているとみなされていた。ゆえに人が位階を得るのは、これらの物によってであり、人が富を得ることで霊を得ることになる。贈与は他者への「敬意」の現れとして自らの霊が宿った物を通じて行われ、それへの敬意を示すために受け取ることが義務とされ、そればかりか、受贈者は自らの霊のこもった物を返礼しなければならない。今度は、最初の贈与者はそれを受け取ることで、敬意を示し、差し出した自らの霊を回復したかのように感じて安定性を得るのだ。モースは、この円環の背後には、「人が自分自身を与える」という贈与があり、その「自分自身を与える」のは、人が自分自身を（自分という人を、そしてまた自分の財を）他の人々に「負っている」からなのだと指摘している（Mauss, 1921=2014, p. 296）。

定住

　定住によって、人間はその属している集団内における葛藤や対立に常

時、直面するようになる。遊動しているのであれば、その集団からの離脱も容易であり、集団を離脱してもなお生きていける。しかし、気候変動によって遊動生活が難しくなってやむなく定住するようになった人間はともかくも定住者によって形成される集団を優先せざるをえなかった。しかも、定住により、死者の埋葬という厄介な問題も生じる。死者の近くで生きていくために、「定住した共同体は、リニージ（血筋）にもとづき、死者を先祖神として仰ぐ組織として再編成される」のだ（柄谷, 2014, p. 48）。

　この定住はいわば「縄張り」の固定化を意味する。同じ地域に複数の縄張りが固定されると、その縄張りの境界付近で絶えず闘争が起きる。しかも、その地域から離れたところから、まったく新しい縄張りを求めて闖入者が訪れることもある。こうしたなかで、部族といった小さな共同体間で戦争が絶え間なく繰り返されることになるのだが、こうした状況を打開する方法として互酬という交換のルールが創出されたと考えられる。このとき、共同体間に注目すると、互酬は共同体間の債務と債権とを相殺する方向に向かうことで平等性を維持するように働く。だが、各共同体の人間に注目すると、遊動的であった時代に各人間がもっていた自由が失われ、人間は各共同体に固く結びつけられてしまうことになる。定住社会では、人間は個人としてではなく共同体の成員としてしか生きていけないのである。

　部族といった小さな共同体の各世帯で行われる、親が子供の面倒をみるといった行為は互酬ではない。「与える義務」、「受け取る義務」、「お返しの義務」という三つの義務を課す行為ではないからだ。ただ、互酬が共同体間で支配的な統治ルールとなると、すなわち、「同じ超越的視点＝Ｔ」がもてるようになると、そのルールが各共同体においてそれを構成する各世帯間の「掟」のように機能することはありうる。

　ＦとＣが同じ共同体にいる場合、その安全保障を前提にＦとＣとの関係が同じ超越的視点からみて腐敗かどうか、判断されることになる。ゆえに、腐敗は安全保障の問題と密接に関係している。ＴとＦが味方である場合、同じ価値観、同じ共同体に属していることが多いが、Ｃは必ずしもその必要がない。外部者であるＣがＴとＦの属する共同体を揺さぶるため、Ｆに働きかけるという事態が想定できる。この場合、安

第1章 「神－人間」関係

全保障上、こうした働きかけを忌避するために腐敗という負のレッテルをはりやすい。同じ共同体内で、外部者Cを排除する視線を身につけるのはそう簡単なことではないからだ。

2. 不可逆的時間と一神教

　ここで重要になるのは、時間の概念だ。真木悠介（見田宗助）著『時間の比較社会学』によれば、古代ギリシアのヘレニズムでは、時間は円環的にとらえられていたが、ヘブライズムでは時間は不可逆な流れとして意識される。ヘレニズムの場合、アナクシマンドロスのころから、つまり、紀元前6世紀前半から、時間を円環的にとらえる意識が明確となる。これに対して、前2世紀半ばに書かれたとされる『ダニエル書』あたりから、ユダヤに始原(アルケー)から終末(テロス)へと直進する有限で1回だけの不可逆性としての時間の観念が生まれる。その背後には、ユダヤ人の経験した受難がある。受難の過去と現在から目を背け、現在と異質な未来に希望いだくことだけが救いとなりえたところに、不可逆の時間意識が生まれたと考えられる。それは、あるがままに存在するものとしての「自然性」を否定することを意味し、自立的に超越するものとしての「人間性」をこの自然性に対置する文化が育つことになる。

一神教の誕生
　この時間意識の変化は一神教の成立に関係している。ソロモン王（紀元前970～931年ころの古代イスラエル王国第三代国王）の時代のエピソードは興味深い。そのエピソードは「指輪」にかかわるものだ。ソロモン王は大天使ミカエルから指輪をもらい、それによって悪霊をも使役する力を得たといわれている。だが、彼が国を安定化させ、慢心するようになると、神は悪霊アスモデウスを遣わした。そして、この指輪は悪霊アスモデウスによって奪われ、海底に投げ込まれ、魚に飲み込まれてしまったとされる。その後、悪霊がソロモン王になりすまし、ソロモンは物乞いにまで落ちぶれたが、やがて別の王国の王宮料理人と知り合い、見習い料理人となり、調理する魚から指輪を見つけ、復活する。この場合、神からの贈物に対して、ソロモン王の平安の実践で返礼を受け取っ

たのかもしれないが、その平安が乱れると、すぐにそれを罰するために悪霊を遣わしたことになる。贈物によって生じる、「神‐人間」間の債権債務の関係は、永続的であり、安寧が乱れると、それに対応した「返礼」、「仕置き」として、神による制裁が待っていたことになる。指輪を再発見したソロモンは、再び神から得た指輪への返礼として安定した共同体をつくろうとする。ここには、神と人間の間で、相互に互酬的利他行動が成り立っているようにみえるが、その一方で、ソロモン王の統治したような専制的な国においては、王に対して積極的に服従し貢納することによって、王から保護や再配分を賜るかのような互酬的利他行動の関係が形成される。王は過去に収奪したものを再配分に利用して、従属者の労働と交換するよう誘導するのである。ここに、指輪のような単なる物のやり取りではない、新たな交換様式が生まれるのだ。ただし、その一方で、神と人間の関係には、それ以前の呪術にあったような互酬的利他行動が残っているのである。

　専制的な国には、それぞれの神があり、しかも、それらの神はともに、人が贈与し祈願すれば、神は人の願いを聞かなければならないような存在にすぎなかった。神々は、王国や氏族ごとにそれらを守る「氏神様」のような存在であって戦闘で敗れれば棄てられるものであった。ゆえに、複数いる神への風当たりは相当強かったことになる。こうしたなかで、神の代弁をし、イスラエルの民を導くとされる預言者が神への贈物に反対を表明するようになった。紀元前8世紀半ばになると、裁き人（士師）への贈物も攻撃対象となる。イザヤ書1章23の部分では、贈物を受け取った裁き人を「反逆者」、「悪党の仲間」呼ばわりし、贈物を貪欲に渇望する姿勢を指弾している。

　一神教としてのユダヤ教は、紀元前6世紀のバビロン捕囚前後に明確化する。ユダヤ教は唯一神ヤハウェのもとで、他の一切の神々を否定し、天地を創造した全知全能の神をおく。ヤハウェはもともと、善悪を抜きにして暴力をふるう「大自然災害の神」であって、イスラエルの人々はヤハウェにその無類の「力」を求めた。それを、政治的・軍事的必要から新たな神に仕立て上げたのがモーセである。戦争に勝利するための神ヤハウェが、バビロン捕囚を契機に、民族の結束を可能にする、共同体の規範を根拠づける道徳的で合理的な存在にまで格上げされたのだ。

これは、マックス・ウェーバーのいう、人間が精霊に呼びかけてその加護を要求する「精霊強制」（Geistes-zwang）という呪術を否定し、神の前に人間が拝跪して礼拝する「神奉仕」（Gottes-dienst）へと大きく舵をきったことを意味している。捕囚としてバビロンに連れていかれた人々の間で、戦争に敗れ国が滅んでも、神が棄てられず、逆に人間にその責任を問うような転倒が生じたのである。それは「精霊強制」ないし「神強制」（Gottes-zwang）の断念を意味している。そこには、もはやソロモン王の時代にあった、神と人間の互酬的利他行動はない。一方的な奉仕があるだけだ。ヤハウェの律法を守ってバビロンでの窮状を耐え忍べば、必ず輝かしい将来が待っている——と信じることで、人々はヤハウェに帰依したのだ。ヤハウェが絶対者となり、王はヤハウェの意思を体現する預言者によってしか戴冠できなくなる。しかも神と人間とを仲介する預言者は王の政治を批判する役割を担うようになる。

自己意識と唯一神

こうした変化は、「私」が「自分」を支配しているという視線を、「私」とそれを取り巻く「世界」とを区分する視線を得るのと同時に獲得した時代と対応関係にある。不可逆的な時間意識が「自然性」から「人間性」への移行を促したとすれば、それは自分という意識の明確化につながったはずだ。

「私」を外界と区別できれば、「私」を外からながめることができるようになる。同時に、それは「私」という意識を明確にもつことを可能にし、意識をもつ「自分」は「私」でしかないという信念を生み出す。それは、複数の神々の声に従うことが不都合であることを意味している。複数の神のいいなりになるのでは、「私」という意識がなんの決定権もないことになってしまうからだ。もちろん、「私」は実際には、「自分」すべてを管理したり監督したりできないから、「私」よりも大いなる何者かに対してひざまずくしかない。「私」には説明のつかない「自分」を「私」という意識の側で救出するには、「唯一神」という考え方が都合がいい。なぜなら、「私」という意識が「自分」という人間を支配していないということは受けいれがたいが、「私」という意識が「自分」のすべてを監視しきれないことは認めざるをえないから、「私」のなか

に唯一の神を想定することでこの矛盾を切り抜けられるためである。神を、「自分」を支配する「私」のなかに想定し、その神と契約するからこそ、個々人と神との関係が問題になる。このとき、複数の神がいたのでは、「私」が生活する共同体の秩序は維持できない。「私」という意識が不明確な段階では、バラバラの神を信じていても、共同体が失われる心配は少なかったが、「私」が意識できるようになると、「私」のなかの「神」が共同体のなかの唯一神と一致しなければ、「私」のほうがバラバラになって共同体の秩序を維持できなくなってしまうのだ。

　ただし、バビロンの捕囚となった人々は、約40年後に、バビロニアを滅ぼしたペルシャ帝国によって解放され、エルサレムに帰還した。以後、ユダヤ教団は国に奉仕する統治機関に変質し、バビロンにあった盟約共同体は、祭司・律法者が統治する集団に成り下がってしまった。聖書編纂がすすめられたのは、その頃であり、その過程で、いったんは普遍宗教となったユダヤ教が、伝統的な祭司らが律法によって支配する宗教に再転化してしまったのである。

3．神意の解釈

　神意を将来に反転させることができても、なにに神意を見出すかは宗教ごとに行っている。ユダヤ教やイスラーム教の場合、神からの啓示によってもたらされたという聖典がある。ユダヤ教では、「トーラー」と呼ばれる旧約聖書の最初の五書（モーセ五書）がそれである。これがユダヤ教の律法と呼ばれる「掟」の基盤をなしている。ほかに、口伝としての律法、「タルムード」がある。イスラーム法（シャリーア）は、神の意志の具体的な現われであり、その法源は、預言者ムハンマドに神の啓示があったとされ、それを書き留めた「クルアーン（コーラン）」である。極言すれば、「クルアーンは神自身によって立法された神の法である」ということになる。ほかに、ムハンマドが語ったこと、行ったこと、黙認したことである「スンナ」も法源となっている。クルアーンは、支配者、裁判官、意思決定者、紛争当事者が賄賂の交換によって有利な決定を得ることで他者の資産ないし公的資産の不正な横領を促すことを禁止している。たとえば、「汝ら己れの財産をお互いにくだらぬ事で濫費し

てしまってはならぬ。また裁判官に賄賂を使って、他人の財産の一部を不法に食ってはならぬぞ」(コーラン, 2, 184/188, 井筒, 1959=1992, 2015, p. 373) と記されている。

　同じ神(ユダヤ教ではヤハウェ、イスラーム教ではアッラー)を信奉しているのに、その位置づけはまったく違う。ともに人格神であり、人間のような性格をもつが、ヤハウェは、怒ったり、嫉妬したり、ときに暴力的ですらある。ヤハウェはユダヤ教徒にとって不可解な存在であり、神の意志がわからず、不安な存在としてある。これに対して、アッラーは親切で寛大であって、神の意図が人間にもよく理解できる。

　大澤真幸の意見では、神が己の欲望に関して揺るぎない確信をもっている場合、神の明白な意志の表現になっている規範的な判断が変更の余地のない不朽の法として採用されるほかなく、イスラーム教がこれにあたるという(大澤, 2015a, p. 161)。アッラーの声を示すクルアーンは絶対的権威をもった命令、永遠法として位置づけられることになる。これはイスラーム教が「戦士の宗教」としてアラビア半島で連戦連勝し、急速に普及したという事実に依存している。女性蔑視の観点が強いのもこれに関連している。クルアーンに次いで、預言者ムハンマドの言行に基づいてつくられた「スンナ」という口伝律法が重視されている。この下にイスラーム法上の問題に意見をのべる能力をもつ者(ムジュタヒド)間の意見の一致をみた見方を「イジュマー」と呼び、イスラーム法の法源の一つとしている。ほかに、「類推」(キヤース)と呼ばれる既存の原理からの類推がある。これに対して、神に不安を感じざるをえないユダヤ教では神意をつかみかねるところがあり、それゆえに「トーラー」という書かれた律法以外に、口伝の律法として「タルムード」をつくり、神意を補完する必要があったのだ。

キリスト教の隣人愛

　だが、キリスト教の場合、「神を愛せ」、「汝の隣人を愛せ」というイエスの言明があるだけで、それは法ではない。法は罪の意識があってこそ機能するのだが、その侵犯を誘発しかねない面もある。これを避けるには愛を法から切り離すことが必要だとキリストは考えたのである。ゆえに、神との契約(信仰)は絶対であるという枠組みは残ったものの、

特定の聖典を法源とする宗教法はもたないという状況になった。キリスト教の神（これもヤハウェ）は「人間」という姿をとってイエスとして現れた。人間は自らが不安をかかえているのに、神すら人間の姿をとることで一層不安を感じただろう。これを神からみると、神が「これでまちがいない」という十全なる確信、完全なる自信には決して到達できない状態ということになる。このため、神は暫定的な結論を提起するだけで、それについても絶対の確信には至りえない。神は、極端な不安と暫定的な確信との間で絶えず揺らいでおり、西洋における法はこの揺らぎの表現ではないか、というのが大澤のみたてである（大澤, 2015a, pp. 161-162）。

　このユダヤ教、イスラーム教と、キリスト教との違いがのちの人間の歴史に大きな影響を与えることになった。ユダヤ教徒やイスラーム教徒にとって神と人間との契約は絶対的であり、神が唯一の立法者であることになる。神の啓示に基づく聖典を法源とする法は、人間が変更しようもない、最終的なものとして与えられたものであって、共同体や国のほうが法に従わなければならない。そうなると、国は法を執行する目的のために存在することになる。イスラーム教で言えば、ムスリム（イスラーム教徒）に許されていることは、有為転変する共同体の諸々の要求に直面した場合に法をつくることではなく神の法を創造的に発見することにとどまる。ゆえに人間同士の契約は相対化され契約当時の事情が変われば、契約内容も変更されるという「事情変更の原則」が頻繁に認められるようになる。人間間の契約が軽視されてしまうのだ。

　これに対して、キリスト教においては、神と人間との契約が宗教法として存在しないため（教会法はあっても、その法源は教会にすぎなかった時代が長く続いた）、人間と人間との契約をどう位置づけるかが課題となった。そればかりでなく、ユダヤ教の律法を否定する形でキリスト教が現われた点が決定的に重要だ。ゆえに、「汝、盗むなかれ」という律法の変種として取り締まり対象となっていた収賄が「窃盗」のような「盗み」と無関係のまったく別の犯罪として措定されなければならなくなる。そこで、超越的な職務をおびた、官僚、将軍、裁判官、政治家などとの互酬的利他行動を適用除外とするルールを構築するのだ。彼らとの関係においては、贈与と返礼との関係の等価性ではなくその互酬的利

他行動そのものが否定される。互酬性の一部、適用除外が可能となったのは神をカッコに入れた、人間と人間との関係だけに生じる超越性のような事態に対応する視点が可能だったからである。

　キリスト教では、理性をもった人間同士が結ぶ契約を絶対化することで、そうした理性的個人の集合体としての主権国家を神のような存在とみなし、その国家がつくる法律は宗教法のように絶対であると考えた。キリスト教徒は人間が自ら立法することができるとみなすようになる。それが近代法であり、その近代法のなかで腐敗に対する規制も位置づけられる。そうなると、人間間の関係において超越的存在観をもつ、官僚、将軍、裁判官、政治家への規制が人間による実定法を通じて、より厳格化されるようになるのだ。国家を統治し、保護するためには、それが必要だからだ。重要なことは、その近代法が主権国家を神とみなし、それに奉仕するよう強いている点を見逃さないことである。腐敗かどうかはその近代法を規準としていることを忘れてはならない。主権国家の都合に基づく「正義」に立脚して腐敗を犯罪とみなすわけである。

　このようにみてくると、政教分離は「法」を人間が手にし、「法の支配」を実現できるかどうかの試金石ということになる。それは神意の汲み取り方の相違に基づいている。自然法が神を法源とする法であるとみなせば、シャリーアは自然法であり、この自然法の支配からイスラーム共同体は理念上、脱却できていない。十分な政教分離が行われていないことになる。クルアーンに示された「啓示法」に従って人間社会は秩序づけられ、宗教と政治は未分化であり、国家もイスラーム教の共同体における一つの機能にすぎない（池内, 2008, p. 143）。欧州では、自然法は神を法源とするという見方から、人間理性を法源とする見方に変わり、さらに、市民が定める実定法に内在するものへと変化するなかで、政教分離が進んだことになる。

4. 神と人間の互酬性

　ここで、神と人間の互酬性について、もう少し詳しくみてみよう。紙幅の関係からここで問題にするのは、ある特定の神を唯一絶対の神とみなし、他の神々の存在そのものを否定する信仰である唯一神教としての

ユダヤ教、キリスト教、イスラーム教の三宗教である。これらはみな同じ唯一神（ヤハウェ、アッラー）を信じている。

　まず、ユダヤ教の聖典『タナハ』（旧約聖書）のヨブ記においては、ヨブやその友人たちが慈善と神からの祝福との間で直接的関係があると信じていたことが示されている。慈善という行為への返礼として神から祝福をもらえるという構図だ。神ヤハウェは慈善的贈与を奨励しているようにみえる。必要としている人々を物的に助けるという贈与は称賛され、報いに値するとみなされているのだ。これは与える者と受け取る者との間で神が特別の役割を果たしていることを意味する。旧約聖書の申命記には、モーセの律法として貧者を救済するための規定が数々ある。たとえば、収穫の10分の1を施せという規定や負債の免除規定がある。宗教的功徳が神の祝福につながると信じられていたことになる。つまりユダヤ教においては、神と人間との間の互酬的利他行動が否定されているわけではない。

　注意すべきなのは、旧約聖書には受け取られた支援に対して、受け取り手に返礼を求める教えはない点である。互酬的利他行動とその義務感は個人間、集団間、個人と集団との間に広がる一方で、神と人間との間での互酬的利他行動は薄れていくのだ。

　他方、キリスト教の聖典、新約聖書には、贈収賄にかかわる直接的言及はない。興味深いのは、カネを出す側が批判される場面があることだ。使徒行伝第8章によると、使徒らが手を置いたために聖霊が人々に授けられたのをみたシモン・マグスがカネでその能力を買おうとすると、ペテロは、「神の賜物をカネで得られるなどと思っているのか」と非難する。これによって、神を買収しようとする贈賄者側がはじめて批判の対象となった。神と人間との互酬性に基づく呪術的関係が否定され、「精霊強制」から「神奉仕」への移行が近づくのである。

　重要なことは、キリストが互酬的利他行動に基づく関係を神と人間との間に取り結ぶことをむしろ否定しようとしていたことである。十字架の上でのキリストの死は供犠のようにみえる。生贄の子羊のように、キリストが神に捧げられていることになる。この贖罪は人間の犯した罪をキリストが死によって贖うことで、互酬的な贈与の関係のなかで罪と罰とのバランスがとれ、帳尻がとれたとみなすことを可能にした。だが、

キリストの死による贖罪はそのような"give and take"といった軽々しい関係のなかに収まりきれるものではない。この贖罪が意味しているのはむしろ、贈与と返礼との均衡に正義をみる論理そのものを否定すること、すなわち、互酬的利他行動そのものを否定することであったのではないか。キリスト教では、互酬的な原理そのものをキリストの死によって否定することで、互酬的な均衡の論理を葬り去ろうとしているのだ。

　だからといって、西洋の歴史がこのキリストの生き方をそのまま反映してきたわけではない。むしろ、西洋は、十字架の上でのキリストの死が含意する恐るべき帰結を、必死になって、反復的に拒否してきた。「互酬的な贈与の（自己）否定」がもたらしうる帰結を否認し、抑圧することを繰り返してきたのである。

教会を通じた統治

　新訳聖書が人口に膾炙した時代をみると、金持ちが天国に入るのはきわめて困難とされ、施しがますます推奨されるようになる。3世紀中頃から、教会内に貧者を世話する助祭制度が創設され、助祭は喜捨を集め、貧民に配る役割を持つようになったのだ。さらに、4世紀、コンスタンティヌスが恩恵を受けることになる十字架の幻視を見たことで、彼とキリスト教との結びつきは促進され、キリスト教会の聖職者に特権を与え、ローマなどに聖堂まで建立させた。具体的には、312年のミルヴィオ橋でのアクセンティウスとの戦いを前に十字架の啓示を得て、それを御旗に勝利したことでキリスト教に寛容なミラノ勅令を313年に発布するに至る。その後、キリスト教が国教化され、国の支援を受けて教会が福祉事業を担うようになる[4]。キリスト教がローマ帝国を統治するための装置として組み込まれたわけだ。6世紀のユスティニアヌス皇帝の時代には、異教徒に対して改宗が強制される一方、皇帝による教会への介入も強まった。こうして、国、教会、キリスト教徒間の互酬的利他行動がむしろ重要さを増す。キリストの自己否定はいかされず、否認されてしまったかに映る。互酬的利他行動を認めることで、為政者はそれを統治に利用したことになる。

　だが、西洋の歴史のなかでは、人間による神への一方的奉仕という視線がまったく忘れ去られてしまったわけではない。ときとして、宗教改

革のような場面で、そうした視線が強まり、それが新たな展開を引き起こすのである。

　興味深いのはキリスト教国教化の過程で、ローマ帝国は親族については父系制から双方制へ、家族構造については複合性から核家族性へ移行したことである（Todd, 2011=2016 下, p. 475）。ヨーロッパも他の地域と同じように、未分化の家族システムが支配的であったが、地中海から父系制の波が到来し、ギリシア、ついでローマに達したというわけだ（同, p. 486）。だが、それは自然発生的に平等主義的で核家族的な家族類型に変化する。これは、キリスト教徒化が家族進化の原因となったというよりも、家族の自律的な進化の結果であったと思われる（同, p. 485）。その集大成がユスティニアヌス法であり、543 年の新勅法 118 と 548 年の新勅法 127 によって、相続法が全面改正され、相続人として第一に呼び出されるのは子どもであり、男女平等となった。こうした家族類型の変化はキリスト教の世界観とも適合しつつ、やがて専制国家とは異なる国家を生み出すのだ。

　他方イスラーム教では、信者全員に喜捨(ザカート)を義務づけ、神への一方的奉仕と互酬的贈与の義務化をはかっている。ユダヤ教では、「ツェダカー」（「義」ないし「正義」を意味し、貧困あるいは抵抗によって共同体から排除される危機のあるすべての人々に適用される慈善の意味を内包）によって、ユダヤの共同体がその収入の 10 分の 1 をこれに充て、その内部に住む貧しき者をすべて助けなければならない。あるいは、神の命令としての道徳的行為は「ミツヴァー」と呼ばれ、富める者から貧しい者へ、強い者から弱い者への有形・無形の財の移転が宗教上の義務とされた。仏教では「布施」があるが、これは義務ではない。ただ、イスラーム教やユダヤ教では、定められた率の喜捨は義務である。互酬的利他行動が宗教自体に内部化・制度化されているのに対して、キリスト教では必ずしも内部化はされていない。互酬的利他行動を統治に利用する勢力とそれに反発する勢力との対立が近代化を可能にする視線を育てるのである。前者は目に見える善行を推奨するが、後者は人知れず善行をなす絶対的善を主張する。

第1章　「神－人間」関係

ユダヤ教とイスラーム教

　ユダヤ教にはシナゴーグという集会所がある。そこでは聖書の朗読や解説が行われたが、祈りの場、法廷、結婚式場、教育の場などの機能も担うようになる。そこで、指導者の役割を果たすのが「ラビ」だ。シナゴーグはユダヤ教の慈善活動の拠点となる。キリスト教団がユダヤ教共同体から別れたとき、シナゴーグの組織にならって引き継がれる形で原始キリスト教団の集会の場としての教会の基礎ができた。ユダヤ教徒のなかには、共同基金や慈善鍋といった共同で行う慈善活動の仕組みが整うのだが、ユダヤ教の集団がキリスト教会のような勢力をもつことはなかった。それは国家の統治手段になり、国家保護のもとで活動できたキリスト教会と対照的であった。

　イスラーム教の礼拝所はモスクと呼ばれている。モスクが必要となるのは、イスラーム教の祝日である金曜日には、5回のうち昼の礼拝についてはモスクに集まって行うことが推奨されているからだ。イスラーム教徒、ムスリムは神の前で等しく平等であるから、聖職者や教会組織をもたない。集団で礼拝をする際には、だれかが先頭にたって行う必要があるために礼拝の模範となる「イマーム」が選ばれるが、このイマームが後に指導者という意味になる。礼拝に先立って行われる説教を行うのがハティーブであり、イマームがハティーブを兼ねるようになる。さらに、イスラーム教に詳しい学者、ウラマーがいる。いずれにしても、イスラーム教には、教会のような組織はなく、義務として行われる喜捨（ザカート）はイスラーム教徒共同体（ウンマ）という国家のようななかで所得の再配分機能を果たしていたのである。イスラーム世界にはワクフ（waqf）という行為があった。ワクフでは、私有財産の所有権を神に寄進することで固定し、その果実の処分権を聖職者集団に委ね、ウンマの慈善事業に奉仕する。ワクフの真のねらいは課税逃れであり、子孫に財産を継承させることであった。

　ウンマはイスラーム教徒に義務づけられていた喜捨（ザカート）、戦利品の5分の1を納める戦士の義務（フムス）、非イスラーム教徒に課せられた人頭税（ジズヤ）からなっていた。喜捨自体が神意を体現するウンマへの税の一つとなっていたことになる。嶋田襄平著『初期イスラーム国家の研究』によれば、預言者ムハンマドはアラビア半島におい

て、ユダヤ教徒とキリスト教徒からジズヤを、ムスリムからザカートを（家畜・農産物からの現物徴収）を徴収した（嶋田，1996）。もともと土地に対する課税はなかったが、大征服時代に入って土地に対する課税を知り、征服地の住民にジズヤと収穫のほぼ半分にあたる地租を課すようになる。当初「サダカ」と呼ばれていたものは家畜とナツメヤシの一定割合を喜捨するもので義務ではなかったが、戦費増大などを背景に制度化され、イスラーム法ではザカートと呼ばれるようになったらしい。

　いずれにしても、将来をも規定する神意が律法に反映しているとみなすユダヤ教もイスラーム教も、人間の神への贈与がその律法にしたがってなされるという形式を備えている点が重要だ。神への贈与が宗教に内部化されてしまっていることになる。

5．ユダヤ教、キリスト教、イスラーム教

　たとえばギリシア哲学の前に、いまのトルコの地中海沿岸あたりにあったイオニア（ギリシア本土からの植民者によって開拓された）の都市（ポリス）において形成されたイソノミア（無支配）という原理は物質が自ら運動（生成）するとみなしていた。ゆえにイソノミアのもとでは、自然を越えた存在としての神々を否定する見方を可能にした。神々は人間を越えているかもしれないが、無支配なのだから神々は人間と同じく自然的な次元に属しているにすぎない。神は自然の働きとしてのみ存在するだけだ。そこに、神、人間、世界を一貫して自然とみるという普遍的視点を提起した哲学（自然哲学）が発生し、それが哲学の起源であると柄谷行人は指摘している（柄谷，2012）。そこには自然の動きがまずあり、それに対する人間の反応が問題となる(5)。純粋贈与という稀有の贈与形態はこの系譜に属していると言えるかもしれない。

　しかし、多くの場合、物質の運動は人間の意志によるとみなし、人間の働きかけを前提にしている。そこでは、まず、人間の自然や神への働きかけとしての贈与が問題にされる。その贈与という意志表示に対して、自然や神がどう反応するかが問われることになる。ここにやがて、受領者への厳しい視線が生じることになる。

　神と人間との互酬的関係では、人間は自然からの脅威（アニマ）の延

第1章　「神－人間」関係

長線上に神という超越的存在を想定するようになり、それを贈与によって抑え、対象と関係できるように物化させることで超越的存在である神を抑え安寧を得ようとする。神によってなされた過去への贈与を継続するなかで、人間は将来に神を利用することを考える。人間が祭祀や祈願で神を人間の意志に従わせるようと、神に贈与するようになるのだ。

　多くの場合、そこには複数の神々が想定されたのだが、唯一神教としてユダヤ教、キリスト教、イスラーム教が多くの信者をかかえるようになる。同じ神（ヤハウェ、アッラー）を信じるとはいえ、その神の位置づけの差から人々は神と人間との間の互酬的関係を異なる形で定式化する。善人アッラーを前提とするイスラーム教では、その啓示を受けたムハンマドに由来するアッラーの教えがクルアーンとして神自身によって立法され、神の法の地位を獲得する。イスラーム教徒は喜捨を義務づけられ、神への互酬的贈与を受けいれている。「主の御顔を拝みたい一心で何事も辛抱し、礼拝のつとめはきちんと守り、我らが与えた養い扶持を、かげになりひなたになりして貧しい人々に喜捨してやり、善をもって悪を追い払う――こういう人々こそ、終の住処の報いは与えられよう」と、クルアーン（2, 20-22）は指摘しているからだ（井筒, 1959=1992, 2015, p. 147）。

　同じ神ながら、理解不能な神であるヤハウェはユダヤ教徒にとっては不安のもとであったから、彼らは、ヤハウェの言葉を預かって人間に伝えた預言者モーセらが人間に知らせた「戒め」を記したトーラーを律法として従いながらも、その不安から、曖昧さの残る口伝としてタルムードも律法とした。律法では、宗教的功徳が神の祝福につながると信じられていたから、神と人間との間の互酬的利他行動に基づく関係が受けいれられてきた。

　他方、ユダヤ教の律法を批判したイエス・キリストを神の子とみなすキリスト教では、神と人間との間の互酬的利他行動が神に従わなかった人間の罪を死によって贖ってくれたキリストへの帰依という形で互酬的関係となって構築されているようにみえる。しかし、イエスは「互酬的な贈与の（自己）否定」を、身をもって示したのであり、神と人間が互酬的利他行動の関係に入ること自体を否定したのである。だが、その純粋贈与はなかなか受けいれられず、西洋の歴史は十字架の上でのキリス

トの死が含意する恐るべき帰結を反復的に拒否してきた（純粋贈与については終章を参照）。

人間の自由意志
　この神と人間との関係は人間の自由意志が神とどうかかわっているのかという問題を惹起する。神がすべてを決めるのであれば、人間には自由意志は認められておらず、神の意志に従っていれば、罪を犯したことにはならないという帰結になる。いわば、神の決めた法（律法）を守りさえすれば、罪に問われることはなくなる。これは、人間の自由意志と法の関係を考えなくても、律法に従えば、同じユダヤ教やイスラーム教を信じる共同体の安寧は維持できるという状況をつくり出す。だが、キリスト教では、律法を否定するから、「神を愛せ」、「汝の隣人を愛せ」という、イエスの言明を受けいれるにしても、それは法ではない。そこで、キリスト教の共同体では、人間の自由意志と神との関係が重大な問題となったのだ。
　「自分の意志」と「神の意志」という問題は、「自分」の意志を「魂」や「精神」に仮託して考えるという過程をたどった。人間は「魂」や「精神」と「肉体」や「身体」という区別だけはできたが、人間の内部に意識と無意識といった領域があることを明示的に理解できなかったからである。この結果、「自分の意志」が「俗なる権力」、「神の意志」が「聖なる権威」と結びついてキリスト教の世界を生きる人々を悩ませることになった。だが、「俗なる権力」と「聖なる権威」とが分離していない正教では、「自分の意志」と「神の意志」との分離が進まなかった。問題は、「俗なる権力」と「聖なる権威」とが分離が進んだカトリックを信じる地域において、「自分の意志」と「神の意志」との分離が深刻化したことである。

西欧で問題化した「神－人間」の仲介者
　他方、人間間の互酬的利他行動は共同体の統合を通じた集権的国家の形成過程において、新たな互酬的関係としての再配分というシステムを成立させる。まず、その国家に入るかどうかという選択を人間に迫り、そのうえで王による安全保障、福祉の提供が臣民に与えられ、臣民はこ

れに貢租や兵役で返礼する。ただし再配分では、贈与と返礼の関係が見えにくくなり、贈与と返礼を仲介する価値物の等価性もわかりにくい。再配分を安定的に維持するには、その正当性を保持するために訴訟を裁く正義が求められ、その職務行為の適正保持のために裁き人への贈物に対して互酬原理を適用しない見方が広まる。軍人の規律を守るために敵からの贈物を認めないルールが必要になる。しかもここに、血縁選択と互酬的利他行動とのバランスという問題も絡む。

　神、王、人間との間における再配分を想定すると、神と王との関係が問題になる。そのとき西欧にはすでに「神－人間」関係に神の代理人（スチュワード、後述）としての教会があったから、社会的利益を王と教会がどう再配分するかが課題となる。しかも再配分のために王は従者として官僚という職務に俸給を支払う必要が生まれ、国の秩序を守るために官僚自身の職務行為の適正保持を命じ、彼らへの贈物について互酬的利他行動を認めないという視線を法で固定化しようとする。ただし、血縁選択がまったく否定されてしまったわけではなく血縁を尊重する見方は残存しており、そこには、贈収賄という犯罪行為の視角はない。他方、教会自体が国のように振る舞うようになったから、教会統治向けに「官僚」的な職務を担う聖職者が必要とされ、それがオックスフォード大学やパリ大学といった大学設立につながる。「オフィシャル」とか「アドミニストレーター」という「公務員」を意味するヨーロッパの官職名が教会の役職名に由来することは記憶にとどめるだけの価値があるだろう（関, 2016, p. 24）。

　イスラーム教では、神のもとでの人間の普遍的平等性が強調される。このため、グレゴリウス 7 世による「教皇革命」（Papal Revolution）と呼ばれる改革後のカトリック教会に比肩しうるほどのムスリムによる「教会」はだれにも設立されたことはない（Fukuyama, 2012, p. 279）。とくに、スンニ派においてこの傾向が強い。ムハンマドと血縁関係をもち、彼の娘を娶ったアリーの極端な支持者はムハンマドの直接的子孫をイスラーム共同体の指導者（カリフ）として位置づけようとするシーア派を形成したが、ここには政治的に宗教を利用しようとする傾向が強く感じられる。

ふしぎな貨幣

　商品交換もまた互酬的側面をもっている。売り手は財を渡し、貨幣を得る。このとき、財の価値と貨幣の価値の等価性が前提とされ、相互に合意し合った売買が成立するのだ。商品交換は贈与と返礼が原則として売買時に完結する。贈与を拒否するものを「敵」とみなす互酬的関係と異なり、商品交換では、売買に応じないからといって必ずしも敵視されるわけではない。そのためには、商品に付随していた霊性や魔性が貨幣を媒介することで、薄れる必要がある。実際、貨幣経済の浸透の過程で、商品に内在していた霊性や魔性は弱体化するのである。

　贈物が転売や他者への譲渡を前提に行われるような事態を想定してみると、そこでは贈物自体の使用価値よりも交換価値が重視されていることがわかる。AがBに贈ったものをBがCに譲っても、AはBに不快感をもたないような状況においては贈物の転売や譲渡がやりやすくなるのだ。そのためには、贈物にAの魂や霊がこもっていないほうが好都合になる。加えて、贈物の転売を前提にすると、その交換価値が重要になる。こうして贈物という一種の商品の霊性が失われることが指向されるようになる。

　他方で、霊を伴う物のなかで、使用価値だけでなく交換価値をもつものとして貨幣が共同体と共同体の間で生まれ、各共同体の内部へと浸透する。その典型が中国銭の日本、ベトナム、ジャワなどでの大規模な利用だ。元が南宋を滅ぼし、紙幣専用政策をとり、銅銭の使用を禁止したために、中国国内で使用されていた大量の銅銭が海外に流出したのだが、外部からもたらされた貨幣ゆえに受けいれられ、貨幣経済が大いに広がったのである。もちろん、日本にはこれ以前、独自の貨幣があったが、使用価値だけでなく交換価値をもった貨幣として広く流通する貨幣ではなかった。外部から伝わった銭であったからこそ強力な交換価値をもちえたと思われる。こうした貨幣には魔性や霊性が付随していたことも忘れてはならない。すでに指摘したように、少なくとも日本では、「貨幣はケガレの吸引装置」として魔性や霊性を引き受けることで、その流通につながった。だれもが魔性や霊性を留め置こうとはしないからだ。

　仲介機能を果たす貨幣が存在したことで、取引の標準化が可能となり交易を促したことも重要である。他方、貨幣は等価交換を前提に商品間

を移動する仲介物であり、貯蓄して財産にもなる。貨幣という金銭による納税はそれをどこに納めるのかという統治形態と不可分に結びついている。徴税側にとっては、集めた金銭を確実に支払手段として活用するためにその金銭が国家の定めた法貨（国家の法定支払手段）であると明確にする必要があった。貨幣経済の発達は「俗なる権力」による統治か、「聖なる権威」による統治かによって大いに異なったのだ。そこで第2章では、「俗なる権力」にかかわる「人間－人間」関係を考察したい。そのうえで中国について分析する。

第2章 中　国

1.「人間－人間」関係

　「俗なる権力」と「聖なる権威」は、人間に大きな影響をおよぼしてきたし、いまでもそうだ。つまり、世俗としての権力である「法」および聖なる権威である「規範」が人間の行動を規制してきたし、いまでもそうだということになる。実は、世界の歴史をながめてみると、この「聖なる権威」と「俗なる権力」との癒着・融合が分離するには時間と困難を伴ったことがわかる。イスラーム諸国の場合、いま現在でも、この分離が十分に成し遂げられていない国が数多く存在する。中国においても、皇帝が天子として一元的に統治する時代が長く続いてきた。他方、カトリックの多い地域では、「聖なる権威」と「俗なる権力」との分離が比較的進んだ。

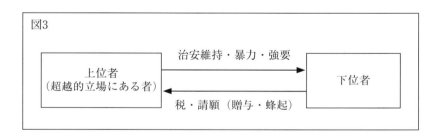

　この政教分離の問題は第1章で検討した「神－人間」関係と、本章で考察する「人間－人間」関係という二つの体系の分離にかかわっている。図3に示したように、まず、「人間－人間」関係に、超越的立場にある人物が生じる。それは、「神－人間」関係において神が超越的立場にあることに対応している。専制国家の成立の過程で、超越的立場におかれるのは王である。さらに、その統治のために軍人や官僚、裁判官などが

超越的立場に位置することになる。そのとき、上位者は下位者に対して、安全保障、治水などのために権力を行使する。こうした働きかけ（贈与）に対して、下位者は税や贈与によって返礼する。あるいは、贈与の定例化が税に転化するなどする一方で、上位者は治安維持に尽力する。請願が制度化されれば、贈与せずに上位者に願いを伝達することもできるが、制度がなくとも蜂起などによって暴力的に改善を求めることも可能だ。もちろん、贈与つき請願もある。

2. 人間としての統治

　ここで、「人間‐人間」関係の例として、中国を取り上げたい。中国の場合、「易姓革命」という伝統のもとに、事実上、人間による統治が基本となっているからである。中国では王朝の正統性（legitimacy）を意味づける天命が重視され、天命を受けた天子に値する君主こそ正当な王朝と言える。この思想こそ王朝交替の革命を正当化する観念であり、易姓革命と呼ばれている。漢は秦を破って新たに王朝をはじめるに際し、その正当性を易姓革命に求めたのである。この観念には、皇帝は徳の高い人物として徳のない人々を教化するという原理がある。天子としての皇帝は「聖なる権威」と「俗なる権力」を一元的に結びつける存在となる。だが、中国の皇帝はいわば政治家にすぎず、宇宙の原理をつかさどる究極の原因とはなりえない。なぜなら皇帝は天命に従って統治する者にすぎず、あくまで人間として統治を行うからである。

　中国の「天命」というときの「天」は、超越的神、すなわち一神教であるユダヤ教、キリスト教、イスラーム教でいうような神を想定しているわけではない。むしろ「天」は「自然」、「ものごとの摂理」や「全体の秩序」のようなものをイメージしている。だが、このとき神は不在であり、事実上、天命を担った皇帝が統治するだけのことだ。そのとき皇帝は自らが「法の支配」を実践することになる。ゆえに中国には「法の支配」がない。法の上に皇帝がたっているからだ。現在でも中華人民共和国には憲法があるものの、それは中国共産党の支配下におかれており、皇帝はいなくても、その役割を中国共産党が担うという形で、「法の支配」が存在しない状況がつづいている。皇帝の統治が天命に従っていれ

ば、そこには悪は存在しない。だが、社会が乱れたり、天変地異が起きたりすると、それは皇帝が天命に従って統治していない証となり、極端な逸脱は天命が変わったことの証拠とみなされることになる。中国共産党も同じ運命をたどる可能性が大いにある。

こうした中国こそ、「人間－人間」間の関係を考察するうえで興味深い事例を提供してくれている。中国では、早くから近代的な国家に近い国家が成立した。後述するように、あらゆる人間を平等とみなし、そのうえで公開の試験（科挙）を通じて選抜し、超越的立場にある職として統治にあたらせるという制度を完成させていたからだ。

3．ふしぎな官僚

イスラーム教のもとでの官僚制

ここでやや脱線してまず、イスラーム教における官僚制について紹介しておきたい。もともと部族主義の強い地域にイスラーム教が普及したことが知れている。クルアーン（コーラン）はイトコ同士の結婚を禁止しておらず、父方平行イトコ同士の選好婚を特徴としている。その結果として兄弟のつながりが父親とのつながりを凌駕するようになる。兄弟のつながりの過度の発達は内婚制的な閉鎖性を生み出し、イスラーム世界が個人からなる共同体ではなく家族が並立することで成り立つという状況を生む。それがイスラーム教徒共同体（ウンマ）の構造であり、部族主義をイスラーム教が強化した面は否めないだろう。だからこそ、そこでは特別の官僚制が創出された。

それが異教徒や異邦人の奴隷を軍人や高級官僚に就かせる制度だ。これはこの部族主義に対抗するために生まれたと考えられる。もし帝国内の普通の人々から、戦士や役人を集めていれば、彼らは、帝国や皇帝よりも部族や親族を優先させたに違いない。官僚は税収を彼らの部族や親族のために横領しかねなかったはずだ。こういう事態を避けるには、異教徒や異民族から奴隷を徴集するという方法が有効であった。奴隷は部族や家族とのつながりを完全に断った個人として徴集された。徴集された奴隷は二度と自分の部族や家族のもとに帰ることは許されない。誘拐と隔離によって異教徒をイスラーム教徒に改宗・育成して、血縁選択を

いわば分断し、部族主義とは一線を画した統治を実現しようとしたのである。これが 12 世紀の終わりから 13 世紀のはじめにエジプトとシリアを支配したクルド人のアイユーブ朝の末期に創出された「マムルーク」という制度である。マムルークやイエニチェリ、さらにティマール制については序章の第 3 節ですでに説明した。

宦官のふしぎ

歴史的にみると、宦官をもった国と宦官をもたなかった国がある。宦官は紀元前 8 世紀頃に古代オリエントの専制君主制の成立とともに誕生したとみられる（三田村, 2012, p. 7)。中国でもほぼ同時代の春秋時代の諸侯が宦官を使用していた。宦官は異民族の征服後の誇示として、去勢したうえでこれを宮廷で使用したものと考えられている。前近代の中国やオスマン・トルコ帝国には宦官がいた。日本や西欧諸国は宦官をもたない国であった。この違いはどうして生まれたのか。その答えを教えてくれているのは井上浩一だ。彼の著作『ビザンツ文明の継承と変容』によれば、専制国家をもった国では、宦官が存在し、封建制をとった西欧や日本では、宦官がいなかったというのである（西欧と日本の封建制は若干異なっている）。だからこそ、彼は、「専制国家体制が宦官を必要とし、宦官を生み出したのである」と書く（井上, 2005, p. 229)。

どうしてそんなことが言えるのかというと、それは谷泰の「去勢牡誘導羊」に関する研究がもとになっている。谷は、メスが大半を占める群れの誘導者として、性欲をおこして任務を怠らぬように去勢された羊に注目している。谷は、宦官と牧畜との親和性に注目しているのだが、井上はこの去勢牡誘導羊と、一人の君主が多数の臣民を支配する専制国家との親和性に注目すべきだと主張している。宦官は古代オリエントにはじまったもので、中国やオスマン・トルコ帝国で利用された。いずれも専制国家体制をとったのであり、だからこそ宦官も生まれたのだ。これに対して、西欧や日本では、封建制をとった。封建制は、主君たる支配者と臣下との間の完全に双務的な契約関係を根幹とし、軍事報酬と報酬（封土）がセットになっている。双務的契約関係のもとでは、主君が義務を果たさなければ、臣下から関係を破棄できる。こうした封建制は 10 世紀から 13 世紀の西洋に存在した。日本の封建制は「御恩」と「奉

公」という、主人と従者が互いに利益を分かち合う互恵的な関係のもとに成立していた。その関係が西欧ほど双務的であったかについては、疑義が残るが、支配者が独断で思いのままに政治を行う専制国家とは明らかに異なっていた。

官僚の定義

　ここまでの考察からわかるように、官僚について考えるだけでも、世界史や世界規模で比較考量しようとすると、大変な難問になってしまう。
　近代国家の官僚について考えるだけでも問題は残る。ここで、やや理論的な説明をしてみよう。まず、リサ・ヒルという学者が官僚の分析に際して、官僚を3種類に分けて考える見方があることを紹介している。①政策過程全体を支配するにたる権力をもった人物を想定する、②政策に緩やかな影響をおよぼすだけの権力しかない中間的権力をもった人物を想定する、③政策過程においてまったく権力をもたない人物を想定するというものだ。わかりやすく言えば、日本の各省の事務次官のように政策決定に十分な影響力をもった人物で、大臣にあげるすべての文書を管理することで、事実上、政策全般を統括できるような人物を官吏、つまり官僚として想定するのが第一のケースだ。第二のケースでは、上級国家公務員試験に通った官僚で、政策立案を指揮するような立場にある人物をイメージしていることになる。第三のケースは、いわゆる「ストリート・レベル・ビューロークラッツ」（street-level bureaucrats）のことである。これは、現場で実際に顧客にサービスを提供する、教師、警官、法執行者、福祉事業者などのような人物を想定している。
　近代国家を構成する官僚といっても、その中身の分析はそう簡単にはいかない。これは官僚をめぐる言葉の問題にも現れている。イギリスの場合、法をつかさどる公務員にmagistrateという単語を使用することがある。とくに軽犯罪を取り扱ったり、より重い犯罪の予備審問を行ったりする法廷を主宰する治安判事をさすこともある。この言葉は中世後期の英語でラテン語のmagistrātusから派生した。アンリ・ルソーが『社会契約論』を書いたときに使ったmagistrate（s）もこのラテン語に由来している[2]。現代のフランス語では、magistrateは司法官を意味している。以上から、公務員といっても、そのなかに司法官を含むかどう

かが重要な違いになってきたことがわかる。司法官については、古来、収賄を罪に問う伝統があったから、こうした慣習を他の公務員にどう広げるかが近代化以降、問題化したと考えることができる。

英語の bureaucrat は、19 世紀なかばにフランス語の bureaucrate から変化した。bureau は机ないし事務所のようなものを意味し、-crate はルールないし政治権力を意味するギリシア語の κράτος に由来する。一方、中国語で「官」を意味する、英語の mandarin がポルトガル語経由で英語に入ってきたことはよく知られている。ポルトガル語の Malay（大臣を意味する）から派生した mandarim に由来する。他方、ドイツ語では、Beamte が公務員、官僚として使用されている。これは、連邦政府・州政府・自治体が任命する者で、これと別に連邦政府・州政府・自治体と雇用契約を結んだ、民間の被用者もいる。

4. 統治のための儒教の制度化

中国が政治優先の国でありつづけてきたことは、儒教が政治思想として絶大な影響力をもってきたことと深く結びついている。それは中国を「国家権力の単一中心社会」とみるカール・ウットフォーゲルの主張や、「権力社会」とみなす王雲海の見方にも通じている（Wittforgel, 1957, 王, 1998）。中国の法治主義は皇帝の意思をその執行者たる官僚に忠実に実行させるものであって「法治」とは「徳治」（教育・教化をもって民衆を治める）の反対語であり、もっぱら刑罰をもって民衆を治めることを意味していた（王, 1998, p. 21）。皇帝の意向を執行する官僚については儒教思想を問う科挙によって選抜される体制が長くつづいた。儒教が統治のために制度化されたわけである。

こうした中国の特徴は、なにを腐敗とみなし、どうそれを防止するかにどんな影響をおよぼしたのであろうか。ここではまず、中国の歴史をごく簡単に紹介したうえで、儒教制度を根幹とする科挙制度がもたらした影響に注目しながら、中国の腐敗について論じてみたい。そのためには、中国の官僚制から考えなければならない。

中国の官僚制は他の地域に比べて早くから整備された。それは漢字によって文書に残すことを可能にし、その仕事に従事する官僚が重要な役

割を担ったことを意味している。もちろん官僚は国家に仕えるのだから、国家自体も比較的早くから存在したことになる。その国家は君主の戦争遂行のために建設されたとみなすことができる(3)。とくに、春秋時代の末に戦争の担い手が戦車から歩兵に移行したことで、多数の農民を動員する必要が生まれ、それが人口や農地の管理の重要性を高め官僚を必要とするようになる。税徴収にも官僚は重要な役割を果たした。

　ここで重要なことは、戦争という共同体間の「生きるか死ぬか」の切迫した闘争のなかで、旧来から支配的だった互酬を打破し、多くの部族を束ねて支配する統治システムとしての専制国家が誕生したことである。それを可能にしたのが官僚制なのである。文字を操る官僚だからこそ、多くの人々からの安定的徴税が可能となり、他方で、彼らの安全を守るための灌漑といった土木事業も指導・監督できたのである。しかも、そうした上意下達に従わなければ、他の共同体への服従を迫られるという状況にあったからこそ、「恐怖に強要される」形で、この専制国家化は進む。もちろん、戦争に勝利するための常備軍も必要になったが、歩兵をどう動員するかという問題も生じ、ここでも官僚による住民管理がきわめて重大になるのである。

　殷、周、春秋・戦国時代を経る過程までは、「天」の意を、占いを通じて読み解く者としての天子が政治を行う、祭政一致の神権政治が払拭できずにいた。他方で、孔子によって儒教のもとで自然をコントロールするものとしての政治家が重視されるようになる。だが同じ父系の祖先に起源をもち、同じ姓をもち、父方の系譜によって結びついている血縁集団（宗族）のもとで儒教は親に対する義務、とくに父に対する義務を重視したため、血縁集団優先の見方が支配的であった。国家への義務と両親への義務が対立したとき儒教では両親への連帯が優先されてしまうから、皇帝中心の集権的国家体制を確立するには儒教を否定し、皇帝のもとに従属させることが必要となった。これを断行したのが秦の始皇帝だ。そのために彼は儒教を弾圧した。その際、地縁や血縁に結びついた集団を解体させるだけでなく、分離後の人々の小集団（家族）を平等に管理し収奪しようとした。しかも、こうした小集団が皇帝に忠誠心をもつよう促そうとした。このために宗族は5から10の世帯からなる家族へと分解され、ある家族のメンバーに他の家族のメンバーの犯罪を監視

第2章　中国

させる制度が導入されるに至る。

　だが、秦の過激なまでの儒教弾圧を行っても、反発が大きくうまく統治できないことを知った漢は儒教を復活させた。それは親族や家族を重視する政策の採用を意味している。儒教にあった教えのなかには、親族・家族では年長者に服従せよとする「孝」の教えもあるが、君主に服従せよという「忠」の教えもある。官僚の皇帝への忠誠心を法家の賞罰システムによって強引に引き出すのではなく、儒教を国家公認の学とすることで官僚が内面から忠誠心を皇帝に向けるようにする。家族を重視する儒教から国家を第一とする法家思想への漸進的移行をはかる。このとき、法家の重視する法とは、皇帝の命じたことの集積にすぎず、王や皇帝までもが従わなければならない西洋の法とは決定的に異なっている。漢の高祖（劉邦）は「郡国制」という地方統治システムを導入したのだが、それは一部の地域に、古くからの王や領主の支配を認めながらも、他の地域では、秦の郡県制と同じく、地域に基盤のない官僚が中央から派遣されて地方を支配するというものであった。こうしてようやく専制国家が確立し、その安定が国家内の互酬的利他行動をめぐる制度の変容をもたらす。

　ここでの説明を家族類型に宛てはめると、家族類型は「一時的同居を伴う核家族→父方居住直系家族→父方居住共同体家族」へと移行したことになる（Todd, 2011=2016 上, pp. 201-204）。秦の始皇帝は母方同居の撲滅のために戦い、漢になると、127年に長子相続が廃止され、兄弟間の平等が確立される。一時的同居を伴う核家族は権威主義的でも自由主義的でもないが、父方居住直系家族が発生するようになると、男性長子を尊重し優先する、権威と不平等の概念が現われ、それが共同体家族の出現で、男親の死後の兄弟間の遺産分割を通じて平等の概念が重視されるようになる。秦代に出現した法家の平等主義原則と、それ以前からの直系家族に対応する階層序列的イデオロギーである儒教を折衷しようとしたのが漢代であったのだ。

賄賂罪の発生

　古代中国では、「賕」を受けて法を枉げることを意味する、「受賕枉法」を罰するようになる。ただし、「官吏の犯罪を意識してはいたが、

純粋な身分犯罪でもなかった」という（冨谷, 2007, p. 62）。官僚への「儀禮と刑罰のはざま」で、収賄罪はすぐには定着しなかった。その後、秦になって全国が統一され、中央集権的な国を法によって統治する制度が整備されるようになると、官僚に月俸と給食が穀物で渡される体制（扶持制度）が徐々に整えられた。ここに、差別が目に見える形で生まれ、官僚の側に奢りや脅しが生まれ、それが脅迫による贈物の強制につながり、官僚に服従を迫られた民衆にとって官僚による「盗み」を強く意識させるようになったと考えられる。

一説によれば、前5世紀の中国の人口は600万人で、すでに約13万人の官僚が首都や地方で活動していた（Fukuyama, 2012, p. 135）。読み書きを学ぶための学校もすでに設立されるに至っていた。前漢時代になると、漢律において賄賂に関する犯罪は窃盗に相当するとされ、盗律に規定されていた。前述したように、血縁集団への攻撃が血縁選択の適用範囲を狭め互酬的利他行動がルールとして確立していく過程で、人々は徐々に血縁関係にない超越的立場にたつ者による強要を盗みと感じる視線を明確化するのだ。互酬的利他行動を支える原理のもとでは、贈与物の価値が返礼物の価値と等しいことが望ましい。このバランスが崩れると贈与者と返礼者との関係に亀裂が生じる。このとき贈与者は贈物に見合っていない返礼しか受け取れなければ、贈物が盗まれたと感じるだろう。あるいは逆に、贈与者の贈物よりもずっと価値のある返礼をされると、贈与者は返礼者に負い目を感じる。天秤の釣り合いが重要になるのだ。

とくに5世紀、北魏の俸禄制の導入により、官僚の身分が明確化した。この結果、官僚が国から給与を受け取っているにもかかわらず、彼らが別の金銭の授受を行うことへの反発が強まる。ゆえに北魏では、受賕枉法はその多少にかかわらず、死刑とされるまでに至る。ここでの記述は、官僚制が王と家臣との間に互酬的独立性が失われたときに生まれることを意味している点が重要だ。なおこの俸禄制は均田制が発布された485年の前年に導入されたものである。それ以前、北魏の官僚には俸禄がなかったため、官僚が民衆から恣意的な徴収を行い、それを収入としていたのだが、これを禁じ、俸禄を与えることにしたのである。これにより、官僚主導で均田制改革の実現をはかった。

第2章　中　国

　均田制はと言えば、周代の井田制（正方形の耕地を九等分し、真ん中を公田、その周りの八耕地を私田とする。八家族は私田をそれぞれ耕作するが、公田は共有地として共同で耕作され、そこでの収穫がすべて税として領主に納められる仕組み）を廃止し、領主や貴族を中核とする地縁・血縁共同体の破壊につながる大胆な改革を意味する。均田制はまず、豪族らの所有地を取り上げることを前提にしている。そのうえで、税と兵役を安定的に確保する制度として住民を戸籍に登録させて、その住民に一代限りの口分田と世襲が認められる永業田を給付し、そこから得られる穀物、織物、労役などを税として課すのである。その基本単位は世帯であり、複数の息子がいる世帯では、成人した息子は独立して生活しなければならず、その息子は親や他の兄弟とは別に独自に税を納める義務を負った．こうして家族（世帯）間の協力関係を前提とする均田制は家族（世帯）間の互酬的関係を内部に組み込んだ統治法として、支配と保護の交換に基づく専制国家を支えることになる。それを法が支え、官僚がそれを担ったわけである。ただし、官僚を能力主義で選抜するようになったとしても、官僚には家族があり、相続の問題が生じる。家族という小さな血縁集団を優先しようとする気持ちが互酬的利他行動を阻害することになる。こうして再世襲化の罠が迫るのだ。

　中国では、時代を経るにつれて、官僚が所轄内から金銭を授受しただけで、罪に問われる唐律の賄賂罪へと変化してゆく。この変化の背後には、中国刑罰が威嚇・予防を目的にしていたことがある。「法を枉げる」ことになりかねない潜在的可能性である「受財」を禁止し、刑法上の罪として「枉法」を予防しようとしたわけだ。唐律に至って、職制律において賄賂罪が位置づけられ、不正な職務、「枉法」の可能性を想定したうえで、それを将来するいくつかの状況に分別して量刑を決めることになった。この際、請求を行ったり、金銭をもらって他人のために請求を行ったりする行為主体は官僚に限定されず、官僚である場合には罪が重くなるとされた。他方、唐律では、贈賄により請託をなし、違法行為を行う行為主体である民間人も処罰の対象とされた。不平等から平等主義への移行の結果であろう。ただし、地方に派遣された官僚が皇帝に納めなければならない税金については、その一部を官僚が収奪しても、それが横領という犯罪行為とみなされることは基本的になかった。「文字

を使いこなす能力を有する官僚は、小さな皇帝、皇帝の代理人として、人々に君臨した」からである（大澤, 2014, p. 660）。

　ここで重要なのは、法家が優勢であった秦帝国以後、「法」（法といっても、これは信賞必罰のことを意味している）を重んじるイデオロギーが広がり、殷、周、春秋・戦国時代を経る過程で、「天」の意を占いによって読み解く者としての、天子による祭政一致の神権政治が払拭されたことである（冨谷, 1995, p. 207）。これは、君主が絶対者たる「天」の委任によって人民のために人民を支配する存在としての「天子」であるとする孟子の考えを否定し、君主や王といった支配者こそ真っ先に法に従うべきだとする法家の思想に基づいている。この結果、官僚は皇帝という人格ではなく、法という非人格的超越的視点に従うことを促すことになる。だが、法家の過激な思想は秦の滅亡によって定着しなかった。その代わりに生まれたのが董仲舒によって再編された儒学であり、それが漢の武帝によって国教化されることになる。

中国独自の人間関係「幇」

　皇帝は徳の高い人物として、徳のない人々を教化する。中国では宋代に入ると、天子が天子でいられるのは単に受命者の子孫だからではなく、自分自身がすぐれた人格者だからなのだという見方が有力になる。個々の皇帝たちがそれぞれに天の「理」に適っているからこそ皇帝となったとみなすのである。そこには「神」という実体とかけ離れた天子が想定されているだけで、「神はいない」といってもよい。中国においても、天子としての皇帝は「聖なる権威」と「俗なる権力」を一元的に結びつける存在であるのだが、いわば政治家にすぎず、宇宙の原理をつかさどる究極の原因とはなりえないのだ。こうしたなかからは、自然をつくり出した神の計画を知るための科学が育たない。天子といえども、皇帝は必ず死ぬから、究極の原因への関心は薄くなる。この結果、中国は近代化が遅れ、現在、世界を支配している西欧的価値観からはかけ離れた状況におかれてしまう。贈収賄にしても、その行為が犯罪かどうかを判断する絶対者としての神が不在な中国では、ときどきの皇帝やその部下が恣意的に裁きを行うことになる。それは贈収賄という犯罪を政治利用することにつながる。贈収賄の取締りは「俗なる権力」の政治的道具に貶

められてしまうのだ。といっても統治としての官僚制が早くから発展した中国では、きわめて早い段階で贈収賄を犯罪とする法を制定することにつながった。問題はその法の運用が恣意的に行われたことにある。

加えて、中国独自の人間関係「幇」が腐敗問題を深刻化させている。華夷思想は中心から周縁へと序列を形成した。それはつぎのようになっている（大澤, 2014, p. 541）。

　　皇帝（中心）－中華－朝貢－互市（こし）－夷狄（いてき）（化外（けがい））

皇帝への朝貢に対してはお返しの品（回賜）が与えられると同時に、正朔（せいさく）（皇帝の定めた正統な暦）の使用が義務づけられた。朝貢は皇帝を中心とする空間に位置づけられるだけでなく、皇帝と同期する時間のなかにも入ることを意味する。互市は限定的な交易だけが許可される関係で明の時代、日本はここに位置づけられた。夷狄は互市の外部にあって皇帝による感化がおよばない領域（化外）にあり文明の外部にある。

こうした皇帝を中心としたマクロな視点に対して、自己を中心とするミクロな視点も生まれた。それはつぎのようなものである（同, p. 546）。

　　自己＝幇（パン）－情誼（チンイー）－関係（クアンシー）－知り合い－単なる他者

「幇」では、連帯が前提とされ、利害関係の相互依存がない。これは『三国志』において、桃園で義兄弟の関係を結んだ劉備、関羽、張飛の三人のような関係を意味している。互いに完璧なまでの利他的であることで連帯を堅固にするのだ。自己と他者の間に利害関係といった関係が認められるとき「情誼」になる。情誼よりも結合が緩いのが「関係」であり、その関係がさらに知り合い、単なる「他者」へと薄れてゆく。

ここで重要なことは、幇が血縁や地縁と無関係に生じる点である。それは皇帝が血縁や地縁とは無関係に中国を統治するのと類似している。幇は、劉備が諸葛孔明に「三顧の礼」を尽くして会いに出向いたことで、両者間に成立したとされる。濃密な互恵関係の成立がまずあって、中心からの距離が離れるにつれて、互恵関係が薄れていくことになる。こうした状況下では、自己と濃密な互恵関係にある人物との関係が優先され、法が求める一律の規制に反する事態が起きやすくなる。超越的立場にある権力者が構成する人間関係ごとに恣意的なネットワークが形成され、

それぞれに法を無視した行動が起こりやすくなるのである。おそらく中国が早くから互酬的利他行動の重要性に気づいた最大の理由は度重なる戦争にあった。生きるか死ぬかという切迫した状況下で、血縁選択を優先するのではなく、能力主義を基本とする互酬的利他行動の重要性が理解されるようになったからだ。同時に、戦争を遂行するために重用された官僚は血縁選択に基づく人間関係から互酬的利他行動に基づく人間関係の重視するようになり、それが自発的な勤勉さを促したのである。

　他方で、この互酬的利他行動は超越的立場にたつ官僚や軍人などへの贈与と返礼の関係に厳しい視線を向けるようになる。そこに、近代的な反腐敗という視角が確立する。だが、血縁選択が薄れても、別の濃密な人間関係が生じる結果、独立した「個人」を前提とする真の意味での近代人は育たず、腐敗は温存される。官僚も血縁から成り立っている以上、血縁選択からまったく逃れることはできない。それどころか、皇帝が法を決めるという恣意性のために、贈収賄への取締り自体が政治性を帯び、「法のもとの平等」など存在しなくなる。法の上に皇帝がいるのだから。

宋代における大きな変化

　前漢において、国が儒教を唯一の正統と認める、いわゆる「儒教国教化」によって、体制儒教としての思想内容の整備が進んだのは事実である。だが、それはいわゆる諸子百家との関連においてのことで、道教や仏教が中国で受けいれられるようになって以降、儒教は唐代までは道教・仏教とならんで、単に貴族や知識層にとっての学問、教養あるいは経世のための文化的資源であったにすぎない。

　科挙制度は隋代にスタートし、宋代に確立した。河宗根によれば、秦の始皇帝によって科挙制度が導入され、カリスマ的位階に基づいて政治権力を握る資格をもっていた氏族による身分的支配を廃止し、試験による選別を通じた家産官僚制の導入を意味していた（河, 1997, p. 372）。家産官僚制のもとで「財産をつくるために官職は存在する」という状況になり、官職を利用して儲けるだけ儲け、官職を得るために要したコストを取り戻すのが当然とみなされるようになる。それが官への反発につながった。試験科目に儒教経典が採用されるに至って儒教の社会的位置に変化が生じる。儒教は官僚の道徳修養によって民を感化し、秩序の安寧

を実現することを目的とした学問という、国の「政治体制維持＝安全保障政策」と深く結びついた地位を獲得する。

　そう考えると、宋代に大きな変化があったことに気づく。前漢から新への移行に際して、「天命を受けた有徳者に王位を譲る」という平和的政権委譲が演出されるようになる。いわゆる「禅譲」である。これに、万物の五元素（木・火・土・金・水）が互いに影響を与え合い、その生滅盛衰によって変化・循環するという五行思想と結びついて、漢（火）→魏（土）→晋（金）→北魏（水）→北周（木）→隋（火）→唐（土）→五代を経て宋（火）という循環が正統な循環とされた。それは、姓が易わる「易姓」革命を平和的な政権交代として演出する手段となった。易姓革命の本質を理解するためには、漢族が父系制社会であったことを知らなければならない。生まれ落ちた人間はその父系の血縁団体に属することになり、その所属を示す姓がつけられ、一生変わることがない。加えて、「同姓不婚・異姓不養」という規範が生まれ、同じ父系の血縁者とはいかに縁つづきが遠くとも結婚できず（外姓婚）、非血縁者を養子にすることも許されない（尾藤, 2000, p. 25）。こうした伝統のあった中国であればこそ、易姓革命は大きな意味をもつものであったのだ。

天への視角と朱子学

　天に対する視角の変化に注目しながら、朱子学が生まれるまでを概観してみよう。殷代（前16～前11世紀）の上帝は最高神として信じられていた。だが、上帝は祖先神、自然神などの他の鬼神の存在を認めたうえで、それらを秩序づけるものとしてあったから、一種の多神教であったと考えることができる（池田, 2007, p. 4）。五穀豊穣を祈り、天を祭る儀式を行うのである。周代（西周、前11～前8世紀）になって、「天」という観念が生まれた。周の天は殷の上帝を継承した人格神であり、有徳の為政者（天子）に天命（天の命令）を与えるなどの福をもたらし、不徳の為政者には天命を奪うなどの禍をなす。殷王は不徳のために天命を失い天下を統治する王位を追われたのであり、周の文王は有徳のゆえに新たに天命を受けて王位に就いたと考えるわけである。

　この天命を確保し王朝を維持するための方法として考えられたのが、①同姓諸族を宗家・支家の関係で結びつける宗法制という血族制度およ

び同姓・異姓の臣下に封土を与えて地方を統治させる「封建制」という統治体制を伝統として守っていく、②文王の備えていた偉大な徳を尊重し、これを身につける——というものであった。

　春秋戦国時代になると、自然や人間の世界に内在する法則、理法としての「天」が概念化される。それは「天道」と呼ぶべきものとイメージされることになる（柄谷, 1993, p. 236）。戦国時代の後期に、道家という学派（現在の『荘子』の一部）が生まれ、「道」（自然と人間とからなる世界である万物を存在・変化させる根源的な主宰者）という概念を中心に独自の思想を展開した（同, p. 9）。この道家は、天を人（人為）の正反対の無為（非人為）という意味に改め、天から宗教的な神格としての意味を奪い、天命は世界の存在・変化の必然性、天道はその法則を意味するとした。さらに孔子以来の儒家の天に付着していた道徳的・政治的な意味、つまり善の根源としての意味を天から切り離した。これは、天と人との相関関係を否定する「天神分離論」と呼ばれる。

　道家は人を否定し、そのすべてを天のなかに回収したことになる。これに対して、天が作用する範囲に一定の限界を設けて人の事象の独自の意義を確保しようとしたのが荀子である。荀子は理想的な有徳の聖人が全人類を一体に組織しつつ、人としての独自の働きをもって、世界における最も根源的な存在者である天・地のなかに第三の存在者として肩をならべて参じていくという「三才（天・地・人）の思想」を唱えた。

　他方、漢初の儒家、董仲舒は「天人相関説」を主張した。人である天子の道徳的・政治的な善悪が原因となって、その結果として、天の災異・瑞祥が現れるとする思想である。これは王権天授論を意味するが、同時に天子主体性論という側面をもつ。自然界の出来事が天子の善ないし悪によって結果的に招き寄せられると考えたのだから。

　この天子主体論では、主体はあくまで君主もしくは彼を補佐する高級官僚であって、彼らが道具として中下級官吏を使役し、民を一定の枠に当てはめて矯正してゆくことになる（小島, 2007, p. 126）。そのために、法が重視されたのである。

　だが宋代の思想家は天人相関説も天子主体論も批判するようになる。彼らは個々の災害に対して為政者である皇帝の明確な反省を重視する。天が外からの監視者ではなく、人の心のうちにある性であるとみなされ

ることで、個々の君主の内面が問われるようになる。個々の皇帝は自己修養して天人合一に努めなければならなくなったのだ。この意味では天子主体説的側面が重視されるようになったとみなすこともできる。

　こうなると心の問題が重要になる。そこで朱子は、あらゆる人間に生まれつき備わっている天理というものが、同じく人がみなもっている欲望によって妨げられてしまうので表に現れてこないのだと説いた（小島, 2007, p. 124）。欲望に打ち勝ち、本来そうであるべき姿で人と接し、よき人格者として生きていくことを、「克己復礼」として求めたのだ。ここにおいて、朱子は君主や聖人、民をその出発点において区別していない。主体は君主に限られないと考えたのである。「格物」と呼ばれる「物に即して理を窮める」段階では、その人物が天下泰平を実現できるような大人物であるかどうかは定まっていないからである。格物に苦闘する段階で、いくつものハードルを乗り越えなければならず、聖人（人欲のかけらもない人物）になるには後天的努力が大きいと考えられるようになる。格物は聖人となって天下に号令するための第一段階として重視される。それは聖人への道を万人に解放するとともに、政治秩序の担い手を、君主と高級官僚の寡占状態からすべての学習者に拡大する役割を果たした（同, p. 127）。まず自分を治めることができるようになれば、家を斉えることが可能となり、家が斉えば国も治まるとみなすのだ（尾藤, 2000, p. 178）。この論理に対応する形で朱子学が国家公認の学説となり、科挙試験の整備が進み、朱子学の浸透につながってゆく。

宋代以降

　宋代に入ると、天子が天子でいられるのは単に受命者の子孫だからではなく、自分自身がすぐれた人格者だからなのだという見方が有力になる。個々の皇帝たちがそれぞれに天の「理」に適っているからこそ皇帝となったのであり、皇帝は理を理解し、理に沿うように天地を祭らなければならないと考えられるようになる。この結果、宋（北宋）を滅ぼした元（正式には大元）、元に代わった明、明のあとの清の名は従来の地名由来ではなく、美名として定められるようになる。これを背後から思想的に裏打ちしたのが朱子学であった。

　朱子学は13世紀に士大夫（科挙試験での合格を目標とする者や科挙に

よって官僚に登用された者たちがもつ、強烈な自信と選良意識が一体感を抱かせて生みだされた文化的階層）に支持者を拡大した（小島, 2007, p. 86）。ここで重要なことは、あらゆる階層から選抜された者によって構成される士大夫は本来、身分・階級を超えた普遍的な人間性を前提としていたということだ（柄谷, 1993, p. 246）。にもかかわらず、士大夫は傍若無人に振る舞うことを常とした。なぜか。自己と他者という対関係としての他者に対する実践のうちにしか、普遍的な、人間の本来的な同一性、真理といったものはありえないのに、朱子学は自己を身体的に統治することによって他者を統治するということを理念としており、その理念を追い求めることが反対に「残忍刻薄」に転化するからである。この思想は、真理に到達した者がそこに至らない者に対して絶対的権威者として振る舞うことを当然視するようになるからだ。ここに、すべての人々をこの理念に巻き込んで、否応なく同質化を進め、異質な者を排除する見方が広がる。

　1276年に元が南宋を滅ぼし中国南部を統治するようになると、朱子学は北方にも広がり、大都（北京）の宮廷にも浸透するに至る。元代以降、科挙試験における経典解釈を朱子学に統一したことで全国の官僚層・士人層・地方有力層における秩序理念が朱子学によって統一される（溝口, 2007, p. 166）。朱子学はさらに元から高麗に流布された。高麗は遼の影響もあって儒教より仏教が優勢であったが、朝鮮王朝期には儒教が仏教を凌駕し儒教国となる。ベトナムや琉球でも明の指導を受けて朱子学が導入された。以後、清が科挙を廃止する1905年まで東アジア全体で朱子学が支配思想となる。

　時代の変遷につれて朱子学も変化する。明代になると、庶民層にも朱子学が浸透するようになる。それは、社会状況の多様化・複雑化に伴って庶民層にも主体的に秩序を担わせる時代の必要性の反映でもあった。庶民にも修養を理解してもらい、実践しやすくするために生まれたのが陽明学であった。たとえば、読書や宇宙万物への観察を通じて、あらゆる物事に貫通しているとみなされる理を洞察し、その理を自己実現しようという「格物窮理」というテーゼは、自己に生まれつき備わっているとされる道徳性（良知）を発揮せよという「致良知」というテーゼに改変された。朱子学のうち日常道徳の実践部分に力点がおかれた結果、冠

婚葬祭や日常生活の礼法が一般家庭に浸透するようになる。それが清代の「礼教」につながってゆく。

正統論と華夷思想

　宋代が中国の歴史にとって画期をなすことを説明してきた。別の面からも、宋代の重要性を強調しておきたい。それは、宋が遼に対抗して、自分こそが唐の後継者であると主張するために用いた、正統論と華夷思想である。ここでは、この二つの理論を説明するために、中国の王朝の変遷を概観するところからはじめよう。

　漢の成立時、漢族に拮抗できる勢力として匈奴がいた。だが、その匈奴も分裂解体して漢に服属した。漢の儒教はこうした異民族を含めた帝国の支配原理としてあった。漢が滅亡するころには胡族（非漢民族の総称）により漢を模倣した国が周辺に叢生する。南北朝時代の北朝や朝鮮半島の高句麗・新羅・百済も、その一例である。それらを再び束ねる形で誕生したのが隋・唐であり、その支配集団は皇帝を含めて胡族出身であった。両国は胡漢融合体制を敷いていた北朝の系譜に属している。ゆえに唐における儒教も世界帝国としての国の統治を実現するための役割を担っていたことになる。

　だが唐の衰亡後、誕生した宋は漢民族の王朝であり、漢や唐の儒教に基づく統治制度を踏襲するだけではすまなかった。宋は華北に後唐・後晋・後漢と続いた胡族系の王朝を基盤として生まれたが、同じく唐の後に誕生した胡族（契丹族）の遼と対峙した。だが、その吸収は果たせなかった。西域でも11世紀半ばに、タングート族の西夏が皇帝を自称することによって、その地域を支配下におけなかった。宋は漢族のみの王朝（国内に多くの少数民族をかかえてはいた）とならざるをえなかったのである。そして、遼や西夏との軍事的対峙を続けながら、自分たちこそが孔子以来の儒教の正当な後継者であることを示し、それによって国内の秩序を固めていく必要があった。

　宋は女真族の金と結び、遼を南北から挟撃する。宋の戦果は微々たるもので、その後、金は西夏と同盟して遼を滅ぼす。金によって宋の都開封が陥落する。華中に避難して南宋が再建されることになり、金との戦争続行を主張する将軍岳飛は粛清された。朱子学の大成者朱子は対金

主戦派に属し、彼らは華夷思想を信奉していた。自らは「華」であり、「夷」＝「胡」に対して軍事的には劣勢とはいえ、文化的に優越していると考えた。この世でもっとも大事なのは現実の力関係ではなく、美しく優れた文化を伝え、その立場を守っていくことであるとして、自分の側が正しい場合には、絶対に力に屈してはならないとした。ゆえに、この世の正しい道理（＝天理）のために命を落とした者は史書がその功績を称え、国がその遺徳を偲び、未来永劫忘れられることはないと説く。こうして朱子学は大義名分論に基づく歴史学を提唱したのだ。

　朱子は南宋人の立場から、三国時代の「正統」は蜀だったとして魏を正統王朝とする司馬光の史観を修正した。正統でいう「正」は道義的に正統性をもつ王朝を意味し、「統」は現実に中国を統一した王朝を意味していた。宋は五代の混乱を克服して正統を回復したのだから、誇るべき正統性をもつに至る。だが実際には宋は五代のあとの再統一に成功したとは言えず、それが屈折した感情となって華夷思想となって結実した。広大な領土を支配下に置いた唐は華夷の区別に厳格ではなかったが、西方や北方に領土をもたなかった宋は遼を夷とレッテルづけることで、自らの優越感を醸成しようとしたのだ。あくまで自らを世界の中心（中華）であるとするためである。この華夷思想は天の思想に立脚して生まれた。天は全世界を覆っており、中華は地（＝天下）の中心であって、四方の夷狄に優越する地位を占めるとみなす（小島, 2007, p. 119）。

　注意すべきなのは、朱子学は理想の秩序を追求するうえで邪悪な思想として仏教、とりわけ禅を強く批判したことである。実は思想教説の面で朱子学は禅の影響を受けていたが、禅仏教の危険性を強調することで自らの支持者を増やそうとしたと考えられる（小島, 2010）。複雑なのは、日本に朱子学を伝えたのは儒者ではなく、僧侶、しかも主として禅僧であったことである。このため日本では、朱子学の受容が13世紀にはじまったものの、その政治哲学が政治に実践されるようになるには17世紀の江戸時代を待たなければならなかった。中国や朝鮮では科挙試験を通じて朱子学が強い影響力をもつに至ったが、日本では朱子学を学ぶことが栄達の手段とはならなかった。

　儒教が統治のための思想となったことで、中国の王朝は行政だけでなく司法をも融合させた統治体制を特徴としていた（Minzner, 2006, p.

111)。皇帝がすべての中心にあり、その委任を受けて地方に派遣される官僚、地方行政長官は行政と司法をともに管轄することになる。同長官はそこで、法律に詳しい事務官を雇用するようになる。しかし、彼らは行政に組み込まれているから、長官の意向を無視した独立的な判決を行うことはできない。これが中国の統治の基本形と言える。

科挙制度の浸透

つぎに科挙試験についてもう少し紹介すると、中国では漢武帝の時代に試験を課して官僚を選抜する「察挙制度」が開始され、地方長官などが私的に属官する「辟召(へきしょう)」も併存していた。それでも家柄が官僚になるための先決条件と存在したのは間違いない。隋になって、すべて中央が官僚を任免する制度となり、587年正月、「制州ごとに毎年3人を推挙する」と定め、毎年実施する定期的な選抜制度が正式に設置された。この意味で科挙は隋からはじまったと考えることができる。唐になると、各学校で人材を育成し、科挙によって選抜を行い、選授によって官僚を任用する制度が整備された。とくに、624年の新たな律令によって最終的な官僚選抜制度が固まったが、「門蔭」（高級官僚に与えられた特権で、朝廷の五品以上の官員の子孫は父祖の高低に応じて官職を得る）がとられたため、一般人が高級官僚になるのはきわめて困難であった。ほかにも一定の官位をもつ者の子孫は国子監・太学・四門学で学ぶことができ、試験に合格すれば、貢挙試験に参加し官僚に任用された。唐代は貴族勢力がなお健在であり、科挙が本格的に機能するようになったのは宋代からである（菊池秀明, 2010）。

宋の太祖はそれまでの解試（地方試験）、省試（中央礼部の試験）に皇帝自らが行う殿試をつけ加え、最終合格者の決定権を皇帝が握るというシステムを作りあげた。科挙に合格できないと、貴族出身者でも官僚になれない時代となったことになる。しかも科挙合格者に等級をつけ成績に応じて官職への任用が行われるようになった。その後、科挙は形を変えながらも元代の一時的中断を除いて清末の1905年まで存続した。

科挙制度は貴族による身分制を廃棄するのを早め、身分にかかわりなくだれもが「学問―科挙―出仕」という出世をめざすことを可能にした。実力本位の競争システムは、社会階層の流動化を大いに推進したと言え

る。だが、官僚になることで政治権力を握り、繁栄に結びつけることを最高の価値とみなす価値観は、官僚による収賄などの腐敗が繰り返される要因となったと考えられる。学問に投じたコストを官僚になって回収するには、官僚としての正規の報酬だけは不十分だと感じていただろうからである。

科挙で出題される学問が儒家経典と文学辞章を唯一の標準とすると定められたため、儒教的価値観が広範に広がっただけでなく、その一元的な儒教的価値観が社会全体を統制するという事態を引き起こした。科挙試験に合格するには、四書五経をマスターするのが必須であり、そのためだけに教育が行われるようになる。科挙に合格し、官僚となった者は文人として、文学・詩文を偏重し、人文の教養を栄誉とし、武を軽んじるようになる。こうして、中国文化までが政治と切り離せないようになるのだ。(5)

5.『水滸伝』から『金瓶梅へ』

『水滸伝』

そこで、中国の文学を取り上げ、そこで、どのように腐敗が位置づけられてきたのかをみてみよう。

まず、『水滸伝』を取り上げてみよう。水滸伝は14世紀の元代に編纂された歴史書『宋書』に記述されている、宋江という指導者を中心とする集団が反乱を起こした史実をもとに15世紀にまとめられた。この史実が講談師などによって膨らまされ、それを複数の知識人が文章化したものとみられる（長尾, 1976, p. 131）。

水滸伝に登場する大悪人と言えば高俅である。彼とその一族は私利私欲のために権力を濫用した。蹴毬（けまり）がうまいことを理由に趣味人だった徽宗皇帝に気に入られ、殿帥府太尉という大官に出世し、それから好き勝手な振る舞いをするようになったとされている。禁軍師範・王進の官職を奪い、東京から逃げ出さなければならなくなったのも高俅のためであった。禁軍の最高指揮官である童貫（宦官）と結託して軍政を握り、軍費を着服し、兵士を私用の使いや自宅の改修工事などに使い、さらに他の高官や有力者の私用のためにも兵を出向させたため禁軍の弱体化を

招いたとされる。

　元殿帥制使で任務に失敗して身を隠していた、青あざのある楊志は復職を願い出るために東京に出向く。官僚たちに賄賂を使ってようやく殿帥府太尉・高俅に会えたが、高俅は任務に失敗した後、逃走していた楊志の復職を許さず殿帥府から追い出す。その楊志は童貫などのとりなしで宰相にまで登りつめた蔡京の娘婿、梁中書の部下になる。梁中書は蔡京の誕生祝いとして、住民に重税を課し財宝（賄賂）を贈ろうと企てる。この財宝を都まで輸送する部隊の隊長に楊志が抜擢される。だが、梁山泊の２代目首領、晁蓋らがこの財宝を奪い取ってしまう。梁山泊の好漢たちが朝廷に帰順してからも、高俅は他の悪臣たちと手を結び、好漢たちにとって不利になるよう画策する。方臘討伐戦後に凱旋し、官職に就いた宋江と盧俊義が毒殺された事件でも高俅が中心的な役割を果たす。それが徽宗に発覚するが、高俅に信頼を置く徽宗は罰しなかった。

　もちろん水滸伝では、必ずしも史実とは一致しない物語が展開されている。それでも、12 〜 15 世紀ころの中国における官僚の実態が想像される。中央官僚も地方官僚もともに、賄賂を得て私腹を肥やしたり権力を濫用して公金を横領したりしても、罪に問われることもない実情をいきいきと伝えている。贈収賄を罪として罰する法制は早くから出来上がっていた中国だが、それを実際に執行するかは別問題であり、そこには政治的な問題がかかわっていた。むしろ王朝の滅亡といった変革が起きないと、官僚の罪を糺すことは難しかった。上記の高俅についてみると、『宋史』では高俅は病死したにすぎない。1125 年の金による開封陥落後、徽宗らは捕らえられ、厳寒地に強制移住させられたのだが、その頃高俅は自宅で逝去した。ただ、高俅の一族の官職も家財も没収された。蔡京、童貫らも同じである。なにしろ、王朝が滅びたのだから。

　あるいは、収賄の罪に問うよりも謀叛の疑いで処罰するといった方法で政敵を排除する方法が採られたことも特徴だろう。宋代の場合、宰相・秦檜が用いた「詔獄（しょうごく）」を利用した弾圧が有名である。詔獄は皇帝の詔勅により設けられる特別裁判だが、詔勅がなくても裁判が開かれた。秦檜は南宋の武将岳飛を冤罪により、1141 年、詔獄の手続きに基づいて処刑した。宋代に科挙制度が整備されたことで、唐代とは異なった性格をもつ朋党（官僚が私的に結合した政治集団）が生まれた。親戚・姻戚

関係をもとに構成された唐代の貴族的朋党から、学問・政策を基軸とした宋代的朋党への変化が生じたのである。宋代の朋党は従来からの姻戚・親戚、地縁、文学的交際関係といった機縁に加えて学問・政策を新たなる結集の機縁としていた。そうしたなかで、王安石ら新法による改革をめざした人々は詔獄を利用し、政敵を朋党として断罪し葬り去る手法をとった。洛獄や同文館の獄といった新法党による旧法党に対する弾圧事件が起きたのだ。

明代の疑獄事件

明代初期にも一連の疑獄事件が起きた。1368年に明を起こした朱元璋（洪武帝）は専制強化をめざして粛清事件を仕掛ける。それが、洪武9年（1376年）の「空印の案」（空印事件）だ。当時、地方官が毎年の決算報告を朝廷に提出する際、間違いなどに備えて、地方に引き返して地方長官の印をもらい直す手間を省くため、地方官印（カラ印）が押された書類を携帯することが慣習化されていたのだが、それを、洪武帝は突然、不正の温床として摘発し始め、大量の地方官を処罰したのである。空印の案は洪武帝側による意図的な捏造事件であり、とくに江南地方の南人官僚を狙い撃ちにした一大刷新であったと考えられている（檀上, 1978, p. 13）。

この地方官僚の摘発に熱心だったのは、胡惟庸らであった。胡は、明建国当初、中央統治機関として設立された中書省の右丞相で、「宰相」と呼ばれる地位にあった。胡はその後、左丞相となり、官僚の任免権を一手に握り、重職の座を自らの側近で固めたとされる。こうしたなかで、胡惟庸は謀叛を罪名に逮捕され、すぐに本人および一族全員が処刑されてしまう。それだけではない。「胡党（胡惟庸の一党）」という名目で、江南地方の地主たちが摘発され出したのだ。結局、「胡党」に属していたかどうかとは無関係に、連座者1万5000人もの大疑獄事件となった。

胡惟庸の処刑を機に、中書省は洪武13年（1380年）、廃止され、中書省に属していた六部はすべて皇帝直属となった。こうして、洪武帝の権力は大いに強化されたのである。官吏の収賄に対しては、洪武4年に禁令が出されていたが、今度は洪武9年から13年にかけての改革で、贈賄者に対しても厳しい罰則が定められた。

洪武帝の粛清はこれだけでは終わらなかった。洪武18年、朝廷の食糧の横領を理由に高級官僚、戸部尚書の郭桓が逮捕・処刑され、これを機に「郭桓の案」と呼ばれる大疑獄事件に発展する。その直後に「禁戒諸司納賄詔」が出された。これは当時にあっても依然として、地主と官僚あるいは上級官僚と下級官僚の結びつきが賄賂の往来によって成立していたことを物語る裏返しとみなすことができる（檀上, 1978, p. 21）。とくに同事件は六部の大刷新をねらっていたと考えられる。逆に言えば、中書省に代わる六部制が必ずしも順調に運営されていなかったことの証だ。なかでも六部と布政使司の間が賄賂を紐帯として上下の結びつきを保っていたことは深刻な問題であった。

さらに、林賢事件と呼ばれる事件が起きた。寧波の責任者であった林賢が胡惟庸と謀議して、日本の支援を得て叛乱を起こそうとしていたとして処罰されたのである。林賢を胡党とみなして処断したものだが、そのねらいは日本との断交をもっともらしくみせるためであったとみられている。

郭桓の案から5年後の洪武23年、初代左丞相で、かつて胡惟庸と姻戚であり、開国の功臣第二位と称される初代左丞相で、かつて胡惟庸と姻戚にあった李善長の弟が胡惟庸に加担していたとして逮捕された。取調べにより、李善長も陰謀を知りながら黙認していたことが判明したとされる。これも捏造事件というのが通説だ。洪武帝は李善長に自殺を命じ、同一族も殺された。連座者は1万5000人にのぼった。「李善長の獄」からわずか3年後、今度は藍玉が逮捕される。藍玉は有名な将軍であったが、謀叛の計画を理由に処刑された。この際も1万5000人もの連座者が出たと伝えられる。

『金瓶梅』

水滸伝で、梁山泊で歩軍頭領を務めていた、虎退治で有名な武松に悪事が露見して殺された、無頼漢、西門慶が主人公を務める『金瓶梅』になると、水滸伝以上にさまざまな官僚の腐敗が描かれている。金瓶梅は明代に成立したが、宋代に仮託しながら明代の状況が描かれているといっていいだろう。

水滸伝では市井のごろつきであった西門慶は、薬屋を開いているにす

ぎなかった。だが金瓶梅では、薬屋から商売を急拡大し、呉服屋、質屋を営むだけでなく、塩の販売許可書を取得するに至る。もちろん、こうした商売繁盛のためには、彼自身が堤刑所の副長官となり、それを足掛かりに官と結託することが必要であった。

　物語のなかで西門慶の腐敗ぶりをよく示しているのは揚州の素封家、苗員外字天秀の話だ。彼のいとこの官僚が紹介するから上京して役に就けという手紙を送ってきたので、贈物を満載した船を仕立てて出向こうとする。だが、下男の苗青は船頭２人と結託して天秀を殺して川に捨て積載物を山分けしてしまう。１人生き残った者（安童）が後日、偶然船頭たちを見かけ官僚に届けて事件が発覚するのだが、苗青は西門慶に莫大な賄賂を贈りもみ消してしまう。安童の話を聞いた黄美は手紙を書いて安童にもたせ、巡按察院へ訴えさせる。巡按山東監察御史の曾孝序は清廉な人物で、訴えをきくと裏をとり弾劾文を奏上する使者をたてる。この情報を知った夏提刑があわてて西門慶に連絡すると、西門慶は太師蔡京を動かし、皇帝の目に入る前に奏上文を握りつぶす。これに憤慨した曾孝序は上京して蔡京を非難し、そのせいで左遷されてしまう。蔡京の甥、蔡状元が米の買い取りと塩の支給を監督する役についたという情報が入ると、西門慶は蔡状元と新任の巡按史、宋御史をまねいて盛大な接待を行う。その甲斐あって、塩の取引では便宜を受け、苗青は釈放されて事件はうやむやにされてしまう。

　この話は、公案（事件・裁判もの）小説の元祖『百家公案』の一部を借用しており、さらに、『明史』にある史実を参考にしているとされる。明史では、宦官の杜泰という者が巨万の官費を横領していることに対して、光禄少卿であった馬従謙らがこれを告発・弾劾した。だが、杜泰は彼らの上奏文に嘉靖帝にまつわる問題点があることを摘発し、怒った嘉靖帝は馬従謙を詔獄にとらえたうえで、廷杖を加えて殺してしまう。同調者も遠方に左遷された。つまり、金瓶梅は明代において、いかにも実際にありそうな腐敗をある意味でリアルに伝えていたと考えられる。

　いずれにしても、中国史では、腐敗が繰り返し問題化し、そうした出来事が水滸伝や金瓶梅などの物語を通じて日本にも伝えられ、日本でも賄賂や贈収賄にまつわる悪事についての認識が少しずつ広がっていったものと考えられる。その背後には、朱子学による影響がある。朱子は、

第2章　中国

君主や聖人、民をその出発点において区別せず、人間一般をまず想定し、欲望に打ち克つことで人格者となることを説いた。その意味で、より普遍的な思想なのだが、独善的になる傾向がある。朱子自身、自分の側が正しい場合には、絶対に力に屈してはならないとして、大義名分論を唱えた。そこに、君主による独善が腐敗を繰り返すという構図が生まれたのである。

6. 近代化後の中国

遅れて近代化した国々には、主権の概念化において共通点がみられる。少なくともアジアにおいては、松本健一が指摘するように、「アジアの自己意識は、欧米帝国主義列強の「属地」あるいは植民地とされている自己を認識する、というかたちで成立する」のだ（松本, 2008, p. 37）[6]。日本では、それが「国体」、中国では「王道文化」として具現化される。欧米列強という「夷敵」があったからこそ、その他者に対抗する形で自己たる国家を再構成する契機となったというわけである。

ただし、その「国体」や「王道文化」に基づく主権国家化の実態はアジア各国のそれぞれの歴史によって大きく異なっている。日本は天皇制国家に「国体」を見出すことになったし、中国は中国こそ世界の中心であるとする中華思想や漢民族至上主義に軸足を置くことになった。

こうした相違は腐敗問題に対する日中の見方にも違いを生んでいる。日中における腐敗問題に対する視角は両国の近代化後にどう変化したのだろうか[7]。この問題を考察するには、中国と日本の官僚制の違いを比較した議論が参考になる。中国の官僚制は、支配者に支配権が一元的に集中するという、家父長制的専制国家のもとで、支配者の私的財産と公的行政手段とが区別されない家産制を官僚が運営する、「家父長制的家産官僚制」であった（石丸, 1994, p. 196）。長年続いた科挙制度のもとで、科挙に合格し任官された「官」は少数の特権官僚を頂点として、地方や役所ごとに多数の実務担当者（胥吏）を従えるというピラミッド構造が構築された。これは、官僚が身分制とは無関係のバラバラの個人として位階というヒエラルヒーに位置づけられるという「位階制としての官僚制」を特徴としていることになる。

社会主義体制下の中国にあっても、この位階制としての官僚制は基本的に継続している。国家権力を体現してきた官僚は、「旧中国においても社会主義といわれている現代中国においても、国家権力が社会の本位的存在であることには変わりがないのである」（王, 1998, p. 40）。中国では、1993年に「任命制」を廃し、「中華人民共和国国家公務員暫行条例」を制定したが、政務公務員と事務公務員の区別がなされておらず、この法律は中央行政機関の一部および一部の地方行政機関でのみ「試験的」に導入されたにすぎない。政治家が官僚を任命したり、政治家が官僚を兼務したりする政治家と官僚の未分化状態が解消されてはいない。こうした状況があるからこそ、中国の公務員は私的・人間関係的なものによって統合・統制されていると言える。別言すれば、中国の公務員組織は「私」をその基本的特徴とし、官僚制の内部においては、官僚が個人関係・個人の人格などの私的原理によって統制されており、対外部との関係においては、官僚制は個々の官僚が個人として共同体に接し、組織を越えて、官僚個人が絶大な裁量権をもちかねない（王, 1998, p. 95）。

　中国の官僚制が家父長制的な私的・人間関係的原理で機能するという自体は、すでに指摘したように、「自己」というミクロレベルからみた人間関係が「自己＝幇－情誼－関係－知り合い－単なる他者」という構成にあり、官僚の行動をも律していることを意味している。だが、この原理は公有制を基本的所有制度としている中国においてはゆゆしき問題を惹起する。「公的」財産をあくまで「公」として管理・運営すべきなのに、それを「私」的に利用して私腹を肥やす事態が起きやすくなるからだ。しかも、その個人と義兄弟のような「幇」の関係を構築した官僚集団が存在し、そのグループ内では利他的にグループ外には利己的に行動する。官僚は公的財産の経営権や管理権を握ることで、それを私的な蓄財に利用することが容易にできるから中国共産党主導の政治体制を利用しながら莫大な利得を得られるのである。このため中国では、現在も腐敗との闘いが重要な政治課題となっているのだが、指摘した「自己＝幇－情誼－関係－知り合い－単なる他者」という私的・人間関係的原理にまで踏み込んだ改革なしには、腐敗問題を解決することはできないだろう。

　中国では汚職を行った官僚を「貪官汚吏」と呼んできた。この言葉

から、「貪汚罪」なる犯罪が生まれ、中華ソヴィエト政府中央執行委員会が1933年に公布した「関於懲治貪汚浪費行為的26号訓令」において、公務員の汚職行為を「貪汚罪」という罪名で処罰することになる（王, 1998, p. 234）。中華人民共和国成立後の1952年4月には、「中華人民共和国懲治貪汚条例」が公布される。この法律では、公務員の収賄だけでなく、国家財産の横領なども処罰の対象となり、最高刑は死刑であり、これを政治的に利用することが可能であり、文化大革命中の混乱の背後にはこの法律があった。

　1979年7月に公布、1980年1月から施行された刑法典（旧刑法典）では、貪汚罪の細分化・具体化がなされた。賄賂罪も独立した条文（罪名）として刑法185条で規定されるようになる。贈収賄犯罪が増加しつつあった1988年1月、全国人民代表大会常務委員会は、旧刑法典の補充として「横領罪賄賂罪の処罰に関する補充規定」を公布・実施した。これにより、1988年以降、公務員の贈収賄にかかわる刑法上の規定は旧刑法典と「補充規定」の二つになった。その後、1997年に新たな刑法典が公布され、同年10月から施行された。現行の刑法法典は基本的に旧刑法典と「補充規定」を受け継いでいることになる。刑法第385条に「受賄罪」が規定されている。「国家工作人員」（政府機関の職員、国有企業の従業員など）について、職務上の便宜を利用し、他人の財物を要求した場合、または不法に他人の財物を収受し、他人のために利益をはかった場合に、これを受賄罪（収賄罪）とするというものだ。いずれにしても、近代官僚制のもと、官僚がその職務との関係で贈物を受け取ることを刑事罰の対象とする視線が明瞭になったと言えよう。だが、こうした法的規制が整備されたとはいえ、官僚が私的・人間関係的原理に従って働いている現状に変化はみられない。だからこそ、現在でも中国は蔓延する腐敗に苦しんでいると指摘できるだろう。

第3章　日　本

1. 律令制

　『日本書記』巻17「継体天皇」には、6世紀ごろの出来事として、「或有流言曰、大伴大連、與哆唎國守穂積臣押山、受百濟之略矣」という記述がある。大伴大連金村_{おおとものおおむらじかなむら}と、任那_{みまな}の国、哆唎_{たり}の国守、穂積臣押山_{ほづみのおみおしやま}が百済から「略」を受け取っていたというのである。これは、百済が当時、大和朝廷が支配していた任那_{みまな}の上哆唎_{おこしたり}、下哆唎_{あろしたり}など四県を譲って欲しいと交渉をしてきて、大伴金村は承諾し、代わりに五経博士を渡来させたのだが、この交渉時に、「略」なる贈物を受け取っていたことが流言として紹介されていることになる。

　ここで興味深いのは日本にとって異国である、いわば「敵」とみなしうる百済からの贈物を「略」と称している点である。すでに紹介したように「略」は本来、「贈る」という意味をもつ言葉だから、この「略」は贈物を意味していると考えられる。ただ、その贈物は敵からの贈物であるがゆえに、「略」と表記されたに違いない。敵からの贈物を手にした大伴金村と穂積臣押山は敵と内通した者として断罪されることになる。

　この史実からわかるのは、贈物を受け取ることが「敵」か「味方」かの判別を難しくし、「敵」からの贈物への警戒心を高めたことである。だが、こうした「略」のイメージが同じ国に住む官僚への贈物について、賄賂という刑罰の対象として認知されるようになるのは長い時間が必要であったのではないか。

鐘匱_{かねひつ}の制

　中大兄皇子が蘇我入鹿を殺害、蘇我蝦夷が自殺に追い込まれた大化改新後、皇極天皇の跡を継いだ孝徳天皇の時代、高句麗、百済、新羅の死者が日本に頻繁に訪れた。贈物の重要性はますます高まっていたに違い

ない。孝徳天皇時代、日本書記によると、「憂訴人は伴造または尊長を通じて訴えを上奏する。伴造・尊長はその訴えを牒に記して記名して朝廷に置かれた匱に投じる。すると収表人は、毎朝、その牒を匱から取り出して天皇に上奏する。天皇はこれを自ら裁断せず群卿に示してしかる後裁断する」という制度が整えられた。郡卿が訴えを放置したり、適切に処理しなかった場合には、憂訴人は鐘をついて、その審理を促すことができた。これを「鐘匱の制」という。つまり、超越的立場にある者に願いごとを訴える場合であっても、贈物などをせずに、制度として問題解決を求めることができるようになったと考えられる。逆に言えば、裁判においては、その判断の公平性をきすために超越的立場に立つ者が贈物を受け取ることに厳しい視線が必要なことが当時、すでに共通認識としてあったことが推測できる。ただし、この制度が実際にどのように運用されたかについてはわかっていない。

日本で律令制が導入される以前には、大王(おおきみ)は畿内の豪族たちの合議で決められる首長であった。そこには、互酬的な交換を人格と絡めて首長を決めるという、人格的な関係がある。だが、律令制はそうした関係を、官職と位階を媒介とする非人格的な装置による統治へと変容させる。その意味で、日本における腐敗は律令制の導入とともにより明確に意識されるようになったと考えられる。

日本は、唐律を手本に、701年、大宝律令を制定した。この原文は現存しないが、757年に施行された養老律令は大宝律令を継承しているとみられており、養老律令をもとに大宝律令の復元が試みられている。といっても、養老律令も散逸しているのだが、後代の注釈書などによって復元が進んでいる。

日本の律令制

701年の大宝律令の官制では、祭司を管掌する神祇官が行政権力である太政官の上に設置された。これは中国の律令制にない。中国の場合、皇帝のもとに、中書省（詔勅などを起草）、門下省（貴族集団の意見を反映させるためのチェック機関）、尚書省（執行機関）があるのに対して、日本では天皇のもとに、神祇官と太政官がおかれた。太政官は中国の三省を統一したような機関であるのに対して、中国の場合、尚書省の部局

として皇帝の祭祀を司る機関があるだけだ。「日本では、神祇官が、中書、尚書、門下を一本にした太政官の、形の上では上に位置するような、立場としては対等みたいな形で出てきている」という（上山, 1985, p. 44）。これが意味しているのは日本の天皇が祭祀に大きな役割を担わされた君主であるということだ。別言すれば、天皇の権力を権威づけるために天皇を祭司として位置づけようとしたのである（柄谷, 2014, p. 223）。日本の天皇はもともと、大王、すなわち、祭司＝首長の延長としてあり、その正統性は神から与えられる。中国の皇帝に正統性を与えるのは天子だが、その天子の意志である「天命」は王朝交替の理由を示すものであり、いわば「民意」に根差している。その意味で、政治的な変革の理念と結びついた天命は現実の政治そのものを想起させる。ところが、日本の天皇の場合、神の権威を借りながら、つぎつぎに代わる権力者を法的に支える権威としてふるまった。神が普遍的であるかのように偽装されているために、その神に寄り添った天皇は長く存続しえたということになる。結果として長く続く天皇制は、その血統を理由にその正統性を保っているのだ。⁽¹⁾

十七条憲法

養老律令のうち、刑法にあたる律には、「職制律」があり、そこで収賄や職権濫用などを罰する規定が盛り込まれていた。基本的に、唐律を模倣したものにすぎず、当時の日本人がこうした法の趣旨をどこまで理解し、実際に執行していたかについては疑問が残る。ただ、唐律自体は儒教の影響を強く受けているから、儒教思想が法整備などを通じて日本も着実に入ってきたことは確実だ。

しかし、日本人は儒教をそのまま受容したわけではない。それは、聖徳太子の定めた十七条憲法による現われている。神道・仏教・儒教を習合する形で生まれた憲法だが、なんといっても、特徴的なのは、第一条にある「以和為貴」（和をもって貴しとなす）という考え方であろう。この「和」という価値観こそ、その後の日本の歴史や日本人の倫理観に大きな影響をおよぼしたと断言してもいいだろう。⁽²⁾

英語の概念に「和」の概念を置き換えるとすれば、"harmony" とか "solidarity" あるいは "cooperation" といった言葉が思い浮かぶ。だが

個人といった人間を単位に想定しているであろう、これらの英単語と「和」は違う。「和」は「話し合い」を前提としているからだ。「和」は、人間だけでなく、家や家族といった組織を単位とし、その内部の平安だけでなく外部との関係における平和や安全保障を包摂したイメージとしてある。

　この「和」を実現するために、日本人は話し合いを重視した結果としての「均衡の原理」を育んできたのではないか（伊藤, 1984, p. 6）。それは互酬性と結びつくことによって生まれたと考えられる。この互酬性は、盆、歳末、正月などの年中行事のほか、誕生祝、婚礼、葬儀などの通過儀礼に行われる贈答を通じて、あるいは、日常的な挨拶を含むやりとりを通じて、より確固たる関係になってきた。こうした互酬性は「義理」という観念を生み、義理に基づく贈答関係も広げてきた。互いに負担し合うことで、たしかに均衡の原理が働き、それが「和」を保つのに役立ってきたと考えられる。何度も指摘したように、互酬は本来、共同体と共同体の間の安全保障上の原理として発生したが、この掟は各共同体内部においても、互酬的関係ないし互恵関係として内部化され、共同体を構成する各世帯を規制する。日本の場合、この共同体内の互酬的関係が残存し、共同体内の世帯間の均衡維持に役立ったのではないか。

　互酬性は贈手と貰手との間の均衡を促すだけではないことにも注意を払わなければならない。すでに指摘したように、贈物を受け取るかどうかは「敵」か「味方」を峻別する重要な手段であり、贈与と返礼という互酬関係を築けなければ、そこには仲間意識が生まれず「和」が成り立たないことになってしまう。ただ、その関係は移ろいやすいから、せめて四季ごとに贈与と返礼という贈答を繰り返すことで互酬関係を確認・維持することが求められたのである。つまり、頻繁な贈答という互酬は「和」を確認し、維持するための手段なのである。しかも、そこでの贈与と返礼は価値の相当性を重視する「対価性」を重視するものであったから、結果的に「均衡の原理」に近づくことになる。こうして日本では、贈答にかかわるきめ細かい文化が育ったのだ。お年玉、香典、お布施、餞別などを「包む」文化もこの延長線上で生まれたのである。

組織の維持につながる双系制

この「和」を支える原理は双系制（双方制, bi-lateral system）であった。中国の漢族が父系制であったのに対して、日本では血縁による強固な結合は生まれず、家族は小家族に分かれてゆく傾向がある。双系制のもとでは、女子にも相続財産が分与される。父方および母方の親族を区別せず、父の兄弟も母の兄弟もオジ、父母の姉妹をオバとよび、自分の兄弟姉妹の子も男女の区別だけでオイ・メイという。中国では、父の兄は伯父、弟は叔父、母の姉は伯母、妹は叔母というように厳格に区別されている。

双系制のもとでは、出自ではなく、組織（イエ）の維持を重視する傾向が強まる。イエを維持するために、養子縁組を活用したり、後継者として息子ではなく、女婿をあてたりした。15世紀ころには、日本の親族制度は父系制・家父長制に転じたと言われるが、それは武士などの支配層だけであり、そこでも双系制がベースとして残存していた（柄谷, 2014, p. 226）。こうした共同体であったからこそ、父系制に基づく中国の儒教は観念にとどまり、広範には受けいれられなかったのである。このイエの重視はイエ間に互酬原理を働かせ、イエの「格」に基づく和の重視をもたらす。

加えて奈良の大仏（盧舎那仏）の建立が人間間のあり方を指し示してくれた。華厳経に基づく法身仏（真理である法を具現した姿）である盧舎那仏は「一即一切」の思想を表していた。それは一なる人の心に世界の事物の一切が含まれ、また逆に、一なる個としての自己は一切の事物との関係の上に成り立ち、個人や自己としての実体があるわけではないとする（尾藤, 2000, p. 50）。これは共同体的な性格を強くもつなかで人間がどう生きるべきかを示す思想となったとみなせるのではないか。個を捨て、イエに尽くすなかで、イエレベルの互酬、和の堅持がはかられるようになるのだ。

長子相続は鎌倉時代に発生する（Todd, 2011=2016 上, p. 242）。農地の開拓に限界が生じ、農村の稠密化が進んだことで、東日本で長子相続が広がり、やがて東北にも伝播する。男性長子相続が日本の貴族社会に出現するのは13世紀末期から14世紀はじめのことにすぎない（同, p. 256）。こうした父方居住直系家族の優位は官僚的権威や男性長子相続を

第3章　日本

受けいれ、官僚や男性長子の権威を認め、官僚主導の配分上の不平等を是認する基盤となる。

「起請」という形式

日本では、天皇が貴族に「姓」を授与する「賜姓」によって、貴族の出身、系譜、皇室との関係を明確に定めた。これに、朝廷の官僚にその功績に応じて爵位を授与し、爵位に応じて官職を与える「官位相当制」を組み合わせることで、国の安寧をはかろうとした。五位以上が貴族と呼ばれ、五位以上の有位者の子孫に位階を与え世襲としたのである。貴族優位の政治体制が整えられたことで、実力本位の競争を前提とする科挙制度は貴族の反対から実現されなかった。既存勢力の均衡を保つことで、「和」を維持しようとしたわけだ。試験による任官（貢挙）にしても、大学と国学の学生でなければ参加資格が与えられていなかった。その大学や国学に入学するには身分上の制約が課されていたから、貢挙制度は科挙とは程遠いものであったと指摘できる。

江戸時代までの武家社会の規範については、神が判断する「神判」から、「道理」を重視する形式へと変化してきたと考えられる。それは「起請」という、神を呼び起こして神に請願すると形式をとった（辻本, 1999, p. 144）。鎌倉時代に入り、棟梁である鎌倉殿がすべての御家人を、幕府直属の幹部、「惣領」を通じて支配する政治体制のなかで、その秩序維持をはかる政治理念としての「道理」が重視されるに至る。幕府は13世紀、「御成敗式目」の制定に際して、「道理」を政治、裁判の中核にすることを御家人団に約束すると同時に、これを起請文にしたためることによって、「道理」政治が神の加護を受けた正義・公平を基底とした約束事であるとしたのだ（同, 1999, pp. 156-157）。ついで、足利尊氏の諮問に基づいて策定された1336年の「建武式目」では、10条において、「固く賄貨を止めらるべき事」と規定され、賄賂が禁止された。「道理」に反する場合の罰則だが、神を経由した「道理」がなにかは不明確であり、上位者が恣意的にこの規定を利用することになったと思われる。

なお、起請は8、9世紀には上申の意味をもち、その内容は禁制の意味をもつものが多かった。禁止を願い出るわけである。10世紀末以降、起請は上申ではなく下位者に遵守を求める禁制の意に転じる。とくに興

味深いのは「公卿起請」と呼ばれる、公卿起請において公卿相互遵守制約として起請が行われたケースである。公卿が公卿会議での決定事項の遵守を相互に誓約するのだが、「受領功過定」に関するものが多いという特徴がある（下向井・光谷, 2000, p. 14）。受領功過定は任期を終えた受領に対する評価をし、叙任などに活用されたから、受領は家司・家人・縁者などをたよって公卿に請託し、受領功過定において「功」や「無過」の判定を受けて昇叙・遷位しようとした。逆に、有力公卿は自らの政治力や影響力を行使して、請託してきた受領の功過を情実がらみで強引におしはかろうとしたわけである。このため、重要な儀礼の用途を進納しないまま「無過」に判定される受領が増え、それが「受領功過定」を骨抜きにする要因になっていた。そこで、公卿起請は天皇の要請を受けて、「口入」を排除し、厳正に審査することを天皇に対して相互誓約するようになる。このため、下向井・光谷は、「このようにみるなら受領功過定に関する「公卿起請」は、王朝版「腐敗防止法」・「政治倫理」決議と評してよさそうである」と指摘している（同, p. 34）。

神への贈与の税への転化

　ここで、神への贈与が税へと転化したことを紹介しておきたい。具体的に言えば、神への贈与が古代の租と調へと転化したのである。

　石母田正は『日本の古代国家』において、租（収穫の約3％が郡に設置された正倉に蓄積された）が土地からの収穫物の一部を初穂として神の代理人たる首長に貢納する慣行から発生したものであると論じた。同じく、石母は、調（成年男子に対する人頭税として、中央政府に納められた絹・布や特産物）が朝廷に集められた後に初穂として神社や陵墓に献上され、そのあとで各氏族や官人に分配されたことから、調を「神に対する贈与」であるとみなしている。

　桜井英治著『贈与の歴史学』によれば、平安時代中期に進行した税制改革の結果、10世紀後半ごろまでに、古代の税は、租や庸、雑徭など他の税目とともに官物と呼ばれる地税に統合され、人への課税から土地への課税へと大きく変化する。この変化とともに、調を構成していた特産物も、官物においては米や絹布など、少数の物品に整理され、神への捧げ物としての本来的性格は失われる。

折紙と賄賂

　ここで、桜井英治著『贈与の歴史学』に登場する折紙の話を紹介したい。折紙は贈物をする際、目録として添えるものである。贈物一般に添える折紙を「進物折紙」、銭に添える折紙を「用脚(ようきゃく)折紙」とか「鳥目(ちょうもく)折紙」という。貨幣経済の浸透で銭を贈ることも行われるようになった。その場合、現物をいきなり贈るのではなくて、まず金額を記した折紙を先方に贈り、現金はあとから届け、清算が済むと折紙は受贈者から贈与者に返却される。これは、「贈り損」を防止するためにも便利なシステムであった。もし贈物をしても、受贈者が期待に応えてくれなければ贈与者にとっては贈り損になってしまうが、受贈者の行動を見極めたうえであとからカネを渡せばいいのだから、これを利用して受贈者に嘱託を行うことがしやすくなった。つまり、賄賂を使った贈収賄が安心して可能になったことを意味している。

　この折紙という仕組みだけをみると、別の折紙と相殺することを可能にした。それだけでなく、折紙が譲渡可能となれば、約束手形のように流通する道も拓かれる。ただし、折紙を使った贈与が隆盛をみたのは14世紀の100年間ほどの間だけで、折紙から約束手形への転化は生じなかったようだ。

　それでも、14世紀の段階で、折紙を用いた賄賂のやり取りが広範に広がっていたことは重要である。そこにあるのは、贈与と返礼の変態であり、それ自体が「悪」とみなされていたとは思えない。そうであれば、返却された折紙はすぐに廃棄され、残存することはなかっただろうからである。もちろん、建武式目にあるように、「道理」からみて罰せられるようなケースもあっただろうが、それは幕府の裁量のもとに科されたのであり、あくまで例外的ではなかったか。

2. 徳川体制：上半身だけの律令制

　「和」を重んじる日本では、科挙制度は採用されなかった。実は701年に大宝律令が公布されて以降、一般官吏の採用には、氏姓を問わず試験による任官という制度が導入された。だが、『類聚符宣抄』によると、慶雲年間（704〜707年）から承平年間（931〜938年）に至るまでの

230年間で、方略試によって採用された秀才はわずか65人にとどまった（蔣立峰ら, 2010）。1177年に大火で大学寮が焼失したことで、科挙制度は日本の歴史舞台から姿を消す。江戸時代になると、朱子学の「官学化」に伴い、昌平黌で試験を通じた任官が一部で行われた。

科挙制度を拒絶した日本では、儒教が共同体に浸透するのも遅れた。すでに紹介したように、朱子学を日本に輸入したのは、主として、朱子学が批判した禅の僧侶であったことも朱子学の単純な受容を妨げた。それでも、儒教思想を取り入れていた『水滸伝』、『三国志演義』、『金瓶梅』などの中国文学の輸入により、賄賂が「悪」というイメージは少しずつ日本でも浸透していったとみられる。文化の伝達であり、模倣と呼べるものだ。朱子学の影響を受けている『太平記』においては、賄賂をめぐる記述が複数みられる。師匠と弟子の往復書簡という形式で話が進められていく、室町時代以降の「初頭教科書」と呼べる『庭訓往来』でも、奉行人の賄賂を申し立てるべきことが書かれている。

この背後には、自分の生き方について考える人間が増え、自らに負わされた「役」に応じて道徳を指針とするようになる。「役の体系」を維持することで自らの権力を維持する支配側は江戸時代になって、儒教を自らの安全保障のために利用した。庶民については、17世紀になって広がりをみせたが、この際、日本では儒教に付随していた礼法が軽視された点が特徴である。儒教の精神が導入されたにすぎない。

忘れてならないのは、律令制に基づく官職が残存していた事実である。江戸時代になると、中央の律令政府の幹部の主要な収入源であった荘園も、地方官としての国司の活動もなくなってしまったが、全国の大名は律令の官位令に基づく官位と、それに相当する律令的官職を与えられていた（中村, 1993, pp. 147-148）。江戸城内の公式の場では、相互に官職名で呼び合うならわしが残存しており、参勤交代でも宿屋の本陣に律令官職名を表示したという。忠臣蔵の吉良義央の上野介というのは上野国の行政官の次官を意味し、正六位下の官位である一方、浅野長矩の内匠頭とは、令外官として中務省の下に設置された内匠寮の長官であり、上野介よりも二階級上位の従五位下の官位であった。つまり、徳川体制になっても、広義の形式化された律令制は持続していたのであり、だからこそ、天皇や摂政・関白以下、都の律令官人たちは幕府によるささやか

125

なあてがい扶持で命脈を保つことができたのである（上山, 1985, p. 96)。
　そう考えると、上山春平が『天皇制の深層』で指摘したように、「律令制というのは、下半身は戦国時代ころに消滅しますが、上半身は江戸時代のおわりまで生き残ります」ということなのだ（上山, 1985, p. 19)。つまり、血縁的もしくは擬制血縁的な集団を基本とする氏姓制から、中国伝来の官僚制である律令制に切りかえてから、約1200年間もそうした官僚制が命脈を保ったのである。これは世界史において稀有な事例であり、ここに日本独自の官僚への「おかみ」意識が生まれる。

武家官位制という形式化

　哲学者中村雄二郎の興味深い分析によれば、日本の律令制は形式として存続しながら、その形式化を徹底させていった（中村, 1993, pp. 152-155)。よく指摘されるように、徳川体制は支配の正統性を付与する権威として天皇制を利用したわけだが、その天皇制は「天命はわれにあり」とする中国の天道思想を血脈で守る一方、社会の全成員を上下の階層秩序のうちに位置づけてきた律令的法体系が統一権力の正統性の維持に役立ったことになる。
　日本の場合、律令的法体系の権威が天皇の権威としてあらわれたという特徴がある。その理由は、「〈法の規定する一官職としての君主〉を媒介にして〈法〉が〈一個の人格としての君主〉へと転化したからである」（中村, 1993, p. 154)。律令的な法の権威が特定の人格的権威へと倒錯・転倒したのである。重要なことは、一度、こうした人格的権威が成立すると、今度は逆に、その結果として出来上がった社会的諸関係が、人々の目には、人格的権威による秩序化の産物であるかのようにみえる点である。
　この転倒は「秩序化の形式化」を通じて深化する。律令的官職に基づく秩序づけの継続がその典型だろう。
　徳川体制では、武士は都市に集められる一方、農民は武装解除（刀狩り）されたことで、武士と農民との分離が行われる。武士はいわば、武官となったが、戦争がないので、事実上、文官と同じようになる。現に、律令的官位制がこれを実現したわけだ。だが、武士自身は自らが官位制のもとでの「官僚」であるとは認めず、武士道なるものをひねり出す。

それは、「徳川時代に官僚でしかなくなった武士が、自分の存在理由を見出そうとして考えた観念」にすぎないと言える（柄谷, 2014, p. 250）。

よく知られているように、「武士の官僚化」＝「文治政治」への大きな分岐点となったのは、島原での一揆（1637 年）であろう。キリスト教徒や苛政に苦しむ農民 3 万 7000 人ほどが死亡し、幕府軍にも 1 万人を超す死傷者を出した大事件後、暴力を伴った反政府運動から、非暴力を前提とする請願に移行したことでわかるように、いわゆる島原の乱後、武断政治から文治政治への移行が進んだ。「仁政」をよしとする気風のなかで、領内が治まっていないことが示せれば、改易などの責任問題を恐れる領主への圧力となりえた。このため、百姓一揆は代表越訴、村方騒動といった形で展開されることが多くなり、領主や幕府などへの請願に近いものとなったと考えられる。

武士が官僚化しているのに、あえて武士階級を残そうとした徳川体制は他方で、朝鮮で純化された朱子学を導入して幕府公認の教義とする。儒教は礼楽を武に優越させる教えだから、これは武士の官僚化を促しかねない。にもかかわらず徳川が朱子学を導入したのは、朱子学の説く「正統性」の観念を徳川の正統性に利用するためであった。ただし皮肉なことに、徳川御三家の一つ、水戸藩では、徳川の正統性を天皇の権威に求める尊王思想が採用され、これが幕府崩壊を招く理論的支柱の役割を果たす。

こうした徳川体制下においても、贈収賄を悪とする視線が生じなかったわけではない。ただし、それは中国の贈収賄を悪とする視線を輸入したものにすぎず、中国流の官僚がいない日本では、武士に対して中国とまったく同じ刑罰を与えることにはつながらなかった。武士は事実上、官僚化していたが、武士は武士であり、そろばんを使う職務は疎んぜられていた。ただ、武士が律令的官位制の形式下におかれていたのは事実であり、そこには武士を超越的存在とみなす視点がたしかに存在した。だからこそ、特別なルールが必要とされたのである。

『通俗三国志』の刊行

中国とは異なる状況のなかで、実際、贈収賄に対する刑罰はどうなっていたかを検討してみよう。寛文・宝暦年間（1670 − 1681 年）に

は、浄瑠璃「通俗傾城三国志」が上演される。その後、元禄期（1691年）に『三国志演義』の翻訳である『通俗三国志』が刊行され、宝永6年（1709年）には、歌舞伎「三国志」が演じられた。『水滸伝』については、18世紀後半、『通俗忠義水滸伝』が刊行される。通俗本に挿絵を付けたものが「絵本本」として、『新編水滸画伝』がある（三国志については、『絵本三国志』）。中国の物語を日本風に改めた「翻案本」としては、『湘中八雄伝』、『本朝水滸伝』などがある（三国志については、『英傑三国誌伝』）。19世紀に入って、文政年間になると、歌川国芳による『通俗水滸伝豪傑百八人之一個』が脚光を浴びた。『金瓶梅』については、翻案作『新編金瓶梅』（全10集）の第一集が、天保2年（1831年）に曲亭馬琴によって世に出された（川島, 2011, p. 36）。

　江戸時代の法令そのものをみると、五代将軍綱吉の武家諸法度（天和令1683年）から、本来の大名統制の武家諸法度と徳川家旗本を統制する諸法度を合わせて武家諸法度とするようになり、宝永7年（1710年）の宝永令も天和令を引き継いでいる。この宝永令には、「貨賄を納れて権勢の力を仮り、秘計を廻らして内縁の助を求む、皆是れ邪路を開きて正道を害す、政事のよりて傷るゝ所なり、一切に禁絶すべき事」という規定がある。武士たるもの、貨幣や衣服といった「まいない」を使って、当時の権勢のある人の贔屓を得て、策略をめぐらして内々の縁を結んで助けを願うことは正道を害するから禁止するというものだ。これは、武士による贈賄を禁じたものとみなすことができる。同じく、1668年に保科正之が作成した会津藩家訓十五箇条では、「不可行賄求媚（賄を行い媚を求むべからず）」とされ、同じく贈賄が禁止されていた。他方、収賄についても禁止されていた。江戸時代の武士に対する刑事判例集である『以上并武家御扶持人例書』には、14条で、「主人御役筋江拘り又ハ吟味筋ニ付賄賂金等貰受或ハ頼を請候もの之事」という収賄を行った武家に対する処罰規定が収載されていたのである（服藤, 2010, p. 27）。

　百姓、町民を対象とした裁判法典としては、形式的には、寛保2年（1742年）、『公事方御定書』が完成した。明律や清律など中国法の影響を受けて編纂されたものだが、「奉行中の外、他見あるべからざる」、秘密法典であった（平松, 1988, p. 26）。『徳川禁令考』によると、宝暦4年（1754年）成立の『公事方御定書』では、26条「賄賂差出候もの御仕

置之事」として、「公事諸願いその他請負事(うけおいごと)などに付いて、賄賂差出候者ならびに取持(とりもち)致し候者、軽追放」とされた（福永, 2002, p. 132)。「請負事」とは、土木工事の請負やご用達の指名などを念頭に置いている。「取持致し候者」とは、賄賂の斡旋をした者を意味している。この条文には、但し書きがあり、賄賂を受けた収賄者がその品を返戻のうえで申し出た場合には、贈賄者・斡旋者が村役人である場合には役儀を取り上げ、平百姓である場合には過料とする。

辰巳屋疑獄

史実をみても、収賄、贈賄ともに罰せられたことがわかる。ただ、明らかに収賄に比べて贈賄の罪は軽かった。ここでは、いわゆる「辰巳屋疑獄」をみてみよう。元文4、5年（1739, 1740年）に起きた実際の事件では、大坂の家産200万両をもち、手代460人をかかえる豪商辰巳屋の久左衛門の死によって、養子の後見に就いた久左衛門の弟、木津屋吉兵衛が辰巳屋の財産を横領しようとしたとして、辰巳屋の手代、新六らが奉行所に訴えた。だが、吉兵衛はあらかじめ東町奉行、稲垣種信の用人、馬場源四郎を通じて、賄賂工作を行い、訴状は却下されただけでなく、新六は投獄されるに至る。それでも、新六の仲間の手代が江戸の評定所に赴き、訴状箱に願書を投げ入れた。それが取り上げられ、当時、南町奉行から寺社奉行に昇進していた大岡越前守忠相が評定を主導した。その結果、関係者一同が江戸に召喚され、数回の吟味を経て、種信・源四郎・吉兵衛の罪状が露見するところとなる。元文5年3月、種信は職を奪われ、持ち高を半減され、かつ、閉門を命じられた。さらに、源四郎は死罪に、吉兵衛は遠島（後に減刑）に処されたのである。

この衝撃的な事件は、事件6年後に、新興浄瑠璃座陸竹和泉座で初演された「女舞剣紅楓」で取り上げられたほか、『銀の笄(かんざし)』という実録小説が書かれ、それをもとに、39年後には、歌舞伎狂言「棹歌木津川八景」も上演された。こうして、少しずつ、収賄や贈賄の罪も認知されるようになったと考えられる。

この疑獄事件を題材にして、松井今朝子が書いた『辰巳屋疑獄』では、吉兵衛が大坂では日ごろからごく普通の慣習として東町、西町両奉行所の役人に金品が渡っていると強く主張し、自らの無実をいい立てたとし

第3章　日　本

ている（松井, 2007, p. 265）。おそらく、これが事実に近いのではないか。別の箇所には、大坂奉行所はかねてから年頭、八朔、五節句に惣会所と町会所、同業の株仲間から礼金を受け取る習わしで、なかでも稲の実り間近な陰暦八月朔日（ついたち）には「田の実」が「頼み」に通じるところから多額の礼金が贈られていたとの記述がある（同, p. 180）。

　贈物のやり取りによって、敵味方を見極めて仲間の「和」を保つという行為は日本という共同体内での特徴であったから、贈与と返礼という互酬が共同体内のイエに課せられ、それが贈答文化として多岐にわたって埋め込まれていった。そうした日本において、その互酬的取引のうち役人との取引だけを贈収賄という犯罪として断罪することはきわめて難しかったと考えられる。付け届けと賄賂の区別は難しい。このため、近世までの日本では贈答文化に隠れて賄賂を介した腐敗が犯罪として処断されるケースは少なかったのである。中国のように王朝が頻繁に交代する事態が繰り返されなかったことも、敵を処罰する手段として収賄を政治的に利用する機会を奪ってきたと言えよう。それは政治についてその責任を最終的に負う人物の不在という現象につながる。

　血統に正統性を置く天皇をその政治性ゆえに断罪することは原理的にできない。そこにあるのは、「正しいものは正しい」という、トートロジーでしかない（アライ, 2014, p. 301）。その結果、腐敗という悪を問い詰める視点や規準が不在となってしまうのだ。

3. 近代化後の官僚制

　日本の近代化後の官僚制の特徴は、「機構としての官僚制」にあると言えるかもしれない（石丸, 1994, p. 201）。身分制のもとで、家業・家産・家名が一体化した「家」（イエ）に慣れ親しんできた日本人は、明治維新後、各省に、いわばイエを見出し、その省という機構のなかで、職位ごとに職務・権限を明記した法令のないなかで「和」を重んじながら、また、個人の利害を相互に抑制し、稟議制により、個人の責任をも回避しながら、組織単位の利害を優先する官僚制を形成してきたと考えられる。それは、各省の人事、予算、法規を担う官房部門が省全体の規律性・連帯性を調整する役割の重要性を増し、官房部門の肥大化という現

象につながっている。私的利害の抑制については、課長職以下の行政職員が大部屋で執務にあたる「大部屋主義」を生み、「個室執務主義」をとる欧米や中国と大きく異なっている。

　こうした理解は、「公私融合」という原理を日本の官僚制の特徴とみなす見方とも整合する（王, 1998, p. 118）。各省内部では、官房が中心となって、官僚の私的利害に配慮したルール・秩序が構築され、それは天下りという形で退官後も続く。対社会という面でも、国家利益の唯一の護持者としてふるまうことで、「私」の部分を隠蔽することに成功してきた。

山城屋和助事件と尾去沢銅山事件

　ここで、明治時代初期、実際に起きた二つの事件を紹介することで、腐敗を犯罪とみなす視角がどのように生まれたのかを考えてみたい。

　山城屋和助事件は長州藩奇兵隊の一員であった山城屋和助が同藩の山県有朋の縁故により陸軍省の御用商人となり、有力な豪商に成り上がったことを契機としている。彼は陸軍省から借りた公金で生糸相場に手を出し、普仏戦争で生糸相場が暴落し、投機に失敗したのにもかかわらず、さらに公金を借り続けた。各国の実情を見聞する目的で海外視察にも出向き、前後数回、およそ64万9000円の公金を借り入れたとされる（頼, 2013, p. 108）。これは当時の国家歳入の1%を超える。外遊中、山城屋は豪奢な生活を送ったため、不信に思われ、これをきっかけにして問題が表面化、陸軍省内に山県の責任を追及する声が高まった。山県は山城屋をパリから急遽、呼び返し、公金返済を迫ったが、彼は返済できず、1872（明治5）年、陸軍省の一室で自刃する。

　一方、尾去沢銅山事件は盛岡藩の統治下にあった尾去沢銅山の採掘権をめぐるスキャンダルだ。藩の御用商人、鍵屋（村井）茂兵衛は財政に行き詰まった藩から尾去沢銅山の経営を任され、採掘権をもつほどだった。盛岡藩は維新の変で朝敵の罪名を負い、20万石を13万石に減ぜられ、なお70万石の献金を命ぜられる（頼, 2013, p. 109）。この財政逼迫により外債を発行、その保証人に村井がなった。明治4年の廃藩置県とともに盛岡藩の債務を政府が引き継ぐことになった際、大蔵省は旧盛岡藩が外商に負っていた債務を肩代わりするためにその代償として同藩の

資産を調査したところ、村井が盛岡藩に貸していた金を「奉内借」と記した証文を発見、この藩への貸金を文字通り藩からの借金と解釈した大蔵省は村井に借金の返済を督促する。もちろん、村井は弁明したのだが、大蔵省はこれを無視して鉱山没収にまで至る。このころ、井上馨は同郷の岡田平蔵という者にその採掘権を買い取らせるべく動いた。井上馨は渋沢栄一らと連盟の打合せ書を工部少輔の山尾庸三に提出、銅山経営を岡田に下命されたい旨を求めたのだ。その結果、銅山の経営権は村井から岡田に移る。「従四位井上馨所有」という高札を掲げさせて尾去沢銅山の私物化をはかったとされる。だが、1872（明治5）年に「司法省達第46号」で裁判所制度が整備されたのを受けて村井は裁判所に提訴、司法省は本格的な調査に至る。司法卿であった江藤新平はこれを追及、井上の逮捕を求めるが、長州閥の抵抗で実現に至らず井上の大蔵大輔の辞職でお茶を濁した。

　長州閥の山県や井上に対して、江藤は佐賀藩出身であり、藩閥間の対立があったことはたしかである。だが、それ以上に、江藤が「武士道的かつ儒学的禁欲の道徳観と近代的観念」の二つに強く導かれて腐敗追及を行ったことは注目に値する（頼, 2013, p. 113）。司法制度を所管する司法卿として、彼は近代的法制度によって官僚の腐敗を防止する方向に向かうのである。といっても、官と民の癒着は近代化を急ぐ明治国家の特徴であり、法的整備はそう簡単には進まなかった。

賄賂罪

　賄賂罪だけをみると、1907年の制定の旧刑法以前、賄賂罪に関する規定は、「仮刑律」（1868年）、「新律綱領」（1870年）、「改定律令」（1873年）のなかにも見出せる（藤岡, 1979, p. 43）。仮刑律は刑法官の執務準則として定められたため、一般に公布されたものではなかったが、養老律、明律、清律、公事方御定書百箇条を参考にしたものであった。新律綱領は明律、清律をもとにして制定された。これを補充・修正するものとして、太政官布告として出されたのが改定律令であり、その242条では、贈物を得て、①法を枉げた場合、②法を枉げざる場合に分けて収賄の罪が規定されていた。その後、1810年のナポレオン刑法典の模範とする旧刑法典が制定されたことになる。だが、こうした法律が実際に適用さ

れ、腐敗抑止にまでつながったとは思われない。日本の場合、官僚個人を特定し、罪に問うことが官僚の意思決定（稟議制の利用）段階から困難なのである。

相次いだ疑獄事件

　明治以降の法制度の整備に伴って、官僚の贈収賄をめぐる刑事事件が散見されるようになる。疑獄事件としては、1902年に発覚した、教科書の採用をめぐる教科書疑獄事件が有名である。その後、1908年には、日本製糖の内紛に絡んで同社社長秋山一裕らが衆議院議員20人に贈賄した事実が明らかになった。いわゆる「日糖事件」である。さらに、シーメンス事件（1914年）、満鉄疑獄（1921年）、松島遊郭疑獄（1926年）、陸軍機密費事件（1926年）、朝鮮総督府疑獄（1929年）、売勲事件（1929年）、五私鉄疑獄（1929年）、帝人事件（1934年）などが相次いで起きた。戦後になると、1946年に「事前収賄罪、第三者供賄罪、事後収賄罪」が新設され、1958年には「斡旋収賄罪」が導入された。1976年のロッキード事件を機に、賄賂罪の規定強化も行われた。

　こうした官僚をめぐる贈収賄という、疑獄事件が多いとみるか、少ないとみるかについては慎重な比較が必要だろう。本書には他国と比較して検討するだけの紙幅はない。中国と日本の比較だけでなく、韓国との比較を含めて、今後の課題としたい。[3]

　近代化後の日本の官僚制のもとでも、贈収賄などの腐敗、疑獄事件が繰り返されてきた。その理由を、「公職私有観」（公職担当者が自己に与えられた公の権限を自らの一身に属する私の権利と同一視する観念）の伝統にみる見方がある（辻，1992，pp. 117-118）。あるいは、政・官・財の構造的癒着関係に着目して、そこに日本の腐敗の原因をみる主張もある（室伏，1981，p. 208）。さらに、「公私融和」という特質が日本の公務員賄賂の多発の原因だとする見解もある（王，1998，p. 124）。

　いずれにしても、ここでは、明治以降、官を律するという視角が不十分であったことが腐敗摘発を難しくしてきたとだけ指摘しておきたい。互酬原理に基づく官僚との間の取引である贈収賄を犯罪とみなす視角は、中国から律令制を輸入して以降、日本に長く存在したはずであった。しかし、実際には、こうした視角は「和」を重んじる気風のなかで軽視さ

れ、忘れ去られてしまったかにみえる。しかも、天皇制が血統をつないで曲がりなりにも権力を継続してきたなかでは、腐敗かどうかを判断する規準そのものが曖昧で、過去を断罪する契機そのものが失われてしまう。

　明治維新は上からの押しつけとして、「人の上に法をおく」統治形態、すなわち、「行政を核として下向的に形成される法」を採用した。そのトップに明治天皇を置いたことで、天皇の責任を追及することは原理的にできなくなる。現実の国家運営においては、立法当局の政治家と行政当局の官僚との癒着が生じやすくなる。国家と官僚が一体化した「機構としての官僚制」では、官の腐敗を糺すことが難しかった。官僚という個人の犯罪の立証が難しいのである。ましてや、その官僚が天皇の近くにいれば、その官僚の行為を犯罪とみなすことは至難の業であった。

日本の警察機構と官僚

　第4章では、欧州の近代警察の誕生が主権国家を支える官僚への厳しい視線と対応関係にあることを論じる。その議論をここで先取りして、日本の警察制度について簡単に考察してみたい。

　江戸時代になっても律令制の上半身は生き残ってことはすでに指摘した。こうした状況下では、町奉行以下、与力、同心、目明し、捕り方、牢獄警護などの警察組織をもった江戸時代の「警察」は律令制時代からの糾問主義という古色蒼然たる前近代的な手法がとられていた。権力側が被疑者を糾問し、裁定する。江戸時代には、この糾問は「吟味」と呼ばれ、自白を引き出すための拷問が公然と行われていた。

　明治維新後、フランスの法学者、ギュスターブ・エミール・ボアソナードが刑事法の近代化を指導した。すでに紹介した「仮刑律」（1868年）、「新律綱領」（1870年）、「改定律令」（1873年）はいずれも欧州の近代的な刑事法とは無関係であり、近代国家日本に対応した改革が必要とされていたことになる。1879年、太政官布告42号により、拷問が廃止される。1808年、フランスでは刑事訴訟法にあたる治罪法（自由心証主義をとり拷問を廃止）が制定されていたのだが、これをもとにした治罪法が日本でも1880年に制定される。プロイセン憲法に範をとった大日本帝国憲法が制定されると同時に、治罪法が修正された刑事訴訟法が

1890年に制定された。この明治憲法では、法律によらない逮捕監禁・捜索・尋問・処罰が禁止されたが、人身の保障に向けた注意が払われず、糾問主義的な自白優先が長くつづいたのである。

　警察機構はフランス、プロイセンで調査にあたって帰国した川路利良によって整備された。新首都東京の警察機関として、1874年に「東京警視庁」が設置されるのである。そして、内務省の管轄下に同庁と警保局が置かれる。これは、1871年に設置された3000人の「ポリス＝邏卒」が担うことになった。やがて、首都警察と全国警察のフランス式の統一が進み、1875年10月、全国の下級警察官の呼称が「邏卒」から「巡査」に改められた。

　このように、1870年代以降、ヨーロッパの主権国家の主権者の横暴を制限するための立憲体制を模倣する過程で、警察官僚を含む官僚への厳しい視線が少しずつ日本にも広がりをみせるのである。ただし、立憲主義の本質を理解しつつ、大日本帝国憲法が制定され、主権者への厳しい制限を加えようとする姿勢は感じられない。立憲君主制を形ばかり取り入れただけであり、主権国家を運営する主権者、官僚、政治家、警察、軍隊、裁判官などへの厳しい視線は不十分なものでしかなかった。

4.「社会」のない国、日本の官僚支配

　近代化のために日本は西洋からさまざまの制度を導入した。だが本書の第4章と第5章で解説するような欧州大陸と英国や米国との違いなどについて熟知していたとは思えない。その意味では、富国強兵といった切迫した課題に対して短期的な近代化が急がれたにすぎない。その歪みが現在の日本に色濃く残存している。主権国家への疑問が無視され、主権国家を運営する者への批判が打ち消されるなかで、官僚主導の主権国家運営がともかくも日本の近代化を成功させたようにみえる。だが官僚に頼り切った官僚支配の国、日本はいま、グローバリゼーションにうまく適用できていない官僚によって、その主権国家としての政策が後手後手に回っている[(4)]。

　日本の官僚支配が成功してきた背後には、日本に「社会」がないという事実がある（「社会」という曖昧な概念については後述する終章註（6）参

照)。菊谷和宏著『「社会(コンヴィヴィアリテ)」のない国、日本』に指摘されているように、人間として「共に生きる」(con-vivialité) 場としての「社会」は日本にはない。つまり、「人間と社会」が存在せず、「国民と国家」だけがある（菊谷, 2015, p. 224)。これが意味しているのは、組織・制度としての国家はたしかにあるが、その国家は人格をもたない匿名の部品たる国民から構成されているにすぎないということだ。あるいは、せいぜい「社会＝国家」でしかないのである。菊谷はつぎのように指摘している（同, p. 223)。

「現代日本人が概して礼儀正しいとすれば、それは（人間ではなく）国民としての自分しか知らないからではないのか？　国民としていわば「躾けられ」それに馴化してしまっているから、つまり社会を知らないから、だから他者に同調し整然としていられるのではないか？　……（中略）……自らが人間性を持ち自発性を持つ「個人」でありうることに気付かず、不自由な生を生きているのではないか？」

国民を部品とみなすのは、制度と化した国家に隠れて命令を下す官僚であり、その「無人支配」が徹底できるのも「共に生きる」意志をもった人間が圧倒的に少ないからなのだ。国民は国家という道具が「知」を上から命ずるだけのことを唯々諾々と受けいれる。その道具の示す方向が合理的とみなされてしまうからだ。ゆえに、いまでも国家を隠れ蓑にして官僚主導で国民を戦争に駆り立てることが簡単にできるだろう。「道具的理性」をかさに着た官僚支配がいまもつづいているからだ。

カントは自らに例外を設ける者を悪人と呼び、自分自身を「秘密裡に免除する傾向がある」と喝破した (Arendt, 1982 → 1992, p. 17)。だからこそ、官僚による無人支配とう秘密裡な行為を防止するための公開性 (publicity) が求められていることになる。

第4章　ヨーロッパ大陸

1. ローマ帝国

　ヨーロッパ大陸での腐敗を問うには、そこでの委託者（Truster）の形成や受託者ないし受認者（Fiduciary）との関係について考察する必要がある。そこでローマ帝国からひも解くことにしよう。多神教のローマ帝国にあって、皇帝は元老院と市民とによって選ばれたのであり、本来、宗教色は薄かった。共和政時代のローマは父系制で父系クランに近いゲンスという概念があり、同概念は、成人しているが親の後見下にある息子たちがいる大家族の家父長のイメージを含んでいた（Todd, 2011=2016下, p. 455）。ゲンスはパトリキ（世襲貴族）の制度であり、平民の家族はより核家族的で、夫婦の絆が強かったとみられる（同, p. 466）。

　皇帝を神として崇める皇帝崇拝の時期もある。多神教を認めず、皇帝の神としての権威も認めない一神教のユダヤ教やキリスト教は迫害の対象となる。キリスト教が国教化されてからも、政治が宗教を主導する形式がとられた。その意味で「皇帝＝教皇」ではなく皇帝（政治）と教皇（宗教）が分離されたうえで、皇帝が優位にたっていたことになる。

　4世紀、コンスタンティヌス帝に始まる初期ビザンツ以前の段階では、皇帝はローマ式に「インペラートル」、「カエサル」、「アウグストゥス」と称された。初めてのキリスト教徒皇帝になったのは、コンスタンティヌス1世である。キリスト教の洗礼を受けた時期が不明確なので、キリスト教徒になってから皇帝になったのか、それとも皇帝になってからキリスト教徒になったのかは正確にはわからない。いずれにしても、313年のミラノ勅令によってキリスト教を含むすべての宗教の信仰の自由が認められるに至る。コンスタンティヌス2世になると、キリスト教信仰を強制し、ローマの伝統的信仰を禁止し、神殿を破壊した。後任のユリアヌスはキリスト教徒への特権を廃止したために「背教者」と呼ばれて

いるが、巨大化したキリスト教徒の影響力を削ごうとした面が強い。それでも、392年、テオドシウス1世はキリスト教を国教化し、異端神崇拝を禁止する。彼の死後、ローマ帝国が東西に分裂する。6世紀になると、東ローマ（ビザンツ）帝国の皇帝ユスティニアヌス1世はネストリウス派を異端として追放するなどしてローマ教会を含めた宗教界への統制を強める一方、ローマ法の改訂として「ローマ法大全」を編纂させた。

7世紀のヘラクリオス帝の登場とともに、最高権力者はそれまで非公式に使われていた「バシレウス」という称号をとるようになる（Flusin, 2006=2009, p. 12）。皇帝の称号はそれまで、ラテン語のインペラートル、カエサル、アウグストゥスと呼ばれたが、公用語をラテン語からギリシア語に改めたのに伴って、ギリシア語のバシレウスが採用されたのである。バシレウスは原則として、軍隊と元老院と市民によって選ばれる。戴冠という加冠行為は単に二次的な宗教的性格をとったにすぎない。バシレウスは正教（Orthodoxy）の教会の長として立ち現れるようになる。公会議を召集するのは皇帝であり、それを自ら主宰し、あるいは代表団を送って公会議に法的効力を与えた。コンスタンティノープル総主教をはじめとする総主教の任命権ももつ。総主教を廃位することもあった。

教会を大きく変えたのが「教皇革命」（Papal Revolution）であったことはすでに指摘した。この革命を行ったグレゴリウス7世が教皇に在位していた1073〜1085年以前の段階で、教会はすでに世俗化しつつあった。キリスト教がローマ帝国の国教になる以前には最高神祇官（ポンティフェクス・マクシムス, Pontifex Maximus）という神官職のトップに就く人物がおり、同ポストを皇帝が兼ねるケースもあった。だが、キリスト教を国教化したテオドシウス1世はこの職に就くことを拒絶する。その後、ビザンツ帝国で皇帝教皇主義（カエサロパピスム, Caesaropapism）という言葉が生まれ、教皇が皇帝に従属するシステムが確立した。

ビザンツ帝国での皇帝の専制君主化

ビザンツ皇帝の即位には、①元老院・市民・軍隊の歓呼、②現皇帝による指名＝共同皇帝戴冠——という二つの即位形式が併存し、皇帝観の時代的変化に対応していた（井上, 2005, p. 174）。①は「選挙君主制」と

も呼べるローマ帝国の皇帝即位の方式を取り入れたものであり、②は血統意識の高まりや皇帝の専制の強まりに対応している。7世紀には皇帝の専制が強化され、皇帝歓呼から共同皇帝戴冠による即位が行われるようになる。9世紀から始まるマケドニア王朝時代には共同皇帝戴冠による皇帝位の世襲がみられるようになる。これは皇帝がいわば、絶対的な専制君主に近づいたことを意味している。だが、1028年にマケドニア王朝の男系が断絶、その後、王朝が不安定化し、1056年、王朝の最後の人物、テオドラ女帝の死期が近づくと、宮廷の有力者による後継皇帝の選挙が実施される。ミカエルが選ばれ、テオドラが同意、共同皇帝戴冠という形式でミカエル6世が即位した。1年後、地方貴族＝軍人は爵位の昇進や恩寵の増額を請願して拒否されたため、彼らは聖ソフィア教会に集まりミカエル6世を廃位し、彼らの代表者であるコムネノスを皇帝にする密約を交わした。

　これに対して、興味深いのは、ミカエル6世が「元老院議員（＝宮廷貴族・高級官僚）と市民に贈物をしてコムネノスを決して皇帝とは認めないという誓約をとりつけた」とされる点である（井上, 2005, p. 149）。互酬の変容としての互恵関係が息づいていたことになる。その一方で、反乱軍と交戦したが、惨敗、コムネノスを養子とし共同皇帝に任ずるという和解を受けいれる。だが反乱軍の貴族のなかには、この和解に反対する者もいた。コンスタンティノープルの元老院や市民は和解が裏切りにあたるとして、総主教の指導のもと武器をとって立ち上がり、彼らもミカエル6世の廃位を宣言し、コムネノスを皇帝に歓呼するに至る。こうして、ミカエル6世は退位し修道院に入る。代わりに、コムネノスがコンスタンティノープルに入城し、皇帝として市民の歓呼に迎えられるのだ。そして聖ソフィア教会で総主教から戴冠を受ける。こうした出来事を経て、皇帝の専制政治に陰りが生まれビザンツ帝国は衰亡していく。

　皇帝が絶対的な専制君主に近づいたビザンツ帝国では、世襲制の容認のもとに血縁選択の優位が生じる。教会は世俗化しつつも、帝国維持のための社会的再配分の機能を担う。互酬的利他行動を教会が果たすのだが、そこでは、贈与と返礼を教会には適用しないという視線はなかなか育たない。超越的立場にたつ皇帝、その委任を受ける教会というヒエラルキーが受けいれられる一方、皇帝を含めて法に従わなければならない

という「法の支配」は体系化される。しかし、血縁選択と互酬的利他行動そのものが明確化せず、実際の適用は困難であった。

土地所有をめぐるふしぎ

単なるドイツ国王がローマ皇帝であるという根拠は、フランク王国のピピン3世の子、カール大帝以来の世襲による所有権にあるとされてきた。その理由は、聖書にある第四の帝国、この世で最後の帝国たるローマ帝国の支配権が800年に神の手によってフランク王カールに移転したという見方が合理的であると、当時の歴史家たちの共通の理念となっていたからである。

このあたりの事情を説明しよう。ピピン3世は756年に中部イタリアの地をローマ教皇ステファヌス3世に「寄進」したのだが、本来、この地の所有者が教会であるならば、ランゴバルド族に占拠されていた土地を取り戻し、それを教皇に戻したにすぎない。興味深いのは、この「寄進」から800年のカール大帝の皇帝戴冠までの間に、皇帝コンスタンティヌスが321年にローマ教皇シルヴェステルにローマ帝国の西半分を贈ると明記した文書、「コンスタンティヌスの寄進状」が偽造されたとみられていることである。15世紀に偽物であることが判明するのだが、この寄進書が教皇の西欧所有の根拠となり、神聖ローマ皇帝も国王も諸侯も教皇から統治を委託されているだけの存在となり、教皇自体が支配するイタリア中南部があってもなんのふしぎもないという幻想がまかりとおることになる。だからこそ、そうした土地を占有するだけの国王や領主に叙任権があるのか、あるいは、国王や領主はそもそも所有権をもち、だからこそ、そこに建てられた聖堂にかかわる聖職者を任命できるのか——といった問題が曖昧なまま存在したことになる。

中世的な「法の支配」

紀元前2世紀から前1世紀にかけて共和政ローマを生きたキケロは国民を団結させて国となす紐帯は正義の尊重と共同の利益の存在であったとみなした。(1)これは、国を正義ないし自然法（自然に合致し、広く一般に行きわたり、不変にして永久的な真の法）によって正当化しようという試みであったと考えられる。それは法の観念を国の観念のなかに挿入す

ることにつながった。法をつくる支配統治機構としての「国家」という、近代ヨーロッパの国家観念の系譜の源泉の一つがこれにあたる。この背後には、法（lex）という言葉のもとの意味が「親密な結びつき」あるいは関係であったことがある。トロイアとローマとの関係に同盟と統一を構成する協定のようなものが必要とされたとき、そこに法という関係が意識されたのだ。ゆえに、法は国家（共同体）と結びついたかたちで意識化されたのだ。Lex は個人の権利の法（jus）へと転化することになるのだが、それは天与の世界秩序を反映する法である自然法が個人的、主観的な自然権へと転化することに対応している（関, 1997, p. 75）。

　別言すると、ローマ的学説の基本的前提に共同体のどこかに（国民か君主か、それとも君主と国民が一体となったものか）国の精髄たる権力があるという見方がある。そこでは法を、この権力の表明として共同体の変化する要求に応じて行使され、適用される道具として、その背後に一つの至高の意志の統制があるかぎり有効である諸規則とみなす。この至高の意志は自己以外の何物によっても責任を負わされないという理由によって法を超越する意志であり、やがて「主権」の誕生につながる。

　だが、聖アウグスティヌスが、「地の国が神によって義とせられるものにふさわしい場合には天国に入るための助けになるとした」ことで、自然法が復活し、国を法のなんらかの基礎の上に置くこと、国をある法的行為の結果とするという中世的な「法の支配」（rule of law）という考え方が支配的になるのである。被統治者だけでなく統治者や統治する階層が法によって規定された規制に積極的に従う状況をつくり出す。これは、人間間の統治にかかわる対処法であり、純粋に人間的な起源をもつすべての法とそれに対立するものとして自然法を区別することによって可能となる。ゆえに、ヨーロッパ中世の法律書では、人類は自然法と慣習によって支配され、この際、自然法（普遍的、絶対的に拘束力をもつ諸規則）は実定法（ある人間の集団に特有の諸規則）と区別されると理解された（d'Entrèves, 1967=2002, p. 103）。厳密な意味での人間的な法律は慣行や習慣より成る。これらの慣行や習慣が異なる人々の間で異なっていることが人間的な法律の多様性や矛盾につながっている。習慣的な法は、一部分は文書に作成されるが、また一部分は、単にそれを遵守する人々の行動に委ねられ、文書に作成される部分が制定法、そうされない

部分は慣習と呼ばれるのである。

これに対して、神が自らに確信をもち、その規範的判断にまったく不安をいだいていないイスラーム教では、宗教上の法がそのまま日常の法として機能している（だが、オスマン帝国のスルタンは社会変動への対応として、一種の世俗法として「カーヌーン・ナーメ」と呼ばれる法を導入せざるをえなくなる）。そこには、自然法と実定法の区別はない。すべての法がアッラーの教えに基づく人類普遍の法なのである。

国によって制定された法の代表例は、ビザンツ帝国のユスティヌアヌス皇帝が編纂させ、6世紀に公布された「ローマ法大全」である。ここで忘れてならないのは、4〜6世紀において、ビザンツ帝国では教会が皇帝、領主などからの寄進と遺贈に基づいて集積した財貨を病院、救貧院、孤児院、養老院などでの慈善活動を通じて帝国内に還元していた事実である。これはその寄進がビザンツ帝国＝皇帝より税制特権を与えられて支援されていたシステムに基づいている。スチュワード（後述）たる教会は、当初、「持てる信者」と「持たざる信者」との間にたって慈善活動を通じて両者の対立を緩和することに成功したと言える。これを支援することで皇帝の権力も強まった。

教会による活動は、国家法の大系とは別に、民事にかかわる教会法の大系を広げることになる。といっても、それが整備されたのは、ユスティヌアヌス法典が1080年にピサの図書館で発見されて以降のことだ。キリスト教世界の歴史の渦のなかで、ローマ法大全の存在は忘れ去られていたのである。だが、その間に、法自体が戒律とみなされるようになり、「汝なすなかれ」と人々に語る神の声として法が解釈されるようになっていたことが決定的に重要である（Arendt, 1963=1995, p. 305）。ローマ法やギリシア法はともに神という超越的源泉を必要としていなかったのだが、精緻なローマ法が発見されて以降も、ヨーロッパでは法が人間の権力を超えた起源を必要とするものであると固く考えられていた。このため、超人間的で非人格の自然法が人間を拘束するようになるには神のよる認証を必要とした。やがて絶対君主が誕生すると、絶対君主は神の全能を地上において具現していると主張するようになるのも、神にとって代わらなければ自分のつくる法に根拠を見出せないからであった。

ローマ教会は聖書にも典礼にもラテン語だけを使用し、ゲルマンの

ローカルな言語を排除することで、西欧地域における統一体として活動、商業・外交上、その地域に政治的影響力を保持することができた。スチュワードとして、神に仕える教会こそ、人間の救済にも携わる権限があると吹聴した。さらに、結婚にも介入し、主権者である神の許しがあって、はじめて結婚できるとして、その結婚を教会が取り仕切るようになる[(2)]。それは、王位継承や土地相続に教会が結婚を通じて口をはさむチャンスをもたらし、さらに、教会が王に戴冠する儀式まで生み出したのである。こうして、カトリックにおいては、教会のトップであるローマ教皇が王に対する優位を獲得し、王に命じて、十字軍を実施することさえできるようになった。

　これは教会がすべてのキリスト教徒（国王、領主、騎士、小作人など）の生活にまで立ち入って支配することを可能にした。その一方、国王は自らの支配地域において、領主にあった権限としての徴税権や裁判権、さらに武装し兵を組織する権利を、直接、国王のもとに置こうとする。それには公記録保管所のような施設で資産、徴税実績、裁判記録などの管理が必要になるから、官僚が必要とされるようになる。こうした国王による支配を正当化するための体系的な世俗法も不可欠となる。官僚が特定の利害関係に基づいて恣意的な政策決定をしないようにするために、互酬的利他行為を官僚との間では認めないという視線が統治上、強く求められるようになるのだ。

2. カトリック教会

　上記の教皇革命以前の段階で、ヨーロッパの大部分の国々ですべての土地の4分の1から3分の1を教会が所有するまでに至る。こうした状況は教会に所得や自治の有利な源泉を提供したことになる。ここで注意しなければならないのは、司教や助祭といった聖職者が結婚でき、家族をもつことが認められていた点である。教会の土地は相続可能な資産となり、司祭の子どもに相続されるようになる。政治的権力者である支配者はその血族を司祭に任命するといった形態をとることが多かったから、政治的な権力と宗教上の権威との関係がますます深まった。別言すれば、教会は世襲的組織となり、世俗化したと言える。長子相続は10世紀末

以降、国家の不分割の道具としてヨーロッパでも台頭した。内因的要因としては、領土空間の稠密化で稀少財の移譲問題を解決するために土地の不分割性をとる必要性が高まったことがある一方、外因的要因としては、模倣や征服者集団による強制があった（Todd, 2011=2016 下, pp. 600-601）。こうした変化が教会の世襲化にも影響したと考えられる。

とくにこれを促すことになったのが西欧のカトリック教会であった。カトリック教会は、近接する血族間の結婚、夫が死亡した際、妻が夫の兄弟や近親者と再婚すること（レビレート婚）、子どもの養子縁組、離婚に厳しい姿勢をとったのである。その後、同教会は「妾囲い」を禁止、一夫一婦主義を促進するようになる。こうした背後には、家族の財産を子孫に渡すという相続を難しくて、自主的に教会に寄付させようとするねらいがあった。平均寿命が35歳程度の時代、相続は喫緊の課題であったのから、教会のこうした政策は教会への寄進増加に大いに寄与した。さらに、ヨーロッパの中世においては、母親が自分の娘に自身の姓をつけることが広く行われており、いわゆる核家族も13世紀までにヨーロッパの至る所に現れはじめていた（Fukuyama, 2012, p. 235）。寡婦は家族集団内で再婚したり、財産をその種族に戻したりするのが教会の政策で難しかったため、財産を自ら所有せざるをえなくなったわけだが、それは子どものいない寡婦からの教会への寄進につながったのである。とくに核家族化が進んだのはイングランド、デンマーク、オランダの絶対核家族と、パリ盆地、カスティーリャ、中部ポルトガル、南イタリアの平等主義的核家族だ（Todd, 2011=2016 下, pp. 62-621）。

贖罪をめぐる互酬的関係

つぎに、贖罪をめぐる互酬的利他行動に基づく関係について考察したい。教会の運営にかかわる分野でも贈与と返礼が問題になった。ただし、序章の「神と人間の互酬性」で指摘したように、キリストの磔刑は互酬的利他行動を否定するものであったのであって、そこに贈与と返礼という互酬的関係を持ち込むことは適切ではない。だが、同じ箇所でのべたように、西洋の歴史は「互酬的な贈与の（自己）否定」がもたらしうる帰結を否認し、抑圧することを繰り返す。つまり、贈与と返礼という関係に執着した見方が広まるのである。これは、血縁選択と互酬的利他

行動の「癒着」を意味するが、そこにはイスラーム教や儒教とは異なり、カトリック教会が大きく関与していた。「神－人間」との間に「神－教会－人間」という関係が生まれ、神の管理代理人（スチュワード）としての教会が「聖なる権威」のもとに「俗なる権力」と覇を競うのだ。教会は贖罪を自らの勢力拡大に利用しようとしたのである。

「神奉仕」＝「スチュワードシップ」

「神奉仕」は、「スチュワードシップ」（stewardship）という概念を生み出す。これは、神から授けられた恵みを管理する人（スチュワード：檻を意味する"stig"と番人を意味する"weard"の合成語）がそれを、どう責任をもって管理するかをめぐる概念である。いわば、神の代理人としての仲介者を意味している。この仲介者の登場こそ、互酬的利他行動を複雑化する原因であり、以下の考察でもきわめて重要な論点となる。

歴代誌上29章14節において、ダビデ王は、民の前で神を讃えて言う。

「このような寄進ができるとしても、わたしなど果たして何者でしょう、わたしの民など何者でしょう。すべてはあなたからいただいたもの、わたしたちは御手から受け取って、差し出したにすぎません」

これは、人間の持てるものすべては神からいただいた恵みであり、その恵みに対する応答として、ふさわしい時に神に差し出すのがささげ物であるとみる見方を示している。神から受けた恵みである持ち物を、責任をもって管理し、必要なときにそれを差し出すことによって、神と人との望ましい関係が保たれるという信念も感じられる。ここでは、神と人間との関係が単純な直接的互酬関係にあるのではなく、神から委任されたものを、人間が責任をもって管理し、適時に差し戻すという関係にあることを示していることになる。神から地上の管理を託されたスチュワードは地上の人間のためにも行動しなければならない。ただ、スチュワードは神ではないから、スチュワードから恩恵を受けられる者と受けられない第三者とが生まれざるをえない。これは、スチュワードによってコントロールされている受益者の利害が第三者の利害と対立しかねないことを意味している。スチュワードと受益者との関係が存在するということは、その両者の間に互酬的利他行動に基づく関係は維持できても、第三者とスチュワードの間、あるいは、受益者と第三者との間において

は互酬的関係が維持できなくなるかもしれないことを意味している。スチュワードシップという概念が生まれたことで、全体として互酬的利他行動にかかわる関係が揺らぎかねなくなったのだ。仲介者は、それまでの直接的な互酬的利他行動を破壊するのである。

　こうした状況をわかりやすく説明するには、スチュワードの役割を教会が担うようになったと考えればいい。教会が神の財産を、責任をもって管理する役割を負うスチュワードであるみなすとき、教会はその管轄する信者に対して互酬的利他行動を維持すべく努力する。だが、教会の信者全員が教会たるスチュワードと互酬的利他行動を行えるわけではない。スチュワードたる教会と「持てる信者」および「持たざる信者」との関係や、信者間の関係がぎくしゃくすることになる。この関係を円滑にするために、喜捨が利用された。三世紀中頃から、キリスト教会内に貧者を世話する助祭制度が創設され、助祭は喜捨を集め、貧民に配る役割を持つようになった。これは、ユダヤ教の収穫の10分の1を施せという規定に準拠したものであろう。

　仲介者たる教会、スチュワードは自らの利害の追求に傾く傾向があり、そこに「腐敗」が発生する端緒がある。具体的には、それは聖物売買による利得の教会と受益者との間の互酬的関係を形成するが、他方で、その恩恵にあずかれない多くの信者の不満を引き起こす。それはスチュワードがそうした関係から無縁であるべきだという見方を呼び起こし、それが宗教改革へとつながることになるのだ。

　他方でスチュワードシップは人間が管理・運営を任された地上において、スチュワードが主権者としてふるまうことを可能にする。それは人間の安全保障に関連した、「カテーコン」(悪を抑制する者) として教会 (キリストの地上における「代表」としての教皇の権威) を位置づける見方が強まったからだ (マタイの福音書28章)。教皇は婚姻の正当性についての最高の審判者となったり、姦通および未婚者淫行に関する全事件を審理したりするだけでなく司祭や托鉢修道士らの世俗法廷審理の免除、特定者に対する聖職禄 (10分の1税など) の強制といった権限を有すると主張した。これがそのカテーコンの職務を委託された世俗の皇帝の権力と教皇の権威との対立へとつながったのである。それは自然法をめぐる争いになり、政教分離の問題を惹起する。これは仲介者間の「闘争」

を意味しており、「俗なる権力」が「聖なる権威」に勝利しても、仲介者たる世俗権力が腐敗に陥りやすいという構図はなんら変わらない。

信認原則 (fiduciary principle)

　ここでもう一つ、取り上げなければならないのは、フィデュシャリー (fiduciary) という概念とスチュワードとの関係である。筆者はかつて拙著『ビジネス・エシックス』において、"fiduciary" 概念について論じたことがある（塩原, 2003）。フィデュシャリーは「信認」を受けた者、すなわち受託者を意味している。フィデュシャリーとスチュワードはよく似ている。ゆえに、「フィデュシャリーの役割は後の会社発展においてみられるのと同じように、初期の宗教やビジネスにおけるスチュワードの役割とリンクしていた」と言われている（Atherton, et al., 2011, p. 9）。フィデュシャリーの歴史的な定義としては、「他の人々の財産を気遣うよう委任された人々」を意味している（同 p. 8）。紀元前18世紀のハンムラビ法典においてすでに、財産の任された代理人の行動を律するためのルールが確立されており、そこにフィデュシャリーへの考慮があったという。あるいは、旧約聖書の創世記にあるノアとその子孫は神の財産にフィデュシャリーないしスチュワードとしての責任を負わされていたとみなすこともできる（Young, 2007, p. 3）。新訳聖書のルカの福音書16章には、不正な会計管理人（スチュワード）と信認原則 (fiduciary principle) をめぐる話がある（Johnson Jr., 2005, p. 29）。「神にも仕え、また富にも仕えるということはできません」、「ふたりの主人に仕えることはできません」（No servant can serve two masters）という有名な警句が登場する。さらに、信認原則が信頼にかかわっているため、その信頼が自然法の制度化の過程で、他者に任された財産の侵害禁止（尊重）という要求につながる（同 p. 34）。

　今日的理解では、通常、"fiduciary relations" と呼ばれる関係は、複数の対等な主体を前提とする「契約関係」が想定できない（ふたりの主人に仕えることができない）場合にこれを想定することで、フィデュシャリーの責任を問おうとするものということになる（塩原, 2003, p. 43）。この伝統は英国法、さらに米国法へと受け継がれていく（Johnson Jr., 2005, p. 30）。それが、腐敗をめぐる規制にも影響を与えているのだが、

その話は後述する。いずれにしても、財産管理という狭い範囲についても、代理人の管理をめぐって、スチュワードとよく似た概念が生まれていたことに注目したい。

「シモニア」と「ムネラ」

ローマ教会では、ラテン語の「シモニア」(simonia)、英語で"simony"と呼ばれる、教会における聖なる職務ないし職位や、サクラメント（心に与えられる恩寵の目に見える有形のしるし）のためにカネを支払う行為をめぐって議論が繰り返された。そもそもシモニアは新訳聖書の使徒行伝8章にある、シモン・マグスが使徒たちから霊的な力を買おうとしたことに由来する。使徒ペテロはこれを拒否した。以後、シモニアは聖職売買や聖物売買を意味するようになる。787年の第二回ニカイヤ公会議で教会の歴史上はじめて、宗教生活に入る者からの支払いを求めることが批判される（Lynch, 1976, p. 62）。これを知ったフランク王国のシャルルマーニュ（カール大帝）は大修道院長に贈与を求めないように警告するよう、地方行政官に命令を発した。その後、ローマ教皇レオ9世は1049年、シモニアに反対する姿勢を明確にしたが、大司教ランフランスが主宰した1075年のロンドンでの公会議はシモニアを禁止する（Hakari, 1999）。1095年、ウルバヌス2世は平信徒の叙任やシモニアを禁止した。1102年の公会議はシモニアを異端として非難するまでに至る。その後もシモニアの取締りは継続したが、1179年のラテラノ公会議では非難すべき罪のリストにシモニアがなくなるほど関心は薄れる。1215年の第四回ラテラノ公会議ではシモニアが再び問題となったが、根本的な解決までには至らず宗教改革の運動が加速することになる。(3)

シモニアと同じく、ローマ帝国時代からの「ムネラ」(munera) も問題化した。このラテン語は「贈物」を意味しているが、善行としての贈物の意味もあれば、腐敗的贈物という意味もあった。13世紀、教皇インノケンティウス3世の時代、彼は人間の問題が判断される前に贈物をもらってはならないが、判断後であれば、強要されたものではない信心によって授けられるものを受け取ることはできるとした。つまり、彼は贈物の自発性を規準とすることで、「ムネラ」のもつ曖昧さを払拭しようとしたことになる。だが、この自発性規準もきわめて曖昧であった。

贈物が期待されている以上、贈物は自発的なものではない、ということもあるからだ。

これに対して、中世設立の大学の一つ、パリ大学で教えていたアレクサンダーは「苦しい解釈」を提起した。サービスの交換として聖職者のための恩恵を与えるのがシモニアであり、サービス交換の合意にしたがって財産などを受け取ることを指定されている者が申し出るのがムネラであって、好ましくないが、サービスを受けた者ではない他者からサービスを受け取るのはシモニアでもムネラでもないというのだ。

13世紀の神学者、トマス・アクィナスは驚くべき「曲解」を提示する。贖罪を意味する"redemptio"は、「買う」を意味する"emere"に由来する"emptio"「買い受ける」（purchase）につながり、"re-(d) emptio"は「再購入」にあたるというのだ。買い手、代価、商品があることになる。買い手はイエス・キリストであり、代価はイエスの死であり、買い戻されたのは「我々」ということになる。イエスは悪魔から我々を買い戻したことになる。こう考えると、人間が買い手として代価を支払って、人間の罪を悪魔から解き放つ行為がイエスの行った行為と似てみえてくる。また、贈物が贈手の本質にかかわるものを与えるという点で賄賂とまったく異なっているという見方が生まれることにもなる。イエスは命を投げ出したのだから。

こうしてこの世の終わりにおいて人類すべてが裁かれる最後の審判において、人間はどうすれば、どんな贈物をすれば救われるかが大きな関心事となるのである。そこに「赦し」が問題になり、「赦し」をどう贖うかが問われることになる。11世紀末の第1回十字軍において、これに参加すれば「罪の赦し」が得られるというウルバヌス2世の宣言は十字軍で死んだ兵士は直接、天国に行けるという話につながった。まさに人間の本質である生命を賭けた活動と位置づけられたわけだ。半面、これは十字軍の費用への寄付といった善行で罪が赦されるという「贖宥」（indulgence）の見方を強めた。他方、世俗に対しても裁判という世俗の審判における「赦し」が問題化する。

ここで紹介したことは、教会という組織が「神－人間」関係の間に入り込み、世俗化する過程で、自らの統治の継続や拡大をはかるものであった。だが、序章で指摘したように、イエスの磔刑は「互酬的な贈与

の（自己）否定」としての純粋贈与であったはずなのに、教会はこれを否定することで教会の利益を守ろうとしたのである。だからこそ、宗教改革によって厳しい批判にさらされることになる。

3. 教会法から世俗法へ

　まず裁判について説明しよう。中世前期にあっては、容疑者に熱湯などをかけてその反応をみて有罪・無罪を決めるといった「神盟裁判」がごく普通に行われていたことに注意を払いたい。ゲルマン共同体では高位者には火を、平民には水を使った神盟裁判が行われていた（Berman, 1983, p. 57）。専門的な判事や法律家はいなかった。

　この状況を大きく変えたのがすでに紹介したグレゴリウス7世である。1075年、彼は世俗支配からの聖職者の独立および教会全体に対するローマ教皇の政治・法的優越を宣言した。これは、ローマ教皇の職位（裁治権）のもとでローマ教会を独立した政治・法的存在として確立するために、皇帝、国王、領主などによる聖職者の支配に反対するものであり、同時に、それは、数千の自治的な都市の創出ならびに皇帝、国王、領主の政治・法的権威の向上をもたらした。教会の地位向上には、神学と典礼から教会法を取り出し、体系化・合理化して教会当局による支配の合法性の根拠とする必要があった。それは西欧の政治的競争のなかで自らを守るために世俗的権力との対抗上、必要不可欠であり、教皇革命はこの二つの相反するようにみえる変化を引き起こす。

　教皇革命によって、神を中心として正義を行う「神の正義」という見方が確立する。神の化身である子イエスが人類のために犠牲となったことで、悔い改めたキリスト教徒の罪は赦されたが、実際の罪は実際の生活ないし煉獄のどちらかで贖われなければないとみなすようになったのだ。だが、法の違反に対しては代償が支払われなければならない。その代償支払いに基づいて法は守られ、元の罪人は楽園に入ることができる。この法として1050年から1200年の間に教会法が整備され、「神の正義」が教会を通じて実践されるようになる。こうして教会は教会法により統治されるようになり、11世紀に国の形態をもつ教会が出現する。他方、世俗的秩序はまだ不完全でありもっと原始的であったが、教会法をモデ

ルにして世俗的法秩序が整備されるようになる。

フランス

　イングランドでは、世俗的権力としての王権が裁判を通じて強化されたことはすでに序章でふれた。ここでは、フランスについてみてみよう。

　フランスでも他の多くの大陸諸国と同じように、事実上、独立した地方からに王権を確立させる必要に迫られる。そのためには、イングランドと同じく裁判権と徴税権が絡んでいたが、そうした権限を国王が確立するまでには時間が必要となる。まずフランスの王立裁判所は管轄地域が狭く、イングランドのような王立裁判所法といった確立された形態をとらなかった。文書管理の役所も地方の領主とのやり取りを記録することに積極的ではなかった。しかも王は自分の所領以外からの収入がほとんどなかった。問題解決に動いたのは、フランスの事実上の創設者であるフィリップ・アウグストゥス（1180～1223年）である。彼は各地方に自主的に関税などを徴収する権限を維持することを認めながらも、パリから地方機関に官僚を派遣することを認めさせた。その結果、国王は地方を管理するために中央官僚を急膨張させることになる。それが、中央、地方に重層的な官僚制を生み出すことにつながったのである。

　しかし、官僚の増加は仕事時間の遅延を引き起こし、人的資源や物的資源の効率を低下させた。それでも、13世紀には、こうした官僚制を背景に、フランスでも王の徴税権が一般に認識されるようになり、国への忠誠心も育つようになった。

　前記の変化を促すきっかけとなったのが教皇革命なのである。教皇革命はいわば、神と人間の仲介者としての教皇や教会の地位を高めたが、これは神の絶対性や至高性という意味での「神の主権」を高めることを意味する。だが、同時に、王の統治上の役割が明確になったことで、それは、神の代理人として統治にあたる王の権力を強め、その王の代理人として裁判や徴税に従事する官僚の職業化を促したことになる。これが国王や国家の主権化につながることになる。

戦争による財政難

　国王にとって自国の領土を保護したり、戦争によって領土を拡張した

りすることが大きな課題であった。歩兵として小作農を含めた領民を活用した中国と異なり、欧州では、戦争を戦う兵士は重装騎兵が基本であり、専門的な訓練を受け、君主から叙任された騎士が重要な役割を担っていた。騎士は馬を持ち、馬具や武具を備えていることが前提だから、領主のような階層の人々がこうした地位を占めたことになる。戦時には、彼らのほかに、傭兵を雇うことも普通に行われた。戦費は国王自らの領地収入があてられたが、戦争に勝つために国王が借金をすることもまた一般的であった。領内から臨時に税金を集め、戦費にあてることが困難であったからである[4]。

　フランスでの常備軍（陸軍）の成立は、フランスのシャルル7世が1439年11月2日付勅令で、持続的な戦争のために定期的に給与を支払うことで軍団を統御する方針が示され、1445年に中隊の制定につながったことが知られている（Sombart, 1913=2014, p. 36）[5]。イングランドでは、1643年にエセックスの陸軍を1万人の歩兵と4000頭の軍馬からなると議会が定め、1645年2月15日付勅令によって、近代的軍隊としての新陸軍の創設が委託された。プロイセンでは、1713年5月15日付の内閣の命令により、「ひとたび入隊した全兵士は、国王陛下が除隊を命ぜられるまで兵役に服さねばならない」とされたことが、フリードリヒ・ヴィルヘルム1世による常備軍の完成につながった。なお、海軍については、陸軍の国有化よりもだいぶ前に行われていた。イングランドの場合、14世紀のエドワード3世の治下において全艦船が国王の命令に服していたという。常設海軍はヘンリー7世によって創設され（Lunn & Day, 2002, p. 133）、1512年には、ヘンリー8世によって海軍省が設立されるに至る。フランスでも、1327年の段階で、フランス提督の肩書きをもち、海軍裁判所長を務める艦隊大提督が生まれた。このように、海軍への国王の一元的管理は早く進んだ。既存の領主との利害対立が少なかったことがその理由である。

　一般に、銃に代表される火力の新しい利用、要塞の新タイプ、軍隊の規模の増大という三つの発展が近代ヨーロッパの戦争を変革したと言われている（Parker, 2012, p. 43）。16〜17世紀のことだ。軍の規模については、ルイ14世の治世期の1701〜13年に約65万人が入隊したことが知られているが、自分の意志に反して徴兵された者はわずかで、大部分

はフランス人であるか外国人であるかを問わず、志願兵であったという（同, p. 46）。強制的軍役の永続的な形態は 16 〜 17 世紀にかけてフィンランドやスウェーデンを統治したカール九世やグスタフ・アドルフの治世に導入された（同, p. 52）。

17 世紀の三十年戦争ころになると、傭兵が全盛となり、兵員を集める個人が 1500 人程度、ヨーロッパに存在し、400 ほどの軍事企業のようなものがあったという（同, p. 64）。プロシアのフレデリック 2 世（1740 〜 86 年）のころには、プロシアの軍隊の規模はヨーロッパで第 4 位ないし第 5 位にまで巨大化した。人口はヨーロッパ第 13 位にすぎなかったから、人口一人あたりでみると、もっとも多数の軍隊をかかえる国になったことになる（同, p. 148）。興味深いのは若い男性のほぼ 4 分の 1 が軍に徴兵されていたことである。プロシアでは、徴兵制を活用した常備軍の整備が進み、その過程で国家による軍事への関与がより深まった。兵員向けの武器の提供はもちろん、食料や衣料品の提供など、国家は軍事関連のさまざまの分野にかかわるようになる。

陸と海で常備軍をもつようになった結果、国王はますます多額の資金を必要とするようになる。このため、フランスでは、官職（official offices）を個人に売るようになる。土地税やその他の税金のような定期的収入を集める権限をもった官職は、国家にとって資産とみなせるから、この資産の売却により国王は収入を得ようとしたわけだ。具体的には、16 世紀、イタリアの支配をめぐるスペインとの闘争が長引き、国の資金不足を補うために官職売買が実践されるようになる。フランスは、1557 年、イタリア、スイス、ドイツのコンソーシアムからの借り入れに対する返済を拒否したために、海外からの借金が困難になったことも影響している。

アンリ 4 世治下になると、シュリー公マクシミリアンによって官職を子孫に遺贈することで相続資産とされた（その際、若干の税金を納税する）。内閣書記官ポーレットの名をつけた、いわゆるポーレット法が 1604 年に定められ、司法財政官職保有者は、一定の年税（官職価格の 60 分の 1）を納めれば、世襲と売買を法認されるようになる（升味, 2011）。その結果、新興勢力であるブルジョアジーがこうした官職を購入するようになるのだ。

法服貴族の登場

　裁判官の職も売買の対象となった。国王は裁判官という官職を売却し、世襲化も可能だった。13世紀、国王会議から分離した形で高等法院が設置されたが、当初は国王裁判権に属する事案に限定して審理した。高等法院および徐々に広がった地方高等法院によって、それまで領主が保持してきた裁判権が浸食される一方、法律の知識を学んだ下級貴族や都市部のブルジョアジーなどが官職を購入して「法服貴族」と呼ばれるようになる。高等法院自体は王権の拡大に役立ったが、次第に王の勅令は高等法院に登録されなければ発効しないというルールが生まれ、高等法院が登録を認めるかどうかを審理する独立した権限をもつようになり、王権としばしば対立するようになる。

　上記のポーレット法後、法服貴族の隆盛が起きる。その結果、これまでの大貴族である「帯剣貴族」と「法服貴族」その対立が深まる。1629年、教会貴族出身のリシュリューが新設の宰相職に就くと、高等法院の上に枢密院が設置され、売官制官職は縮小・廃止に向かう。これに代わって、任命制に基づく直轄行政大系が構築される。いわゆる「ミショー法典」により、高等法院の諫奏権の制限や政治介入の禁止などが規定された。加えて、知事制を敷き、王権を直接代表する知事による司法・行政・軍事・財政の権限強化を通じて、国王の絶対君主化が進んだ。

　王権を強化しようとした宰相マザランに対する蜂起、フロンドの乱が1648年に起きるが、このときマザランが財政難から高等法院の法官の俸給を4年間据え置こうとした政策が高等法院の反発を招き、事件の発端となった。その後、旧来の貴族の既得権を守ろうとする動きには下級貴族やブルジョアジーからなる高等法院の一般法官は反乱から距離を置くようになり、1653年に反乱は収束する。1661年にマザランが死去すると、ルイ14世は宰相職を廃止し、基本政策は3人からなる枢密院によって審議・決定されるようになる。1660年代には知事制も完成する。

　ドイツ30年戦争を終結させた、1648年のウェストファリア条約は各領邦国家の主権を認めたため、主権国家として各領邦国家が警察権を武器に君主の絶対主義化を促す。ドイツでは1530年、神聖ローマ帝国がヴォルムスの帝国議会で帝国警察規定を発布し、その補完として1548年、1588年に警察規定が公布された。各領邦国家で警察法が制定され

るようになっていたから、1648年以降、警察権の強化を武器に絶対君主制が整えられるのである。幼児洗礼、結婚、埋葬、消防など生活にかかわる多くの場面に警察権がおよぶようになる。これは領主裁判権を領主（貴族）から、教会裁判権を教会勢力から、奪取して主権国家のもとに一本化させることを意味していた。

　フランスではその後ルイ15世のとき、貴族への課税で財政難を克服しようとすると、高等法院は王権に抵抗するようになる。このため、ルイ15世は大法官モプーを登用し高等法院と地方法院を廃止し、法官職の売買を禁止した。これには猛反発が起こり、ルイ16世は1774年に高等法院を復活させてしまう。結局、フランス革命後の1790年8月16〜24日法の第2条で、「司法権の売買可能性は永久に廃止される」、また「裁判官は無償で裁判をし、国家により俸給を支払われる」とされた。

　外交官を経て政治家になったアラン・ペイルフィットは、中央集権制に進むなかで「エリート支配」を受けいれることになったフランスの特徴に、カトリック教会の教義（カトリシズム）があるとみなしている。この説を紹介している田中文憲の「フランスにおけるエリート主義」によれば、カトリックの考え方では、利益は人間を堕落させるから、金銭は人の心を汚染する源とされ、生産や商業が軽蔑の対象となっており、それが一代で築いた富は不浄だが、相続によって受け継いだ富は道徳的正当性をもつとみなす見方につながるという（田中, 2007, p. 24）。そのため、新興のブルジョアジーは売官制度によって官僚になりたがる風潮が顕著になった。その風潮は中央集権化とともに、中央官僚への羨望に転化し、エリートたる中央官僚の養成を国是とするようになる。とくに、1870〜71年の普仏戦争で、ナポレオン三世軍がプロイセンなどに惨敗したことがプロイセンに倣った大学教育へと結びつき、エリート教育が本格化する。こうして血縁や世襲からまったく乖離した能力主義に基づく官僚、すなわち近代的官僚が国家の安全保障上の急務として育成されることになる。

領主と臣下の関係

　ここで西欧における領主と臣下との関係についてみておきたい。9世紀および10世紀における臣下の領主への服従は、領主が臣下に軍役を

求める権利、臣下の娘と結婚・離婚する権利、必要な場合に臣下の個人的支援を受ける権利などの形態をとっていた（Berman, 1983, p. 304）。11世紀から12世紀になると、軍役は金銭支払いに、結婚の権利は娘の結婚に際しての一回かぎりの税金に、個人的支援は各種税金に代替された。これは、臣下の領主に対する個人的自由の拡大、臣下の経済的自主性の増大を意味している。それが領主・臣下の関係における相互関係にも変化をもたらす。

　かつて両者の関係は領主が臣下の忠誠と自らの忠誠にかかわる生涯にわたる関係を受けいれ、封土下賜により、互酬的地主・借地人の関係を築くことを意味していた。主従関係における互酬は、臣下の領主に領主がなる代わりに、臣下が領主側の人間になるというものであった。ゆえに、領主も臣下もともに主従関係を解消する権利をもっていたことになる。各領主は法廷を開催する権利をもつというのが西欧での正義の基本原則であったから、領主と臣下との相互関係が裁判の正当性を求める要求につながっていったと考えられる。

　過去の経緯から固く結ばれた領主-臣下の関係に、国王への忠誠を組み込むためには、国王が直接、臣下まで統治するシステムを構築する必要がある。フランスの場合、国王が地方に派遣した地方行政長官がこのための重要な役割を担っていた。普通の家柄の出自でしかない者が国王顧問会議の下級委員のうちから政府によって選任され、地方に派遣されるのだが、国王顧問会議自体がもっているほとんどすべての権力が地方長官の手に集中されていた。各小郡には地方長官のもと、長官自らが任命し自由に罷免できる役人（地方長官補佐）がおかれた。宰相リシュリューはこの制度を発展させ、地方行政長官の一時的派遣から常駐システムへと転換させた。財務総監コルベールの時代にはほぼ全国に地方行政長官が設置されるようになり、中央集権体制が整う。

4. エルベ川を挟んで

　チェコ北部、ドイツ東部を経て北海に注ぐエルベ川はその東西でその社会経済制度に大きな違いがある。エルベ川以東には、プロイセン、ポーランド、オーストリア・ハンガリー、ロシアなどがあった[6]。エルベ

川以西には、フランス、オランダ、デンマーク、さらにイングランドなどがあった。エルベ川以東では、農奴制が一九世紀半ばまで残存していたことが大きな特徴だ。

エルベ川の以西では、14世紀以降の黒死病（ペスト）の大流行や飢饉による人口急減が農奴の解放を急速に進めた要因になった[7]。このとき、同地域の領主は人口減少に対応するために農地での労働力を少しでも確保するために、人身支配の対象としての農奴に賦役、結婚税、死亡税などの人頭税を課すのではなく、独立自営農民としてより自由な農業従事者として統治するシステムに変更せざるをえなかった。王権はこれを機に、ライバルになりかねない領主の力を弱めるべく農奴の解放や、そうした人々を受けいれる都市の権利保護などに尽力する。とくに、商工業の発展は都市部に自由な労働力や購買力を集中化させ、それがより自由な農民の増加を促すことになる。

他方、エルベ川以東では王権は領主と結託して領主の権力を温存し、領主による農奴への搾取を黙認した。地政学上、この地域にある国の王や領主は他国の王や領主と協力して、農奴の脱走に厳しく対処しなければ、互いの農奴制を維持できなかったから、エルベ川以東の国々ではこぞって農奴制が残存したのである。それは、王の貴族や領主への依存を強め、都市の発達を阻害し、商工業の発展も遅らせる結果になった。

ロシアの場合

モンゴル帝国の西方遠征によって、1240年に現在のロシア・ウクライナ・ベラルーシにまたがるルーシ（キエフ公国）が滅ぼされ、その支配は1480年までつづいた。このモンゴル人（タタール）による支配は「タタールの軛（くびき）」と呼ばれている。この240年間にわたる支配によって、ロシアはビザンツ帝国との貿易や知的交流ができなくなり、ルネッサンスや宗教改革といった欧州での大きな時代の変化に影響されることがなかった。モンゴルは略奪者として振舞ったから、これまでビザンツ帝国から継承されてきたロシアの法制といった伝統も毀損されてしまう。キプチャク・ハン国への貢納を行う形で、地方政権に分かれてモンゴルの間接的支配を受けてきたのだが、15世紀になってイワン3世がロシアの統一に着手し、モンゴル支配を受けてこなかったノヴゴロドを併合、

やがてモスクワ大公国と知られるようになる。

　おそらくロシアはモンゴルの宗主権のもとで過ごした2世紀半の間に、父系原則を獲得し、16〜17世紀に農民の農奴化と同時期に共同体家族化が進んだのではないかとみられる（Todd, 2011=2016 下, pp. 498-499）。この父方居住共同体家族のもとでツァーリを中心とする絶対君主制が構築されるのだ。

　イワン3世は軍役を義務としながら封土（ポエスチエ）を行い、5、6人の小作農に支えられた騎士士族を権力基盤とした。これは14世紀にオスマン帝国で発展を遂げた「ティマール」という封土を封建騎士の「シパーヒー」に与えるという形態を踏襲している。国王に直接仕える形で士族が形成された点が貴族に使える形で士族が生まれたハンガリーなどとは異なっていた。しかも平地が広大であり築城して防衛することが困難なため、旧来の貴族や領主が巨大化することができなかった。機動性に富む騎士の攻撃力が発揮できるため、彼らの重要性が増す。加えて「メストニチェストヴォ」（門地制）という大貴族（ボヤール）のヒエラルヒーを導入し、貴族らの競争体制を創出したことで、貴族が結集して皇帝（ツァーリ）に対抗するのを抑えることに成功した。

　大貴族への打撃は16世紀、イワン4世（雷帝）によって最高潮に達する。1560年、最愛の妻アナスタシアの死を妻のザハーリン家を敵視する勢力による陰謀とみて、ツァーリは恐怖政治に舵を切る。いったん退位した後、1565年に大貴族の嘆願で復位し、特別の行政区域である直轄地（オプリーチナ）を設けると宣言する。オプリーチナとして主要都市にまたがる広大な区域が指定され、その土地を保有してきた大貴族は土地を没収されたり逮捕・処刑されたりした。4000〜1万人の大貴族が殺害された。こうした暴挙を実行したのがツァーリの親衛隊、「オプリーチニキ」だ。なお1572年になってイワン4世はオプリーチナ体制を放棄したが、その後の混乱をもたらすことになる。

　他方、ロシア正教会はビザンツ帝国から教会と国家との関係のモデルを導入したため、皇帝教皇主義（カエサロパピスム, Caesaropapism）を採用してきた。ビザンツ帝国の皇帝はコンスタンティノープルの総主教を任命し、教義に干渉してきたのだが、ビザンツ帝国との交流が途絶えたことで、ロシア正教会はモスクワ大公国を保護者とする独自の道

をたどる。典礼見直しの大改革を行ったニコン総主教に対する反発から、皇帝アレクセイは1660年、ニコンの聖職剥奪と新モスクワ総主教の選出を決める。これに対して、ニコンはこの決定を破門に値すると脅した。そこで、5大総主教座のうち2人をロシアに招いて教会会議を開催し、1666年になってようやくニコンの廃位が正式に決まった。その後、ピョートル大帝は1721年、総主教職を廃止し、ツァーリによって直接、任命されるシノド（宗務院）の院長が正教会を束ねるようになる。これにより、ロシア正教会はツァーリによる直接的統制のもとにおかれた。

コルムレニエ

「帝政ロシアにおける汚職」という記事が「ロシアNOW」にアップロードされている（2003年8月8日付）。それによると、中世ロシアでは賄賂が存在したのは法廷に限られていた。統治者たる大公を代表する上層部のメンバー（ロシア中央部では大公自身）が裁判官を務めていた。15世紀後半にモスクワで権力が統合強化されるにつれて中央国家が形成され始め、タタール人の遊牧騎馬隊による攻撃にさらされやすかった国境周辺の町を支配し防御する必要性が生じる。そこで、モスクワ大公国は15〜16世紀にかけてこれらの辺境地に代官を送り込んだのだが、彼らには俸給が与えられなかった。代わりに彼らは地元民から物品や食料を「扶持」（コルム）として受け取ったのだという。古い扶持制度（コルムレニエ）は10世紀のルーシにおいて、キエフ公とその代理人が領地で貢租を集める際、その巡回徴貢にあたる役人に地元住民が提供すべき一週間分の食料、馬、金などとして規定されていた。栖原学の「ロシアの市場経済化と法文化」という論文によれば、13〜14世紀には、各地に配された地方官僚の多くがその生活の資をコルムの徴収に依存するようになったという（栖原, 2001, p. 97）。このコルムレニエはイワン4世（雷帝）の改革で、公式には16世紀半ばに廃止されたのだが、実質的には継続された。その証拠に18世紀に入っても、エカテリーナ2世は一部の官僚について国家からの俸給を廃止する代わりに、アクツィジェンツィア（訴願人の自発的贈与による収入）によって生活するよう命じているという。

こうした歴史的経緯から、コルムレニエという習慣が「腐敗の土壌を

第4章　ヨーロッパ大陸

整備しただけでなく、政府の役人が物品や食品を受け取る習慣は違法行為にあたらず、それはロシアの統治制度本来の特徴であるという考えを、ロシア国民の心の中に植えつけた」と、上記の記事は指摘している。こうした状況が大きく変化するには、パーヴェル1世が元老院に帝国法令の徹底的な改正を行うよう命じた1799年10月6日を待たなければならなかった。この改正により、地方の事務処理が迅速化することになるのだが、その過程で何百人もの腐敗した官僚が職務を追放されたり投獄されたりしたという。

5. 商品交換と互酬性

　ここで商品交換と互酬的関係について考察する必要がある。互酬的利他行動に基づく関係は一般に贈与前の贈与者の意志、受領者の意志に基づく合意を前提に、後者の謝辞を伴い返礼の必要性を喚起する。匿名でも贈与はなしうるが、贈与者への報告が求められることが多い。贈与と返礼の時間的差異は大きな問題とはならない。こうした互酬的利他行動に対して商品交換は通常、売買が同時に行われ、「売り」と「買い」は等価交換を前提になされる。霊性や魔性がこもっているという感覚を強く残している贈物の譲渡が難しかったのに対して、商品は占有し処分することが容易であった。

　こうしてみると、商品交換と互酬的関係とは似ている面もあるが、異なる面もある。安全保障との関連で言えば、贈与を拒否するものを「敵」とみなす互酬に対して、商品交換では、売買に応じないからといって必ずしも敵視されるわけではない。ただし、商品の交換には、貨幣が介在することが多い。商品交換は貨幣と商品の交換として行われるのだ。このとき、貨幣は「なんとでも交換できる」という特権をもつから、貨幣をもつ者と商品をもつ者は非対称な関係にある。

　商品交換はギリシア時代にもローマ帝国の時代にもあった。古代中国にもあった。ただ、こうした交換が全面化するのは金銭による納税の導入以降のことだ。

　ここでは、中世の経済を知るうえで重要な概念である、公正価格 (iustumpretium, just price) をめぐる議論を紹介し、腐敗問題の考察へ

とつなげたい。まず、商業の発展が商品交換をめぐる互酬において売り手と買い手の「権利」（rights）という意識を明確化させた（Berman, 1983, p. 344）。それは商品交換における不正に対する防衛という意識の現れでもあった。商品交換には、売買の手続きにかかわる面と商品の価値という実質にかかわる面の二つがあることに留意しなければならない。手続き上の売買は教皇革命後の教会法の整備によって発展した。そこでは、契約作成上の公平性が重視される。ゲルマン法や以前のローマ法と異なって新しい教会法は口頭での合意を強く主張しただけでなく、結果として騙すことになる場合、誤解によるものであっても宣誓ないし印章付き書面といった、より正式の合意であっても執行を拒絶した。

　前記の実質にかかわるのが高利をとったりすること（ウスラ）と公正価格の問題である。ここでは、後者について考察する。中世において想定されていた公正価格は大雑把に言えば、財を生産するのに必要な費用プラス職人ないし商人の適切な生活状態を維持するための合理的賃金からなるものだった（Baldwin, 1959, p. 7）。これは、自然法の思想のもとで、神のつくった地上における商品の価格が神の摂理にかなったものでなければならないという規範意識と結びつき、それが腐敗の規準にも影響をおよぼすことになる。12世紀から16世紀までの間、ラテン語でいう「公正価格」（justum pretium）は、ローマ法学者、教会法学者、神学者の間で議論の的となった。

　13世紀の神学者トマス・アクィナスは交換の正義を分析した。財の価値は人間の使用によって決定され、価格として計測される。そのために貨幣が発明されたとみなす。もし価格が財の価値を上回ったり、財の価値が価格を上回ったりしていれば、「正義の均等」が破られていることになる。ゆえに、人が財をその真の価値よりも高く売ったり、あるいは、安く買ったりすれば、その取引は実質的に不正であるというのだ。価値は労働と生産に費やされる費用に基づいており、価値の差は財の必要を満足させる能力および労働と費用の合計による。とくに、労働は神によって定められたヒエラルキーのなかでの労働者の地位に応じて支払われているとみなされていたから、この労働をめぐって財になんらの物的改善をなさない商人の活動をめぐる問題や、なにもしないで入手される利子の問題も議論された。(8) さらに、アリストテレスが主張した、（特

殊的）正義としての「配分的正義」（Distributive Justice）と「矯正的正義」（Corrective Justice）が財の交換でどう遵守されるべきかということも問題視された。⁽⁹⁾

興味深いのは、こうした中世における公正価格の議論が、それ以前にあった、安く買い高く売ることを商業とみなし、そこに「嘘」と「貪欲」を感じ取っていた見方を否定し、商業が共同体にとって「必要」かつ「有益」であるとの見方を広げたことである（大黒, 2004）。さらに、こうした公正価格の議論があったからこそ、アダム・スミスは「自然価格」（natural price）という言葉を使って、自然価格が需要と供給によって決定される「市場価格」となれば、そこでは「公正価格」のもつ規範性が保持されると論じようとしたのだ（佐々木・村越, 2001, p. 4）。そのスミスにとって、腐敗は自然状態からの乖離を意味していたことになる（Hill, 2012, p. 110）。

他方でアクィナスは私有財産を自然法に反しないものとして肯定したから、商業や工業の発展が促された。①人間は共有的なものよりも自分だけの権能に属するものを取得することにより大きな配慮を払う、②人間に物財取得への配慮責任を課すほうが秩序正しく処理される、③平和状態の維持につながる——という理由から、人間による所有が正当化される。このとき人間は私的所有する対象を使用するだけでなく、「自由」に処分できるという権限を含んでいたから、自由な売買が可能な財貨は商品となり私的所有は商品経済化を促した。

貨幣の役割

商品交換の隆盛に貨幣が大きな役割を果たしたことも忘れてはならない。貨幣という仲介機能を果たすものが存在したことで、取引の標準化、量化が可能となり、交易を促した。貨幣は等価交換を前提に、商品間を移動する仲介物であり、貯蓄して財産にもなる。こうした貨幣が存在しなかったインカ帝国では、経済は基本的に物々交換を前提に運営されていたから、国王から配分された衣服、数の異なる妻などを利用して官僚がより多くの衣服や妻を得ようにも、そうした利得は国王の了解なしには不可能であった（Klaveren, 1970, pp. 67-68）。貨幣がないことで、隠れた蓄財はできず、衣服や食糧は目にみえる形で交換されていたから、王

と臣下以下の人々との互酬的利他行動が維持しやすかったと言える。

　だが、貨幣経済が発達し商品交換がさかんになるなかで、欧州の場合、都市が発展する。あるいは、都市への食糧供給が商業をさかんにする。これらの都市は自由で民主主義的という誤解がもたれているが、実際には、都市は「寡頭政治による腐敗」に満ちていた。貨幣を利用した仲介者たる商人や両替商の台頭は、彼らの利益を優先する互酬的利他行動を広げたのだ。こうした都市における「寡頭政治による腐敗」を糺すには、都市の統合による国民国家の誕生を待たなければならなかったのである。主権国家のもとでの新しい統治形態が金銭納税をすべての国民に求めることで、「寡頭政治による腐敗」は解消に向かう。

　貨幣という金銭による納税はそれをどこに納めるのかという統治形態と不可分に結びついている。一方で、金銭納税は納税者の自由を拡大した。金銭を稼ぐには、農業といった特定の産業に従事して小麦といった納税品をつくらなくても、自分に適した職業について金銭を稼げばすむ。他方で、徴税側にとっては、集めた金銭を確実に支払手段として活用するために、その金銭が国家の定めた法貨（国家の法定支払手段）であると明確にする必要があった。貨幣経済の発達は「俗なる権力」による統治か、「聖なる権威」による統治かによって、大いに異なったのである。

　貨幣が教会法による厳しい規制を受けている状況では、公正価格が商品交換の発展を阻害する。それは貨幣を単なる計算単位に貶め、仲介機能だけにとどめようとする。これに対して需要と供給との関係から価格が決定される市場価格が広範に認められるようになれば、より多くの食糧、土地などを商品として売買することを可能にし、支払手段としての貨幣機能の重要性を高め、それが国家による貨幣支配の必要性を強めることになる。それが、国家による貨幣発行権の独占および法定支払手段の強制につながるのだ。ここで生じるのが紙幣である。これは、主権国家が仲介者たる貨幣（紙幣）を支配することで、国家そのものの主権を維持しようとするための装置であり、そうした国家による資金再配分装置を機能させるには、特別の規範がより明確に必要とされるようになる。具体的には、官僚の「職務行為の適正保持」への要請が強まるのだ。他方、主権国家を前提とする貨幣（紙幣）経済の発展は「持てる者」と「持たざる者」との格差を広げる。これは、近代化以後の話だが、金や

第4章　ヨーロッパ大陸

銀を貨幣としていた段階では、そうした貨幣経済の浸透が、スチュワードたる教会における信徒間の差別待遇や不満につながった。それがスチュワード抜きの宗教改革を準備したわけである。

貨幣と霊性

　中世の錬金術師が金をつくりだそうとしていたことはよく知られている。金が貨幣として使用されていた以上、この錬金術師の活動は魔術師のごときものであり、そこにある悪魔性は貨幣に感じていた霊力に通じていたはずだ。ハンス・クリストフ・ビンスヴァンガー著『金(かね)と魔術：「ファウスト」と近代経済』を読めば、16世紀にヨーロッパで広がったファウスト伝説において、ファウストが「黒い魔術」たる錬金術を熟知していたことがわかる（Binswanger, 1985=1992）。あるいはウィリアム・シェイクスピアは、「アテネのタイモン」において、金貨さえあればなんでもできるという金貨の魔術をタイモンに呪わせている。

　ヨハン・ヴォルフガング・フォン・ゲーテはこのファウスト伝説をもとに、60年ほどをかけて19世紀に『ファウスト』を書き上げた。実に興味深いのは、悪魔の霊、メフィストテレスと契約したファウストが地下に埋蔵されている金銀を「担保」に新しい紙幣の発行に成功したという内容だ。そう、兌換紙幣の発行によって「見えない金」としての紙幣をつくるという、近代国家が行った錬金術の正体を暴き出したのである。逆に言えば、ゲーテが暴露するまでは兌換紙幣の正体をだれも気づかないほどに、紙幣に霊性を見出す視線は失われていたのである。

　紙幣をみても、それに霊性を感じなくなった近代人は賄賂についてもその見方を変貌させる。賄賂は貴重品、金、銀などから紙幣へと変化したのだから。といっても、これは必ずしも正確な表現ではない。フェルナン・ブローデル著『物質文明・経済・資本主義：15世紀－18世紀』（Ⅰ-2　日常性の構造2）によれば、バビロンでは、紀元前20世紀に紙幣や小切手がやり取りされていたし、イスラーム圏の商人は為替手形・約束手形・信用状・紙幣・小切手を利用しており、中国では9世紀には紙幣が使用されていた。つまり、西洋は「往昔の証券を再発見した」のであり、17世紀になって紙幣の利用が急速に広まったのである（Braudel, 1979=1985, pp. 199-200）。

その普及のために重要な役割を果たしたのが、国家が固定レートでの紙幣の正金への交換を保証する銀行（バンク・ジェネラール）の設立であった。18世紀にフランスの財務総監となったジョン・ローの提言をルイ15世の摂政だったオルレアン公が実施したものだ。といっても、戦費を踏み倒してきた国家に対する信用は凋落していたから、国家は紙幣の使用を強制した。税金を紙幣で支払うよう義務づけたのである。もちろん、裏づけがなければ、紙幣は普及しないから、オルレアン公は既存の金貨と銀貨の無効を宣言し、回収する一方、紙幣を上記の銀行にもっていけば含有率を低くした新しい金貨に交換できることにした。こうすることで、紙幣への信用力を高めて紙幣の流通を促す一方、悪貨を流通させることにも成功したことになる。

　これは、賭博師だったジョン・ローが賭博から学んだ理論であったことが知られている。賭博場では、金貨をチップに代えて使用するが、そのチップは賭博場だけしか通用しない。儲けた分のチップを前のレートと同じ比率で金貨に代えても、賭博の勝ち負けが決まる一定の確率分だけ利益を胴元が確保することができる。これと同じように、金貨を紙幣に代えて、流通させれば、紙幣を金貨に代えようとする人は交換紙幣のわずかな割合でしかないから、胴元たる国家は利益を確実に確保できる。それどころか、紙幣発行にかかるコストは金貨よりもずっと低いから、その利益は膨大になる。まさに、ゲーテがファウストで描いた錬金術的世界が18世紀に実現したのである。

　そればかりか、ローは「ミシシッピ計画」という国家プロジェクトをオレンジ公に実施させた。アメリカの占領地との植民地貿易を行う会社に株式を発行させ、その株の購入は国債しかできないことにする一方、株式は高配当を売り物にした。こうすることで、国民は国債を株式に交換した。この結果、国は国債の消却により元利払いをする必要がなくなる。結局、高配当は保証されておらず、株式をもっていても配当が得られなくなれば、単なる紙屑になってしまう。

イングランドとスコットランド

　平等主義的な核家族をとったイングランドにおいては、遺言の拡大的実践が行なわれたことが世代間の相互独立を促した。ゆえに、トッド

第4章　ヨーロッパ大陸

はイングランドにみられる家族類型を「絶対核家族」と呼んだ（Todd, 2011=2016 下, p. 544）。絶対的核家族の形成は兄弟姉妹の既存家族からの送り出しや、末子による両親の世話といった慣習からの離脱を必要とした。比較的早くから進んだ農業の賃金労働者化が前者を、小教区での扶助の制度化が後者を容易にする。とくに農業での賃金労働の広がりはその後、都市に出た人々の工場での賃金労働者化を容易にしたのだ。

18世紀になってイングランドでは、産業革命によって農村から都市へ賃金労働者として移り住む人々が急増し、賃金として支払うコインが不足する事態に至る。その結果、産業資本家が勝手に銅貨を鋳造するようになって、それを賃金として受け取った労働者が増えたため、これを交換手段として商売で使う動きも広まる。1797年になると、マシュー・ボールトンは蒸気圧でつくる立派な銅ペニーを鋳造する権利を勝ち得るまでになる。味をしめたボールトンは1804年、銀貨の鋳造をはじめる。ようやく王立鋳造局（ロイヤル・ミント）はことの重大さに気づき、銀貨鋳造の独占権を守る動きに出る。そして、硬貨鋳造権の独占を取り戻そうとロビイ活動を行い、徐々にだが、その独占権を再び勝ち得るようになったのである。結局、1814年までに民間によるトークンという硬貨の鋳造は法律によって禁止されてしまう。だが、そうなると硬貨不足が再び起き、フランスの硬貨が流通するようになる。これははじめてではなく、過去にも同じような出来事があった。1816年の段階では、雇用者は過去のさまざまな硬貨（トークンを含む）をミックスしながら賃金支払いをしなければならなかった。

一国一通貨が神話であることはスコットランドでも同じであった。そもそもスコットランド銀行はイングランド銀行よりも1年遅れの1695年にスコットランドの議会の法律に基づいて設立され、21年間の銀行業および銀行券発行の独占権を付与された。1707年の連合法（the Act of Union）という法律（ここではイングランドのスコットランドとの間の連合に関する法律を指している）で、スコットランドはかれらの通貨（pound Scots）を取り下げることになる。イングランドの通貨（English pound）が勝利した。しかし、スチュアート家の正継として王位継承を主張する者の反乱が起こった1715年、ロンドンの議会はスチュアート王家の復活を願う者の多いスコットランドを懐柔するためにロイヤル銀行と呼ば

れていた民間組織に通貨発行権を与えた。1716年、スコットランド銀行の独占権の期限が到来すると、その権限は更新されず、スコットランド銀行とロイヤル銀行との競争が展開されるようになる。その後、双方ともに互いの紙幣を受けいれ、定期的に交換するようになる。他方で、リネン取引業から銀行業に進出が認められたブリティッシュ・リネン・カンパニーのような銀行が現れる。

1750年代後半になると、個人銀行家が銀行券発行業務に参入し、少額の銀行券も発行されるようになる。こうしてスコットランドでは、クライズデール、スコットランド・ユニオン銀行、北スコットランド銀行、スコットランド商業銀行などの銀行も紙幣発行に参入した。つまり、複数の銀行の発行する紙幣が共存し、競争する状況がたしかに存在したのだ。銀行券を集中的に交換するシステムも生まれ、1774年にはすべてのスコットランドの発券銀行がこのシステムに参加するようになる。こうした時代は「フリーバンキング時代」と呼ばれている。

だが、1756～63年の「七年戦争」のあおりで、英国は多額の債務を抱え、1772年の金融危機に遭遇する。イングランド銀行が紙幣発行独占権をもっていたイングランドでは、フリーバンキングのスコットランドに比べて信用危機はより深刻化した。スコットランドでは、1765年制定の法律で額面1ポンド未満の少額銀行券の発行が禁止されたことが零細銀行の参入増加に歯止めをかけたとも言える。1826年にもイングランドは深刻な金融危機に遭うのだが、そのときにもスコットランドの銀行はどこも倒産しなかった。にもかかわらず、ロバート・ピール首相はイングランド北部でスコットランド銀行券が大量に流通する事態に悩まされるようになり、嫉妬も手伝ってか、1744年、ピール条例を発し、英国全土での発券業務への新規参入を禁止する。イングランド銀行による規制を受けいれることと交換にカルテルを認めることでスコットランドの複数の発券銀行を「買収した」といわれている。この結果、発券銀行間の競争がそがれ、1847年までにスコットランドの銀行は不良債権をかかえるようになり、イングランド銀行によって救済されざるをえなくなる。こうして、フリーバンキング時代は終幕する。

6. 賄賂罪の明確化

　主権国家に対する脅威として賄賂が明確な犯罪と認識されるようになるのは、イングランドのインド総督、ウォーレン・ヘースティングズが1787年に腐敗などの嫌疑で逮捕された事件を契機とする。1788年2月に上院で裁判が開始され、その後1795年4月に無罪になる事件だ。1764年に東インド会社の取締役らは、従業員が贈物を受け取ることを禁じていたが、1773年の規制法（Regulating Act）はこの禁止に議会法の効力を与えていた。ヘースティングズはいかなる贈物も受け取らないという東インド会社の禁止規定のある陳述書に署名していたから、この義務違反が問われた。告発者の1人、エドマンド・バーク下院議員はヘースティングズが受け取った贈物が昔からの貢物の延長にあるものではなく、贈手への助力を促す腐敗した近代的ビジネスの実践であるとみなした。バークはこうした贈物が社会的な関係を腐敗させ、部下にも蔓延し、イングランドにまで波及しかねないと訴えたのだ。イングランドの主権国家に対する安全保障上の脅威として、東インド会社がかかわる外国での腐敗が問題視されたのだ。特徴的なのは、法人としての近代的株式会社の原型が王権からの自立を宿命としていた点である。だからこそ、その主体化・主権化には、自らの規律や選抜の強化が必要になった。そこに、会社レベルでの腐敗防止策が求められるようになるのだ。

近代的なICS

　1855年に、英国は「インド官僚制度」（Indian Civil Service, ICS）を導入した。インド高等文官採用のための公開競争学力試験が実施されたのだ。当時、本国では官僚の選抜に際して、有力者による推薦などで情実人事がまかり通っていたのだが、ICSでは、試験結果のみによる選抜が行われた。当初は、受験資格が英国人だけに限定されていたが、後にインド人にも認められるようになる。

　ICSの導入は英国内における官僚制の見直し議論と対応関係をもつ。官僚の多くの地位は官吏推薦長官（Patronage Secretary in Treasury）や有力な政治家の介在によって獲得されていた。19世紀に入ると、行政府は官僚制に機能性や効率性を求めるようになる。それがそれまでの

「パトロネジ」(patronage)と呼ばれた情実任用に対する批判につながる。このパトロネジは、「より高位の社会的・経済的地位をもつ個人(パトロン)が、その影響力や資産を用いて、より下位の人物(クライエント)に保護や利益を与え、逆にクライエント側も人的奉仕を含む様々な支持や助力を提供することでパトロンに恩返しをする、援助を中心とした友好関係」を意味している(水田, 2012, p. 47)。このとき、血縁重視の縁故採用は残存していたから、パトロネジは血縁のない第三者を対象とする互酬的利他行動に限定されていたわけではない。

　1853年、それまで公務員制度を管理してきた大蔵省のチャールズ・トレヴェリアンとスタッフォード・ノースコートがまとめた「ノースコート=トレヴェリアン報告書」を契機に、公務員制度改革が開始された(田中, 2011)。ポストの分類、採用年齢、公開競争試験、筆記試験(教養)、メリットに基づく昇進などの包括的な改革がめざされる。こうして、時の内閣の決定する命令である「枢密院令」(1855年)に基づいて、資格任用制と政治的中立性を根幹とする公務員制度がCivil Service Commission 中心に開始された。1870年の枢密院令によって、公開競争試験の原則も確立するに至る。

近代官僚制

　売官可能な資産としての官僚制である家産制的官僚制から近代官僚制への移行が進む。ウェーバーによれば、この近代官僚制は①法令などによって明確化された権限の原則のもとで、②「職務体統」(上級官庁による下級官庁の監督)と「審庁順序」(ツリー状の位階秩序)の原則をもち、③文書主義の原則に基づいており、職務の活動に際しては、④特別の専門的訓練、⑤職務上の活動における全労働力の投入、⑥職務遂行は一般的規則によってなされる——といった特徴をもつ(Weber, 1921-1922=2012, pp. 7-10)。官僚の個人的地位に注目すると、①社会的尊敬の享受、②上位の管理者による任命、③地位の終身制、④俸給と年金制、⑤昇進昇格制——を特徴とする。

　ここで橋本直人の論文「M・ウェーバーの官僚制化テーゼの再構成に向けて」をもとに、任用制官吏が規律に服従するメカニズムについて説明しておきたい(橋本, 1996)。官吏が官職ヒエラルキー内での「昇進」

や「選抜や経歴」を指向する前提には、社会的評価や身分意識への官吏の強い欲求がある。逆に言えば、官吏は社会的評価を欲するがゆえに、そのための昇進や選抜の基準に適合する必要があり、それが規律への服従を促したことになる。官僚制内部では、服従を基準として評価メカニズムが整備され、それによって社会的評価と規律への服従が結合される。その意味で、社会が官僚への贈与を禁止するという視線をもたなければ、収賄罪は生まれない。

会社と腐敗防止

バークは近代的株式会社の雛型の一つになった東インド会社の腐敗対策として経営へのより多くの公衆の参加を説いている。主権国家の問題は会社の主権化の問題につながるのであり、「法人」の振舞いをどう規定するかという問題にも関連していることを忘れてはならない。イングランドの東インド会社は1600年、エリザベス女王から15年を期限として特許状を得て joint-stock company として設立された。ピューリタン革命開始後、1657年、オリバー・クロムウェルの改組によって総会の民主化が実現し、さらに王政復古下のチャールズ2世によって1662年、全社員の有限責任制が許容された。ゆえに、大塚久雄は「オランダ東インド会社が株式会社の起源であるならば、イギリスの東インド会社は近代的株式会社の起源ということができよう」と指摘している（大塚, 1969, p. 492）。ただし、佐藤俊樹は「イギリス東インド会社が近代的な株式会社にようやく近づいてくるのは、1709年の改革以降である」として、総会の民主化という条件が整ったのは総裁・副総裁が廃止され理事から選出される議長・副議長が会社のトップになる1709年からであるとする（佐藤, 1993, p. 87）。マサチューセッツ湾会社は1629年、ピューリタン商人の一団が当時のチャールズ一世からマサチューセッツ湾付近を開発する特許を買い取って創設された。その特許状のなかでは、総裁は副総裁・理事とともに会社の株主総会で選出され、役員会を構成して会社の運営にあたることになっていた。この段階で法人格のある有限責任制をもち、株式の自由譲渡可能で民主的な会社組織としてマサチューセッツ湾会社は存在していたことになる。

すでに指摘したように、法人としての近代的株式会社の原型は王権か

らの自立を宿命としていた。そのためには、その主体化・主権化のために自らの規律や選抜の強化が必要だった。そこに、会社レベルでの腐敗防止策が求められるようになるのだ。これは、「近代においては、官僚制が国家機構だけでなく、私企業においても存在する」という柄谷行人の卓見に対応する（柄谷, 2010, p. 267）。近代的官僚制は資本主義的な経営形態である分業と協業に基づいて形成されたのであり、企業の場合には、その目的が利益最大化であるぶんだけその目的合理性がわかりやすい。その目的合理性の強制が国家でも企業でも働き、その強制ルールが腐敗防止ルールの構築につながるのだ。

　いずれにしても、主権をもつようになった者は、政治の領域において神として振る舞うことが可能になる。だが、民主代表制をとる代理制のもとでは、統治自体を主権者自身が行うわけではない。主権者の負託を受けた代理人が法を制定し、その法律を官僚が執行する。この統治によって主権国家を守ろうとするのである。それは、株主が取締役に会社経営の全権を委任して、会社を守り発展させ、株主の利益に沿うことを求めるのと同じ構図である。ここで、神から授けられた恵みを管理する人（スチュワード）のことを想い出してもらいたい。主権国家のもとでは、神そのものの存在観が大幅に後退し、人工の神のように振る舞うようになった国家から委任されたものを、人間が責任をもって管理し、適時に差し戻すという必要が生まれる。こうした管理者、スチュワードの役割を担う人物が想定されるようになる。このとき、「法の上に人をおく」ホッブズ的立場と、「人の上に法をおく」ルソー的立場では、スチュワードの想定が異なる。別言すれば、同じ仲介者であっても、前者は現実に機動的、臨機応変に対応するスチュワードとなり、後者は法改正や法制定までに時間を要する、現実と乖離したスチュワードにつながる。この違いは、企業統治の違いとしても顕現する。この時期の大きな変化こそ、近代以降の腐敗問題の出発点なのである[11]。

刑罰からみた贈収賄

　ここで、贖罪が犠牲や代償をささげることによって罪過を償うという意味をもつことに注目したい。それは、ある振る舞いに対する反作用であり、「報い」という言葉を想起させる。刑罰も復讐も報いだが、後者

はある振る舞いと同じ外面的な現れ方を重視する。まさに文字通りの「目には目、歯には歯」である。しかも、この反作用としての報いは個人的利益の追求の延長線上に位置づけられる。これに対して刑罰は罰する者が罰せられる者の上にたって、超越的立場から共同体の倫理や文化的精神に基づいてなされる。その際、刑罰はなした害悪のゆえにその者に科さられ、その者が被らなければならない罪悪なのだが、重大なのは罰する者が形式と内容の点で責任を負うことのできる仕方で、反作用としての害悪（刑罰）を科す仕組みを整えることである。

　刑罰理論では、刑罰のもちうる効果から刑罰だけを切り離してみる絶対的刑罰論と、刑罰による効果と関連づけて刑罰を考える相対的刑罰論がある。刑罰の意義が正義の実現であるとみなして、国家という共同体が刑罰を科すとする見方は絶対的刑罰論の一種だが、正義はあらゆる時代を通じて絶対的な根本規準をもたらすわけではない。とくに、共同体内で正当化されるだけの正義には普遍性はない。しかも、害悪を犯してもすべてが刑罰に処せられるわけではない以上、刑罰ありきで刑罰だけを問題にする絶対的刑罰論は刑罰議論としては不十分と指摘せざるをえない。他方で、刑罰が犯罪者にとっての贖罪という意義をもつという意見がある。これは、処罰される側にたって刑罰の意義を説くものにすぎず、処罰すること全体に対する議論になっていない。

　相対的刑罰論には、刑罰のもつ威嚇に注目し、犯罪の一般的予防につながるとする一般的予防理論がある。だが、実際の犯罪は刑罰の威嚇の厳しさを考慮して予防されたり行われたりするわけではない。ゆえに刑罰が犯罪一般に予防効果をもちうるとは考えにくい。ただ、犯罪によっては威嚇が犯罪の抑止につながっている事態もある。すべての行為に対する一切の刑罰が科されない状態を前提とすると、ホッブズのいう万人の万人のための闘争になりかねない。その意味で、刑罰に関する相対的刑罰論は部分的な予防理論としては成り立つ。

　そう考えると、収賄や贈賄を害悪とみなし、刑法に違反する犯罪として刑罰の対象とする事態をどう理解すればいいのだろうか。

　ここまでの考察が明らかにしたように、超越的立場にたつ官僚、軍人、政治家、裁判官のような人々は彼らが属する共同体内において、贈物をもらうことが犯罪とされるようになる。彼らと贈与と返礼に基づく関係

を結ぶこと、すなわち、互酬的利他行動をとることが収賄にあたることになる。それは、共同体の統治を超越者だけの利害によって運営するのではなく、共同体全体の利害に基づいて行うようにするための仕組みということになる。別言すれば、神や法から委託されて超越的立場にある者には、高い徳、倫理が要求され、互酬的利他行動とは別の形でその委託を果たすことが求められる。収賄を刑罰の対象とすることで、収賄を減らし、共同体の統治の安定化がめざされるようになるのだ。他方、血縁選択が圧倒的に優勢な共同体では、そもそも能力主義の互酬的利他行動が前提とされておらず、血縁関係に基づく贈物のやり取りは当たり前であって、義務であり、それを刑罰の対象とみる視線が存在しない。

腐敗判定の困難

　以上、のべてきた事情から、腐敗であるかどうかを見極めるメルクマールとして、どんな規準を設定すべきかについては、きわめて困難がつきまとう。第一に、近代化が各種共同体の基本的価値観の変更をもたらすことに注目すると、腐敗かどうかの判断規準もまた変化するという困難がある。それは、公共的役割と私的利益との間の相違点をどう認識すべきなのかという問題も惹起する。近代化後の立憲君主制のもとで、私人としての王の役割と、公的な王としての役割との間を区別する視線が育たなければ、公共的資金の使用における王の腐敗を非難できなくなってしまう。ゆえに、近代化の程度によって、共同体の基本的価値観の変更度合いが異なっていることに留意することが必要になる。この点を日本との関連でのべれば、皇室の支出や財産に対する日本の国民の目は英国民よりはずっと寛容に思える。それは、私人としての天皇の役割と国民の象徴としての天皇の役割が判然としない日本の曖昧さに起因している。

　第二の困難は新たな秘儀・隠蔽の発生という問題である。教会においては、その聖なる権威を保持するためにさまざまな典礼や秘儀が執り行われてきた。とくに秘密にすることで、威厳や権威を増幅させるやり方は、近代国家においても原理的に継承されている。近代化に伴って、「公」と「私」、「私的財産」と「公的財産」といった区分が明確になったといっても、それは曖昧な部分を残している。公務員は、聖職者がラ

テン語やギリシア語を操って権威を高めたように、文字を使って、行政にあたるが、文字に書かれていない部分が残存することで、そこに、腐敗を生じさせることができる。曖昧で隠された領域が残存するところに、腐敗の萌芽が温存されるのである。

　あるいは贈収賄という犯罪を明確に法律で規定しても、その犯罪の立証を隠蔽によって困難にすることもできる。秘密を保つことで腐敗にあたるかどうかの判断さえできなくなる。ゆえに互酬原理に基づく贈収賄は秘密裏に行われることで、その行為そのものを隠蔽する傾向を強めるのだ。それが、タックスヘイブンを利用した、当事者を隠した取引による脱税の横行につながる。あるいはロビイストという仲介者を法的に規定することで、贈収賄を隠蔽し、腐敗かどうかを判断する規準を曖昧にするのである。日本の稟議制も責任者を隠蔽する効果をもっている。こうして腐敗はさまざまな隠蔽工作により腐敗かどうかの判断さえできないように潜伏する傾向を強めるのだ。

　第三の困難は近代化自体が腐敗をもたらす面があることだ。近代化は国家の主権化をもっともらしくみせかけるため、国家による貨幣の発行の独占、その貨幣の法定支払手段としての強制、国家語の制定と義務教育化、納税の義務化、常備軍への徴兵、後述するポリスから近代警察の誕生など、実にさまざまな制度を強制する。これは官僚の権限の巨大化につながり腐敗とみなしうる取引機会を急膨張させる。こうした取引機会のそれぞれについて賄賂罪といった刑罰を適用しようとすると、近代化の根幹である国家の主権化が成就しなくなる。その意味で腐敗であるかどうかの規準が政治化する傾向がある。あるいは、正義かどうかを規準とするより普遍的な腐敗判断ではなく、各国の事情に応じた規準がより重要になってしまう。とくに遅れて近代化する国では、近代化を急ぐために政府の権限の拡大や、政府規制を受けるべき活動が急増加する。それを官僚が主導することになり、あちこちに腐敗の可能性が生じる。

7. ナポレオン刑法典

　国民男子全員に国防を義務化する一般兵役制が近代国民国家の軍制として受容されるのは20世紀にかけての出来事であった。その源流は

19世紀のプロイセンにある。そのプロイセンでは、18世紀（1733年）にカントン制と呼ばれる、徴兵区（カントン）から新兵を募集する制度ができ、それが19世紀初頭の一般兵役義務導入まで機能していた（鈴木, 2010, p. 205）[12]。絶対主義時代のヨーロッパ諸国の軍隊において民兵は、戦力としては常備連隊に劣ったため常備連隊が国外に遠征した際の国土守備隊などとして編成・運営されていた。だが、フリードリヒ・ヴィルヘルム1世は、王権のみによる集権的軍隊の設立をめざして、郷土民兵軍を廃止するなどしてプロイセン軍の拡充をはかったのである。カントン制は、主として農村下層民からなる民兵的組織を常備傭兵軍に統合するものであった。この制度変更は当時、プロイセン東部において主流だった農場領主制と深くかかわっていた。農場領主である貴族が将校を務めていたという枠内で、領主貴族は自分の領地に住む農民を徴募し、「農場と軍隊の双方の場で農民に鞭打って、服従を教え込んだ」というのだ（同, p. 207）。カントン制度で兵士になった農民は、帰休兵となって農村に帰り、軍隊の規範や生活様式を農村に広める結果をもたらすことになる。こうして盲目的服従を是とする権威主義的風土が醸成されることになったと考えられている。これは工場における規律正しい勤務にも影響をおよぼした。だからこそ、ヴェルナー・ゾンバルトは『戦争と資本主義』のなかで、「戦争がなければ、そもそも資本主義は存在しなかった」と指摘した（Sombart, 1913=2014, p. 24）。近代国家の行政、財政は、近代的意味において、戦争という課題を直接果たすことによって発展したのだ。

　この時代、プロシアでもフランスでも貴族と呼ばれる階層は連隊長や中隊長に就くことで自分の部隊を家産的に保有、経営できた。あるいは、文官（たとえば地方監理官）としての官職に伴う収入を独自に得てその地位そのものを家産として世襲することが当たり前であった。ゆえに、こうしたポストが売買の対象となっていたのである。

　プロシアでは、このナポレオン刑法典や1813年のバイエルン刑法典などをもとに、1851年にプロシア刑法典が制定された（Engels, 2006, p. 335）。官僚や裁判官の収賄防止規定も盛り込まれた。これ以前には、神聖ローマ帝国の皇帝で、スペイン王でもあったカール5世によって公布された、1532年の刑法典（Constitutio Criminalis Carolina）があり、プロ

シア法典をもとにした 1871 年のドイツ帝国刑法典（Strafgesetzbuch für das Deutsche Reich, Criminal Code for the GermanReich）の制定まで影響力をとどめていたという（Eser, 1996, p. 28）。

　上記の Carolina は、宗教改革期のドイツの偉大な法律家、シュヴァルツェンベルクがバンベルク向けにつくった Bamberg Capital Court Statute（Bambergensis）をもとに制定されたものである（Berman, 2003, p. 138）。これは、法の一部門である犯罪法に関する初の包括的法典化であった。この背後には、13 世紀から 15 世紀に現われたイタリアの都市国家において生まれたさまざまな犯罪を定義した制定法の影響があった。Carolina は神聖ローマ帝国の裁判所で適用され、領内の法制化のモデルとなった。Bambergensis と Carolina はともに、法は主として地上の王国向けに神の意志を示したものであり、法の任務は天の王国での救済へと向かう道筋を示すことではない、というルターの信念を反映している。この二つの刑法典はドイツの慣習上の犯罪法を改革し、政治的意志の産物としての世俗法の概念を発展させることになったのである。

ロシアの場合

　ここで、ロシアについてみてみよう。モスクワ公国時代に法典（Судебник）では、1497 年に収賄も贈賄も禁止されていたという（Чернобаева, 2009, p. 185）。別の情報では、同法は裁判官による収賄に対する罪を定めた最初の法であったという（Противодействие коррупции）。これは、裁判令と呼ばれるものだが、これ以前の法律としては、11 〜 12 世紀に段階的に成立した、キエフ国家時代のルーシ法典（ルースカヤ・プラヴダ）がある（大江, 1999, p. 112）。だが、これは基本的にゲルマン部族法とほぼ同じ社会構造によって基礎づけられたものにすぎない。

　イワン 3 世時代の 1550 年の法典で、賄賂に対する初の処罰が言及された（Чернобаева, 2009, p. 185）。彼の孫、イワン・グローズヌイは 1561 年、裁判関連の命令を出し、地方管轄の裁判官僚による賄賂受け取りを死刑と規定する。さらに、教会の会議法典と呼ばれる教会法においても、1649 年、裁判関連の仕事に従事する者の収賄が禁止される（Мизерий, 1998, p. 182）。会議法典そのものは、士族や都市の上層住民の請願（наказ）に応じる形で開催された、新法典編纂のための全国会議

（ゼムスキー・ソボル）で採択されたのもで、ツァーリと貴族会議、各官署の裁判、地方の管区裁判の3段階からなる裁判制度などが定められた[13]。

ピョートル大帝は、1700年のナルヴァの戦いでスウェーデン軍に惨敗したことを契機に、軍の再建に取り掛かる。海軍省や砲兵学校を設立したほか、1705年には、徴兵制を導入する。一般人を徴集して軍を編成し、軍事訓練を行って戦争を遂行する近代的軍制に改めたのである。加えて、スウェーデンの政府機関を模範に内政改革にも取り組む。イワン4世治下の1549年、初の身分制議会であるゼムスキー・ソボルが開催され、その後も不定期にツァーリの戴冠を承認するなどを行う。1682年には、ゼムスキー・ソボルによって、15〜16世紀にあった「メストニチェストボ」という公的地位をめぐる階層制が廃止される。そのゼムスキー・ソボルに代わって、元老院（セナート）を設置し、元老院の管轄下で工業、商業、海軍、陸軍などについて統括する参議会（コレギヤ）という組織もつくった（選挙による代議員が立法する議会は1906年に開催）。コレギヤは12設置されたが、これにより、これまであった「プリカース」と呼ばれる政府機関部署はほとんど解体される。

ピョートル大帝は1713年8月23日、彼は収賄者だけでなく贈賄者も刑事訴追すると命令を発した。翌年12月には、官吏の職務濫用に対する刑罰を厳格化し、強要行為による賄賂の強制なども取り締った。1722年には、「官等表」を制定し、各部署の等級と俸給を定め、官僚制を刷新する。平民でも14等官になれば本人1代限りの貴族になれ、8等官になれば世襲貴族となれる。こうしてより広範に人材を集めるとともに、名門貴族の家系没落を防ぐために導入した一子相続制であぶれることなった貴族の二男以下に仕事を提供したのである。同年、官吏の活動に対するコントロールを改善するために、帝国の主要な機関として検察機関が登場した（Манько, 2012, p. 46）。同年1月には、「官位リスト」が固定され、官僚制が明確に定まった。この際、とくに問題となったのは、地方を統治する知事（グベルナートル）への監視だ。この職務は1702年に現われ、1708年に行政区分が皇帝令によって規定された（同 p. 47）。こうした近代的官僚制の整備に呼応する形で、贈収賄規制も整えられたことになる。

ピョートル大帝による大胆な改革といっても、必ずしも効果をあげたわけではない。贈収賄に対する法律は1845年の処罰・執行法典の制定

によってようやく近代的法規制へと変化した。ナポレオン刑法典などの影響を受けた法律が整備されたことになる。

8. 行き過ぎた警察支配

　近代国家は常備軍だけでなく、国内の治安維持のために警察を設置し、強大な支配権力を確立した。この権力がその超越的立場を逸脱すれば、そこに大きな腐敗が生じることになったと考えられる。このため、警察という近代以降の組織にも関心を向ける必要がある。とはいえ、厳密に考えれば、警察の定義は時代や場所によって大きく異なっているから、警察について考察することは簡単ではない。

　ここでは、ヨーロッパの近代警察をつぎの四つの特徴によって定義づけたリアングの見解にしたがって議論をすすめたい。①警察は法的基礎にのみ基づいて活動し、客観的証拠にだけ基づいて容疑者を訴追しなければならない、②集団よりもむしろ個人の行動を規制し、人質のような暴力主義的な手段を用いてはならない、③自白を引き出すために拷問は許容されず、警察は物的強制を用いてはならない、④警察は改革や改革への永続的な動きを必然的に伴うすべての暴力的な衝突（戦争や革命）の間、市民社会への損害を最小限にすることで欧州国家システムに奉仕する——というのが近代警察の特徴である（Liang, 1992, p. 4）。さらに、リアングの解説によれば、近代警察は中世末に独立国家の出現とともに管轄領域権をもつものとして出現したという。

「ポリス」の登場

　この管轄領域が明確であったのは近代警察のモデルとしてイタリアの都市国家があったからだ。イタリアの都市国家は軍事的ユニットないし警察的ユニットをもつことで隆盛した。夜警隊という形で、都市の安全を守るようになる。フランス語の Police は中世ラテン語の politia から派生した言葉で 15 世紀末には公的秩序を意味していた。ニコラ・ドマール著『ポリス論』では、ポリスの目的は「人間をその生において享受しうる最も完全な幸福へと導くこと」だとされている（松本, 2013, p. 5）。その対象領域は宗教、習俗、衛生、食糧、道路、公共の治安と安寧、

自由学芸、商取引、製造業と工芸、家内使用人・肉体労働者、貧民にまでおよんだ。ポリスはいまの警察よりもずっと広範囲の活動の場をもち、それはまさに「都市国家」（polis）の統治にかかわるようなイメージをもっていた。ギリシア語の politeia は都市国家の理想的状態を意味していたが、こうした言葉とポリスは関連性をもっている。

中世の諸都市が経済的没落などから衰えると、この都市国家モデルは 16 世紀にスイスのカントン地方（グラウビュンデン、グリゾン、グリジョーニなど）に移った。スイスで護衛兵として発展を遂げ、フランスなどで国王を守る護衛兵として雇われるようになる。彼らは軍人というより、警官に近いとみなすこともできる。その後、徐々に近代警察が欧州各国で生まれるようになるのだが、国によってその状況は違う。

フランスのパリの治安を担ってきたのは王権と都市社団である。王権はパリ子爵領と奉行管区の普通裁判所である要塞シャトレを拠点とし、行政と司法を総轄するパリ奉行がそのトップに君臨していた。配下には民事代官と刑事代官がおり、そのもとにシャトレ警視がいた。都市社団は徴税活動や民兵組織を指揮するパリ奉行のもとに組織された。都市社団を形成した各街区の名望家のなかには、官職購入により官僚に転じる者も増え、ポリスへの関心が薄れるようになる（松本, 2013, p. 34）。ほかに、1544 年になって Maréchaussée（marshalcy）が設立され、道路の警備などに従事するようになったことが知られている（Zamoyski, 2014, p. 22）。もともとは馬の世話をする「馬丁」から派生した言葉だが、交通警官のようなものが 16 世紀には登場したわけだ。

とくに、フロンドの乱（1648～1653 年）で王権への蜂起が失敗すると、民兵組織の形骸化が進み、都市社団の役割が急速に低下する。一説によれば、16 世紀半ばのパリの警察組織には、「王の夜回り」と呼ばれる、王から給金をもらって巡回パトロールを行う組織と、「同業組合の夜回り」という自警団があった（菊池良生, 2010, p. 88）。臨時の「ブルジョワの夜回り」という、市民権をもつ者による無給の自警団もあった。王権は「同業組合の夜回り」を廃止し、同業組合の夜回りの義務を金納化させ、それを費用にして夜回りを「王の夜回り」に一本化させようとした。こうして王権を強化しようとしたわけである。

これがフランスにおいて 1666～1667 年に行われたポリスの制度化だ。

第4章　ヨーロッパ大陸

　1666年12月、疫病を防止するねらいも手伝ってパリ市に関するポリス条例が発布される。14世紀に設けられた役職である治安特任官（警視）は王権とパリ市民との仲立ちをする立場であったが、この警察条例によって警視は刑事訴訟のための調書を作成し証人や被告人を尋問するという司法官の権限も与えられ、王権の利益を代表する役職に衣替えする。1667年に警視総監職が新設され、犯罪の防止・摘発だけでなく言論統制、経済活動の監視・保護、保健衛生などの広範な権限が集権化される。これは1648年のウェストファリア条約以降の重大な変化であり、すでに指摘したように教会のもっていた幼児洗礼、結婚、埋葬などの権限への国家干渉を意味していた。フランス革命を通じて教会の財産も没収された。ポリスの行政長官が任命されるようになるのはサンクトペテルブルクでは1718年、ベルリンでは1742年、ウィーンでは1751年である。

　ウィーンの場合もパリの事情と似ている。1221年、バーベンベルク家のレオポルド4世は警察権力（市場、街路、建築、消防、清掃の取締）を24人からなる市参事会に委ね、弓職人と矢職人の同業組合（ツンフト）に対して税金免除と引き換えに市門の警備を命じる（菊池良生, 2010, pp. 70-71）。1361年、ハプスブルク家当主、ルドルフ4世はウィーンの治安に関して都市法を発布し、この警備の義務を市民全体に広げた。同時に、市を四つに分けて、それぞれ部隊を配備した。だが、市民は自分たちで市内の治安と市門の警備にあたることを煩わしく思うようになり、専門組織を雇うようになる。これを機に、警察権が拡大することになる。領邦君主の権力機関が都市に常駐するようになるのだ。つまり、領邦君主に任命された市判事が参事会の議席と議決権を握り、都市の自治組織を監視するようになる。1527年、フェルディナンド1世は市長および市参事会の選挙制を廃止し、任命制とする新都市法を発布する。1531年には、市壁警備条例により、昼・夜警備隊が発足する。

　イングランドでは、1285年のウィンチェスター憲章の制定により、昼夜連続の監視（watch and ward）や叫喚追跡（hue and cry, 犯人を喚声をあげて追跡逮捕すれば令状なしでも逮捕できる）が制度化された。序章第3節で指摘したように、「コンスタブル」と呼ばれる地方行政区の平和維持のための吏員（parish constable）などが警官の役割を果たすようになる。治安判事は軽犯罪の判事を務めたり、逮捕を命じたり、証人

を尋問したりする。さらに、上記のコンスタブルを補助したり、通りを歩いて浮浪者を排除したりするビードル（beadle）と呼ばれる雑務者もおかれた。1763年には、ロンドンに民間による馬に乗ったパトロールが開始され、1770年には徒歩によるパトロールも行われるようになる（Dempsey & Forst , 2008, p. 6）。1785年には、常設の警察権力を設置する法令が制定されるに至る（Zamoyski, 2014, p. 27）。1804年になると、制服を着た警官が馬にまたがってパトロールをはじめた。

警察国家と絶対主義

パリやウィーンなどでのポリスの登場は明らかに王権の強化、絶対君主化を促した。いわば「警察国家」が絶対主義を促し、絶対主義がさらなる「警察国家化」を必要としたわけである。このとき、国家は「公共の利益」を名目に「万人の幸福」追求を大義名分として、人々の生活の隅々にまで干渉するようになる。おりしも、16世紀後半から、ヨーロッパでは「利益」に対する関心が高まる（終章註（4）を参照）。ゆえに、菊池は、「ともあれ、かくして絶対主義は「万人の幸福」への国家による強制的な促進のために警察的統治を根幹とする警察国家を形成したのである」と指摘している（菊池良生, 2010, p. 144）。

絶対君主を守るために、スパイ活動が横行し、証拠がでっち上げられたり拷問が多用されたりするといった警察国家が出現する。そこでは「万人の幸福」を名目としながら、その実、国家、すなわち、絶対君主の利益が最優先化される。そのために金銀を保有し蓄積することで、国家の富を築こうとする重商主義が幅を利かすようになる。輸入を減らすためにコーヒーなどの嗜好品の消費に制限を加える一方、輸出を増やして金銀の流入を増加させようとした。これを手助けするために、ポリスが暗躍したのである。

フランス革命の余波

近代警察への発展は19世紀以降に成し遂げられる。実は、1789年の人権宣言第8条で、「何人も、犯罪に先立って制定公布され、かつ適法に適用される法律によるのでなければ、処罰されることはない」とされ、罪刑法定主義が明確に採用された。この罪刑法定主義は1810年刑法典

において実定法上確認される。1795年の罪刑法典では、「警察は公的秩序と個々人の財産を守るために存在する」と限定的な規定を受けるに至る。これは司法と警察の分離をも意味し、近代警察への一歩であった。

　加えて、啓蒙専制君主と呼ばれる「上からの近代化」をめざす絶対君主のなかには、国家行政の範囲をある程度制限することで、住民の自由を一定程度保障することに前向きな者もいた。プロイセンのフリードリヒ2世が編纂を命じたプロイセン一般ラント（州）法（公布・施行は1794年）のなかでは、「公的平和、安全・秩序の維持、および、公共体またはその成員に対して生じる危険を回避するために必要な措置をとることが警察の責務である」と規定される（第2章17節10条）。警察の活動範囲を犯罪の取締と予防に限定するとともに、犯罪者の逮捕や起訴にかかわる警察とこれを裁く司法との分化が進められた。さらに1740年、重大な事案を除いて拷問を廃止することにした。

　しかし実際には、「王政復古」の掛け声の高まりのなかで、ポリスの近代警察化は一直線には進まなかった。たとえば、プロイセンでは、1808年と1817年、王令によりプロイセン一般ラント法を無視して、警察に治安と公安の任務を与え、その強制力に無限の権能を与えたという（菊池良生, 2010, p. 157）。フリードリヒ2世の時代には、公務員の実情を隠密裏に監視する制度が導入された。

　フランス革命によって1793年1月、ルイ16世が処刑されたことは欧州各国の王権を恐怖のどん底に突き落とした。この事件が契機となって、絶対君主はまさに命を守るためにポリスをさらに強化して、秘密警察まで創設して命を守るための治安維持に乗り出すことになる。

　神聖ローマ皇帝でオーストリア大公であった、啓蒙主義的な絶対君主、ヨーゼフ2世は1790年2月に死去する。後任となったレオポルド2世が秩序維持に当然ながら腐心する。同年5月2日には、「すべての疑わしい人物ないし危険な人物は国外退去としなければならない」と命じた。だが、レオポルド2世は1792年3月に急逝し、長男のフランツが後継者となる。オーストリアにも18世紀半ばには警察機構が存在したが、1789年に中央警察部門のトップにアントン・ペルゲンが就く。その後いったん引退後、1793年1月、ベルゲンは現在の「警察」に近いPolizeihofstelleという新しい部門を担当する警察大臣として復帰した。

検閲制度が強化・拡大され、1796年3月には、初等中等学校での生徒の行動を見張る学校警察まで設立された（Zamoyski, 2014, p. 33）。

　1793年1月のルイ16世の処刑のニュースに、当時の英国首相ウィリアム・ピット（小ピット）首相は衝撃を受ける。フランス革命政府は1792年4月からのオーストリアとの戦争勃発についで、1793年2月、英国とオランダに宣戦布告する。すでにピットは1793年1月にエイリアン法（Aliens Act）を制定し、フランスからの亡命者などの外国人を登録制のもとで管理し、行動を監視下に置こうとした。1795年になると、フランスの支援を得た革命に対する脅威が高まり、同年5月、ピットは国民の不当逮捕を禁止した、1673年制定の人身保護法の停止を定めた法律を制定する。1795年11月には、反乱集会法（Seditious Meetings Act）によって許可なく50人以上が集まることが禁止された。

　これが意味していたのは、諜報ネットワークの構築、通報者・スパイ・煽動者の利用、個人の監視、検閲、嘘の宣伝活動、「国家の敵」というレッテルづけなどを駆使して、なんとしても絶対君主の首を守ることであった。他方、フランスでも混乱を極めた。1790年8月、国民議会は郵便にかかわる公務員は個人の私信の秘密を侵さないことを宣誓しなければならないとする命令を発したのだが、1793年5月には、移民の手紙についてはこの原則が国家安全保障の観点から除外された（Zamoyski, 2014, p. 84）。フランス国内でも疑心暗鬼が広がっていったのだ。

ナポレオン後

　事態はナポレオンの登場で複雑化する。ナポレオンはMaréchausséeの名称をジャンダルメリー（Gendarmerie）に代え、一種の憲兵隊として彼を暗殺から守らせた。後に、この言葉はヨーロッパ各地の警察を意味するようになるのだが、それは1799年にナポレンが起こしたブリュメール18日のクーデター後、既存の警察組織とGendarmerieとを統合させたことに起因している。ジョゼフ・フーシェは1799年7月20日に警察大臣（Ministère de la Police）に就いていたから、彼こそ巨大化した警察機構のトップにたち秘密警察を駆使して「国家安全保障」（la haute police）に活用した人物とされる。

第4章　ヨーロッパ大陸

　ここではこれ以上、詳細にナポレオン後のヨーロッパ各国の警察機構の推移を紹介するだけの紙幅がない。ロシアについてだけ簡単に状況を説明したい。パーヴェル1世の暗殺事件後、1801年3月に皇帝になったアレクサンドル1世は1807年1月、「社会平穏侵害にかかわる犯罪事件捜査委員会」（社会保安委員会）を設立し、1807〜1810年に170回、1811〜1829年に195回の会議を開催し、国内治安維持を強化する。1810年には、警察特別省（особое Министерство полиции）が設立されるが、社会保安委員会と二つの都市の秘密警察は廃止されることはなかった。社会保安委員会は1829年まで存続する。1815年には、ロシアでもGendarmerieが設立され、1819年の警察特別省の廃止後、1826年に「第三セクション」と呼ばれる皇帝や政府への陰謀を防止するための部門が皇帝官房につくられる。アレクサンドルはヨーロッパに広がるフランス革命後の動乱の「伝染」を怖れ、猜疑心からか、各部署の同じ官職にある軍人や公務員のスパイネットワークを構築するように命じたとされている（Zamoyski, 2014, p. 330）。

　1815年5月のインドネシア・スンバワ島にあるタンボラ山の大噴火が翌年のヨーロッパに「夏のない年」をもたらした事実について注意喚起をしておきたい。とくに、アイルランド、ウェールズ、北イタリアに飢饉を引き起こし、比較的被害の少なかったヨーロッパの他の地域やロシア、さらに米国への移民が急増したのである。これがまた、国内治安を維持するための警察権力の強化の必要性を高めたのだ。

　ここで想起すべきことはレフ・トロツキーによる興味深い指摘である。「1917年以降、すなわち権力の獲得が実践的な問題としての党のまえに提起された時点から、レーニンはたえず「寄生虫」の一掃という考えにとらわれていた」というのがそれである（Троцкий, 1936, 1991=1992, p. 73）。この「寄生虫」とは官吏と常備軍を指す。そのために官僚をいつでも更迭できるように改めその物質的特権を廃止しようとしていたのだが、官僚はスターリンとの協力を深めることでボリシェヴィキ党を打ち破った（同, p. 126）。1924年2月から5月にかけての「レーニン記念募集」という新規党員募集を機に24万人強もの入党者が出た。そのなかに官僚が入り込み、党を歪めたのだ。

　ロシア革命はツァーリ（父親）の権威を廃することに成功したのだが、

共産主義という新たな権威を守るために党と政治警察の権力を必要とし、新たな権力維持機関としてソヴィエト官僚制を構築した。その背後には、強い権威がなければ崩れてしまう父方居住共同体家族（父親とその既婚の息子たちを連合させた世帯を父親の家につくる）があった。共同体家族は、世帯主の権力が強大で上意下達システムが強固に働く縦型共同体家族と、兄弟あるいはイトコ間の横の関係が重視される横型共同体家族を区別することができる。ロシアのボリシェヴィズムの厳格さは前者に対応し、セルビアやイタリアの共産主義は後者に属している。とくに、ロシアは中国、セルビア、ベトナムとともに、権威主義的・平等主義的な外婚制共同体家族類型をとっており、巨大な生産集団の集合を可能にする代わりに、継続性を許容せず、父親の死後、集団の分裂を引き起こしかねない（Todd, 2011=2016 上, pp. 201-202）。だからこそ、強い権力機関による束縛が必要となるのだ。

近代警察の誕生

19世紀のヨーロッパにおける動乱はすさまじいものであった。フランスでは、1830年の7月革命と7月王政、1848年の2月革命と第二共和政、1851年のルイ・ナポレオン（ナポレオン3世）によるクーデター、1852年の第二帝政、1870年の第三共和政といった具合である。こうした激動期にあっても、ナポレオンが創設した、パリに警視庁、地方に警察本部をおくという、中央集権的な国家警察体制が維持された。ただし、大きな変化として重要なのは、動乱期にあってもフランス革命の重視した個人の自由の尊重という精神が広がったことであった。このため、警察の権限に歯止めを求めることにつながり、それが近代警察への脱皮をもたらしたのである。国民生活のなにもかもに口出ししたポリスから、限定的な近代警察への移行が進んだのだ。ただし、犯罪を取り締まる司法警察という面と、行政一般を監視する行政警察という面をフランスの近代警察は手放さなかった。

アンチ・フランスの気風の強かった英国では、各地の治安判事を中心に非集権的な警察が特徴であった。だが、アメリカの独立によって犯罪者を植民地に流刑とするスキームが崩れたことや、19世紀の大陸での動乱によって英国でも中央集権的な警察機構創設の必要性が高まる。

第4章　ヨーロッパ大陸

　1829年になって、首都警察創設のための「首都および近郊の警察改革法」が制定され、スコットランド王離宮跡の官庁街にロンドン警視庁（スコットランド・ヤード）が設立されるに至る。これにより、内務省直属の公務員警察が生まれ、司法と行政が分離されロンドン市内の治安判事職は警察署長と警察判事に分離した（菊池良生, 2010, p. 181）。教区ではなく警察管区が設けられ、無給の巡査、夜警、私的警備員、夜回りなどが廃止された。代わりに国家によって任命される有給の統一的巡査隊が創設される。この首都警察の成功をテコにロンドン以外の各州でも州警察が創設された。だが、それは治安判事の既得権の侵害を意味していたから、1839年施行の州警察法はなかなか各州にまで広がらなかった。それでも1856年、州警察導入を各州に義務づける新しい州警察法が制定され、英国も警察国家化されるに至る。

　ナポレオンはプロシアを破りチルジット条約によりウェストファーレン王国を設立する（1807年）。ナポレオンの没落後、ドイツでは統一運動が広がり、1814年から1815年にかけてナポレオン戦争後の平和と秩序を話し合うウィーン会議が開かれる。その結果1815年6月、ドイツ同盟および同盟規約が結ばれた。1830年のフランスでの7月革命でナポレオン後に復古したブルボン王朝が打倒され王政が復古したが、法の前の平等や所有権を保障する立憲王政という特徴をもつ。これはドイツの領邦君主をもとに立憲政治を行う動きを加速化した。1848年、フランスの2月革命でルイ・フィリップ国王が退位し共和政に移行すると、ドイツ諸都市で暴動が発生、3月革命につながる。南・中・北ドイツのほかオーストリア、プロイセンで革命が起きたのである。

　ウィーンでは、3月13日、市民・学生が蜂起し、憲法制定国会の召集とメッテルニヒ宰相解任を実現した。同月18日、ベルリンでも市街戦が起こり、統一ドイツ国家の設立とプロイセン憲法の発布を約束した勅令が出されるに至る。

　こうして、各国で立憲主義による主権国家への権力抑止の方向性が明確化される。それが主権国家の権力の基盤である警察権力に歯止めをかけることにつながるのだ。その結果、19世紀後半、警察権の行使にかかわる3原則が生まれるようになる。ここに近代警察が誕生するのである。①「警察責任の原則」（警察権は公共秩序への障害の発生に責任のある

者に対してのみ発動され、無関係な第三者に発動できない）、②「警察公共の原則」（私生活不可侵・私住所不可侵・民事関係不干渉の原則）、③「警察比例の原則」（警察権の発動はそれによって除去しようとする罪悪に比例すべきであるとする原則）——これがその3原則だ。

　ここで改めて強調したいのは、絶対君主制から共和制、ナポレオン帝政などの動乱を経て、はじめて近代警察機構が誕生したことである。この過程で、秘密警察による監視やスパイ活動などが広範に行われ、そこでは、法の支配というよりも権力者の利害に基づく恣意的な権力行使が跋扈していた。こうした状況を改革する必要性が実感されたからこそ、憲法を基盤とする法治国家をつくり、主権国家の運営にかかわる官僚、警察、軍隊への厳しい視線が広がり、近代警察への脱皮がはかられ、贈収賄の規定が法律として立法化されるに至るのである。この意味で、近代警察の誕生は官僚への厳しい視線と対応関係をもっている。他方で、軍は対外的な征服や国際的戦争に集中することができるようになる（Tilly, 1992, p. 76）。

　立憲政治のもう一つの特徴は国王への忠誠心を主権国家への忠誠心に転化させる点にある。主権国家を律する憲法の遵守を誓わせて主権国家への忠誠へとつなげるのだ。日本国憲法の場合、第99条で「天皇又は摂政及び国務大臣、国会議員、裁判官その他の公務員は、この憲法を尊重し擁護する義務を負ふ」と定められている。これは、アメリカ合衆国憲法6条3項をもとに制定されたものであり（新田, 2009, p. 23）、上下院議員や州議会議員、連邦・州の行政官や司法官は宣誓による憲法擁護義務を負っているのと同じように、日本でも国家公務員法第97条、自衛隊法第53条、地方公務員法第31条などで憲法遵守のための服務宣言が義務づけられている。ただし、憲法擁護義務は倫理規定であって、拒否しても懲戒の対象とはなるが、任用は拒否されない。

　とくに米国では、国歌や国旗に対する忠誠も法律によって求められており、日本でも同じ傾向がみられる。こうした制度の根幹には、個人を領地に結びつける封建的隷属と出生地主義がもともとあった。いわば、生まれた国に忠誠を誓うことが過去の遺制として当然視されたことになる。だが、1804年のナポレオン民法によって国籍に血統主義が導入される。アンシャン・レジームから脱却した新時代を生きる国民という意

識の喚起につながることになる。とくに義務教育を通じて、こうした新時代の道徳観が植えつけられて、それによって主権国家体制の維持がはかられた。だが、興味深いのは、移民の国としての米国は出生地主義を維持しつづけ、そこではより強い国家への忠誠が求められていることである。なお、フランスは1889年、再び出生地主義に戻る（現在は出生地主義と血統主義の混合形態）。それは、人口減少への対応や外国人の兵士への取り込みのためになされたのである。

　いずれにしても、主権国家への忠誠は自発的な秩序の形成に不可欠であり、主権国家によって選抜された官僚への厳しい視線につながることになる。官僚こそ主権国家を守る屋台骨であるからである。

第5章 米 国

1.「ロビイスト」ってなに

　米国において新たな主権国家が誕生したとき、これまでのローマ法や教会法の束縛を逃れた法秩序が誕生する。1776年、アメリカ合衆国の独立が宣言されて以降、州ごとに異なる腐敗への対応がみられる。バージニア州では、1777年にコモン・ローを補正するために正義と衡平の観点から形成された衡平法裁判所ができ、その裁判官はその宣誓において法律で定めた手数料や給与以外のいかなる贈物も受け取らないことものべることになる（Noonan, 1984, p. 428）。マサチューセッツ州では1780年の権利宣言において、最高裁判所の判事は法律で定めた名誉ある給与を受け取ることにした。メリーランド州ではその権利宣言において、公的信頼のもとにある、いかなる人も同州の承認なしに外国から、あるいは合衆国のいかなる州からの贈物を受け取ってはならないとされる。3州ともコモン・ローを前提としており、贈賄に対する制定法は定めていない。海軍将校や税官僚といった特別な職務向けにだけ特別の制定法がある。

　1787年の憲法起草のための代表者会議において、第1条第9節(8)では、「合衆国のもとで報酬または信任を受ける公職についている者は、何人も、連邦議会の承認なしに、国王、王族、もしくは外国から、いかなる種類であれ贈与、報酬、官職ないし称号を受けてはならない」とされた。第2条第4節では、「大統領、副大統領及びその他の合衆国の公務員は、反逆罪、収賄罪その他の重度の犯罪及び軽罪のため弾劾され、有罪判決を受けたときには解職される」と規定されている。

　最初の贈収賄（bribery）に関する連邦法は1789年に制定された、政府にとってもっとも重要な財源である関税を守るためのものだった（Noonan, 1984, p. 434）。虚偽の入管のためのあらゆる賄賂、報酬、返礼

第5章 米 国

について、受け取り手ないし贈り手を罰するものだ。200ドルから2000ドルまでの罰金と職務喪失が罰則として規定されている。さらに、翌年、すべての連邦判事の意見、判決、ないし決定を左右するために、資金、ないし、その他のあらゆる賄賂、贈物、ないし報酬、あるいは、資金支払い向け約束、契約、義務ないし安全保障を申し出ること、ないし、受け取ることが犯罪となる。これは、連邦陪審や連邦地区代理人、連邦法執行官ではなく、裁判官だけを贈収賄から守るものであった。連邦行政部門の高官（Executive Branch）の贈収賄に対する制定法は存在しなかった。ただし、議論の余地はあるものの、贈収賄にかかわるコモン・ローはたとえば、ある種の腐敗である、官位の購入のようなものを犯罪とみなしていた。裁判所がそうしたコモン・ローはないと宣言した1812年までは、少なくとも、連邦レベルでの犯罪のコモン・ローが存在したのではないかという（同, p. 435）。しかし、コモン・ローとしても、票をカネで買うという前例を犯罪とするものはなかったし、契約や任官で票を買う行為もカバーしていなかった。

　立法にかかわる腐敗については、憲法上も制定法としても、法律で禁止や防止の措置が回避されていたことに注意しなければならない。立法者は法律によって収賄を抑止されていたわけではないのだ。たとえば、1812年、後に大統領になったジェームズ・モンローはアメリカ毛皮会社のトップ、ジョン・ジェイコブ・アスターから5000ドルを借りた。これによって、アスターは数多くの便宜供与をモンローから得た。あるいは、連邦議員を法律顧問として雇うことで、便宜供与をはかってもらうという手法も流行した。加えて、厄介な問題が生まれた。「ロビイスト」の登場である。

　ロビイ活動するという意味の動詞 lobby は19世紀初期には使われていた。米国の用例として1808年の Oxford English Dictionary に登場するという。第10回米国議会の1808年の年報にも「ロビイ」（lobby）という言葉が登場する（Allard, 2008, p. 37）。もっとも英国議会の影響を受けているとの指摘もある。17世紀のイングランド議会では、下院から離れたところに広い待合室があり、lobby として知られていたことから、これが大元にあるのではないかという説もある[1]。

　米上院のサイト（http://www.senate.gov）によると、ロビイストは連

邦議会の初期から仕事に従事していた。ある人物が従軍への追加補償のためのロビイングをするためにバージニアの退役軍人によって雇われ、1792 年に他の退役軍人グループに対して補償法案を通過させるために次の会期中、彼と協力するエージェントをもつよう推奨する書簡を出していた。あるいは、1795 年、フィラデルフィアの新聞は、議会の議員に示唆を与えたり、もっとも適切なアドバイスをしたりするために、ロビイストが議会の外で待っている様子を掲載したという。

米国の警察

第 4 章第 8 節で欧州における近代警察の誕生までの変遷を紹介した。ここで米国での警察機構について簡単に説明してみたい（Potter, 2014）。1830 年代以降主だった都市において集権的な警察組織が設立される。夜警による保安が昼間にも拡大されるような形で都市ごとに治安維持がはかられていたが、1838 年にはボストンに米国初の警察が組織される。1845 年のニューヨーク、1851 年のシカゴ、1853 年のニューオーリンズとシンシナチ、1855 年のフィラデルフィアなどがつづき、1880 年代には、ほぼすべての都市が警察組織をもつようになる。これらの警察はいわば近代警察として、①公的支援を受けた官僚的形態をもち、②無償のボランティアではなく、有給の「従業員」であり、③終身雇用形態で、④中央政府に報告義務をもつ——という特徴をもつ。

南部では、「奴隷パトロール」と呼ばれる、奴隷を監視する役割を警察が担っていたという特徴がある。南北戦争後には、警察の関心は労働争議に移る。ただし、警察は権力を握った政治家と共謀して、武力の行使を背景にカネを要求するビジネスという面をもっていた。19 世紀後半から 20 世紀はじめの警察は腐敗していたというより、腐敗を創出する主要な手段となっていた。

1919 ～ 1933 年の禁酒法時代（1920 ～ 1933 年）、事態は悪化する。ニューク、シカゴ、フィラデルフィアのような大都市は 2 万を超す「もぐり酒場」をもち無法地帯となっていく。警察は組織犯罪集団との関係を深め、警察の腐敗が全国規模で広がってしまう。その後、さまざまの委員会が改善を求めるようになり、警察内部でも改革が進む。とくに 1950 年代までに専門化が推進され、これが警察内部の綱紀粛正につな

がった。各都市の警察は指令機能を本部により集権化する一方、警官への監視を強化した。

　米国の警察権は各州固有の権限とされる状況がいまでもつづいている。各州は州内の郡、市町村などの地方自治体にも警察権を付与する。さらに、公共施設や公共機関ごとに警察組織があり、その法執行機関の総数は国内全体で約2万弱と言われている。各警察・法執行機関はそれぞれ異なった管轄をもつ、対等で独立した機関と位置づけられている。こうした米国独特の警察機構の変遷はいわば、腐敗そのものの温床であったという特徴をもつ。この点で、欧州と比べて、米国の特殊性が際立っている。それが米国独特のロビイスト制度を形づくったのかもしれない。

請願権の重要性
　ロビイング活動をしっかりと守る意識が強く働いていた背景には合衆国憲法修正第1条（the First Amendment to the Constitution）がある。憲法制定直後の1789年第1回合衆国議会で提案され、1791年12月施行されたものだ。そこでは「苦情の処理を求めて政府に対し請願する権利」(2)（right to petition the government for a redress of grievances）が認められている。この権利こそロビイング活動を正当化する根拠となっている。

　ユリシーズ・グラント米大統領が利用していたウィラード・ホテルのロビイに夕刻、彼に影響を及ぼすために人々が集い、ブランデーを片手にシガーをくゆらせながら活動したとの逸話から、ロビイストという言葉が生まれたとの神話が20世紀になってまことしやかに語られるようになった。だが、グラントが大統領に就任した1869年にはこうした活動も単語もすでにあった。米国の連邦議員への賄賂自体、後述するように1853年まで非合法ではなかった時代背景を考えると、こうした活動が公然と行われていたのは当たり前かもしれない。19世紀、いや20世紀に入ってもなお、ロビイストは議員に直接、"consulting fees"なる現金を支払っていたという（Lessig, 2011, p. 102）。

　ロビイストが最初にスキャンダルとして問題になったのは、CréditMobilierスキャンダルと呼ばれる事件である。1862年から1877年まで米国議会は鉄道建設法案を相次いで制定し、連邦政府が財政支

援した。これにロビイストが参画したのである。1864年に連邦政府はUnion Pacific Railroadに設立許可を与え、同社副社長らが同年に建設請負会社としてCréditMobilierを設立した。ユニオン・パシフィック鉄道建設のために、Union Pacific RailroadはCréditMobilierと契約を結んだ。Union Pacific Railroadが有利になるような法案に投票してもらうため、少なくとも14人の連邦議員にCréditMobilier株が名目価格で売られ、議員はそれを市場価格で売れば大儲けできた。他方で、建設支払小切手はUnion Pacific Railroadの株式や債券を簿価で購入するのに使われ、それを市場価格で売却して儲けることにもつながった。議会では捜査が行われ、事件にかかわった議員が打撃を受けたのはたしかだが、事件に関係していたとされるジェームズ・ガーフィールドは後に大統領になる。だが1881年、現職のまま暗殺される。

　1876年にロビイング活動を連邦レベルで規制するための最初の努力が現れる。連邦下院がそのときの会期についてだけ、ロビイストに下院事務局に登録することを求める決定を承認したのだ。いくつかの州では19世紀末までにわずかながら進んだ規制が行われるようになったが、しばらくの間連邦レベルでは大きな進展はみられなかった。

　1866年から1905年の間で、収賄の罪で起訴されたのは9人の議員にすぎない。それだけロビイストの活動が贈収賄の罪を覆い隠すのに役立っていたと考えられる。この間、1876年に下院においてロビイストに登録制を導入する試みがなされたが、失敗した。1911年以降になると、議会においてほぼ毎回、ロビイング規制が検討されたが、立法化されることはなかった。ロビイストという、議員と有権者との間の仲介役が議員と有権者との間の贈収賄を隠す機能を果たし、それが是正されないまま放置されたことになる。それは憲法という、主権国家を規制するための手段が絶対化し、憲法で保障された請願権を代理する仲介者としてのロビイストを優位に立たせたからである。

2. 請願権の絶対性：所有権の優位

　ここで明確に指摘しておかなければならないのは、合衆国憲法における「所有権の優位」についてである。所有財産への権利が憲法によって

第5章 米　国

保障され、それ以外のすべての権利や自由に優位しているという点である（Negri & Hardt, 2009=2012 上, p. 38）。ただし、その所有権や財産権は宗主国であった英国のコモン・ローに基づく土地保有とは異なる形で発展した。富と社会的地位の淵源としての土地保有に対する法的基盤として、英国のコモン・ローが援用されたものの、北アメリカでは英国式の土地所有の伝統的概念は通用しなかったのである（山口, 2009, p. 4）。清教徒が入植したニューイングランドより南のほとんどの植民地では、英国の勅許会社であるバージニア会社などは、移民を勧誘する目的で入植者が通常4〜7年間、会社のために契約奉公人として働くことを約束、その期間が終了すると、彼らは自由になり小さな土地を含めて「自由手当て」が与えられる制度を設けた。こうした形による土地分配により財産が形成され、コモン・ローに基づく相続財産制により自由土地所有制が広がったことになる。

　ここに農業国としてのアメリカの特徴がある。アメリカは寛容な国なので、貧民であれ、元犯罪者であれ、移民は土地耕作者として歓迎され、勤勉でありさえすれば、豊かな大地の恩恵を受けて数年で「独立自営農」となって平穏で豊かに暮らせるという共通認識が広がったのである（田中, 2008）。こうしたなかで、アメリカの政治思想が1763年から1776年までの間に大きく転換したとみなすのが『アメリカ革命のイデオロギー的起源』で有名なバーナード・ベイリンである。1750年から1776年までの革命期パンフレットを選択して編集するために、彼は400ものパンフレットを読み、その結果として、彼は彼らの思想形成の中核となったのがいわゆる「カントリ派」の政治家や文筆家たちの著作であったと結論する（有賀, 1984, pp. 38-39）。

　「カントリ派」は「カントリ・イデオロギー」を奉じている。これは、君主制・貴族制・民主制の長所を採用した混合政体（古典的共和主義）を支持するもので、個人の人格的充足は独立的市民として行動するときにのみ可能と考えていた。そのためには、土地を持つことが望ましく、その土地を銃で守るのは当然とみなす。アメリカ人を革命に駆り立てたのは、この「カントリ・イデオロギー」であるというわけである。

「カントリ・イデオロギー」VS「コート・イデオロギー」

　「カントリ・イデオロギー」に対する「コート・イデオロギー」においては、カントリ派が郷愁をいだく農本的世界は永久に過去のものになったとして商業や専門職化による発展を歓迎した。「大いなる逆転あるいはコート対カントリ：イギリス革命およびアメリカ革命の革命後の体制安定の比較」を書いたジョン・マリンは、アメリカ革命の急進期には、多くの人々は一時、コート（宮廷、中央、政権派）対カントリ（在野、地方、政権反対派）の図式におけるカントリ・イデオロギーを超えた急進主義に駆り立てられたとする（Murrin, 1980）。論文の題になっている「大いなる逆転」とは、イギリスでは名誉革命後、コート派が権力を掌握し、カントリ派が永久野党的立場におかれたのに対して、アメリカ革命ではコート派がフェデラリストとして合衆国憲法制定後に一時的に政権掌握に成功したものの、カントリ派が長期的政権に就いたことを指している。それは、米国が元来、先に指摘したように、農業優位の特徴をもっていたためなのだろうか。マリンは、植民地時代にニューイングランドからメリーランドに至る多くの植民地において、すでにコート的政治原理が根づいていたが、南部にあってはカントリ的であったと主張する。南部の存在ゆえに、奴隷所有階級が連邦政府を支配し、カントリ的政治原理を全国において実践できたとみなすのだ。

　いずれにしても南北戦争まで続いたとみられるカントリ派の優位こそ、米国の土地所有権重視につながっている。土地だけでなく労働力不足のなかで、純粋動産である「人身財産＝奴隷」が財産権の対象となった点に注目する必要がある。黒人奴隷の多くはいずれ自由を得ることのできる年季奉公人とみなされていたのだが、南部の植民地の大農園で働く労働者の需要が増えるに伴い、黒人奴隷に対する取締りが強化され、1739年の黒人奴隷ケイトーの暴動を機に1740年には奴隷取締法が制定され、奴隷をその所有者の「純粋動産」と規定するに至る。奴隷は所有者の動く私的財産となった。

　所有権や財産権の保護を重視する植民地アメリカに思想的影響を与えたのはジョン・ロックとみられてきた。しかし、近年、ポーコックなどの研究によって、ロックがアメリカに与えた影響の大きさについては疑問符がついている。たしかに、『カトーの手紙』には、ロックの影響が

みてとれるが、ロックの思想が、「カントリＶＳコート」の論争において際立った影響力をおよぼしていたとは考えられない。だが、ロックの所有権重視、財産権保護の主張がアメリカの憲法にまで反映される不可侵の支柱となっているようにみえる面もある。そこには、人民は彼らの生命、自由、財産を維持するために政府を組織するとの基本認識がある。ただし、その人民が主として独立自由農民をイメージしたものなのか、それとも、商工業者のような人々をイメージしたものなのかについては議論の余地がある。

　ロックの主張は自然に自分の労働を混合することによって所有とすると考えるので、植民という労働を通じて所有につなげ、その権利を守るところに主権者たるアメリカを成立させるとつながっていく。ただし、そのためには先住民がいるのにもかかわらず、彼らには「先占」概念を認めず、アメリカ大陸を無主地と強弁し、その無主地の取得に先占概念を見出す必要があった。

　西洋国際法の歴史において領域取得の権原として先占概念を最初に提唱したのはフーゴー・グロティウスである（平子, 2008, p. 10）。それをエメール・ヴァッテルが国際法上に理論構成した。国際先占と私的先占とを厳密に区別し、国際先占とは「国家を主体とする無主地に対する現実的占有であること」としたのである。人口の増殖に悩む国の勤勉な国民は土地を耕作する義務を遂行せず、狩猟や牧畜によって生活している者の土地先占が許されるというのである。この主張は、ロックが展開した耕作による土地所有権の基礎づけの理論の延長線上にある。

　英国は、1754〜63年のフランスとの植民地争奪戦争で、莫大な戦費をつぎ込み、財政難に陥ったため、アメリカの植民地に対して課税強化に乗り出す。入植民の財産権が犯される危機が起きる。それが、「代表なくして課税なし」というスローガンに基づく独立運動へとつながり、アメリカ独立を成功に導いた。その精神は、1776年のバージニア州の権利章典第一条によく表れている（松井, 2004, p. 63）。「人はみな、生まれながらにして自由、独立であり、一定の生来の権利をもつ。その権利は人民が社会生活に入るとき、いかなる社会契約によっても、人民の子孫から奪われたり、あるいは、剥奪されたりしない。こうした権利は財産を取得・所有し、幸福と平穏を追求・獲得する手段を伴った、生命と

自由を享受する権利である」というのがそれだ。ここでの社会契約は共同体をつくるために人々が結ぶ互恵的契約を意味しており、古代ローマ時代のソキエタス（社会）に通じる。だが、社会契約には人民と支配者との間で結ばれる統治のための契約という別の契約もあることを忘れてはならない。加えて、19世紀まで財産を保護することが法の第一の機能であり、その財産が守られてはじめて自由があるとみなされていた（Arendt, 1963=1995, p. 292）。

　アメリカ独立宣言は1776年の大陸会議において採択され、13の植民地がイギリスから独立した。Stateと呼ばれるものが1781年に連合規約を結び、1783年にアメリカ合衆国が生まれることになる。その後、憲法会議が連邦推進のバージニア案に基づいて新憲法を採択、Stateレベルの憲法会議の批准を経て、発効した。1789年、連邦政府の権限を制限するための提案が修正第一条から修正第10条までの10カ条として憲法に追記されることになった。こうして合衆国憲法において、「所有権が神聖な位置を占める」ことになる（Negri & Hardt, 2009=2012 上, p. 38）。

財産を守るための武器

　こうした影響が極端に現われたのが憲法修正第2条だ。「規律ある民兵は自由な国家の安全保障にとって必要であるから、国民が武器を保持する権利は侵してはならない」というものだ。武器を携行する権利は、17世紀から18世紀の英米の伝統では、自由を得るための集団的権利として認められたもので、そこには、専横的と目された常備軍に対抗する、人民軍ないし国民義勇軍が想定されていた。しかし米国では、こうした伝統的考え方はまったく忘れ去られ、各人が自らの財産を守るために、武器を携帯し、必要があれば、つまり、自らの所有権が侵される場合には、その敵から財産を守るために発砲することも許されたのである。これは、財産や武器をもつ個人だけがその自由の唯一の保証人となるという考え方を意味しており、正義や自由といった理念は個々人の財産権の保護の前では、二義的な価値しかもたなくなる。

　実はフランス革命でも、所有権の重要性は徐々に強調されるようになる。物に対する権利である「物権」がとくに関心対象となったのは、革

命の進行に伴って、主権国家のもとでの新秩序を前提に、各人が自分の土地所有権などを守ろうとする意識が強まったためである。

ただ米国の場合には、財産権や所有権の不可侵性が憲法全体に染みわたっているという特徴がある。それは憲法修正第1条にも現われている。すでに指摘したように、これこそ請願権を認める根拠とされており、その請願を仲介するロビイストを認める理由ともなっている。この請願権は英国の請願権を源流としており、そこでは、請願権は所有権や財産権と密接な関係をもつものとして登場した。自分の財産にかかわる訴訟を領主のもとで裁判すると、領主の息のかかった者が不正に判断しかねない状況があったために、領主ではなく国王に直接、訴えて、正義のもとで裁きを受けるという制度が請願のそもそもの形であった。すでに紹介した"Court of Common Pleas"（民事訴訟裁判所、ウェストミンスター）がその典型である。つまり、請願権は所有権や財産権と密接な関係をもっている。だからこそ、請願権という権利が絶対的に認められ、請願を仲介するロビイストにまでその尊重の精神が適用されていることになる。

だが、財産権や所有権の不可侵性を重視するあまり、武器携帯の権利によって自由や正義が簡単に蹂躙されてしまっているのと同じように、請願権の絶対化によって、それを仲介するロビイストが贈収賄の斡旋人を務めても、贈収賄の罪に問えない状況が生まれてしまっている。

3. 贈収賄の防止

1853年2月26日、「米国財務省への詐欺防止法」（Act to Prevent Frauds upon the Treasury of the United States）という名前の法律が制定されて以降、連邦議員などへの資金供与が規制され、その後、1862年7月16日にエイブラハム・リンカーン大統領が署名した法律で政府調達に関連して資金などを受け取った連邦議員や連邦政府職員および贈賄者、連邦議員の票と交換に、賄賂、贈物、報酬、その他の価値物を受け取った議員に刑罰や罰金を科すことになった（Noonan, 1984, pp. 453-454）。1846年にニューヨークでは、首長や議員などに資金や資産を渡して投票に影響を及ぼす贈賄者に10年の刑を科す法令を制定していたが、連

邦議員に対する法律の制定は遅れていた。なお現在、贈収賄は合衆国法典第18編第201条（18 USC § 201）において禁止されている。この法律は連邦議員が「あらゆる公的行為の遂行に影響されること」と交換に、カネ（価値あるもの）を「腐敗的に」（corruptly）に求めたり、受け取ったりすることを禁止している。ただ、この"corruptly"という言葉の法律上の定義は曖昧だ。このため、政治的な寄付が直接、立法上の結果を買った「お返し」（quid pro quo）という証拠がなければ、寄付も便宜を与える立法上の規定も合法的であるという状況が続いてきた。

　これは、互酬的利他行動を守ろうとする考え方が根強かったことの証とも言える。アイルランド生まれの英国の外交官・歴史家・法学者であるジェームズ・ブライスの著書 *The America Commonwealth*（1889年）によれば、議会の4分の1は、投票ないし委員会の運営のために現金、株、土地、その他の資産を受け取っており、政治的支援者に政府の仕事という「賞」を与える、"jobbery"という「仕事腐敗」はありふれた現象であり、引き立てによる任命は通常のことであったという（Noonan, 1984, p. 535）。唯一、州の裁判官は腐敗から縁遠かったようだが、法学を教える場においても、こうした腐敗は長くタブー視された。法学者は贈収賄が犯罪であることを知ってはいたが、それに真摯に向き合わなかったのである。

　神学においても、状況は同じようなものであった。18世紀のイタリアの神学者ルグオリ（Alfonso Liguori）およびその後継者は、「不公平な悩みをはらすために判事ないしその部下にムネラを与えるのは道徳的に法にかなっている」とみなし、こうした行為を腐敗とは考えなかったのである。ヨーロッパにおける神学者の旧態依然たる姿勢を反映して、米国でも腐敗問題はほとんど注目されなかった。たとえば、学術誌 *Homilectic and Pastoral Review* は創刊時の1900年から1938年まで、贈収賄の問題をまったく無視した。さらに、贈収賄やシモニアに対する関心の低さは19世紀後半から20世紀に至るルター主義の道徳的専門書にもみられた。神学者は、収賄が正義に反する、神をいらだたせる罪であるとみなしてはいたが、しばしば贈賄者に口実を提供し、収賄者の贈賄者に対する義務を緩和するように努力する傾向があったのである。

　他方で、腐敗を糾弾する動きもあった。小説家セオドア・ドライサー

の三部作 *The Financier*（1912年）、*The Titan*（1914年）、*The Stoic*（1945年）がそれである。贈賄によって富豪にのぼりつめる主人公を丹念に描くことで、彼は正義や道徳が「強さ」と「弱さ」の間のバランスにおいて考えられなければならないことを教えている。

4. ロビイスト規制

つぎに、すでに説明したロビイストへの規制について考察したい（詳しくは塩原2016aを参照）。フランクリン・ルーズベルト大統領のもとで、1933年にニュー・ディール政策がとられるようになったことがロビイング活動をさらに活発化させた。いわゆる "The Pressure Boys" として、ロビイストは連邦政府から補助金を得るために、あるいはそうさせないために、ロビイストが議員と企業との間で暗躍することになった。ロビイストは、一方で、ある法案に賛成ないし反対すれば、再選されると議員を説得し、他方で、選挙民に特定議員が再選できるよう促す。

ロビイング規制の端緒はこのルーズベルト大統領のもとで立法化される。1935年のことである。Public Utilities Holding Company Act が制定され、そのなかの条文に、登録された holding company によって雇用されたいかなる人物も議会、証券・為替委員会ないし連邦電力委員会に影響力を及ぼそうとする前に SEC に報告書を提出する（登録）義務が課せられたのである。また造船業界のスキャンダルに対応して制定された1936年の Merchant Marine Act のなかで、政府補助金を受け取っている造船会社や造船所のロビイストに対して、月ベースの所得、支出、利息を報告することが義務づけられた。

その一方、1938年にロビイング活動に資金を提供する資金源を開示するための法律、外国工作員登録法（Foreign Agents Registration Act, FARA）が制定される。これはナチによる宣伝を防止するねらいがあった（Holman, 2009, p. 5）。この法律は国内のロビイストがナチの工作員となることを抑止するために外国工作員の情報開示を求めるものであったのだ。当初の外国工作員登録法では、外国の政治宣伝活動の登録と開示だけを求めおり、政治献金については規制がなかった。だが、1962年から翌年にかけて、連邦の公職の候補者に対するフィリピンの製糖製造

業者とニカラグアのアナスタシオ・ソモサ大統領による寄付が暴露されたことから、1966 年に外国工作員登録法が改正され、外国の政府、政党、会社、または個人が連邦選挙に寄付することを禁止する（河島, 2006, p. 1）。1976 年の修正連邦選挙運動法により、外国工作員登録法の寄付禁止規定が修正法で拡大・継承された。その後、州選挙や地方選挙に関する資金や政党自体に関する資金など、いわゆる規制対象外の「ソフトマネー」が問題になった。そこで 2002 年制定の超党派選挙運動改革法による法改正で、ソフトマネーも規制対象となり、外国人による寄付が禁止されたのである（合衆国法典第 2 編第 441 条 e）。

連邦ロビイング規制法

　FARA の情報開示による法的効果の発揮という特徴が第二次世界大戦後、1946 年の連邦ロビイング規制法（Federal Regulation of Lobbying Act, FRLA）の制定につながっている。ただし、同法は Legislative Reorganization Act の付則のような存在で十分な審議が尽くされたとは言えない。FRLA は、ロビイ活動そのものを規制するためではなく、純粋に情報開示を促進するためのものであった。いわば、パブリック・リレーションズ（public relations, PR）に対する関心が高かったことを意味している。FRLA は議会に影響を及ぼそうとする人々のみを対象としており（大統領も政府官庁などは適用外）、連邦の上院と下院の事務局に登録することを義務づけ、氏名や住所はもちろん、雇用主の住所・氏名、支出の内容、だれのために仕事をしているか、いくら報酬を得ているかなどを四半期ごとに報告することになった。報告義務違反には、5000 ドルの罰金ないし 1 年の投獄と 3 年間のロビイング停止が科された。だがこの法律は定義が曖昧で登録対象とすべきロビイストが必ずしも明確ではないという、大きな欠陥があった。草の根的ロビイング（grass-roots lobbying）と呼ばれる、広範な大衆による自然発生的とも言えるロビイングの大部分も規制対象から抜け落ちていたのである。1954 年、最高裁判所は同法の適用範囲を、問題となっている立法について直接、議員に働きかけるロビイストに限定するとしたため、同法の規制範囲が大幅に狭められてしまった。

　1970 年代以降になると、大学内に目印となる人名をつけた研究所な

どを設立し、その建物の建設資金を連邦政府から引っ張ってくるという事業を、ロビイストが手伝うようになる。大学はロビイストを雇い、ロビイストは連邦議員に対して、連邦政府が大学の建物建設に資金を拠出する法案を立法化するよう働きかけるのだ。タフツ大学のフレッチャー・スクールの新しい建物はこの成功例である。コロンビア大学、カトリック大学など、多くの大学がこうして連邦政府から資金を得ることに成功した。[4]

　米国の民主主義に大きな影響を与えることになる、重要な変化が1970年代に生じる。それは選挙資金規制にかかわる出来事である。1929年にニューヨーク州はすべての州民に対して、印刷物を除いて選挙向けに資金を寄付することを禁止する法律（An Act to Preserve the Purity of Elections）を制定する。だが、ニューヨーク州のような特別法で規定されていないかぎり、寄付は賄賂とは区別され、行われていた。この寄付という言葉は、許しのための合法的な支払いと罪深い賄賂ないし自由な贈物と区別するために使われていた、15世紀ころのラテン語、"contributio" と等しい意味をもっていた。寄付は自らの目的と合意できる目的をもった他者と分かち合うものであり、その目的のために寄付が使われることになる。この点で寄付は賄賂と区別されたわけである。ただ、寄付金が高額の場合、選挙後に選出された候補者の政治活動に及ぼす影響力が大きくなる恐れがあることから、セオドア・ルーズベルト大統領政権下で、1907年に Tillman Act と呼ばれる法律が制定され、企業による大統領、連邦上・下院議員選挙での寄付禁止が決められる。1910年には、Federal Corrupt Practices Act（いわゆる Publicity Act として知られている）が施行される。その後、1911年、1925年に改正される。1901年法は下院選での政党の選挙支出に制限を設けたほか、政党（候補者ではない）による財務支出の情報開示を義務づけるに至る。1911年の改正で、適用範囲が上院の議員選や予備選に広げられた。だが、1921年、最高裁判所は、議会が党の予備選での支出を制限するだけの憲法上の権限を有していないとした。このため、1925年の形成で、予備選が対象外とされたほか、100ドル超の寄付の報告が義務づけられるなどした。

選挙運動への規制

　過去の規制の延長線上で、1971 年に連邦選挙に関する政治資金規正の一般法として、寄付の規制や公開を行う連邦選挙運動法が制定される。1973 年、74 年に個人が選挙運動に与えることができる金額が規制された半面、連邦選挙に関して政治活動委員会（Political Action Committee, PAC）と呼ばれる組織の設立を正式に認めた（Kaiser, 2010, p. 116）。PAC は政治資金団体を設立し、そこに個人からの資金を献金し候補者を支援するのである。PAC は会社、組合、利害関係集団が母体となって設立される組織で、PAC の名前で政治家の連邦選挙に資金を寄付するよう勧誘できる。設立母体である企業や組合は PAC に政治献金の原資となる資金の提供はできないが、構成の小口のカネを集めて支持候補者や政党などに寄付することが可能とであった（河島, 2006, p. 3）。

　1974 年の連邦選挙運動法改正で、選挙運動資金募集基金やその支出を管理・運営する法的骨格が法制化され、特定の設立母体のない独立系 PAC の設立も可能となった。個人の連邦 PAC への年間寄付額は 5000 ドルに制限された。ある問題で同じ利害をもつ人々が政治過程に影響を及ぼすために資金を集めて支出する PAC を設立することも可能となり、ロビイストが直接、PAC 設立にかかわることで彼らのビジネスは拡充されることになったのである。

　さらに、2010 年 1 月の最高裁のシチズンズ・ユナイテッド判決で、「企業や労働組合にも言論の自由がある」との主張を支持し、政府が法人・労組の政治目的のための独立支出に制限を加えることは言論の自由を認める憲法修正第 1 条に反するとした。その結果、候補者から独立した政治団体は大量の献金を集めることが可能となった。PAC は「スーパー PAC」と呼ばれるまでに巨大化し、テレビ CM などを放送するキャンペーン活動を展開するようになっている。

　2014 年 4 月になって、最高裁はショーン・マカッチェン対連邦選挙委員会の裁判において、マカッチェン側の主張を認め、連邦議員候補、全国政党委員会、および PAC への献金限度枠が違法であると判断した。判決前、候補者 1 人あたりの寄付金は 2600 ドル、その寄付金総額は 4 万 8600 万ドルで、政党と PAC への寄付金は 7 万 4600 ドルに制限されていた。だが、この判決で無制限となったことになる。

第5章 米 国

バード・アメンドメント

　1989年初夏、ドナルド・レーガン政権下での住宅・都市開発局でのスキャンダルが暴露される。共和党系のロビイストや政治コンサルタントが同局幹部との関係を利用して、大規模ディベロッパーが低所得者向け住宅の修復契約を連邦政府と結んだというものだ。これを機に民主党のリーダーだったロバート・バードはロビイング規制の強化に乗り出す。Byrd Amendmentと呼ばれるもので、内国予算歳出法（Interior appropriations bill）への修正によってロビイストやその顧客に新しいルールを課そうとした。補助金、貸与、貸与保証という連邦政府からの資金の受け手はその資金を供与した政府官庁に、ロビイストから受け手が得た支援内容、ロビイストへの支払額、ロビイストが働きかけた人物、ロビイストへの支払い資金の出所を開示するよう義務づけた。ただし企業内ロビイストや顧客の従業員については規制対象から免除された。

　他方で、外国人がロビイストに働きかけるケースについては、あまり注意が払われてこなかった。たとえば、後述するエイブラモフ事件を引き起こしたジャック・エイブラモフ（アブラモフ）は1986年に国際自由ファウンデーションという、南アフリカの諜報機関の資金で運営されていた組織の初代議長を務め、ネルソン・マンデラの評判を貶めたり、アパルトヘイトに対する南アフリカへの制裁に反対したりする運動を展開していた時期がある。1994年、雑誌タイムの元編集長 Jerrold Schecter は、ワシントンに住む台湾人からのアプローチを受け、台湾の李登輝総統が訪米するためのビザの取得および李が農業経済学の Ph.D を取得したコーネル大学での講演実現を手配できないか、求められた。彼は旧友の弁護士でロビイストの Colin Mathews を通じて、彼の父の友人である、大物ロビイスト、キャシディと知り合った。こうして1994年に、台湾側はロビイング活動を行う組織キャシディ・アンド・アソシエーツと年150万ドルを三年間支払う契約を結んだ（Kaiser, 2010, p. 243）。1979年に中国と国交を回復した米国務省としては、台湾総統へのビザ発給は中国を刺激することになるから反対の立場であった。だが、ロビイストを通じた米国議会の強い圧力や、ワシントン・ポスト、ニューヨーク・タイムズなどの有力紙の論調もあって、1995年、下院で396対0、上院で97対1の大差で、李へのビザ発給を認める決議が通過するに至る。こ

の結果、当時のクリントン大統領は李へのビザ発給を認め、同年6月、李の訪米が実現した。

1987年のスキャンダルもロビイストへの風当たりを強めた。ロビイストの会社が国防総省との契約をロビイストを使って締結しながら、すべてのロビイング活動の報告を怠っていたことから、ロビイング活動の開示が政治問題化したのだ。そこで、1991年にロビイストの登録と報告に関する公聴会が召集されるに至り、新しいロビイング規制法が審議されるようになった。その結果、1995年末になってようやくロビイング公開法（Lobbying Disclosure Act, LDA）が制定される運びになり、1996年1月1日から施行された。だが1990年代に入って、PACを通じた政治家とロビイストの結束は強まるばかりでこの法律は「キャピタル・ヒル（連邦議員）とKストリート（ロビイスト）との間の相互依存がいままさに固く確立された」後に出来上がったものであり、その効果は不十分であったと指摘しなければならない（Kaiser, 2010, p. 272）。[5]

LDAの説明をする前に連邦議会議員への贈物に対する規制についてふれておきたい。民間からの贈物の受け取りに関する制限ルールは1995年に、議員およびスタッフを対象に連邦上・下院で採択された。下院ではHouse Rule、上院ではSenate Ruleと呼ばれているルールがそれぞれ議員、議会職員による大部分の贈物の受け取りないし要求（solicitation）を禁止している。これらのルールは1989年の倫理改革法（Ethics Reform Act）の一部として同年に施行された贈者に関する規定に準じるものと言える。ただし、多くの例外規定が設けられている。議員や議会職員だけでなくその家族への贈物も規制されるようになっており、その抜け穴は度重なる改正によってかなり塞がれている。

ロビイング公開法

LDAはFRLAやByrd Amendmentなどのロビイング規制をより包括的にした法令である。その重要な改善点は、①ロビイストやロビイング活動の定義が明瞭になった、②登録や報告がいつ要求されるかの数値化可能な出発点を明確化し、財務活動報告も課した、③外国の利益を代表するロビイストに対する報告要求を改訂した——ことなどがある。ロビイストの定義をめぐってはカナダの影響がある（Holman & Susman,

第5章 米　国

2009, p. 13)。カナダでは 1989 年 9 月 30 日にロビイスト登録法が施行された。同法自体のロビイストの定義は曖昧だが、規制実施にあたり、つぎの三つの客観的基準が採用されたのである。①公的政策に影響を及ぼすために指定された官職をもつ公務員と対話する人物、②こうした対話を行うために報酬ないし給与を受け取る人物、③ロビイ活動の対話を促進するために調査や準備に業務上の義務の 20％ 以上を費やす人物——というのがそれだ。これが米国のロビイストの定義に反映されている。すなわち、LDA のロビイストの定義は、①官僚（この場合の官僚は大統領から議会スタッフまで広範囲にわたる）と 1 回以上のロビイングの接触をもつ人物、②3 カ月以内のうちに、ロビイスト契約として 2500 ドルの報酬を受け取るか、一つのロビイング組織がロビイングに費やす支出が 1 万ドルを上回るロビイング組織の従業員、③3 カ月について、仕事時間の少なくとも 20％ 以上を 1 人の顧客ないし雇い主に費やす人物——となっていた（ここでの金額は 4 年ごとに調整される）。カナダや米国のロビイストの定義に③のような基準が採用されたのは弁護士が離婚調停のような複数の法的訴訟にかかわる顧客を持ちながら、ロビイング活動も行うようなケースが頻繁にみられたからだ。

　LDA に基づくロビイスト登録書類には、ロビイスト、その顧客ないし雇用者についての詳細およびロビイング活動の主題となる政治問題が記載される。ロビイストは 6 カ月ごとにかかわった政治問題や立法化を特定しロビイングがなされた議会場所や対象者も報告しなければならない。登録は下院事務局、立法化調査センター、上院書記、公文書局に対してなされる。登録も報告も公開され、近年インターネットのサイト（http://sopr.senate.gov）からも知ることができる。1996 年に施行された別の法律で、故意に十分な情報開示をしなかったロビイストは 5 年までの投獄が決められた。

　LDA の不十分さはエイブラモフ事件が物語っている。ロビイストだったエイブラモフのスキャンダルは 2004 〜 06 年にかけて共和党の下院議員を巻き込んだ裁判にまで発展、エイブラモフはネイティブ・アメリカン部族のためにワシントンで行ったロビイ活動（カジノ再開）に絡んで、公務員への贈賄謀議、詐欺、脱税の罪で 2006 年 3 月、5 年 10 カ月の実刑判決を受けた（2008 年 9 月、エイブラモフにはさらに 4 年

間の拘禁が地方裁判所で追加された)。オハイオ州選出の下院議員ボブ・ネイは 2007 年 1 月、収賄の罪で 30 カ月の実刑判決を受けた。これは LDA の不備を明らかにしたから、事件の反省から 2007 年 9 月、「誠実なリーダーシップおよびオープン政府法」(Honest Leadership and Open Government Act, HLOGA) が制定されるに至ったことになる。

誠実なリーダーシップおよびオープン政府法

HLOGA は米国議会における政治倫理強化の一環として理解することができる。HLOGA の延長線上に、独立した議員の監督機関を設けるべきだとの議論が巻き起こり、結局、2008 年 3 月、下院に議会倫理室 (office of Congressional Ethics) という機関が設置されることになった。少なくとも、下院議員でない者が職務行為基準をめぐって監督することが可能になったことになる。

HLOGA のもとで、LDA に基づく報告が 6 カ月ごとから 3 カ月ごとに改められた。さらに、個人が顧客のためのロビイング活動を通じて 3 カ月間に 2500 ドル以上を稼げると予想される場合には、その個人はロビイストとして登録しなければならないことになった。法人の場合には、1 万ドル以上稼げる場合に、登録が義務づけられた (4 年に一度の消費者物価指数の変動に合わせて、2011 年現在、それぞれの金額は 3000 ドルと 1 万 1500 ドル)。登録者向け開示義務も拡大された。

HLOGA はロビイ活動の情報開示を向上させただけでなく、ロビイ活動や立法行為の一部を規制するという特徴をもつ。この新しい改革は、①ロビイストによる報告の電子情報化の要求、②インターネット上での情報開示データベースの作成、③ロビイストが集めた選挙運動資金の情報開示とインターネット上への公開、④ロビイストによる贈与や同伴旅行の禁止および、立法者や議会スタッフへの贈与の禁止——といった内容を含んでいる (Holman, 2009, pp. 8-9)。さらに、HLOGA 自体によって、ロビイスト登録者に対して、連邦議員候補者への寄付や、立法や行政にかかわる公務員への支払いのさまざまな種類の半年ごとの報告が義務づけられた。

だが、こうした規制強化にもかかわらず、情報開示重視に傾いた規制には不信が根強く残っている。たとえば、修正連邦選挙運動法のもとで

PACによって提出された選挙運動寄付金の報告が行われても、情報開示がロビイストに与える「圧力」は大きくない。ロビイストが支払った金額だけでは、そのロビイストによる政治家への影響力の度合いはわからないからである（Lessig, 2011, pp. 258-259）。

会社XがY連邦議員にどれくらい影響力を働かせているかを知りたいとすると、XによるYへの寄付金を眺めればよい。それは、Xの従業員によるものと、会社Xの独立したYへの寄付金というものに分かれるだろう。だが、実際には、選挙において候補者に大きな影響力を与えるのは、ライバル候補を利する献金をするという脅しであるという面を忘れてはならない。具体的に言えば、ある候補者に1万ドルの献金をする効果と、同じ候補者への2000ドルの献金が同じ効果をもつことがありうる。2000ドルの寄付金がライバル候補に8000ドルの寄付をするぞという脅しとともに政治家に渡されるとすれば、その脅しによって政治家に与える影響力は大きくなる。にもかかわらず、この8000ドルは報告書には掲載されないから、実際の影響力は表に出ないことになる。ゆえに、明かにされている情報が必ずしも十分に必要な情報を伝えているわけではないことを肝に銘じる必要がある。

こうした「現実」があるために、ロビイストに対する不信は現在の米国に存在する。だからこそバラク・オバマ新大統領は最初の大統領行政命令（executive order）として、2009年1月21日にロビイストに関する規制に関する命令を出した（詳しくは拙著2016aを参照）。なお退職した連邦議員などについては、合衆国法典第18編第207条（18 USC § 207）でいくつかの禁止規定がある。連邦議会議員は辞職後1年間、いかなる連邦議会議員、政府の立法部門の役人ないし従業員に対して、いかなる問題であっても影響力を行使する意図をもって意見表示したり、姿を現したり、コミュニケーションしたりすることが禁止されている。連邦議会議員のスタッフはその雇用解除後、1年間、議員本人ないしそのスタッフにロビイングすることはできない。委員会のスタッフも同じだ。貿易ないし条約の交渉に米国のために参加し非公的情報にアクセスしていた、連邦職員ないし公務員は、辞職後1年間、こうした交渉について他人に意見表明・助成・忠告できない。1年間のクーリンオフ（雇用されてはならない冷却期間）の対象となる高級官僚は、連邦議会議員を

含む米国機関のいかなる役人ないし緑陰の公的行動に影響を及ぼす意図をもってロビイングしたり、意見表明したり、助成したり、公的外国組織に忠告したりすることが禁止されている。

　連邦議員や政府高官などが退職後、過去の人脈をいかしてロビイストになるケースは「回転ドア」と呼ばれ、その件数はきわめて多い。2005年4月、Center for Public Integrity が明らかにしたところでは、1998年から2004年の間に2200人の元政府職員がロビイストに登録した。うち数百人は退職した議員やそのスタッフであった。

　ロビイストに厳しいのはオバマ大統領だけではない。2009年1月27日、Timothy Geithner は緊急経済安定化行動（Emergency Economic Stabilization Act, EESA）基金を獲得するためにロビイングする個人に対する規制を公表した。政府が2008年秋のリーマンブラザースの破綻以降、金融危機対策として打ち出した EESA 基金が政治的影響力によって歪められないようにするために、こうした措置をとったわけである。

　この規制では、ロビイストと公的執行部門との接触を2カテゴリーに区分している。①広範に門戸開放された会合で後方支援的質問について無制限に会話でコミュニケーションする、② EESA 基金事前承認までに連邦支援正式申請の提案期間中に行われる会話によるコミュニケーション——である。連邦登録のロビイストは EESA を分配する責任を負っている部門の上級幹部と①にカテゴリーの質問をすることは認められたが、その他のすべての接触については文書で行われなければならないことになった。

　さらに、米復興・再投資法制定後の2009年3月、ホワイトハウスはこの法律にかかわる基金に対するロビイストの接触を制限するためのアウトラインを示した議定書を出し、それを受けて行政管理予算局は同年7月、ロビイストとのコミュニケーションについて改訂手引き書を出した。そこでは、無制限の会話、制限された会話、文書によるコミュニケーションの三つが区別され、それぞれについて、ロビイストの接触が規定された。無制限の会話については、応募方法やその締切などに関する一般的な質問に限定されている。文書によるコミュニケーションについては、ロビイストからの同法のプロジェクト、応募、応募者に関する文書を受け取った場合には、その役人は e-mail で指定された機関に転

送しなければならない。

2009年9月になって、ホワイトハウスはワシントンにおける特定の利害関係者の影響力を弱めるために諮問機関や委員会に働きかけを行うロビイストの数を制限する新政策を公表した。このように、オバマ政権下では、ロビイング活動を制限する政策が相次いで打ち出されてきたのである。

5. 世界に広がるロビイスト

米国が世界中でいち早く1977年に海外腐敗行為防止法（Foreign Corrupt Practices Act, FCPA）を制定したことで、米国流の腐敗への考え方が世界中に広がることにつながった。同法では、米企業が外国公務員、政党、候補者に賄賂を支払うことを禁止している。だがこれでは、国際商取引において米国企業だけが不利になるため、企業がビジネスを獲得するために賄賂や便宜供与などの形での外国公務員への支払いを禁止する条約が国際的に必要になり、それが1997年11月に署名され、1999年2月に発効した。「OECD（経済協力開発機構）・国際ビジネス取引における外国公務員に対する賄賂闘争取り決め」（OECD Convention on Combating Bribery of Foreign Public Officials in International Business Transactions, 通称：OECD反賄賂取り決め、外国公務員贈賄防止条約）がそれである。米国は、1997年のOECD反賄賂取り決めを受けて、その内容を反映させるため、早速、1998年にFCPAを改正する。外国の企業や個人が米国にいる間に不正支払いを行う場合も、同法が適用されることになったのだ。

この歴史的経緯の背後には、国家を超えて活動するようになった「超国家企業」が傍若無人に振る舞うことが米国を代表とする先進国の国家主権を侵害しかねないという基本認識がある。たとえば米国系企業の国際電信電話会社（ITT）は、1970年チリ大統領選挙において、左派候補で重要産業の国営化の推進をめざしたサルバドール・アジェンデの落選工作を行ったとされている。大統領就任後、ITT系企業は国営化されたが、1973年9月、アジェンデは軍事クーデターで自殺に追い込まれる。これ自体は直接、米国の国家主権と関係はない。だが米ソ冷戦下で、多

国籍企業が多くの国々で巻き起こした現地政府との癒着や不正がそうした国の左傾化を促し、それが米国の脅威となっているとの認識が広まった。1976年、米上院の多国籍企業小委員会で発覚したロッキード・スキャンダルも、同社の日本、オランダ、ベルギー、イタリアなどへの航空機売り込みに絡む事件であり、まさに超国家企業が各国の政府を巻き込んで各国の政治に干渉していたのだ。超国家企業の身勝手な振る舞いが米ソ対立の挟間で米国政府の利害に反することになりかねない状況をもたらしていたことになる。だからこそ多国籍企業の振舞いを規制する手段として腐敗防止策がとられるようになったのだ。

だが米国以外の超国家企業は現地政府への贈賄により、利益を確保する工作を継続した。有名なのはフランスの石油会社 Elf（2000年からTotal の傘下）がカメルーン、コンゴ、ガボンなどで行った贈賄工作である。その後も1990年代、仏企業トタール（Total）と米企業ユノカル（Unocal）はミャンマーでの石油パイプライン建設に際し、現地政府と協力の上、建設に支障となる少数者カレン人に対して強制移住や強制労働をさせたと言われている。

ゆえに新たな手段が必要となった。欧州評議会は1999年1月27日に、「腐敗に対する犯罪法取り決め」を採択し、それは2002年7月1日発効する。国連のレベルでも、腐敗防止条約（UN Convention against Corruption）が2003年10月31日に採択され、2005年12月14日に発効に至る。ほかにも、2003年のエビアン・サミットで「腐敗との戦いと透明性の向上に関する宣言」を採択以降、シーアイランド・サミットで「腐敗との戦いと透明性の向上宣言」、グレイニーグルス・サミットで「アフリカ宣言」、サンクトペテルブルク・サミットで「上総部の腐敗との戦い宣言」、ハイリゲンダム・サミットで「世界経済における成長と責任（腐敗との戦い）宣言」が相次いで採択された。2010年のG20ソウル・サミット首脳宣言に付属書として「G20腐敗対策行動計画」がつけられた。これらの措置は、ポスト冷戦下で、超国籍企業の勝手な振る舞いが現地政府の主権を侵害し、同時にそれが先進国の主権を傷つけることになることを理解した結果であったと考えられる。

なお英国では、2010年に反賄賂法（Bribery Act 2010）が制定され、2011年7月から施行される。OECD反賄賂取り決めに準拠した内容が

ようやく立法化されたものだ。英国では、1883年にCorrupt-Practices Actが制定され、土地保有者や政治家が投票者に脅しや贈収賄をもちかけるのを防ごうとした歴史がある（Noonan, 1984, p. 626）。1889年には、Public Bodies Corrupt Practices Actが制定され、公的機関の構成員、職員の収賄が犯罪とされ、これを防止することになる。1906年のPrevention of Corruption Actによって、当事者が公的部門ないし私的部門に雇用されているか、あるいは、勤務しているかにかかわらず、当事者の贈収賄にまで刑の対象が広げられ、収賄者だけでなく贈賄者も同じ7年を刑期とする犯罪と規定される。1916年のPrevention of Corruption Actでは、より詳細な腐敗規定が盛り込まれる。1925年にはHonours（Prevention of Abuses）Actで、公務員の権力濫用が規制されたが、OECDの反賄賂取り決めは無視されたままだった。それに対して、軍事企業Bae Systemsの腐敗事件を契機に反省が生まれ、新法制定につながったわけである。その内容はOECDの取り決めよりも厳しい。

欧州各国の状況

こうしたなかで、ロビイスト規制も世界中に広がりつつある。欧州ではパブリック・リレーションズと呼ばれる活動のなかにロビイング活動を含める形でロビイストへの理解が進んできた（Holman & Susman, 2009, p. 31）。米国のロビイストの場合、世論を喚起して政治家に圧力をかけ顧客の望む政策実現につながるために、「宣伝」という面から、PRを活用しようとする面があった。欧州ではそもそもロビイストという存在自体がなかったが、世論喚起にPRを活用するという考え方は存在した。1961年5月、国際パブリック・リレーションズ協会もよってウィーン・コードが作成された。いってみれば、倫理規定のような緩やかな規範に基づく規制である。雇用主と顧客への行動、公共やメディアへの行動、同僚への行動に分けて、適切な行動規範を定めている。人間としての誠実さを、高いモラル基準と健全な評判の両方を併せ持った状況と定義し、専門家としての誠実さを、専門的ルールと国の法に忠実であることとして、この二つの誠実さに基づいて行動を律している。ただし、公共やメディアへの行動規範がロビイストに関係する部分だが、ロビイス

トが明示的に意識されていたわけではない。

　ここで、米国のロビイストに近い存在に対する欧州各国での規制をみてみよう。といっても、なんらかのロビイング規制が存在する欧州諸国は、ドイツ、ハンガリー、リトアニア、ポーランドにすぎず、ほかに欧州議会のパス登録制度や欧州委員会によって設立された自発的登録制度がある程度であった（Holman & Susman, 2009, p. 34）。チェコについては、2005 年に、選挙で選ばれた公務員が利害グループとどのように関係・コミュニケーションを維持すべきかを含む、自発的倫理コードが導入された。その後、フランス下院と上院が相次いで透明で倫理的なロビイ活動のためのルールを採択し、2010 年 1 月から発効した（Lobbying, 2012, p. 14）。マケドニアも 2008 年にロビイスト登録法を採択する。スロベニアは 2010 年にロビイスト規制法を導入し、義務的登録制をとる。オーストリアは「ロビイングおよび利益代表透明性法」が 2013 年 1 月 1 日から施行される。同法によって、ロビイストの強制的な登録制も導入される。アイルランドは 2015 年 9 月から登録を義務づける制度を開始した。クロアチアは一時期、導入が検討されたが、2015 年現在、自主的登録制にとどまっている。

　英国は 2014 年、「ロビイング、非政党運動、労働組合執行部の透明化法」を制定し、コンサルタント・ロビイスト登録制（Registrar of Consultant Lobbyists）を開始した。これに登録していなければ、ロビイングというコンサルタント業務を行うことができないことになった。他の地域では、オーストラリアが 2008 年にロビイング行動コードを導入している。これは法律ではないが、政府代表者とロビイストとの間の接触を規制するためにロビイストの登録制が導入され、行動コード遵守が求められている。ロビイスト登録制自体は 1983 年に連邦レベルで導入後、1996 年に一度廃止され、2008 年に再導入された。イスラエルや台湾（2007 年 8 月に制定後、2008 年 8 月に施行）にも同じような制度がある。台湾のロビイング法（遊説法）では、一括したロビイスト（説客）登録機関があるわけではなく、影響力を及ぼそうとする官庁ごとに登録する必要がある。グルジアは 1998 年に、ロビイスト登録制を導入済みだ。ドイツ、ハンガリー、リトアニア、ポーランド、フランスについては拙著（塩原 2016a）を参照してほしい。

第5章 米 国

　欧州委員会については2005年11月、欧州透明性イニシアチブ (European Transparency Initiative, ETI) を考案することにし、審議を開始、2008年1月23日、同委員会はETIを最終的に承認した (Holman, 2009, p. 10)。このイニシアチブのなかで、「ロビイスト」（利害代理人）については自発的な利害代理人登録 (Registry of Interest Representatives) が採用され、2008年6月23日から導入が開始された。興味深いのは、欧州ではロビイストという言葉が軽蔑的な意味合いをもっていることから、それを避けるために「利害代理人」(Interest Representatives) という言葉が使われたことである。

　ただロビイング活動は、「欧州機関の政策策定や意思決定過程に影響を及ぼす目的で行われる活動」と曖昧に定義されており、ロビイスト登録の対象も「利害代理人」までその適用概念が広げられている。個人、組織、会社、労働組合、研究機関も登録する資格が与えられている。登録できる「利害代理人」（ロビイスト）には、つぎの三つのカテゴリーがある。①専門コンサルタント業と法律事務所、②会社の"in-house"ロビイストと事業者団体、③非政府組織（NGO）やシンクタンクである。すべての登録者が開示しなければならないのは、会社の名前、組織のトップ、ブリュッセルでの接触の詳細、組織の目標と委託事項、組織の関心分野、組織のメンバーシップ情報である。カテゴリー別に、①はEU機関へのロビイングにかかわる収入、②は直接、EUでのロビイングかかわるコスト評価、③は組織の全般的予算や主要資金源泉も開示しなければならない。2009年の時点で、ETIのもとで登録されたロビイストは270個人・組織だった。2010年6月現在では、その数は1068であった。

　欧州議会では、1996年から公認ロビイスト登録 (Register of Accredited Lobbyists) を行ってきた。欧州議会へのパスを交付するためのもので、緩い規制にすぎなかった。欧州議会の公認ロビイスト登録と、欧州委員会の利害代理人登録を統合するため、「欧州連合の政策策定・政策実施にかかわる組織・自営者向け透明性登録創出に関する欧州議会と欧州委員会間の協定」が署名され、2011年6月に発効した。この透明性登録は、EU機関の政策や意思決定過程に影響を及ぼす目的で行われる活動に従事する組織や個人が対象となる。登録者は行動コードを遵

守しなければならない。もし違反すれば、登録が抹消され、欧州議会へのアクセスも認められなくなる。この透明性登録は 2013 年 6 月までに見直されることになっている。なお、欧州議会は 2011 年 11 月に金融利益や利益相反に関する欧州議会メンバー向け行動コード（2012 年 1 月発効）を採択し、元議員のロビイング活動を制限することになった。

OECD の行動規範と欧州評議会

経済協力開発機構（OECD）は 2010 年に「ロビイングにおける透明性と誠実さのための行動規範」（Principles for Transparency and Integrity in Lobbying）を採択した。行動規範では、ロビイング活動を立法行為、政策、ないし行政上の決定に影響を及ぼす、選挙で選ばれたり任命されたりした、行政・立法部門で働く公務員との会話ないし書かれたものによるコミュニケーションと定義している。そのうえで、10 の行動指針が挙げられている（詳しくは塩原 2016a を参照）。

他方では、欧州評議会は 2010 年に「欧州評議会・議会会議の推奨 1908」（recommendation 1908 of the Parliamentary Assembly of the Council of Europe）をまとめた。評議会の加盟国がその利害を組織化しロビイ活動することをまったく正当であるとし、ロビイングに関する欧州優良行動コード（European code of good conduct on lobbying）を仕上げるよう、欧州評議会閣僚委員会に求めている。

このように、ロビイング活動を認める代わりに、ロビイスト登録制と行動規範を導入して、ロビイング活動の透明化や情報公開によってその活動を監視、腐敗の抑止にもつなげようとする傾向が各国で強まっていることがわかる。こうした傾向は、もはやロビイストの存在を排除できないほどにまで至っている現実からみると、当然であるようにも思われる。だが問題は、本家本元の米国におけるロビイング規制の形骸化にみられるように、ロビイング規制を改革しなければならない点にある。さらに、ロビイストが贈収賄そのものを脱法化している事実に目を向けなければならない。

ロビイングの問題点

そこでロビイスト規制の問題点について考察したい。それにはハー

第5章　米　国

バード大学のローレンス・レッシグが2011年に上梓した本（*Republic, Lost*）が参考になる。そのなかで彼は、ロビイストによって選挙運動資金を集めるシステムが出来上がり、結果としてロビイストと政治家との関係が腐敗していることを慨嘆している。ロビイストは政治的な寄付が直接、立法上の結果（議決における投票行動など）を買った、「お返し」（quid pro quo）であるという証拠を消すために議員との間で日常的な接触を行う。贈与と返礼による互酬的利他行動を日常的に行って特定の「お返し」を隠すわけである。レッシグはロビイストが国家と利害関係者との間をつなぐ仲介者として重要な役割を果たしており、それゆえに米国の民主主義自体を破壊しようとしていると警鐘を鳴らしている。なぜならロビイストがもたらす腐敗が民主主義の原理を歪めているからだ。

　そこでロビイストにかかわる活動、ロビイングの問題点を整理しみたい。

　第一に、ロビイングは全体として生産的ではないという批判がある。ロビイングの多くは政府資金の再配分にかかわるだけであり、しかも競争を制約する方向に働くので、好ましいとは言えないというのである。こうした政治活動はレントシーキング（rent-seeking）にあたる。レントシーキングはレント獲得のための資源支出が否定的な社会的影響をおよぼす場合に使用され、肯定的な影響をおよぼす場合には、プロフィットシーキングという言葉が用いられる。

　レントシーキングは通常、国家の調整・干渉によって生み出されるレントを求めて行われ、その追加的レントは消費者余剰の損失として現れ、この損失はレントシーカーからレント供給者への単なる移転ではなく社会的費用とみなしうる。このとき、この費用の一部はロビイ活動や行列などの形態をとったレントシーキングとして合法的に出現するが、多くは発展途上国では腐敗の形態をとる。この活動に伴う社会的費用ないし社会的損失が大きいために、功利主義からみると経済腐敗と映るわけである。

　第二の批判は、ロビイングが合法性ないし正当性からそらせる方向に働くというものだ。一般的な福祉を無視した利害集団の働きかけが影響力をもつようになると、社会全体としては不利益になりかねない政策が採用されてしまう危険が生まれるというのだ。医薬品メーカーが自殺を

誘発しかねない副作用をもつ新薬であっても、この副作用については過小評価して鬱病治療の新薬としてこれを政府に認めさせ、大きな利益を得る一方で、結果として自殺者が急増してしまうといった事態が想定できる。ロビイングには、いわば「神の正義」はなく、それどころか、ある特定の人間集団の利益が法として正当化されてしまう危険が伴っている。

　第三に、ロビイングはそれを行う余裕のある人々に公正とは言えない有利な状況をもたらし、民主主義の考え方に打撃を与えるという批判もある。ロビイングには、コストがかかるから、そうした金額を支払える利害集団を優越的な状況に置く可能性が大きい。この結果、公正な行政判断や立法のための判断が難しくなる。

　こうした批判はしごくもっともな指摘を含んでいる。だが、「ロビイスト」なる人物がいなくても、ロビイングは長い歴史のなかで行われてきた慣行であることを忘れてはならない。ロビイング自体を禁止することは難しい。それは、喫煙を禁止たり、堕胎を禁止したりすることが困難なのと似ている。あるいは、国家とともに存在した贈収賄を撲滅することが難しいのとも似ている。しかもロビイングにかかわる請願権は民主主義のシステムをより真っ当なものに近づけるために必要である。国家と利害関係者との間の利害調整を行うメカニズムは民主主義を支えるものだから、ロビイングを禁止たり廃止したりすることはできない。むしろ必要なのは、国家と利害関係者との調整メカニズムをより透明なものとし、しっかりと監視できるようなものに改めその機能の向上をはかることではないか。

終　章　21世紀の腐敗問題

1. 主権化と主体化

　本書で明らかにしたように、腐敗の構図は、委託者（Truster）、受託者ないし受認者（Fiduciary）、腐敗させる者、贈賄者（Corrupter）という3者間において、Cが賄賂をFに贈り、FはTの委託に背く形で腐敗を働くというものである。近代化後、Tの場所には主権国家が位置し、主権国家はその安全保障のために、政治的には新たに民主制や官僚制を整備し、経済的には通貨発行権の独占のもと、その通貨決済を国内で強制する。義務教育化も主権国家を優位にしている。こうした「T＝主権国家」による制度化は、Fの場所にくる政治家、官僚、将軍、裁判官、国営企業経営者といった超越的立場にある者の職務権限内の行政執行を対象に、それに対する贈与と返礼の互酬的利他行動を犯罪と位置づける。そうすることで、主権国家のもとでの統治を維持するためだ。

　そこでの賄賂には貨幣（紙幣）が使用されるのが当たり前となっている。金貨が神意の掌のなかにあった時代には教会が公正価格を定めて市場での商品の自由な交換を妨害していた。それは貨幣を単なる計算単位に貶め、仲介機能だけにとどめようとする。これに対して、需要と供給との関係から価格が決定される市場価格が広範に認められるようになると、より多くの食糧、手工業品などを商品として売買することを可能にし、支払手段としての貨幣機能の重要性を高めた。これは国家による金貨や銀貨への管理強化につながったのだが、それが徹底するのはこの金・銀を金庫に貯めながら、いつでも金と交換できる兌換紙幣の発行を独占し、その貨幣を国家内での法定支払手段として強制することによってであった。その前段階として、賃労働への支払いに使用する銅貨不足という現象がイングランドで起きる[1]。

　兌換紙幣の発行によって「見えない金」としての紙幣をつくるという

終　章　21世紀の腐敗問題

錬金術を行っているのが近代国家であり、国家による資金再配分装置を機能させるのが官僚であり、特別の規範が求められるようになる。現在はこの錬金装置が不換紙幣を可能にしているにすぎない。他方で、官僚の「職務行為の適正保持」への要請が強まる。これは、主権国家が国家そのものの主権を維持しようとするための装置（軍、警察、通貨制度など）のなかに官僚をしっかりと組み込む重要性を意味している。

「自分の意志」＞「神の意志」

　教皇革命によって、神を中心として正義を行う（神の正義）という見方が確立し、それは、「神の正義」を代理すると称する教会によって実践されるようになる。教会は教会法によって統治されるようになる。他方で、教会法をモデルにして世俗的法秩序が「王の法」として整備され、裁判制度も神盟裁判から証拠や証人に基づく裁判へと変化した。それがコモン・ローとシヴィル・ローという、イギリスとヨーロッパ大陸における法律制度の違いにつながっていく。さらに、教会法と世俗法に対する自然法の位置づけが問題化する。教会法は「神の意志」を重視し、世俗法は「自分の意志」を重視するのだが、それは同じ自然を生きる神と人間の問題なのであった。

　結局、「自分の意志」を重視する世俗法が「神の意志」を重視する教会法を凌駕するようになる。それは人間の自由意志の勝利を意味し、精神による身体の支配の当然視につながる。このとき人間のレベルと国家のレベルにおいて、主体化と主権化という事態が併行して進んだ。前者は自分自身の支配を可能にするための訓練と、他人を支配するのに必要なものの習得を必要とする。とくに、快楽を抑え節制をわきまえた主体としての自分を構成するためには、自分自身の統治が必要になる。意識をもつ「私」ないし「精神」といったものが意識をもたない「自分」、ないし「身体」を支配するという関係の構築を必要とする。「私」ないし「精神」と、「自分」ないし「身体」との関係が「支配・服従」、「命令・屈服」、「制圧・従順」という関係で構成されなければならなくなるのだ。これが「精神」を絶対化するヘーゲルの思想につながっていく。それは、国家理性の神格化を特徴としている。

　経済的な側面に注目してみると、教皇革命や宗教改革を経て人間が神

の呪縛から逃れて主権国家を発明するに至ると、主権国家はその統治を盤石にするために、貨幣という仲介者を国家の管理下に置くために、貨幣発行権の独占支配と法定支払手段の強制を法制化する(2)。これにより、個別の市場やそこでの市場価格への介入ができなくても、貨幣を通じて交換への関与を継続し、主権国家の保持をはかるねらいがある。これは公金という概念をより明確化し、公金取り扱いにかかわる職務行為に対する特別の姿勢を要請し、その行為の適正保持のための規範が求められることになる。

民主制を支える請願権

主権国家は民主制に基づく国家として、その主権の正当性を主張している以上、民主主義の絶対化に傾く傾向がある。その結果、米国にみられるように、国家と利害関係者との間の利害調整を行う民主的メカニズムとして、請願権を仲介するロビイストを法律の範囲内で積極的に利用する動きが生まれる。それは、議員と有権者との間の贈収賄の関係を隠す手段でもあるのだが、この贈収賄は違法とはみなされていない。主権国家は自らの正当性を保持するために、別の国家からみれば、あるいは、別の外部者からみれば、贈収賄でしかない行為であっても贈収賄とはみなさない、法体系を主権国家の内部に構築するまでに至るのである。端的に言えば、贈収賄の合法化されたメカニズムを国家内に築くことまでして、主権国家を守ろうとしているのだ。なぜなら、そうすることが民主主義の根幹を支える請願権の仲介者であるロビイストを守り、財産権や所有権を不可侵とする米国憲法の命ずるところであるからだ。

しかし、そこには正義がない。「神の正義」という、国家を超えた規準からみれば、あるいは、別の国の法律に照らせば、米国のロビイストやそのロビイングは贈収賄に関係していると指摘せざるをえない。そこには、「神の正義」といったものはない。あるいは、国家間を超えたところにあるかもしれない正義も真理もない。とくに、欧州連合（EU）にみられるように、国家統合はEU官僚の傍若無人を許している懸念がある。国際機関の職員についても同じ心配があてはまる。

「自由意志」の不在

　正義も真理もないようにみえるのは、前提が間違っているからにほかならない。人間は、意識をもつ「私」だけが自由意志を行使できるという誤解に基づいて、「私」だけを主体とみなし、「私」にだけ自由意志を認め、その結果として社会契約の主体として「私」だけの責任を負わせようとしてきた（アジア圏ではそうではなかったことに注意）。それはまったくの誤謬である。近代化は、「私」という意志をもった人間を個人として想定し、その個人が自由意志に基づいて「社会契約」を行う結果として主権者たる国家の誕生をみる。だが、この見方の決定的な間違いは、人間は「私」だけに回収されない事実を無視している点にある。

　別言すれば、自由意志は「私」ではなく「自分」によって行使されるのであり、「私」だけを主体とみなし、「私」にだけ自由意志を認め、その結果として「社会契約」の主体として「私」だけの責任を負わせるのは、事実と違う（Nørretranders, 1991=2002, p. 332）。実際に行動するのは「自分」であるのは事実だが、その行動は意識をもった「私」だけの自由意志に基づくのでは決してなく、あくまで無意識や身体を含めた「自分」なのだ[3]。「社会契約」を結ぶのは「私」だが、「私」が行使できるのは無意識などから湧き上がってくる欲求などへの拒否権でしかない。この偏った「私」中心の見方では、無意識や身体という「自分」が無視されており、全体としての「自分」にかかわる正義や真理もないがしろにされているのだ。加えて、大澤真幸が主張しているように、「社会現象を規定しているのは、意識ではなく、行為事実性の方である」ことを忘れてはならない（真木／大澤, 2014, p. 295）。ここでいう「行為事実的」とは、意識することなく行っていることを意味している。

　ここでの記述は主権国家のレベルにもあてはまる。主権国家に自由意志があるかのように振る舞わせるのは危険であるし、そもそも間違っている。第一に、社会契約論は誤りである。「私」にだけ自由意志を認め、その結果として社会契約の主体として「私」だけを想定するのはおかしい。実際に行動するのは「自分」であるのは事実だが、その行動は意識をもった「私」だけの自由意志に基づくのでは決してなく、あくまで無意識や身体を含めた「自分」なのだ。社会契約を結ぶのは「私」である。だが、「私」が行使できるのは無意識から湧き上がってくる欲求な

どへの拒否権でしかない。ときどき意識される「私」が主体として振る舞ったことと、無意識の「自分」が感じていることが一致するわけではない。その証拠に「私」の自由意志は頻繁に変化する。ときどき顔を出すだけの意識である「私」はいつも「自分」全体のことを意識しているわけでもないから、無意識や身体といった「自分」の変化に応じて頻繁に「私」自身も変わらざるをえない。ある時点で社会契約の主体として振る舞ったとしても、主体はすぐに変化してしまうから、その契約自体に有効性を見出すことはできない。しかもホッブズの社会契約は人々のために神と話ができるというモーセと盟約を結んだ人々がモーセによって語られるすべてを神の言葉として受けいれるのと同じ盟約を前提にしているのであって、そんな盟約を結んだと実感できる人はいないはずだ。

　第二に、主権国家はまさに「想像の共同体」にすぎず、国家が主権者として自由意志をもっているかのように振る舞うことを認めるのは危険極まりない。国家という主権者がもつ権力を行使するのは結局、人間であって、その人間は主権国家の代理人にすぎない。その人物本来の自由意志を行使するところまでは認められていない。だが、例外状態において、主権国家の代理人たる人物はその自由意志によって決断をくだすことが認められている。人間を抹殺することもできる。ここに、国家の主権化の虚構性が隠されている。主権国家は人間ではないから、主権国家に国民の自由意志を集約的に反映することなど、そもそもできない。

　第三に、技術進歩によって人間は機械に伴う事故や災害に出くわす「リスク」にさらされるようになる。このとき、事故や災害は主体の責任ある行為によって回避されるわけではない。むしろ、人間は生まれながらにそのような危険を負った存在とみなさなければならない。こうなると、責任を問われるのは自らの自由意志に基づく行為だけであるという古典的な法思想の前提が揺らぐことになる（大竹, 2015）。事故の帰責可能な人格の罪と責任を問うよりも、産業技術社会に否応なく組み込まれた構成要素として、人間がアプリオリに負っている責任を前提に事故による損害負担の配分が検討されなければならなくなる。そこに、リスクに応じた保険による事故防止が可能となる。保険制度を支えるのはリスク計算であり、統計学上の確率が重要になる。このとき、主権国家を支える法秩序も統計的現象として把握されるようになる。個人の主体

化と国家の主権化は技術の発展によってその結びつきを弱めているのだ。そればかりではない。科学が核分裂や遺伝子操作まで至った結果、自然を観察するところから実験し自然に働きかける過程を経て自然のなかへと人間が行為するようになったことで、いま現在、近代化後の国家や個人を位置づける枠組み自体が揺らいでいる。

主体化および主権化に伴う誤謬を糺さなければ、その結果として生じる腐敗問題にかかわる「捻れ」ないし「歪み」を解消することはできない。そのためには、意識をもつ「私」だけに「自分」を代表させてはならない。同時に、主権国家に国民を代表させてはならない。それは、主体を疑うことを意味し、主権国家を懐疑することにつながらなければならないことを意味している。

2. 国際機関職員をめぐる腐敗

鵜養幸雄は「「公務員」という言葉」のなかで、各国ごとの公務員を表す言葉を分析している（鵜養, 2009）。そもそも「公務」に「員」という言葉が加わった「公務員」という言葉が出現するまでには多くの時間を要した。日本では、長く中国伝来の「官人」、「官吏」、「吏員」、「役人」などが使用され、明治維新後も「官員」や「行政官」などが多く用いられていたという。

公務員という言葉が法令に登場するのは1907（明治40）年の刑法の全部改正のときであった。第7条で、「本法ニ於テ公務員ト称スルハ官吏、公吏、法令ニ依リ公務ニ従事スル議員、委員其ノ他ノ職員ヲ謂フ」とされたのだ。

英語では、"public servant"が「公僕」としての公務員をイメージするが、19世紀になって、"servants of the state" = "official"として用いられるようになる（Jacoby, 1969=1973, p. 31）。だが、英国の場合、"civil service"という言葉で軍人および司法官を除く国家の職務に雇用されている政府職員をさすことが一般的だ。この言葉は、イギリス支配下のインド行政で初めて使用され、その後、イギリス内で公開競争試験が導入される過程で広まったという（鵜養, 2009, p. 160）。米国でも、"civil service"が公務員を表す言葉として使用されているが、行政、立

法、司法におけるすべての任命による官職（軍人を除く）とされている。

ドイツでは、現在のドイツの公務員制度はワイマール憲法時代の公務員法制から継続性を基本としつつ展開している。かつては3分類（官吏, Beamte, 官吏以外の雇員, Angestalt, 同労務員, Arbeiter）であったが、現在は官吏（Beamte）と公務被用者（Tarifbeschaftige）に分類されている。フランスの現在の公務員制度では、国家公務員、地方公務員、および医療機関の職員の3類型があり、それぞれの類型のなかで、官吏（fonctionnaire）と非官吏（agent public non titulaire）に分けられている。

アジア諸国の公務員に相当する言葉の英語訳では、フィリピンやタイのように、公務員、人事委員会ともに"civil service"を用いる場合もあるし、インド、マレーシア、シンガポール、ネパールのように、公務員にcivil serviceを使いながら人事委員会を"public service commission"とする例もある。他方、官僚（bureaucrat）という言葉についてはすでに第2章で説明した。ここでは国際機関の職員について考察する。

国連職員

国連の付属機関として、国際人事委員会（International Civil Service Commission）というものがある。1974年の国連総会決議に基づいて設置されたもので、国連職員の勤務条件などに関する共通制度（国連を含む26機関）を策定・運用している。同委員会が定めた2013年の「国際公務員向け行動標準」では、第50項で、「ありとあらゆる不適切なことの出現から国際公務員を守るために、国際公務員は、公務執行上のトップからの許可なしに、その組織のいかなる外部源泉からも、いかなる名誉、装飾品、贈物、報酬、世話、取るに足りない価値以上の経済的便宜を受け取ってはならない。その外部源泉に含まれているのは政府と同じく、商業会社や他の実体であると理解されている」と規定している。

一応は、収賄が罰則の対象となっているが、どのように訴追されるのか、さらに、その刑罰の具体的な内容は判然としない。さらに、規定の内容自体が甘い。この規定では、"Grease Payments"と呼ばれる、「少額の円滑化のための支払い」をOECDと同じく処罰の対象にしていない。だが、英国では、賄賂との区別が困難なこうした支払いも処罰対象としている。国連職員は主権国家の枠内に収まり切れない分、収賄に問

225

われる可能性が明らかに低い。主権国家を守るための贈収賄罪の適用という立場からの厳しい視線が国連職員にはなかなか届かないのである。

OECD 職員

OECD の職員向けの「行動コード」をみると、国連職員よりは厳しい規定がある。すなわち、第 10 項につぎのように規定されている。

「不偏不党に疑問をもたれかねないあらゆる行動ないしあらゆる陳述も慎むべきである。とくに、外部源泉からの贈物ないし恩恵はたとえあなたの判断になんの効果もないにしても、あなたの不偏不党に影響するものとみなされうる。したがって、つぎの段落で説明されているようにするように許可を得ていないかぎり、OECD の公務員としての仕事ないし地位に関係があろうとなかろうと、公的義務に関連して、あるいは、OECD の公務員としての地位ゆえに、いかなる贈物ないし恩恵も求めても受け取ってならないし、あるいは、いかなる報酬も名誉の授与も受けてはならない」

OECD では、「少額の円滑化のための支払い」の上限を 100 ユーロとしている。世界銀行職員の場合、この少額支払いの限度額が 50 ドルだが、国際通貨基金（IMF）職員は 100 ドルだ。いずれにしても、これが本当に少額なのかどうか、疑問符がつく。違反した場合に「報告せよ」とはされているが、収賄に対する罪をどんな機関が捜査し、逮捕・起訴するのか、さっぱりわからない。

主権国家の側には、その安全保障の観点から外国への厳しい視線がある。たとえば、すでに紹介した米国の外国工作員登録法がその例だ。1977 年には海外腐敗行為防止法（Foreign Corrupt Practices Act）により外国公務員への贈賄禁止が定められた。これだけでは国際商取引で米国企業だけが不利になるため、企業がビジネスを獲得するために賄賂や便宜供与などの形での外国公務員への支払いを禁止する条約が国際的に必要になった。「OECD・国際ビジネス取引における外国公務員に対する賄賂闘争取り決め」（OECD 反賄賂取り決め、外国公務員贈賄防止条約）が 1997 年 11 月に署名され、1999 年 2 月に発効した。この外国公務員には国際組織の職員も含まれていることから、主権国家側から贈賄を禁止して国際機関職員の腐敗を防ごうとしていることになる。

日本は同条約を署名・批准済みだが、同条約に適合するように国内法を整備することに積極的ではない。不正競争防止法第18条を付加し、外国公務員などへの金銭などの供与、その申込み、または約束を禁止したが、その後、三度にわたって日本の腐敗防止への取り組みに対してOECDから厳しい批判を受けた。OECDは三つの段階に分けて取締りを強化するよう求め、各段階で監視を行ってきた。各国別にその報告書を公開しているが、2005年の第2回報告書で日本の取り組みは非難された。このため、より詳細な検査が実施され2006年に報告書が出された。が、ここでも「外国の贈収賄事件を捜査したり起訴したりする適切な努力を行っていない」と断罪された。加えて、2011年の報告書でも日本は厳しい批判にさらされた。要するに、日本の官僚はやる気がないのである。あるいは、ふてぶてしい態度をとりつづけている。

3. 新しい反腐敗政策

(1) 信認関係と腐敗

　国際機関で働く者への収賄規制が不十分なのは、まさに贈収賄規制が主権国家レベルにおいて主権国家の統治、すなわち、その安全保障のために行われていることの証だろう。国際機関を統治する超越的機関がない以上、国際機関職員を「T-F」の関係に位置づけることができない。それは、主権国家ごとに制度化の中身が異なっているために各国の腐敗を、主権国家を超えて比較することができないことに対応している。もし比較するのであれば、Tとして地球規模の正義（global justice）のような規範規準が必要となる。同じく、国際機関職員の収賄を取り締まるには、その地球規模の正義を裏切らないようにするための制度化が必要になる。だが、それは屋上屋を架す話だ。

　ここで思い起こすべきなのは、最近、話題になった国際サッカー連盟（FIFA）の「汚職」問題である。事件の発端は2015年5月、14人もの人々が米国の連邦捜査局（FBI）や内国歳入庁（IRS）犯罪捜査部の捜査に関連して起訴されたことにある。だが、だれ1人、贈収賄に問われたわけではない。「脅迫」や資金洗浄などの犯罪に問われたのである。FIFA幹部がワールドカップ開催地決定をめぐって、その地位を利用し

て働いた犯罪であることはたしかだが、FIFA自体は政府組織でもないし、事業体でも非政府組織（NGO）でもない。基本的には、「メンバーズ・クラブ」にすぎない。しかし、その実態は政府組織のようでもあり、大規模な事業体のようでもある。

　腐敗や汚職は通常、政府などの公的組織や国営企業などで働く者を対象としている。法律で贈収賄を罰するまでになったのは主権国家を守るためであった。だが腐敗をもっと幅広くとれば、民間企業であっても、あるいは、国際機関であっても、メンバーズ・クラブにすぎなくとも、そこで働く者がそれぞれの組織が課すルールに違反する行為を問題視することはできる。たとえば民間の契約当事者間にリベート、キックバック、不正支払などがあっても、それは贈収賄にあたる不法行為とはみなされないが、会社の資金の横領や偽計業務妨害のような犯罪とみなすことは可能だ。企業の幹部が「収賄」をすれば、それは業務上横領の罪などで刑事犯罪とすることができる。あるいは脱税で立件できるかもしれない。もちろん、民間であっても、受け取り手の行動に影響を及ぼすためという意思をもってエージェント、従業員、または使用人に贈物を与えることを軽犯罪とみなす法令が制定されているケースもある。

　このように腐敗を広義に考えれば、委託された者がその委託契約を破れば、それを契約違反として処罰する制度をつくり、腐敗抑止につなげられる。あるいは、別件で刑罰にかけることもできる。だがここでは、「信認関係」という委託に基づく関係を結ぶことの重要性に注目したい。これは本書の序章で説明した「Fをどうみるか」や「FとCをめぐる腐敗関係」という論点を21世紀について再論することを意味する。

　ここで、Fがフィデュシャリー（Fiduciary）の頭文字であったことを思い出そう。フィデュシャリーについては第4章でのべた。今日的理解では、通常、"fiduciary relations"と呼ばれる関係は、複数の対等な主体を前提とする「契約関係」が想定できない（ふたりの主人に仕えることができない）場合にfiduciary relationsを想定することで、フィデュシャリーの責任を問おうとするものということになる。この伝統は英国法、さらに米国法へと受け継がれている。

「分業」と「利益」

　ここで、主張したいのは、この信認関係の重視が歴史的に求められているという話である。契約関係重視から信認関係重視への移行を通じて、腐敗の概念もより広義になり、反腐敗策も変容しなければならないという持論を展開したい。

　そこで拙著『ビジネス・エシックス』でも指摘した「身分関係」から「契約関係」へ、そして「契約関係」から「信認関係」へという歴史的な流れについて改めて簡単にのべることにしたい（塩原, 2003）。身分関係は血縁や世襲制といった血縁選択の重視に、契約関係は非血縁者間の贈与と返礼といった互酬的利他行動の重視に対応している。身分関係の場合、①関係を結ぶか否かについて、選択の自由がない、②身分関係の内容についても、選択の余地がない、③当事者の一方が絶対的な権力をもつ、④強者は弱者である相手の生存に配慮し、その生存に自分も依存している――という特徴をもつ。この関係が契約関係重視に取って代わられる原動力は「分業」であった。

　アダム・スミスは『諸国民の富』の第1編第2章の冒頭部分で、「分業」（division of lavour）は「人間の本性にある一定の性向」、つまり、「ある物を別の物と取引したり、バーターしたり、交換したりする性向」の帰結であると指摘している。そのうえで、各人は各自の仲間の助けをほぼいつでも必要としているのだが、助けをその仁愛にだけ期待しても無駄になるから、むしろ、仲間の自愛心（self-love）を自分の有利になるように刺激できれば、そして、各自が仲間に求めていることを各自のためにすることが仲間自身のためにもなることを仲間に示せれば、それが各自の利益に基づきながらも分業を導くことになるとみなしたのだ。ここで強調されているのが「シンパシー」であり、これはスミスの師、フランシス・ハチソンのいう「道徳感情」（利己心の反対）とは異なり利己心と両立するものとして想定されている（Karatani, 2014, pp. 216-217）。相手の利己心を認める立場にたつのである。ここに想像力の重要性が増すのだが、大切なことはこのとき道徳が超越的な宇宙的秩序に従わなければならないという西洋的伝統が崩れた点だ（Arnhart, 2013）。神の摂理といった超越的視点から善悪を判断するのではなく、シンパシーに基づく人間の経験が道徳をつくり出すのである。

実は、人間がここでいう「利益」(interests)に関心を寄せるようになったのは大昔のことではない。近代化の前に起きた「徳」から「作法」への移行は、「情念」(passions)から「利益」(interests)への移行に対応している(4)。この利己心のもととなる自己の利益を手掛かりに人間同士が想像的に結びつくところに「国家」がつくられると、近代国家の秘密を解き明かしたがベネディクト・アンダーソンなのだ。このとき、それまであった農業を中心とする共同体が崩れ、農業共同体の永続性が失われていく。別言すれば、都市化が進み、相互利益に根差した農業共同体に住むことで祖先から子孫へと受け継いできた共同体から隔絶されてしまう人々が急増するのである。ここに、農業共同体の崩壊が起き、それが宗教の思想的減退や血縁選択の退歩へとつながるのである。その代わり、両立する利己心に根差した相互利益は互酬的利他行動を促し、分業を通じた資本経済の発展を引き起こし、同時に、ネーションという別の想像の産物が生まれるのである。ゆえに、ナショナリズムは宗教の代替物ということになるとアンダーソンは指摘したのである。

 興味深いのは、利益を重視する見方が広まると、利益を可視化する財産への関心が高まり、その可測性が注目される。物理的な世界が運動法則に支配されているように、精神の世界は利益の法則に支配されていると考えるようになると、利益の計測性が重要になる。そのとき注目されるのが従来、重要視されてきた土地という不動産ではなく、新規に注目を集めるようになっていた国債や為替手形のような動産であった(5)。16世紀半ば以降の重商主義はこの文脈で理解されなければならない。

 同時に利益の恒常性にも関心が向けられた。利益は継続して獲得されることを求められるものであり、一時の気ままな欲求ではない。これに対して情念はその移り気さを非難の一因としてきた。金銭欲のなかで貪欲さこそ最も危険で非難の対象となってきたのに、貪欲さが恒常性を内に含んでいるがゆえに美徳とみなされるに至る。こうして商業もカネ儲けも無害とみなされるようになる。ただし、利益が物質的利益だけを意味するようになると、利益に対する批判が始まる。18世紀のことだ。

 「情念」から「利益」への移行はこれまで「悪」であった情念のうち、少なくとも金銭にかかわる情念をむしろ「善」とする視線を生み出す。それはまさに通常の道徳が共同体によって他律的に規定されている

ことの証とも言える。普遍的な善や悪を見出すのは困難なのである。その証拠として、サミュエル・リチャードソンによって書かれた書簡体小説『パミラ、あるいは淑徳の報い』(1740年) がある。15歳の侍女が貴族のB氏と最終的に結婚するまでを描いたこの作品によって、一人の少女の内面が手紙を通して語られのだが、結婚なしにセックスをすることはできないという新しい情念が人々の心に植えつけられるようになるのである (Tucker, 2014, pp. 134-135)。さらに、フランスの劇作家ピエール・ボーマルシェ作の戯曲『フィガロの結婚』(1781年) およびそれをもとにしたヴォルフガング・アマデウス・モーツァルト作のオペラ (1786年) によって、貴族の初夜権 (droit du seigneur) をめぐるドタバタを通じて床屋フィガロの結婚を考えさせることで、新しい道徳心が育つ。この感情重視の見解は重要だ (Nussbaum, 2013, pp. 18-19)。本書で『水滸伝』や『金瓶梅』、シェイクスピアの『尺には尺を』などに注目したのもこうした確信のためである。

　もちろん、「徳」から「作法」ないし「富」への移行は、そう簡単には進まなかったし、そう短絡的な議論が許されるかどうかの留保も必要になる。『法の精神』を書いたモンテスキューは、徳を、道徳的徳、キリスト教的徳、政治的徳に区分し、政治的徳を共和政体の原理として位置づけたわけだが、ウィリアム・ウォーバートン (1698-1779)、リチャード・ハード (1720-1808)、ジョン・ブラウン (1800-1859) のように、キリスト教的徳を守るため「富」への傾斜を批判する人々もいた (犬塚, 2002/03, pp. 6-7)。典型的だったのは、「天は自ら助くるものを助く」で知られるアルジャノン・シドニー (1622-1683) にみられるように公共に献身する「徳」を強調し、これを破壊する「商業」の糾弾や常備軍への反対という論調も根強く存在した (中神, 1994)。

　ここでのべた変化の過程で、情念の側にも変化があったことを忘れてはならない。受動性を表わす「パトス」(pathos) から派生した passion は感情 (emotion) が受動的なものにすぎないという理解を前提としていたことになる (emotion という英語は「本来の場所から位置をずらす」ことを意味するラテン語からつくられたが、16世紀以降になって使用されるようになったにすぎない〔清水, 2014, pp. 183-184〕)。デイヴィッド・ヒュームが『人間本性論』のなかで情念を分析したのは18世紀だが、そこで

彼が見出したのは、情念が合理的な性格を欠くということであった。だが、その情念を反映する道徳的判断が恣意的にならずにすむのは、この道徳的判断が道徳感情（moral sentiment）という、「よい」「悪い」を直観的に区別する情念と、この感情を備えた人間本性による社会的合意という枠組みによると考える。この『人間本性論』を読んで処罰されたのがアダム・スミスであり、その彼によって『道徳感情論』が書かれる。

契約関係から信認関係へ

利益重視の利己心という見方が分業を高度化させて、それが資本主義の隆盛につながったことになる。この結果、契約関係の重視が広がる。その特徴は、①契約関係を結ぶか否かについて、選択の自由がある、②契約関係の内容についても、選択の自由がある、③当事者の一方が絶対的な権力をもつことはなく、対等な当事者による合意がある、④当事者は、自分の利益は自分で守らなければならない——というものだ。

これに対して信認関係は、Ⓐ信認関係を結ぶか否かについて、選択の自由がある、Ⓑ信認関係の内容についても、一定の選択の自由がある、Ⓒ受認者が裁量権をもち、受認者が信託違反をしないかぎり、原則として受益者にはなんら発言権がない、Ⓓ受認者は受益者の利益をはからなければならない義務を負う——という特徴をもつ。ここでは受認者は自己の利益をはかることが禁止される一方、受益者は自己責任原則から切り離される。契約で規律されるべき人間関係以外に信認で規律すべき人間関係があることになる。問題は主として財産の管理をめぐって制度化されてきた信認関係を今後、財産関係だけでなくどのような人間関係にまで広げて理解すべきかにある。

米国の信託法で保護されている信認関係には、「株主－取締役」、「患者－医者」の関係以外にも、金銭の投資運用、医療サービス、弁護士サービスなどがある。本書の趣旨からみると、Fの位置に官僚、政治家、将軍、裁判官が位置づけられるとき、彼らはその専門知識をいかして最善を尽くすことが期待されているのだから、Tの位置にある主権国家や法の委託を守らなければならない。契約関係に基づいていないところに信認関係を適用することで、受認者の義務違反を罰することが可能となるのだ。

こうした認識にたって、拙著『ビジネス・エシックス』のなかでは、「高度に分業化が進んだ現代においては、広義の「信認関係」が至るところで要請されている」と指摘しておいた（塩原, 2003, p. 47）。この広義の「信認関係」こそ、広義の腐敗の防止に役立つ視角であると主張したい。そこでのＴにあたるのは、主権国家ではない。地球上に住む人間間の信頼である。Ｆに位置するのは、官僚、政治家、将軍、裁判官といった超越的立場に立つ人々だけでなく、専門家と称せられる医師や法律家、学者なども含まれる。血縁選択に代わる互酬的利他行動に重きを置くのではなく、そこでは、純粋贈与に近い倫理観が求められる。

純粋贈与
　ここで返礼を期待していない「純粋贈与」と呼ばれるものについて考えてみよう。『贈与と交換の教育学』のなかで、矢野智司は純粋贈与の例としてつぎのような事例を挙げている。
① 　ソクラテスの哲学伝播とその死。
② 　イエス・キリストの教えと、その十字架上の死。その後の使徒たちによる伝道。
③ 　夏目漱石の小説『こころ』における、「先生」の自死。その後の「私」による追想と手記の執筆という小説形式。
④ 　人間世界の外部（＝自然）から、人々のために物語を受けとってくるという、「ミメーシス」（他のものになる働き）を行った宮澤賢治。
⑤ 　異邦人ゆえに手を差し伸べる歓待。蕩尽。
⑥ 　体験としてのボランティア活動。

　純粋贈与は無償の贈与行為を意味している。名前も知らない他者に対する無償の贈与行為は、「共同体における交換の均等（均衡）に枠づけられた正義ではなく、共同体の外部に開かれた正義の原理になりうるもの」なのだ。ここには、互酬的利他行動に基づく関係に入ること自体の否定がある。まず、贈与と返礼という、価値などの量ではかることを前提とする債権・債務に置き換え可能な関係そのものが拒否されていることになる。そのうえで、どう他者に向き合うか、どう奉仕するかが問われることになる。もちろんこれは、利他行動を本来備えている血縁選択

の優位を説くものではなく、互酬的利他行動に潜む共同体内交換における正義の押しつけを拒否することを意味している。そうすることで、共同体の外部にも開かれた正義の原理として、純粋贈与を共同体の外部にも広めることができるのである。したがって、純粋贈与はそのリレー性を特徴とする。純粋に贈与をしたいという「衝動」のようなものに導かれてなされる贈与は受け取った者の心に響き、共同体の外部にある人々を含めた多くの人間に新たな純粋贈与を引き起こすだけの力をもつことになる。だからこそ、この純粋贈与は主権国家という共同体を超えて地球全体に広がりうるだけの力をもつ。

「社会」の適用範囲

もう一つ、重要なことは、人間が属さざるをえないさまざまのレベルの共同体を再検討することである。主権国家を支える社会契約論についてはすでに批判したが、その社会契約の「社会」がどんな範囲を意味しているのかを考えてみよう。この問題に向き合うためには、いい加減に使われている「社会的」や「社会」という問題に真正面から取り組まなければならない。なぜなら、この「社会」をどの範囲に想定するかで、腐敗の規準としての正義の問題も変化してしまうからである。

ここでハイエクの指摘を紹介したい（Hayek, 1976=1987, pp. 128-129）。社会を小集団に限定すればそこでは家族や友人との道徳や義務が問題になるが、社会を開かれたすべての人々で構成される空間にまで広げると、そこでの人間の責務は同一の小集団の仲間の構成員に対する責務に比べてずっと少ないものとなるという指摘である。社会は「その構成員が一定の抽象的ルールを遵守することから生じる行為の秩序立った構造」を意味するのであって、その組織化された集団、つまり共同体をどう想定するかによってその構成員たる人間間の道徳や正義にかかわる問題が変容してしまうのだ。

愛も同じである。「誰であれ、私について来ながら、父、母、妻、子、兄弟、姉妹、さらには自分の命までを憎まないとするならば、その人は私の弟子ではありえない」というキリストの「隣人愛」を説く構成と同じだ。「隣人」を文字通り、身近な者に限定してしまうと、その愛は強いが、共同体を越えたすべての人間を巻き込んだ愛にはならない。他方、

隣人を広範囲の社会に求めればその愛は弱くなりがちだ。そうであっても「隣人」であるかのように強く愛すことこそ隣人愛の極意ということになる。

その現実は煎じ詰めれば「私の敵を愛せよ」という命令につながる。現代で言えば、「他者の文化を尊重せよ」といったことになる。この他者がキリスト教文明と相容れないイスラーム教文明であるような場合、本当に「隣人愛」の対象となりうるのであろうか。宮沢賢治は、花巻の町の小さい林に独居して近在の青年たちの集まる場所としていたころ、賢治に恋愛感情をいだき押しかけ女房にように通っていた女性がつくったカレーライスを、賢治は食べるわけにいかないと拒否した。賢治は特定の人だけを大切とみなす「愛」の閉鎖性を拒絶すると同時に、独身を貫くことで自分を徹底して複数の他者に分け隔てなく開こうとしていた。だから、「〈自分の子どもだけが大切〉という「愛」の連鎖をどこかで断ち切るところがなければ、人はほんとうに広い場所にも真実の場所にも立つことができないのだと賢治は感受していた」（真木, 2008）という。だが、この愛は「邪悪に見える者」にも本当に通じるのだろうか。

正義の後退

ここで、ロックやホッブズの社会契約論が「自然状態」から「政治社会」への移行における個々人の自己改造を通じた陶冶を含意していることを思い出そう。ロックの社会契約論での人間は、具体的な日常の実践において、個々人が相互承認の空間のなかで他者との関係を理解し、究極的には神の意志である自然法を自覚して成熟していくことを前提としていることになる。自然法が神の命令であることはホッブズにおいても変わらない。それは、超越的理念の世界にかかわるものであり、現実の世界にかかわる自然権（各人が固有の本性を維持するために自己の意志にしたがって自己の力を用いる自由、すなわち自己保存の権利、その必要な手段への権利、その適合性を判定する権利）と位相の異なるところにある。

ホッブズが問ったのは、いわば「内面の法廷」において通用する法である自然法を個々人に自覚させ、外面の行為としてどう具体化させるかという問題であった（関谷, 2003, p. 104）。神の命令としての自然法は「内面の法廷」でしか拘束力をもたないから、人間が現実に生きていく

ためにはあらゆる手段によって自分自身を防衛するという自然権が自然法に先行しなければならない。ゆえに、平和の獲得には自然権が相互に同じものを同時に放棄するという契約を結ぶことが求められる。それは、自然権の自己抑制によって自然法が実現可能となるという論理構成をとっている。まさに、「権利」(right) が「法」(law) を規定するという人間優位の時代の到来につながるのだ。このとき、ホッブズの自然権は上記の定義からわかるように、人間の「作為」の側にある。自然権の自己抑制は「作為」そのものであり、その作為を実現するために、「人々は彼が結んだ盟約を履行すべきである」と、自然法が命じている。自然権の自己抑制という作為によって自然法が実現されることになるのだ。自然権は人間間の関係を規律するものにすぎないから、神の命令としての自然法とは切断されてしまうことになる（関谷, 2003, p. 102）。その結果、正義の準拠点がその内容（盟約そのもの）から自然権をよりよく実現させるために結んだ盟約の遵守に移ってしまうのだ。ここに、近代以降の正義の後退の遠因を見出すことができる。

　社会を小集団やせいぜい国家に限定して考えているかぎり、そこでの愛、義務、道徳、正義といったものはすべて卑小な独断的なものでしかない。神の命令としての自然法が人間間の関係を規律する自然権と切断されたところには、時空を超えた普遍性は微塵もないのである。

(2) 人権と腐敗

　別の議論も可能である。近年、腐敗を人権侵害と結びつける議論が広がっている。人権問題の調査を行うために1998年に設立された国際人権政策評議会（スイスに登録された非営利財団）が2009年に公表した報告書「腐敗と人権」では、腐敗した官僚が弱者に賄賂を強要するなどして弱者の人権を侵害していると主張している。その結果、女性、子ども、貧者、移民、少数民族などがより厳しい状況に追い込まれているとの見方を示している。

　2005年に発効した「国連腐敗防止条約」では、その序文でつぎのように指摘している。「腐敗は民主主義や法の支配を傷つけ、人権違反をもたらし、市場を歪め、生活の質を侵害し、そして、組織犯罪、テロリズム、およびその他の繁栄に必要な人間の安全保障へのその他の脅威を

許してしまう」というのがそれである。ただこれは、腐敗が広範囲にわたる悪影響をおよぼすことを示すなかで、その一つとして人権を例示したにすぎない。その証拠に、条約本文中では、腐敗と人権を結びつける記述はない。1999年に発効した「OECD国際ビジネス取引における外国公務員に対する賄賂闘争取り決め」も同じである。人権そのものの記述がみられない。1996年採択の「米州腐敗防止条約」にも、人権という言葉はない。アジア太平洋経済協力（APEC）が2004年に採択した「腐敗闘争・透明性確保の行動コース」にも人権という単語は見当たらない。他方で、2003年に採択されたアフリカ連合の腐敗防止・対抗条約の第3条2項では、人権の尊重という規定はあるが、腐敗と人権保護が強く関連づけられているわけではない。

　逆に人権にかかわる国際的な協定においても腐敗と人権との関係は長く軽視されてきた。1948年の国連総会で採択された世界人権宣言にも、1966年の国連総会で採択された「市民的および政治的権利に関する国際規約」にも、同年の国連総会で採択された「経済的、社会的、および文化的権利に関する国際規約」にも、腐敗という言葉は登場しない。欧州評議会が1953年に発効した「ヨーロッパ人権条約」、1948年に採択された「人の義務および権利に関する米州宣言」、1978年に発効した米州人権条約、1986年に発効した「人および人民の権利に関する憲章」にも腐敗は使われていない。

ロックの自然法思想

　腐敗と人権とを結びつける動きはロックにまでさかのぼる。ロックは腐敗という言葉を使用していないものの、政府という公的機関の権限の濫用から人々を守ることに関心を寄せている。後は『統治論』II（第2章6節）において、自然状態はそれを統治するための自然法をもち、自然法はだれもに義務づけられたものだとしたうえで、その自然法たる理性は人類すべてに全員が平等であり、独立しており、だれも他者をその生命、健康、自由、ないし財産について害すべきではないことを教えているという。神の被造物である人間は自己保存の義務を負っている（第一の自然法）のだが、これは自己保存のための権利の主張につながる。ここに人間の自己保存のために必要なものを享受する権利として

生命、健康、自由、財産にかかわる権利を自然権とみなすことが可能となり、すべての人間は他の人間の自然権を毀損してはならないという第二の自然法が生まれる。ここでの論理構成はつぎのようなものになる。

　自然法は自己保存を義務として課すと同時に権利として認める。これは、自己保存を権利として主張する者に対して、その主張が自然法に基づいて認められているのだから、同時に必然的に他者の自己保存の自然権を認め、尊重しなければならないことを意味する（小川, 1964, p. 495）。この自然権は、各人がその生命、自由、財産を実力で守り、それを侵害する者に対して私的判断に基づいて制裁を加える権利をいう（関, 1997, p. 77）。自然法は人間に他者の生存、他者の権利の尊重を命じている。この二つの自然法が命じる原則を実現するためには、身体と所有に対する安全保障のために共同体に政府を設けることが必要になる。だが、政府の腐敗は、共同体内部で生活する市民の生命、自由、財産などにかかわる自然権を毀損する。その腐敗はこの自然法の原則に反することになるから、糾弾すべき対象となる。政府の腐敗は自然法違反とみなすことができ、それは自然法が人間の自然権の尊重という人権にかかわるという意味で、腐敗と人権とを関連づけることを可能にする。

　もっともロックが前提とする社会はキリスト教の神が支配する世界であり、彼はカトリック教会と絶対君主を標的にしていた。だからこそ米国独立に際して、教会と聖職者の影響力を一掃すれば人間の善良で理性的な本質が自ずと開花するという、彼の思想が利用されたのである。1787年にフィラデルフィアで開催された憲法制定会議での議論のなかでジェームス・マディスンは54回も腐敗という言葉を使ったという（Savage, 1994）。それほど政府の腐敗が問題視され、それとの関連で自然権の侵害への関心が高かったと指摘できる。だが自然権と政府の腐敗とを結びつける見方は個人に対して家族や共同体を重視し、社会的調和を優先するアジア的価値とは相容れず、世界全体として腐敗と人権とを結びつける見方も次第に後退していった。

　すでに指摘したように、中国の儒教においては、天子たる皇帝による統治が「民意」に根差した徳と判断できるかどうかが焦点とされたから、比較的早い時期から政府の腐敗が刑罰の対象になった。イスラーム社会でも統治が重視される傾向にあったから、イスラーム教の法源であるク

ルアーンにおいて、自分の財産を裁判官向けの「餌」として使用してはならないというように、腐敗が禁止されている。支配者、裁判官、意思決定者、紛争当事者が賄賂と交換に有利な決定をして他者の財産ないし公的財産の不正な盗用を促すことも禁止されている。だが、儒教社会でもイスラーム教社会でも、腐敗防止は専制国家や帝国の統治を維持する目的のもとでの手段にすぎず、人権とは直接的な関係をもたない。

　これに対して、西欧では、自然権思想が「正しさ」から、当然に人が人である限りもつことが認められる「権源」へと回収されていく（岡野, 2011, p. 125）。これは、自然権としての人権が国家社会において実現される権利として、国家の正当性の源泉としてはっきりと位置づけられていく過程に対応している。人権が主権国家の市民としてのみ保障されるようになるのだ。だが、それは人権をもっとも必要とする者（ホモ・サケル）への人権保障を蔑ろにしたのである(8)。だからこそ、主権国家が相次いで樹立されるなかで、人権思想そのものが軽視され、それが人権と主権国家の腐敗との問題を結びつけることを忘れさせたのである。

　だが近年、人権を守るための重要な手段として反腐敗政策を実施することの重要性が理解されつつある。この問題の重要性を気づかせたのは、チュニジアの露天商、モハメド・ブアジジが2010年12月に抗議の焼身自殺に追い込まれた事件である。彼は当局によって不法に没収された秤を返却するよう求めようとしたのだが、そのためのカネもなかった。そこで彼は当局による強要から逃れたいとの意思を公に示すため自殺した。人間の生命、健康、自由、財産にかかわる権利である自然権としての人権を守ろうとしても、政府の腐敗をなくさなければ人権そのものを守ることができないのだ。ゆえに人権保護と反腐敗政策との連携が注目されるようになったのである。ただし人権のみを強調してみても、それは「人権の聖化」をもたらすだけで、未来への展望を切り拓くわけではないとの見方があることを忘れてはならない（Gauchet, 2001, p. 326）。マルセル・ゴーシェが問題にしているのは、唯一、残された政治理念としての人権だけでは不十分であるということであり、人権という「権利」以外に「政治」と「歴史／社会」との新たな組み合わせの可能性を課題としている（宇野, 2011, p. 174）。

　この問題は日本においてきわめて喫緊の課題として具体的に語ること

ができる。天皇の人権の問題だ。人間である天皇が譲位を望むとき、この問題解決は皇室典範や憲法などの政治の世界に委ねられる。まさに、人権の重要性を説くだけでは一歩も前に踏み出せないのである。だからこそ、序章で論じた「Tをどうみるか」という論点を21世紀の問題として再論することが必要になる。本書のなかで、血縁集団と非血縁集団とを区別する見方をとってきたのは、同じ直系血族または親族間の「犯罪」を人権という観点からどこまで裁けるのかという問題を視野におくためであったのである。

「文化進化論」の可能性

　家族類型によって、倫理の規準は異なる。本書ですでに指摘したように、人間の家族類型には、①核家族、②直系家族、③家父長（共同体）家族という3分類がある。問題は家族類型ごとに異なる文化が形成され、その変異、競争、継承もさまざまでありつづけていることである。生物が環境に適応したり、不適応であったりするのと同じように、文化自体も環境に応じて変化したりしなかったりする。あるいは、似たような環境に暮らす別々の種が同じような形質を進化させる（収斂進化）のと同じように、人間もまた、紀元前3000年頃にシュメール人、紀元前1300年頃に中国人、紀元前600年頃にメキシコ系先住民がそれぞれ独自に文字を発明した（Mesoudi, 2011=2016, pp. 62-63）。

　文化を情報の一種とみなし、その伝達経路や方法を集団間や集団内で考えると、二人以上の文化的特徴の平均値を取り込む、「融合伝達」が同質化を引き起こす一方で、その伝達には「模倣の誤り」（突然変異）がつきものでもある。ある文化的特徴が他の文化的特徴より獲得されやすく伝わりやすい状態を意味する「文化選択」においては、その特徴を魅力的するものへのバイアスが存在することに気づく。その内容が嫌悪感を引き起こすようなものには、それらを避けるバイアスが生じるし、「同調」と呼ばれる、集団内でよく見られる特徴を過剰に取り入れることも起きる。文化的特徴をその性質ではなく、その特徴を備えている人に注目して選択する、名声バイアス（社会的地位の高い人を模倣）、類似性バイアス（服装や言語や外見が似ている人を模倣）、年齢バイアス（年長の人を模倣）などもある（同, p. 118）。こうした「文化進化論」を精緻化

すれば、本書で展開してきた腐敗や官僚をめぐる世界史はもっとずっと「科学的」になるのではないか（この問題については中尾 2015 や Bowles & Gintis, 2011 を参照）。

(3) もう一つの腐敗防止策

すでに指摘したように、主権国家化の過程で、ホモ・サケルは国家から差別された一方、反腐敗政策は主権国家の統治のために必要とされた。主権国家にだけ頼るというこれまでの方法では、ホモ・サケルを含む人権の保護はできない。反腐敗政策は主権国家の統治に資するが、主権国家の強化は人権軽視につながりかねない。むしろ、主権国家を超える権力機関を想定しなければ、主権国家が無視してきたホモ・サケルのような人物の人権を守ることはできない。腐敗防止と主権国家の弱体化を結びつけることこそ重要なのではないか。

国家資本主義の隆盛

実際には 21 世紀に入って、「国家資本主義」がますます隆盛している。国家資本主義は国家が株式会社の過半数の株式を保有しながら、株式の一部を IPO（新規株式公開）によって公開することで株価を上げ、時価総額を巨大化して積極的な投資を行い、経済成長に結びつけている。2011 年 6 月現在、前のモルガン・スタンレー・キャピタル・インターナショナルによって維持されている MSCI の各国株式市場指標でみると、中国における株式市場の時価総額の 8 割を国営企業が占めており、ロシアでは、62%、ブラジルでは 38% を国営企業が占めていた（*The Economist*, Jan. 21st, 2012）。中国では、1999 年 11 月に設立された中国石油天然ガス股份有限公司（中国石油、PetroChina）が 2000 年 4 月、ニューヨーク証券取引所に上場（米預託証券発行）。翌日、香港証券取引所にも上場した。同年 10 月、中国石油化工股份有限公司（中国石化、Sinopec）が香港、ニューヨーク、ロンドンの証券取引所に株式公開した[9]。

留意すべきは、国家資本主義が昔から存在した点である。賃労働を提供し、その労働力商品の販売で得たカネで生産物を購入する消費者となる人々を絶え間なく生み出すには、学校教育が必要とされ、それを国家

が主導して行った以上、英国の資本主義も国家資本主義的であった。た
だ、産業資本主義の勃興で遅れをとったフランスやドイツなどの後発資
本主義国では、国家主導による道路、港湾建設、諸法の整備などが行わ
れた。もちろん、学校教育も国家主導で行われたのである。

　国家が常備軍を整備し、陸軍と海軍によって軍事力強化を積極化す
るようになると、それが国家内部の産業に大きな影響をあたえること
になる。それが、ゾンバルト著『戦争と資本主義』で分析されている
(Sombart, 1913=2014, pp. 152-158)。高価な青銅に代わってより安価な鉄
から大砲を鋳造するには、高炉（鋳鉄はもっぱら高炉のなかでのみ得られ
る）が必要となり、それが各国における製鉄業の発展を促す。スウェー
デンは 16、17 世紀に製鉄国になったが、その品質の高さから 18 世紀
ころまで隆盛した。ドイツでは、16 世紀にヘッセンで高炉が導入され、
その後、ザクセン、ブランデンブルクへと広がり、1721 年にはシュレ
ジエンで高炉がつくられた。フランスの近代製鉄業は 17 世紀以前には
発達しなかった。英国で製鉄業が発展するのは 17 世紀末以降であり、
その場所はスコットランドにおいてであった。鉄鋼業は大砲や小銃のよ
うな武器だけでなく、造船によって海軍を増強するうえでもきわめて重
要な役割を果たした。

　こう考えると、程度の差こそあれ、産業資本主義は国家と密接な関係
を保ちながら発展してきたことになる。この意味で、中国やインドさら
にロシアなどに代表される、21 世紀の国家資本主義は決して新しい現
象とは言えない。

　問題は、国家主導による資本主義の復活が、帝国の復活につながりか
ねない現象であるという点だ。国家資本主義を手放しで許容することは
できない。とくに、近著においてマリアナ・マズカトが指摘するよう
に、国家が税金を使って提供した基礎研究から生まれたイノベーション
の果実をどうシェアするべきであるかは十分に議論する必要があろう
(Mazzucato, 2013)。

ベーシック・インカムと主権国家

　近年、「ベーシック・インカム」という、国家が最低限の所得を全国
民に保証することで、年金などの社会保障制度を抜本的に簡素化する提

案が一部でなされている。このベーシック・インカムの構想は18世紀末に出現したと言われている。このころから19世紀前半に賃金で支払いを受ける、つまり労働力を商品とする形態が広がりをみせるのであり、これに対応するなかでさまざまのベーシック・インカム構想が唱えられるようになるのだ。

　グローバリゼーションと呼ばれる、情報技術に支えられたビジネスの地球規模の広がりのなかで、所得格差がより深刻化しており、それが近年、ベーシック・インカム思想を後押しするようになっている。たとえば、アンソニー・アトキンソンはその著書『21世紀の不平等』のなかで、ベーシック・インカムに賛意を示している。「市民所得」と名づけられたそれは、社会保障料負担や個人所得税控除の廃止を前提に、市民所得が個人ごとに支払われる（年齢や障害／健康状態によって差をつけることもありうる）。「市民権」に基づくのではなく「参加」に基づく手当として給付される（Atkinson, 2015=2015, pp. 252-254）。この「参加」は社会貢献を意味し、勤労年齢者は、フルタイムまたはパートタイムの賃金雇用に就くか、自営業を営むこと、教育、研修、活発な職探し、乳幼児の自宅ケアや高齢者の介護、認められた協会での定期的なボランティア活動などに参加することが給付の条件となる。ベーシック・インカムが政治的に導入可能となるためのより現実的な提案と言えよう。

　2016年6月5日、スイスで全国民向けのベーシック・インカムを導入するための憲法改正を求める国民投票が実施された。勤労の有無にかかわらず無条件に毎月2500スイスフラン（約2555ドル）を、子どもには625スイスフランを給付するというベーシック・インカムが提案された。結果は、投票者の76.9%が反対、23.1%が賛成だった。否決されたとはいえ、ベーシック・インカムの考え方が国民投票を通じて多くの人々の関心につながったことは間違いない。フィンランドでは、2016年3月、2017～18年の2年間、約1万人を対象にベーシック・インカムの実験を実施すべく2000万ユーロを予算計上した。毎月550ユーロを給付することが計画された。オランダやフランスでもベーシック・インカム導入への関心が高まっている。

　だが、ベーシック・インカムの導入は基本的に個別の近代国家＝主権国家を前提にしている。アトキンソンの提案する「参加型ベーシッ

ク・インカム」にしても、それは国家ごとに導入すべきものとして提案されている。欧州連合（EU）での導入も提案はされているが、あくまでも基本は各国ごと、もっと言えば、英国政府に向けた提案となっている。これは、移民制限のない労働者の自由な移動という理想からみると、まったくこの理想に反している。それどころか、先進国がロボットや人工頭脳（AI）を利用した創造的破壊を実践することが労働集約的で生産性の低い労働力しか提供できない発展途上国の経済成長の妨げになる可能性が高い。ベーシック・インカムの思想は支持すべき内容を含んでいるが、それが主権国家ごとに導入されようとしている現実は主権国家のさらなる強大化につながりかねない問題点をもっている。

主権国家を弱体化せよ

　すでに紹介した国連の腐敗防止条約が腐敗防止に一定の効果があることは認める。ただし、それは主権国家そのものを守るために腐敗防止をしようとしているにすぎない。そこに、「嘘」がある。腐敗防止条約は腐敗という「悪」を取り締まるのだが、それは主権国家を前提にできあがった国連というレベルでの防止策を国家レベルでも講じるだけであり、そのねらいは主権国家の保護にある。なぜなら贈収賄に代表される互酬を腐敗という犯罪とみなすようになった背後には、「規律と選抜」によって国家を主権化し、もっともらしくみせかける仕組みがあるからである。その結果、国連腐敗防止条約には、官僚を削減したり、官僚に任期制を導入したりする発想自体がない。

　主権国家は幻想でしかないし、個人の主体性も同じだと考える本書の立場からみると、「規律と選抜」という手段こそ見直すべきであり、そうすることではじめて主権国家を揺るがしつつ、腐敗を減らすことが可能となるのである。抽象的に言えば、「ハードな社会」から「ソフトな社会」、「ぎすぎすした関係」から「ゆるやかな関係」への移行をめざす必要がある。具体的には官僚の選抜方法を緩和し、任期を設ける（職業選択の枠組みを緩和する）とともに、官僚の仕事を民間に大幅に移管すればいい。しかし、主権国家の保護を前提とする腐敗防止策には、こうした腐敗防止策は含まれていない。主権国家を揺るがす施策は最初から敬遠されるからにほかならない。

もちろん、主権国家は義務教育を通じて自らの正当性を教え込んでいるから、本書のような主張が受けいれられるようになるのは困難だろう。官僚と政治家が結託し、付和雷同するだけの大多数の能天気なフリーライダーが操作されながら、主権国家は守られつづけようとしている。

　事態を悪くしているのは日本を含むアジア諸国が強すぎる主権国家である点だ。英国の資本主義の場合、賃労働を提供し、その労働力商品の販売で得たカネで生産物を購入する消費者となる人々を絶え間なく生み出すために国家主導による学校教育が導入される程度の国家資本主義であったが、英国の後塵を拝した諸国では国家主導による学校教育に加えて、道路、港湾建設、諸法の整備が行われた。ドイツ、フランスなどはこの程度の国家主導ですんだが、日本の場合、ありとあらゆる制度を国家主導で改革する必要に迫られた。当然、国内には反発も生まれたが、これを抑え込み近代化をある程度、実現できたからからこそ、日本は帝国主義国の仲間入りができたのだ。この成功体験が主権国家の正当性を高め、強すぎる主権国家の残存につながっている。

　第二次世界多戦後、敗戦国となった日本は国家主導で復活した。この成長モデルが他のアジア諸国にも参考にされ、アジアでは国家主導の産業化が行われ、ある程度まで成功した。他のアジア諸国でも、欧米に比べて「強すぎる主権国家」が存在しているようにみえる。主権国家が強すぎる結果、政府が民事に過度に介入し、そこに官僚による裁量権の行使の余地を見出すことのできる場面が数多く存在する。主権国家の成立は官僚や軍人に対する規律強化を通じて成し遂げられてきたのに、強すぎる主権国家のもとでは、こうした官僚や軍人の横暴を抑える装置がうまく働かないのである。

　重要なのは、強すぎる主権国家が官僚や軍人の権限強化だけでなく、彼らの思考停止を引き起こし、さらにそれを唯々諾々と受けいれる国民という構造を確固たるものとする点である。官僚の思考停止にかかわる問題は後述するが、主権国家を制限するはずの憲法を含む国法が隠れ蓑となり、官僚はその法律が命じるままに執行するだけの存在となる。そこに「ハラスメント賄賂」が登場し、腐敗が強いられても、結局、それに立ち向かえないという構図が温存されてしまう。

　とくに、長く官僚支配がつづく日本では、国民は部品とみなされ、主

権国家という虎の威を借る官僚が無人格のまま支配を継続している（その実態については塩原［2016a］を参照）。「共に生きる場」である「社会」としての国家や地球を想像できない人間ばかりが増殖してきた日本では、官僚主導で国民を戦争に駆り立てることが簡単にできるだろう。だからこそ、主権国家を代弁する官僚を攻撃すると同時に、国民を人間として鍛え直すことが求められている。

グローバリゼーション下での新しい正義論

　他方で既存の主権国家に基づく世界秩序に対抗する、まったく新しい地球秩序づくりのための原理が模索されるようになっている。それは「コスモポリタニズム」と呼ばれている。ギリシア語の kosmos（宇宙、世界）と市民（polités）の合成語であるこの言葉は、一国家、一地方といった狭い空間ではなく宇宙や地球といった空間に共存する人々を一つにみなす立場を意味している。最近では、トマス・ポッゲの「資源主義」（resourcism）や、アマルティア・センとマーサ・ヌスバウムによるケイパビリティ・アプローチ（capability approach）が注目を集めている（詳しくは神島［2015］参照）。こうした主権国家に真正面から挑む姿勢こそもっと注目されなければならない。

(4)「無領土国家」

　人権問題は少数民族の権利保護に深くかかわってきた。だからこそ、1947年12月、国連人権委員会は「いかなる政府からも保護を享受していない者の法的地位、彼らの法的・社会的保護」について国連が早期に検討すべきと表明し、『無国籍に関する研究』が1949年にまとめられた。その後、「無国籍者の地位に関する条約」（地位条約、1954年採択、1960年発効）および「無国籍の削減に関する条約」（削減条約、1961年採択、1975年発効）がつくられる。だが国連難民高等弁務官（UNHCR）の調査では無国籍者の数は1000万人を上回っている（UNHCR Global Report, 2014, 2015, p. 81）。

　少数民族の問題を領土問題と関連づけるとき、カール・カウツキーやカール・レンナーやオットー・バウアーの議論が思い起こされる。カウツキーが「民族＝言語共同体」という立場から、「諸民族の統合＝世界

の単一民族化」の前段階にまず諸民族ごとの自治ないし自決が必要であるとの立場に立っていたのに対して、レンナーやバウアーはより永続的なものとして民族をとられていたという（鶴見, 2010, p. 66）。だからこそ、レンナーは明確に国家を「主権的領土団体」とする一方、「民族」（nation）は「文化共同体」を意味するとした。民族は領土団体ではない。国家と民族との対置は国家と社会一般との対置に呼応し、国家が法律的な領域支配を基本とするのに対して、社会は事実的な人的結合を基礎とするから、民族は属人原理に基づいて領土とは無関係に自治を行うことが認められなければならないことになる。これはいわゆる「属人的民族的自治」の主張だ。バウアーもこれに近いことを主張していた。あるいは「非領土的自治」のモデル化を行ったことになる（Smith, 2014, p. 18）。

　こうした主張とは別に、個人が自由に国家に参加するかしないかの自由や仲間になる国を選んだり自分の国をつくったりする自由をもつ「パナーキー」な世界を提唱する人物もいた。『パナーキー』（Panarchy）を書いた、ベルギーの経済学者ポール・エミール・ド・ピュイだ（de Puydt, 1860=2001）。「パナーキー」とは売り手と買い手との商談と同じように、人々と国家がその関係を交渉できホッブズなどのいう社会契約論と異なって明示的な社会契約を国家と正式契約するという考え方だ（Tucker, 2010）。"Pan"は「すべてを包摂する」という意味をもち、"archy"は統治形態を意味するから、パナーキーは自由放任を前提に多種多様な統治形態を是とみなしている。

　本書でいう「無領土国家」はもともと、平野啓一郎が『ドーン』という未来小説のなかで登場する概念として引用した。後述する「分人」をベースにした国籍を発行する領土をもたない国家で、ネットワーク化の規模によって複数の無領土国家が存在する。小説中の抽象的な表現を紹介すれば、国家としての「管理機能を有効活用し、活動領域のレイヤーとして維持することで、システムの水平的な多様性を損なわないようにしつつ、その上に無領土国家という非領土的な枠組みを何層にもわたって重ねていくことで、国籍に基づく個人のアイデンティティを相対化するという」発想に基づくものだ（平野, 2012b, p. 475）。世界最大の無領土国家は「プラネット」（Plan-net）と呼ばれており、国連との協議資格、ヨーロッパ評議会のオブザーバー資格、オリンピックの参加枠まで獲得

247

していているという。2033年ころの状況で、プラネットの二重国籍をもつ米国国民が3000万人を超えていると想定されている。

この話はまったく架空の話だが、興味深い論点を喚起してくれる。すでに紹介した分人という概念が世界中に認知されるには相当の時間が必要だろうから、分人をベースにした無領土国家を構想するのは難しい。しかし、多重国籍を広範に認めながら、その重国籍の一つとして無領土国家への帰属を世界中が認める可能性は多いにありうるのではないか。すでに二重国籍は広がっている。これはいわば、共同体を越えたレベルで「共」を強化・拡大する方法とみなすことができる。二重国籍の問題は、「公」の領域を二重化することで、「公」を弱め、「共」を強化するという試みである。

4. オープン・コモンズ

主権国家を弱めると同時に、新たな「権利」、「政治」、「歴史/社会」の組み合わせによる世界統治が求められている。そのためのヒントとして、ここでは「オープン・コモンズ」と「民主主義の立て直し」について論じたい。そのうえで、なんらかの見通しを示したい。

個人を主体とする見方は「私」を、国家を主権とみなす見解は「公」を、それぞれ重視するようになったから、両者のせめぎ合いのなかで、「共」と呼ばれる部分が縮減してきた。だが、主体および主権への疑念が生まれるなかで、「共」の復活が進みつつある。今後、主体や主権の虚妄が暴かれるほど、「共」が見直される可能性がある。もちろん、なにを「私」、「公」、「共」に分けるかによって、その領域区分の程度に違いはあるものの、こうした三つの領域の再編が腐敗という視線を向ける範囲にも影響をおよぼすことになるだろう。

この問題を歴史的に考察するには、アーレントの分析が役に立つ。彼女によれば、本章註(6)に示したように、人間の歴史は私的領域の公的領域への浸食によって私的領域が全面化し、「社会」なるものが登場する過程をたどった。こう考える彼女にとって、「腐敗は、私的利害が公的領域を侵すばあいに起こるのであり、上からではなく下から発生するのである」ということになる(Arendt, 1963=1995, p. 403)。社会が生

まれる前の段階では、財産をもった者だけが公的領域を構成し、いわば支配者間での腐敗が問題化するケースが多かったのだが、経済の発展により富を蓄積する者の保護を国家に求める時代になると、つまり、私人が社会を構成するというスキームが成立するようになると、私人が社会という「公」に働きかける過程で腐敗が勃興するようになるというのだ。別言すると、この変化は私人からなる人民が公的権力に参加するという統治形態を認めることであり、このとき私的領域と公的領域を区分する境界線が曖昧になる。ここに、腐敗が起きるというわけである。

本書で論じたいのは、こうした過程が同じ共同体を前提に、その共同体の同質性から生じる共同主観性を安易に受けいれるという独我論的思考に陥っているという問題だ。「共」の場合、同じ共同体内の「公」と「私」との閾に見出すことも可能だが、共同体と共同体をつなぐ空間として想定することも可能になる。この二つのケースを分けて考察することが肝要だ。

そこで、インターネット、シェアリング・エコノミー、臓器売買、二重国籍をめぐって、「私」、「公」、「共」の関係にどのような変化が生じているかを紹介し、そこでの腐敗についても考察したい。

ネグリ&ハートの主張

まずアントニオ・ネグリとマケル・ハートの主張について検討したい（Negri & Hardt, 2009=2012 下, p. 130）。彼らは、「＜共＞（共通の知識や文化など）と＜公＞（すなわち＜共＞へのアクセスを規制しようともくろむ制度変性）を、常に概念的に区別しておくことが重要である」と指摘したうえで、＜私＞、＜公＞、＜共＞という三者の関係は三角形という、同じレベルにあって、＜共＞が他の二者に挟まれる形でとらえるのではなく、「＜共＞は＜私＞と＜公＞とは別の平面に存在し、その二つからは根本的に自律している」とみている。これはインターネットにおいて、①物理層（通信を運ぶ電線、無線、コンピュータなど）、②コード層（ハードウェアを動かすコード）、③コンテンツ層（デジタル画像、テキストといった内容）――という3層構造があることを前提にした見方に呼応している（Lessig, 2001=2002, pp. 45-46）。物理層は電線などの通信手段に対する政府の規制などによってコントロールされている。コンテンツ

層もネット上で市販されているものもあるから、財産権が認められており、私的にコントロールされている。だがコード層はフリーであり、開かれた共有地、「オープン・コモンズ」とみなすことができる。ここでの想定は「共」を、共同体を越えたところに位置づけている。

　臓器の場合で言えば、それを廃棄物とみなして、臓器に対する所有権を否定するところに「共」の概念が入り込む余地がある。あるいは、カーシェアリングの場合も、クルマに対する私的所有権を否定し、互いに共有することで、クルマ利用のシェアを実現しやすくしようとする。これらの場合には、「私」、「公」、「共」の関係は同じレベルにおいて規定しうる。同じ所有権の有無をシステム上、重視する共同体を前提にしているとみなすことができる。

　いずれにしても、ネグリとハートは、技術革新によってインターネットが「共」の領域を大幅に広げた点に注目し、強力な「共」が存在するようになった結果、今度は工業がこうした「共」、すなわち、インターネットに代表されるネットワークや、知的・文化的回路、イメージなどを組み合わせて、生産に活用する必要性に迫られていると主張している（Negri & Hardt, 2009＝2012 下, p. 136）。その一方で、この「共」は、自律的であるために、人間の労働を資本とかかわりのない、より自由なものへと変容するだけの力をもっているとして、生産工程を世界中に振り分け、ネットワークでつなぐような状況においては、労働時間さえ管理できなくなる、とみる。そもそも時差があるし、労働内容によっては工場に出向く必要はないのだから。それは、資本のもとに労働力や設備・資材を集結させて生産を行ってきた体制の崩壊をもたらすことになる。ネグリとハートはこれを、「資本の概念に切断が生じ、二つの敵対的な主体性が生まれている」と表現する（同, p. 146）[12]。具体的には、つぎのような状況になるという（同, pp. 146-147）。

　「一方の側の主体性としての資本主義的権力は、その生産的な役割や生産的な協働を組織する能力、そして労働力の再生産の社会的メカニズムを管理する能力を次第に失いつつあり、もう一方の側の生産的な主体性としてのマルチチュードと、しばしば不安定な形で共存することになる。またその際、マルチチュードの側は、自律的に自らを支え、新しい世界を構築するのに必要な構成的能力をますます身につけつつあるの

だ」というのがそれである。

　ここでいうマルチチュードとは、多種多様なネットワークでつながった「多衆」といった概念を意味している。ネグリとハートの主張で興味深いのは、国家だけでなく、企業においても主体性が二分化するという形に変化しつつあるという指摘である。国家も企業ももはや、一つの主体性ではありえないのだ。こうした思考が可能なのは、彼らの「共」が共同体を越えたものとしてあるためであることを忘れてはならない。

　彼らの主張は、主体や主権の虚妄を強調する本書の立場と一致する。だが、実際のインターネットでは、「私」による「共」の部分への浸食が猛烈な速度で進んでいる。この問題の深刻さの理解がネグリとハートには足りない。

インターネット空間

　インターネットは本来、ネットワーク自体のオープン性を確保したまま、ネットワークの端（エンド）にアプリケーションをつけて運用する仕組み（"end to end" 設計）を採用している。アプリケーションがネットワークのエッジにあるコンピュータ上で動くので、新しいアプリケーションを開発した者はアプリケーションを実行するのに、自分のコンピュータをネットにつなぐだけですむ。だが、コンピュータ・ウィルスなど「悪性コード」の蔓延、ビジネスユーザーの隆盛などから、アプライアンス型ネットワークと呼ばれる「ひも付き」情報端末への移行が急速に広がっている。その代表格はフェイスブックだ。フェイスブックに接続するには、アカウント登録をしなければならない。これにより、ユーザーはアプライアンス型ネットワークに誘導される。フェイスブック側はこのネットワークのセキュリティ強化をうたっているのだが、運用上の問題をなくすため、コードの自由な交換ができない。だからこそセキュリティを守れることにつながるとも言える。こうして「コモンズ」は急速に失われつつある。「私」が「共」を浸食するのは、「公」が「共」を浸食するよりは望ましいかもしれない。それでも「私」にも「公」にも問題がある以上、こうした事態はきわめて深刻であると指摘しなければならない。とくに「私」がある特定の共同体にのみ帰属している現状では、この「私」による「共」の浸食は深刻な事態なのである。

シェアリング・エコノミー

　シェアリング・エコノミー (sharing economy) はどうだろうか。携帯電話やコンピュータを使って、個人がクルマ、住宅などのさまざまの資産を別の個人に貸すことが簡単にできるようになり、そうした取引を斡旋するビジネスも発展している。ソーシャル・ネットワークが広がったことで個々人の間の信頼も高まっており、それが自分の資産を貸すことへの抵抗感を弱めている。その結果、「集団的消費」(collaborative consumption)、「軽資産ライフスタイル」(asset-light lifestyle)、「シェアリング・エコノミー」として知られるようになった。たとえばサンフランシスコを根拠地とする Airbnb は 2008 年に設立以来、400 万人が住居を探すのを手伝い、すでに 192 カ国で 30 万もの物件を紹介できるようになっている (*The Economist*, Mar. 9th, 2013)。Airbnb は住宅斡旋にかかわることで賃貸料の 9 〜 15% を収入とする。このサービスは Facebook を通じた情報によって借り手と貸し手の信用力を監視することを可能にしている。

　シェアリング・エコノミーの発展は、所有からサービスの享受へと消費者の指向が移行しつつあることを示している。いわば、「私」の領域が縮減し、「共」の領域広がっていることを意味している。しかし、こうした変化は同じ共同体で生じており、ゆえに、税金を徴収する「公」は、貸し手である個人の所得に課税したり、こうした取引そのものに課税したりすべく、さまざまの規制強化をしやすい。つまり、「公」が「共」に圧力をかけ、「共」の領域の広がりに待ったをかけようとすることが同じ共同体であればこそ容易なのである。「私」から「共」への移行が本格化すれば、「私」の需要減少による生産減を恐れて、供給側に位置する「私」が「公」と結託してシェアリング・エコノミーを潰しにかかる事態も予想される。

　いずれにしても、この「共」としてのシェアリング・エコノミーを、共同体を越えた空間にまで広げることができなければ、「共」の優位は確保しにくいだろう。同じ共同体が前提とされているかぎり、「私」、「公」、「共」をめぐる「闘争」において、「公」がでしゃばる領域が広がれば、それだけ腐敗にからむ取引が「公」と「私」の間で行われかねない。腐敗の広がりにつながりかねないことになる。

臓器売買

臓器売買をめぐっては人間の臓器や死体の売買をめぐる所有権が問題になる。米国では、1987年の統一死体提供法によって、人間の臓器、死体の売買は禁じされている。これは「われわれは自分のからだから切り離された組織を所有していない」という見方や臓器や死体を廃棄物とみなす考えのもとで、それらを「公」ないし「共」が管理するという道を拓いた。血液のように、私的に売買されてきたものも、「公」や「共」が管理することで、その安全性を保つ工夫が定着してきた。だが、これまでの考え方に抜け穴を見出し、事実上、臓器などを売買する「ボディショッピング」が隆盛している。いわば「公」ないし「共」から「私」への「囲い込み」が起きているのだ。

『ボディショッピング』を書いたドナ・ディケンソンによれば、フランス、ベルギー、オランダなどの大陸法のもとでは、手術によって切除された組織は廃棄されたものとみなされているのだが、「いずれの法体系でも、組織の切除、あるいは提供についてインフォームド・コンセントが実施されれば、本人はその所有権を失うことになる」という（Dickenson, 2008=2009, p. 49）。あとは、その断片を利用するのは早い者勝ちということだ。ロックの所有論では、自分の身体が自分のものであると主張できるとは考えていなかった。彼は、人間は自分の肉体ではなく、人格に対してのみ所有権を認めているにすぎない（仮面を意味するラテン語「ペルソナ」が人格の意味をもつようになったのは、ローマ市民が法によって公的舞台で役柄を演じることを期待され、法的人格のようなものを有していたことを想起せよ）。なぜなら、肉体を創造したのは神だからである。こうした宗教観はもはや多数説たりえないから、身体の私的所有をめぐる問題は法律制度が立ち遅れたフロンティアと言えるだろう。

法律家であるレッシグによれば、コモンズは、「共有のもの」として保有されているリソース（それ抜きには人間という存在を考えることができないもの）について、その所有権の中核（そのリソースが他人に提供されるかどうかを選ぶ排他的権利）が行使されないという特徴をもつ（Lessig, 2001=2002, p. 41）[13]。コモンズの利用に対して、使用料を支払う必要がなく、「フリー」なのである。こう考えると、公道はコモンズであり、公園や浜辺もコモンズということになる。これらは同じ共同体内のコモンズに

すぎないが、過去の学術業績は共同体を越えている。より普遍的なものだからである。アインシュタインの相対性理論は共同体を越えたコモンズと言える。

だが、問題は共同体を前提に制度化された特許や著作権によって「共」の領域の一部が囲い込まれ、「私」の領域になってしまっている点にある。英国での囲い込み運動は、それまで開放耕地であったものを柵で囲い、私有地とするものであった、同じ共同体内において。以前には、こうした耕地の権利の譲渡は法律で禁止されていたが、その法律が廃止されたため、土地の売買が可能となり、それが産業革命に資金を提供することにもつながったと考えられる。

この囲い込みと同じように、神が創造した身体は本来、だれの所有物でもなかったのに、つまり、共有物であったのに、いまや人間の身体やその一部に対する権利を企業や研究機関に囲い込もうとしている。ここでも共同体の制度が幅を利かせ、人間の身体をめぐるビジネスこそ「21世紀の囲い込み運動」として共同体内の陣取り合戦の様相を呈している。人間はかつて身体全体、あるいは人格全体を奴隷という商品に仕立てあげてきた。人間をモノとして売買の対象、商品としてきた。身体の一部、精子や卵子、遺伝子といったものであれば、再びモノとみなしていいのか。モノとみなせば、それは商品になりうる。また過去の歴史は土地を手放した農民が豊かになったわけではなかったことを教えてくれている。とすれば身体を手放す側の人々は十分に警戒しなければならない。しかも、そこに共同体重視という強固な思想が隠されている。

通常、特許の対象となるのは、「不自然」であることが要求されている。遺伝子や遺伝子配列はどうみても「自然」であり、これまで長い間ずっと、人の身体のなかで「発見される」のを待っていただけのものだ。にもかかわらず、これは技術進歩によって見出されるものとなり、「発明」の対象となりうる。このため、特許の対象ともなるという主張がある。もしこの主張が認められるケースが増えれば、発明の時代、企てが全面化した時代の到来ということになる。ここでも、それは当然視する共同体内のしきたり、ルールでしかないのだが、そんなことを気にする人間はほとんどいない。共同体を越えた単独者がほとんど顔を出さないからだ。

こうして、同じ共同体のレベルに見出される「共」の領域では、その「共」が「私」に浸食されやすく、私権の濫用によって全体の利益が損なわれる事態に陥りかねない。腐敗の規準を「私」にまで拡大すれば、そうした濫用は腐敗とみなすこともできる。だが、本当は「共」を、共同体を越えた空間、共同体から離れた空間に見出さなければ、「私」「公」と、「共」との同じ共同体レベルの簒奪にあって「共」は縮減されるばかりであろう。

　他方、共同体を越えたレベルで「共」を強化・拡大する方法もある。二重国籍や多重国籍の活用である。二重国籍の問題は、「公」の領域を二重化することで、「公」を弱め、「共」を強化するという試みである。筆者は、拙著『核なき世界論』で、二重国籍の取得を緩和することを提案したことがある。世界中を見渡すと、二重国籍を原則として認めていない日本、中国、インドネシアなどの国々が多数派を形成しているわけではない。実は、グローバリゼーションの広がりのなかで、二重国籍を認める国が着実に増加しているのだ（Blatter, et al., 2009）。たとえば、ドイツでは、第一次世界大戦前の法律で、血統主義が採用されていたため、ドイツ人の血統の者にはだれでも国籍が与えられたが、ドイツで生まれた外国人には与えられなかった。しかし、2000年になって、1990年以降にドイツで外国の両親から生まれた子供は二重国籍を認められ、23歳になる前に一つの国籍を選択することになった。しかし、これでは不公平であるとの議論が高まっている（*The Economist*, Mar. 2nd, 2013）。米国でドイツ人の両親から生まれた子供は生涯、二重国籍をもてるし、ドイツでギリシア人やスペイン人の両親から生まれた子供も同じであるからだ。後者が可能なのは、EU加盟国とスイスについては、二重国籍が認められているからである。こう考えると、ドイツの現在の制度は、事実上、トルコ人向けに設けられた不公平な制度であることになる。

　2008年の段階で移民政策研究所が調べたところでは、世界のほぼ半数の国がなんらかの形態で二重国籍を大目にみていた（*The Economist*, Jan. 7th, 2012）。最近では、アルメニア、ガーナ、フィリピン、ケニア、ウガンダ、韓国は二重国籍の取得を認めたり、緩和したりする改革を行った。デンマークも緩和した。他方で、オランダ政府は2010年10月1日施行の法改正で重国籍の全面的容認をやめ、制限を課すことにした。

キリスト教の再洗礼派が主張するように、赤子のときの洗礼は自らの意思で選択したものではないから、成長後に再洗礼を義務づけることで、その再洗礼を受けるかどうかを選択するとき他でもありえたかもしれないと考えることで自由を経験できるのだ。とすれば、最初からどこの国で生まれた人間であっても18歳になったとき、国籍を改めて選択し直せることにする制度を、世界中で導入する政策さえ考えられる。

重国籍は、選挙権や徴兵など、国家が国民に強いる義務をどうするのかという問題を惹起する。選挙権について言えば、重国籍者に住んでいないという理由だけで、選挙権を与えないのはおかしい。重国籍が認められるのであれば、二重の選挙権は当然、認められるべきことになる（Weinstock, 2010, p. 194）。あるいは、人権尊重の立場から重国籍は認められなければならない（Spiro, 2009, p. 25）。それでは、選挙の平等性が毀損されるという反対論が出るかもしれないが、そもそも一人一票という形式をとれば、平等なのかという問題もある。各国内に住む外国人を無視することは民主主義の理念に反しないのかという問題もある。民主主義の本質に立ち返れば、少なくとも一国籍しかもたない者で、その国に実際に住んでいる者だけに選挙権を認めないこと自体に正当性を見出すのは難しい。被選挙権についてはより厳しい条件を課すとの立場から、重国籍者には認めないという立場もありうる。だが、この見解についても疑義を呈することはできる。国家が国民を選ぶのではなく、国民が国家を選ぶという立場からみれば、人間がどこの国の被選挙権を行使して議員候補になろうと、それはまったく自由でなければならないと主張することは可能だ。

二重国籍あるいは多重国籍を当たり前にすれば、国家が主権を振りかざそうとしても、人間の側が少なくとも主権国家から逃れることができる。二重国籍は「公」の領域を二重化することで「公」の権力作用を弱め「共」の領域の拡大へと結びつけるねらいがある。こうすれば、主権国家を揺さぶり、腐敗の適用範囲を狭めることもできるだろう。共同体としての国家を超えた空間としての「共」を想定することができる。

「なめらかな社会」

ここで、鈴木健の主張を紹介したい。彼は「公」と「私」の対立の

なかで、「共」のパラダイムがその二項対立にどこまで踏み込めるかという問題意識にたって、「共」の空間をコミュニティ（共同体）と想定し、その共同体内の分配メカニズムについて考察している（鈴木, 2001, p. 27）。そのなかで、貨幣、所有、投票はコミュニティ内の評判に応じて権利を分配するメカニズムとして構想している。彼の主張は共同体から出発してその共同体を変えることで、「共」を共同体全体にまで押し広げる試みだ。

　コミュニティに対して、高い効用を与えた人が多くの購買力（権）、すなわち貨幣をもつことができる。所有については、生産物（プロジェクト）に対して、高い関与をした人が多くの利用権（ないし占有権）をもつ。投票については、コミュニティに対して、高い効用を与えられる人が多くの意思決定権（ないし名誉）をもつ——という具合である。そのうえで、彼は、貨幣、所有、投票にかかわる、個人、企業、国家、消費者、資本家、取引先、従業員、政治家といった概念がいわば、一連の連続的なスキームの特殊な状態を「ラベリング」したものにすぎないと指摘する。問題は、こうしたラベリングを、「互酬のための評判システム空間全体における点」としてみることだという（同, pp. 28-29）。本来、これらの点は連続的につながっていたのだが、「言語の束縛」によってそれに気づくことができなかったのだ。しかし、これらを点とみなせば、コミュニティにおいて互酬の評判システムをどう「社会契約」していくかという視点から、これらの点を統一的に考えることが可能になる。それは、人間が資本家であると同時に、消費者であり、政治家であると同時に市民でもあるという、現実の状況に対応している。ここでの鈴木は、「共」の空間を広げることを短期的な目的とし、そのための具体的なメカニズムを構想していることになる。

　他方、鈴木は長期的な課題として、「共」の空間であるコミュニティを超えたものへの移行を想定し、それを「なめらかな社会」と呼んでいる（鈴木, 2006, 2013）。それは、反俯瞰（世界全体を見渡すことをしない）、反蛸壺（自分の周りやコミュニティといった、ある特殊な範囲の内側だけをみない）、反コミュニティ（社会全体か中間集団か、俯瞰か蛸壺かといったゼロかイチかで物事をみない）、反最適化（共同体のなかで最適化することをしない）、反正義（いかなる絶対的正義も認めない）、反ゲーム（対等な

関係間のゲームではなく、「距離」に応じたコミュニケーションに移行する）——というアンチテーゼを手がかりに構想されている。ここでの社会は共同体を越えたところ、共同体と共同体との間に位置づけられている。そこでは、共同体に属する人間ではなく、共同体から脱した単独者がかかわる世界が想定されている。これは、「T＝主権国家」を突き崩すことを意味している。

5. 民主主義の立て直し

　「主体＝私」、「主権＝公」との間を「社会契約」で結びつけるのは民主主義という手続きである。だが、民主主義そのものを検討する前に、本当はそうした契約を可能とする「社会」に目を向ける必要がある。西洋の共同体では、成員の同質性を前提とし、異質な者を排除するところに成り立つ民主主義が発展したが、それは同質性を前提とする点で全体主義と対立していない（全体主義は相互にばらばらになった個人からなる大衆という同質性を前提にしており、各人の自由が共同体創設につながることを妨げる）。フーコーのいう「牧人型権力」においては、すべての者が告白せねばならず、そのことによって自由な主体が生まれる。つまり、民主主義は牧人型権力に由来すると考えられる。これに対して、自由主義は、いわば、告白しない自由にかかわっているのであって、それはキリスト教からは決して出現しない（柄谷, 1993, p. 109）。

　重要なことは、キリスト教的共同体にあっては、個人がことごとく救いを求めることが不可欠の条件となっており、ゆえに、牧人型権力において牧人の権力はすべての個人に、彼が救われるために全力を尽くすことを強制する権威を備えていることになる点である。個としての人間は最初からある種の共同体に内属する者として想定され、その共同体の諸制度がもたらす規制のなかであくまで受動的に獲得する自己を「主体＝私」と誤解するなかで、その「私」にあてはまることが万人にも妥当すると「独我論」に陥っている。民主主義はこの独我論に基づく同質性を前提とした制度にすぎないのである。独我論に陥っているからこそ、イスラーム教を受容する、民主主義的でない別の共同体に対してきわめて専横的な態度がとれるのだ。

こうした共同体に潜む「原理」そのものに対してどう立ち向かうべきなのかという問題がある。日本は「和」を重んじる過程で「原理」を拒否するという共同体を構成した。それは、大陸的な父権的制度と思考を受容しながらも、それを「排除」するという姿勢の反復によって形成されたのではないかと、柄谷は主張している（柄谷, 1993, p. 115）。日本は父系性ではなく、双系制的な社会関係をとることで父権優位という原理を拒否したのであり、自己を身体的に統治することが他者を統治することにつながるとする朱子学の理念を拒否することで、日本全体を覆い尽くすような原理を受けいれようとはしかなった。だからといって、日本的な共同体が望ましいわけではない。ここではこの問題には深入りせず、民主主義そのものについてだけ考えてみよう。

　意識をもつ「私」が意識以外にも、無意識、身体などからなる「自分」の一部しか代表していないのであれば、その「私」が選挙という形式で「社会契約」しても、それはそもそも「自分」全体を反映したものではない。ましてや、意識をもつ「私」がそもそも「分人」に分かれているのであれば、複数の「分人」を統合する「私」を想定すること自体、困難である[14]。民主主義は、意識をもつ「私」という存在を絶対化し、その「私」が自由意志に従って選択できるという虚妄のうえに成り立っているのだ。「主体＝私」を疑う必要性を強調してきた本書においては、こうした虚妄のうえに成り立つ民主主義そのものを改革しなければならないと指摘したい。

　民主主義の改革は、「主体＝私」がかかわる選挙制度の改革と、「主権＝公」がかかわる政府の改革の両面から議論されなければならない。民主主義は選挙およびそれによって生じる政府を結びつける手続きであるからだ。

(1) 選挙制度の改革

　民主主義を支えているのは、投票による多数決である[15]。この手続きが「私」を「公」に転換する。しかし、「私」は投票したときにだけ政治家とつながるが、多数決で選ばれた代理人（議員）とは、それ以降、なんのかかわりをもたない。たとえ、自分が投票した人物が議員に選出されたとしても、その議員が自分の意見を代弁してくれる保証はどこにもな

い。にもかかわらず、この手続きを経るという形式だけで、「私」の想いが「公」に転化されてしまう。この投票制度には、二つの大きな問題点がある。

第一の問題点

　第一は、「私」は意識的に投票するが、その「私」は無意識や身体を含む「自分」全体を代表しているわけではないという問題である。無意識部分を投票という意識的行動に反映させるのは難しい。「私」の判断が「自分」の判断ではなく実は無意識や身体の変化に応じて移ろいやすいものであることに気づけば、4年に一度といった頻度の投票は「自分」を反映していない、その時点での「私」の意識だけを反映したものにすぎないことになる。投票日の翌日になれば、もう違う「私」になっているかもしれない。少なくとも無意識や身体を含む「自分」は投票日の「自分」とは異なっているはずだ。日々、いや刻一刻、変化する「自分」の想いを投票に反映させるのは困難かもしれないが、少なくとも「自分」の変化とともに意識をもった「私」も対応を迫られるわけであり、そうした「私」の変化が民主主義の過程のどこかに反映されるべきではないか。投票を頻繁に行うことは財政上の事情などから難しいにしても、インターネットを通じて頻繁に国民の意識に問いかける仕組みが必要だろう。「自分」はもちろん「自分」の刻一刻の変化に対応を迫られる「私」もうつろいやすいのだから。

　フロイトによる無意識の概念化以降、人間の人格がもはや意識だけの制御下にあるとは考えられなくなっている。こうした状況に適合した新しい国家論を展開した東浩紀の『一般意志2・0』が参考になる（東,2011）。東が構想しているのは「公（全体意志）と私（特殊意志）の対立を理性の力で乗り越えるのではなく、その二項対立とは別に存在している、無意識の共（一般意志）を情報技術によって吸い出すことで統治の基盤を据える新しい国家」だ。ルソーやヘーゲルの時代には、国家はただ一つの一般意志（意識）をもち、政府（人格）はその単純な表出＝代行機関と考えられていた。ゆえにルソーは「政治体の生命の根源は主権のなかにある。立法権は国家の心臓であり、執行権はすべての部分に運動を与える国家の脳髄である」と考えたわけだ。

21世紀の国家2・0においては、一般意志は、「一般意志1・0」もしくは「全体意志」（意識）と「一般意志2・0」（無意識）に分裂しているから、政府2・0は「一般意志1・0」の僕でもなければ「一般意志2・0」の僕でもない、政治家が支配するのでもなければ検索エンジンが支配するのでもない、むしろ両者の相克の場となる。こうした前提にたつと、これからの政府は市民の明示的で意識的な意志表示（選挙、公聴会など）だけに頼らずに、ネットワークにばらまかれた無意識の欲望を積極的に掬いあげ政策に活かすべきであるという議論になる。彼が主張しているのは、これまでの人間のコミュニケーションへの信頼性や理性に立脚した熟議重視の政治を継続するだけでなく、欲望や感性にまかせて動物的に生きているだけにみえる、いわば無意識に蠢いているだけのように思われてきた市民のつぶやきを積極的に吸い上げて市民間の意識的コミュニケーションの活性化につなげるべきだということだ。この無意識の認識には国家や企業などに蓄積された膨大なデータ、データベースが役立つ。

　東の議論では、人間には動物的な面と人間的な面の両面がある。動物的な面は快を最大化するために功利主義的にふるまうもので、その分析は経済学が得意とする。いわば動物的人間は統計処理しやすい「モノ」として扱われ、そこに市場が生まれる。他方、人間的側面に着目すると、一人の人間はそれぞれ唯一無二の存在として扱われ、その一人一人が集まった空間として公共空間が生まれる。私的には動物として、公的には人間として、考えるというのがヨーロッパ的共同体における思想の基本的枠組みであったことになる。この思考の枠組みを「民主主義2・0」の共同体に適用すると、私的で動物的な行動の集積こそが公的領域（データベース）をつくり、公的で人間的な行動（熟議）はもはや密室すなわち私的領域でしか成立しない、ということになる。

第二の問題点

　第二は、「自分」のなかには、複数の「分人」があり、単一の「私」に統合できない複数の意識としての「分人」があるのかもしれないという見方をとると、1人1票という制度を改める必要があるのではないかという問題である。そう考えると、1票を最高4分割することを認

終　章　21世紀の腐敗問題

め、0.25票ずつ投票することを認めることで、複数の候補者への投票を集計したうえで、上位2人によるくじ引きで当選者を最終的に決めるといった方法もある。すべてが投資の貨幣であるという新しい貨幣システム、伝搬投資貨幣システム（Propagational Investment Currency System, PICSY）を応用した伝播委任投票システムが鈴木健によって提案されている（鈴木, 2013, pp. 137-176）。これは、委任をさらに別の人に再委任することができる投票システムで、1票を分割して矛盾した投票をしても、投票の社会ネットワークを通して票が伝播して、最終結果が導かれる。このシステムによって、政党や派閥、利益団体を仮想化、透明化し、万人が誰でも少しずつ政治家であるような社会システムを考えることができる。「分人主義」の立場に立てば、こうした方法こそ望ましい。

　シンガポールの首相を長く務めたリー・クアンユーは、「家族をもつ40歳以上の男性すべてに2票を与えていれば、我々のシステムはもっといいものとなっただろうと、私は確信している。なぜならそうした人は子どもにためにも投票し、より注意深くなるからだ」と語ったことがある（*Foreign Affairs*, March/April, 1994）。彼に言わせれば、40〜60歳の間、2票の投票権を与え、60歳でもとの1票に戻すべきだということになる。ほかにも、ポール・ドメインが1986年に提唱した、投票権をもたない未成年にも投票権を認めるという主張もある。子ども一人につき0.5票ずつ母親と父親が代理して投票するといったやり方を認めよというのだ。このように、一人一票制が当たり前という先入観自体を壊すところから改革しなければならない。

　ほかにも、いまの民主主義が多数者の利益のために少数者が支配する統治形態となっているという大問題がある。それを政党制が担い、主権者の代理として選ばれた党員が議会で大きな顔をしている。本当は、彼らこそ公共の利益を装って私的利益を貪っている官僚を厳しく監視すべきであるのに、そんな役割があることさえ忘れている。

(2) 政府の改革

　つぎに、民主主義改革のもう一つの論点である、「主権＝公」である政府の改革について考察してみよう。現在、インターネットを活用した新しい政治形態を模索する動きが広がっている。それは、政府が保有す

るさまざまな情報をネット上に公開し、民間企業や非営利組織、個人がそれを利用して多様な行政サービスの向上につなげるための「プラットフォーム」をつくろうという、「オープンガバメント」の試みである。ここでいう、プラットフォームは、ネットにかかわる、仲介業、コンテンツ配信、電子商取引、公的サービス提供といった情報交換を円滑かつ安全に行い、利便性を高めるための基盤を意味している。こうした基盤が整えられれば、役人任せではない、したがって、もっとずっときめ細かい行政サービスの実現につながるはずだ。

オープンガバメント

　こうした動きの典型がオバマ政権による「新しい政治」であろう。それは、オープンガバメント政策として、2009年5月から、ウェブサイト上で国民の意見やアイデアを募る「オープンガバメント・イニシアチブ」を開始したことに現われている。2011年9月からは、"We the People"という陳情サイトがスタートした。13歳以上で有効なメールアドレスを所有する人がアカウントを作成し、参加することができる。アカウント作成には、名前とメールアドレスが必要で、一人につき一つのアカウントを持てる。アカウントがなくても、つまり、外国人でも、公表された請願をみたり、ホワイトハウスからの回答を閲覧したりできる。30日以内に10万以上の署名が集まると、ホワイトハウスが対応することになった。これは、英国が8月から始めた"e-petitions"に対応するもの（労働党のトニー・ブレア政権下の2006年11月から「ダウニング街10番地」という首相官邸宛てのサイトがmySocietyという組織によって創設され、2011年4月4日まで運営されていた。500以上の署名を集めると、政府から公式な返事を受け取れる仕組みで、累積で800万以上の署名を集めたとされている）で、英国では、1年間の有効期間内に10万以上の署名が集まると、下院で審議される権利が与えられるという画期的なものだ。提出された請願は7日間審査され、受理されたか否かを通知するメールが請願者に届く。受理されないケースとしては、同一内容の請願がすでに存在する場合や、秘密・誹謗中傷・虚偽・名誉棄損の言葉を含んでいる場合などがある。請願が公表されれば、請願者は自らのソーシャル・ネットワーク・システム（SNS）のページに掲載して、署名を集めるこ

終　章　21世紀の腐敗問題

とができる。⁽¹⁶⁾

　これらは、スコットランドで開始された電子請願システムに影響を受けている。同システムは1999年に試験運用された後、スコットランド議会のホームページに統合され、2004年2月から従来の書面での請願制度と一体のものとしてその働きを開始した。年齢制限はなく、提出する形式や言語も自由だ。各電子請願はそれぞれ討論フォーラムを持ち、提示期間終了後に請願は請願委員会に提出され、通常の審査過程に入る。

　オーストラリアのクイーンズランド州議会は2002年から電子請願を開始した。2005年からは、ドイツ連邦議会や、ノルウェーの12の自治体が電子請願制度を導入した（Lindner & Reihm, 2009, p. 1）。たとえば日本においてこうした仕組みが導入されれば、筆者は上級公務員および退職者の所得・資産公開法の審議を提案したい。この提案に対する賛同が10万人を超えるのに1年などかかるはずもない。あるいは、ロビイスト活動規制法の審議開始を求めるだろう。衆参両院および各種委員会、ならびに、政府主催審議会の完全公開法の制定も提案したい。行政手続法と同じような請願手続法の制定により、電子請願を法的に位置づけることも喫緊の課題だろう。

仲介者不要論

　こうなると、仲介者たるロビイストなど不要だ、とする仲介者不要論が出てくるだろう。実は、経済学的に仲介者を分析すると、これに近い結論になる。まず、インターネットによって顧客が直接、売り手に発注することが可能になると、卸売業者や小売店が不要になる。こうすれば卸売業者や小売店へ支払うコストが削減でき、商品の価格低下につながる。売り手も実需に合わせて生産することで、在庫コストや過剰生産による廃棄も減らせる。しかも、価格の比較が容易になることで、競争が活性化され、価格低下も期待できる。

　それでは、ロビイストという仲介者はどうなるのだろうか。まず、「仲介者＝ロビイスト」という関係を想定してみよう。この際、連邦ロビイング規制法、それを改訂したロビイング公開法のある米国では、ロビイストは依頼者と契約を結び報酬を得ている一方で、ロビイストは議員との間に特別な関係を形成している。議員の選挙資金集めのために寄

付金ルートを開拓したり、立法化への支援（各種情報提供）をしたりしている。接待や、研修という名の便宜供与もある。ロビイストが議員にカネを渡すと、議員とロビイストが贈収賄罪に問われる可能性が高まるから、カネの直接的な受け渡しは行われにくい。議員がロビイストの各種情報提供サービスにカネを支払うこともない。ロビイストは政治的な寄付が直接、立法上の結果（議決における投票行動など）を買った、「お返し」（quid pro quo）であるという証拠を消すために、議員との間で、日常的な接触を行うのである。いわば、贈与と返礼による互酬関係を日常的に構築して、特定の「お返し」を隠すわけである。

　ロビイングは、国民の請願権を重視する米国において、歴史的に定着してきたものであり、贈収賄をわかりにくくすることを目的に形成されたものではない。ただ、時代を経ても、ロビイング自体は廃止されず、むしろ、贈収賄を防止するための規制強化によって、ロビイストによるロビイングは温存されてきた。ロビイストの存在自体を否定するのではなく、その運用をうまく制御することで腐敗を減らそうとしてきたと考えられる。たしかに、ロビイストによる議員への接触を情報開示し、監視することで、こうした制度がない場合よりも、贈収賄の機会は減るかもしれない。日本のように、ロビイング規制がない国では、至るところで、依頼者や仲介者による議員との接触があり、贈収賄まがいの行為が蔓延していると思われる。それよりは、ロビイングを明確に法律で定め、議員との接触をより白日のもとに曝け出す方法をとるほうが腐敗を減らすことが可能になる。ただし、仲介者を通じた権力者への働きかけ自体は法律の範囲内であれば法律上、なんら問題はないことになり、米国で現に起きているように、日常的な贈与と返礼による互酬関係によって特定の「お返し」を隠蔽することで、事実上の贈収賄が立件されにくい状況が広がることになる。

コモンキャリア

　この関係を変えるには、仲介者が「コモンキャリア」になればいいのだろうか。「共」部分の復権である。コモンキャリアとはなにか。ここでは、筆者がかつて行ったパイプライン（PL）の研究をもとに、ごく簡単に説明してみよう（塩原, 2007）。PLは「ネットワーク型インフ

ラ」の一種とみなすことができる。ここでいう「ネットワーク型インフラ」とは、"network utilities"や"network infrastructure"といった概念とよく似たものである。ネットワーク型インフラは、「発電―送電―配電」というネットワークを前提として商品・サービスの提供が行われることに関連したインフラをイメージしており、具体的には発電所、送電網、配電網、あるいは油田、原油パイプライン、製油所などを意味している。垂直統合型のネットワークに支えられたインフラとみなすことができる。ネットワーク型インフラの特徴は、①規模の経済性、範囲の経済性の存在、②巨大な埋没費用（sunk costs）の存在、③広範な利用者の存在——である。インフラの規模が大きくなるにつれて財・サービスの単位あたりの平均費用が低下するという規模の経済性が存在するだけでなく、同一設備による複数のサービス提供を通じて範囲の経済性も確保できる。ネットワーク型インフラには、巨額の固定投資が必要とされ、かつ、転売が困難であるという特徴があり、それが埋没費用を高め、新規参入を思いとどまらせる障壁となる。この結果、垂直統合型のネットワーク形成が進み、独占的なインフラ・サービスが可能となる。ネットワーク型インフラは利用者が多いため、その活動をめぐって価格調整などの規制が政治問題化することが多く、経済的合理性だけでは問題解決はできないという面も忘れてはならない。

　ロビイストは政治家や官僚への働きかけを企業や個人から委託されているだけであり、ネットワーク型インフラの特徴を必ずしも満たしていない。しかし、こうしたネットワーク型インフラの分析を適用してみることは決して無駄なことではないだろう。そこで得られる結論は、「発電―送電―配電」でいれば、「送電」部分を自由にアクセスできるように開放（「コモンキャリア化」）し、「発電」と「配電」のそれぞれで競争を導入すべきだというものだ。これは垂直的に統合されてきた「発電―送電―配電」の垂直分離（unbundling）の必要性を物語っている。ガス産業で言えば、ここでのポイントはPL部分を「コモンキャリア化」し、採掘会社と配送会社ないし消費者との直接、契約を可能にすることだ。こうすれば採掘会社と配送会社ないし消費者がたがいに競争を前提に天然ガスの価格を決定できるようになり、PL業者は単に輸送サービスを提供するだけになる。つまり、仲介者の役割は大幅に低下する。

ここでまず考慮すべきなのは、PLの場合、その運搬対象が石油やガスといった「商品」であったことである。請願にかかわる情報は「商品」なのだろうか。「商品」でないとすれば、PLと類似の議論にはなじまないことになる。加えて、請願者間の競争を促進して効率をあげるということも必ずしも必要であるとは思えない。ただ、請願者と政治家が直接契約を結び、それを単に手伝うだけのサービスをロビイストが行うようにすることは、仲介者が介在することで請願者と政治家との間の腐敗を見えにくくしている現状を改善することにはつながるかもしれない。請願者とロビイストの取引契約はその取引対象が「商品」でなくとも、「商品」に近くとも、好ましくはない。ただし、政治家はこうした好ましくない取引がなくなることを必ずしも望まないだろう。政治家は請願者と直接、契約すれば贈収賄の疑いをもたれかねない。こうしたなかで、どう妥協点を見出すべきかが問われていることになる。

　こう考えると請願権の改革がきわめて重要であることがわかる。請願が電子情報として簡単に行われるようになれば、ロビイストの介在は不要になる。だが、そうした請願がまじめに顧みられることなく放置されたり軽視されたりすれば、請願の意味が薄れてしまう。直接会って密談をし、「お返し」もする関係のほうが選好されてしまうかもしれない。

　ここで留意しなければならないのは、プラトンが指摘したように、民主制から衆愚制への堕落である。請願権を利用したポピュリズムによって誤った政策がとられてはならない。安易な電子請願システムは一時の感情の発露として、国家主義的な政策選択を促しかねない。つまり直接民主主義と間接民主主義の相克という問題につながる。

　興味深いのは、2007年に署名され2009年12月に発効したリスボン条約において「市民の発議権」（European Citizens' Initiative）が認められ、複数の加盟国にわたる少なくとも100万人以上の市民が欧州委員会（コミッション）に立法提案を行うよう求めることが可能となった。そのための手続きや条件については、規則は2011年2月、欧州議会および欧州連合（EU）理事会によって採択された。発議手続きを開始するにあたり、少なくとも7加盟国の7人からなる「市民委員会」をつくることが必要で、そのメンバーは欧州議会の選挙権に必要な条件である18歳以上でなければならない（オーストリアだけは16歳以上）。市民からの

支援署名を集めるために、資金委員会はサイド上にその発議を登録する必要がある。登録が認められてから1年間、署名を集めることができる。欧州議会選の有権者は署名する資格を有している。100万人という数はEU加盟国全体の人口の約0.2%であり、これはスイスにおける国民投票のための発議が人口の約2%を必要としているのに比べると決して高いハードルではない。

　ただし、インターネットは民主主義にプラス効果だけをもたらすわけではない。民主主義が機能するためには、共有体験をもとにした「公共空間」に実際に接触をもち、コミットできる体制が必要だ。ところが、インターネットは個人による自由な選択の余地を広げ、結果として自分の関心領域だけを囲い込み（フィルタリング）、共有体験を減らす傾向を強める。それは「集団分極化」という現象を引き起こし、自分の好みに合わない他者の意見にまったく耳を傾けない一方、同じ選好傾向の強い集団内で過激な意見に急進化するようになる。無意識や身体という「自分」を無視した、意識をもつ「私」の暴走はいわば純化された自己をつくり出し、「自分」を無視したまま極端な「私」の側にブレてしまうのだ。とすれば、こうした陥穽をよく意識したうえで、その対応策をたてる必要がある。インターネットにおいても共有体験を創造できるような工夫を講じなければならない。それは、すでに指摘したように、無意識に蠢いているだけのように思われてきた市民のつぶやきを積極的に吸い上げて、市民間の意識的コミュニケーションの活性化につなげる方法を創出することである。

　もう一つ重要なのは、クラウドサービスなどを通じて、ますます多くの情報を蓄積しているFacebook、Google、Amazonなどの民間会社がそれらの情報を利用して、民意を「断片化」（fragmentation）したり、政治を「流動化」（liquefaction）したりして、自らの立場の優位を保つことさえ可能な状況にあることである。インターネットは当初、権威主義的で専制的な政権に風穴を開ける手段として有望視されたが、政府の側がその蓄積した情報を悪用して民意を操作することさえ可能な状況を生み出すに至っていることを忘れてはならない。

官僚の位置づけ

　柄谷行人は、「普通選挙とは、国家機構（軍・官僚）がすでに決定していることに「公共的合意」を与えるための手の込んだ儀式でしかない」と喝破している（柄谷, 2004b, p. 231）。とすれば、官僚の改革は民主主義の改革でなければならない。腐敗をめぐる議論の多くが官僚にかかわっている以上、この問題は本書にとって重要な課題と言える。選挙制度や政府の改革によって人間の無意識まで汲み上げて民主主義を改革することができれば、「官僚が決めたことを国民（ネーション）自身の決定であるかのようにさせる手続きにすぎない」民主主義を脱皮させることが可能となるだろう。これは官僚がかかわる「公」の領域での腐敗行為を縮減させる方向に働くはずである。

　それは、これまで官僚が果たしてきた仕事の多くをコンピュータに代替させたり、民間に委ねたり、あるいは官僚を厳しく監視したりすることによって可能となるのだろうか。ここで思い出してほしいのは、近代化の過程で人間の主体化に「自己の抑制」ないし「自己統治」が必要なのと同じように、国家の主権化には国家にかかわる諸制度の鍛錬としての「規律化」の重視という視角が求められ、実践されてきた歴史である。そうであるならば、今度はむしろ規律を緩め、選抜を改めればいいのではないか。それは、「主体＝私」という見方を改め、無意識という、わけのわからない領域の存在を認め、「私」が無意識や身体までも支配し、「自分」を代表するという、「支配・被支配」、「命令・服従」という関係を持ち込まない見方に改めることに対応している。「ぎすぎすした関係」から「なめらかな関係」への移行をめざすのである。

　それは官吏の任用を緩くすることを意味している。筆記試験をしたければしてもいい。試験を同時期に受け、合格するという行為への参加はいわば団結心（esprit de corps）のようなものを培う力があるから、これ自体を否定する必要はあるまい。具体的には、50人の募集に際して、300人の応募があった場合、100人までの足切りのためにだけ試験を使い、100人から50人までの選抜はくじ引きで十分だろう。さらに、任用期間も10年以内と限定し、再任を認めない制度に改めればいい。これは、規制強化にみえるかもしれないが、官吏の多様な人生選択を促す制度であるとみなせば、これまでの終身雇用制よりも随分と、緩やかな

制度と言えるだろう。ギリシア時代のアテナイでは、役人の大多数は抽選で選任され、任期1年で原則として再任は認められなかったことを紹介したが、ともかくも、10年という区切りを設けることで、官吏に多様な職業選択の自由を謳歌してもらうのである。アテナイと同じく、軍人については別の制度が必要だが、その場合でも、軍人の選抜は体力検査とくじ引きで十分だろう。

　官吏の規律についても、緩やかにするのには抵抗感があるかもしれない。そうであるならば、官吏の仕事の領域を徹底的に縮減させればいい。「公」の領域をできるだけ狭めるのである。ただし、それは「民営化を推進せよ」ということではない。多くの読者が実感していることかもしれないが、私企業にも「官僚制」は存在するのであって、官吏の仕事を民間に移しても必ずしもうまくゆくわけでない。だから、柄谷行人は「公的官僚制だけが官僚制であると考え、それを民営化によって滅ぼせると考えるのはまちがえである」と指摘している（柄谷, 2010, p. 269）。ここで問われているのは、目的合理性を当然視する視角の危険である。

目的合理性を疑え

　ウェーバーは著書『支配の諸類型』のなかで、正当的支配の純粋型として、①合法的支配（合理的性格のもので、制定された諸秩序の合法性と、これらの秩序によって支配の行使の任務を与えられた者の命令権の合法性とに対する、信仰に基づいたものでありうる）、②伝統的支配（伝統的性格をもったもので、昔から妥当してきた伝統の神聖性と、これらの伝統によって権威を与えられた者の正当性とに対する、日常的信仰に基づいたものでありうる）、③カリスマ的支配（カリスマ的性格のもので、ある人と彼によって啓示されあるいはつくられた諸秩序との神聖性・または英雄的力・または模範性、に対する非日常的な帰依に基づいたものでありうる）──の三つを指摘している（Weber, 1921-1922＝1970, p. 10）。

　そのうえで彼は「合法的支配の最も純粋な類型は、官僚制的行政幹部による支配である」と明言している（同, p. 20）。これは「合議制」に対する単独支配制としての単独制官吏という形態をとり、人格的自由、明確な官職階層制、明確な官職権限、自由な選抜、専門資格などを特徴としている。さらに、官僚制的行政は、精確性・恒常性、規律・厳格性・

信頼性の点で、したがって計算可能性を備えている点で、純技術的に最高度の仕事を果たしうるまでに完成することが可能であり、これらのすべての意味において、「支配の行使の形式的には最も合理的な形態である」という（同, p. 26）。

こうした指摘は、「官僚制的行政の成立が、近代的な西洋国家の胚芽をなしている」という記述にみられるように、近代的官僚制を前提に語られている。ゆえにウェーバーは、「あらゆる領域における「近代的」団体形式の発展（国家、教会、軍隊、政党、経済的経営、利害関係者団体、社団、財団、その他なんであれ）は、官僚制的行政の発展およびその不断の成長と、端的に同一のことなのである」とのべている（同, pp. 26-27）。だからこそ「今日の発展段階に達した資本主義が官僚制を要求するように、資本主義のほうも、必要な貨幣手段を財政的に提供することによって、官僚制が最も純粋な形で存立しうるための最も合理的な経済的基礎をなしている」という（同, p. 28）。

支配形態の一つである官僚制は、支配層に都合のいい目的のもとに合理的に行動する上意下達の制度であり、こうした制度が資本主義のもとで国家、軍、警察、政党、会社などに広まっている。これは、目的そのものの是非を問うことなく、目的実現のための手段の合理性ばかりにとらわれている現状につながっている。目的合理性そのものを根本から問い直さなければ、官僚制に伴う腐敗は決してなくならないだろう。[17]

ここでカール・マルクスが産業プロレタリアートと呼んだのが官僚主義のなかでモデル化された人々であったことを思い出そう（Karatani, 2014, p. 180）。マルクスが理論化したのは、個別の生産者が水平的に結びついた生産段階から、資本によって垂直的に運営されるようになった工場における生産であり、この移転は民間企業の官僚主義化という現象であったのだ。[18] とすれば、資本主義下の多くの大企業はこの官僚主義の病弊をつねにともなっていると指摘しなければならない。

なお、ここでいう目的合理性はマックス・ホルクハイマーのいう「道具的理性」（instrumentelle Vernunft）と同じ意味で使用している。彼は、啓蒙における理性とは目的の純粋な道具であろうとする古くからの野心をもち、本質的に手段と目的に多かれ少なかれ自明のものと考えられている目的に対する手続きの妥当性に関心をもち、目的自体が合理的であ

るか否かという問題にはほとんど重きをおかないとみなした。ゆえに彼は啓蒙の理性は所与の目的達成の道具にすぎないという意味で「道具的理性」にすぎないとしたのである。

　ハーバート・サイモンの意思決定論では、価値と事実を認識論的に分離し、価値は行動の「目的」が決定される基礎を提供し、事実は「目的」達成のための効果的「手段」を計算することに関係しているとみている。だが価値と事実は社会的過程にまつわる行動や価値の相互に作用するパターンに基づく社会的過程からのみ発現しうると行動理論では考える。毎日の経験上、価値と事実の間の分離は疑わしいことになる。「目的」決定の基礎である価値とその達成「手段」の計算に関係した事実の分離が難しい以上、「目的」と「手段」の分離も疑わしい。この分離に前提をおく意思決定論は現実「目的」と「手段」の区別がいかがわしいことは、具体例を想定すればより簡単に理解できる[19]。

　こうしてみてくると、「目的」と「手段」の両方を分離しやすい組織もあれば、そうでない組織もある。「目的」より「手段」を思考する組織もあれば、「目的」指向が強い組織もある。「目的」と「手段」を分離して、そのうえで、手段を優先させるということが常に望ましい方法というわけでは決してないのだ。

　それにもかかわらず、官僚組織にあっては、部署ごとに「目的」ないし「目標」を設定し、局地的に命令を発し、服従を迫る。そんなことが可能なのは、その命令が合理性をもつように装うことができるからである。「社会」の要請を理由に、その命令が客観性をもち目的合理性があるかのように認識されてしまうのだ（山本, 2015, p. 154）。しかも、その命令は匿名で出される政令によって正当化されている。

　この目的合理性は近代的な思考様式に支えられている。その合理性は、「命令はそれが"物化"されることによって、リアリティを得、いかにもその命令に根拠があるように見える」という思考に支えられている（山本, 2015, pp. 99-100）。ここでいう「物化」（materialization, Verdinglichung）とは、ハンナ・アーレントの言葉で、「活動と言語と思考」という「触知できないもの」を「触知できるもの」に変形することによって、それらにリアリティをもたせ、持続する存在とすることである。建築空間が「物」となることで、逆に物化されたものによって「活

動と言語と思考」が影響されるというのが近代以前の「世界」にあったというのである。

　この思想は感覚に基づく一切の直接的経験への信頼を前提としている。ところが、地球が太陽を廻っている事実が発見されたことで、デカルトの「すべてを疑うべし」（de omnibus dubitandum est）という懐疑論が優勢になる。アーレントは『過去と未来の間』のなかで、「いいかえれば、人間が自らの感覚が宇宙に適合していないことを学び、そして日常生活の経験は真理の受容や知識の獲得の範型とならないばかりか、むしろ誤謬や幻想の源泉であることを知ったとき、近代は始まったのである」と的確に表現している（Arendt, 1958, 1968=2002, pp. 70-71）。ゆえに、観察から実験へと人間は歩を進め、自然科学の進歩をもたらすことになったのだ。

　近代になると、まず「活動と言語と思考」といった思想があって、それが物化されるとみなす。しかも、「思考する人」と「物化する人」が分離される。つまり、「思考する人」＝「知を命ずる人」＝「支配者」、「物化する人」＝「執行する人」＝「服従者」という区別を受けいれ、その命令は「物化」によって客観的な根拠があるかのようにみえてしまうのだ。プラトンのもたらした知を「命令＝支配」と、活動を「服従＝執行」と同一視する見方の権威化が進んだことになる。だが、本当は「知」と「物化」は一体なものであり、「物化」に先立って根拠のある「知」があるわけではない。

　官僚による命令が局所的に可能となるのは、その命令を執行する末端において、「標準化」による基準が有無を言わせぬ執行を可能にするからである。これは、なにも考えないでただ執行するというかたちで官僚が権力を行使することを可能にし、同時に、その権力行使を受ける側もその標準化を受けいれることで、なにも考える必要がなくなる。つまり、「命令する側とその命令に服従する側との間に「無思想性」という相互関係が成立するのである」ということになる（同, p. 160）。それだけでなく、官僚制はだれも責任をとらないという恐るべき形態だ（Arendt, 1970 → 1972, p. 137）。この「無人支配」の行きつく先に「全体主義国家」があるのだが、それは多かれ少なかれ、すでにすべての近代国家の病弊として存在している。

注目すべきことは、アーレントという「物化」がいわゆる「物象化」と呼ばれる近代の特徴と類似している点である。「物象化」とは、目に見えない関係をあたかも物のような客体であるかのようにみせかけて人間を拘束することを意味している。個別の自立した人間が相互依存の関係によってつながっている近代市民社会はばらばらになってしまった諸個人を再び関係づける再・共同化を必要とする。わかりやすいたとえをすれば、懐中時計で個々の資本家が時間を計れるようになっても、そのばらばらな時間を再・共同化しなければ市民社会は成り立たないから、各国に「標準時」が設定され、時差が制度化される。これと同じような出来事が事物・他者・記号を媒介にした物象化のメカニズムが働くことになる。それぞれの様相は、貨幣（商品、資本）、国家（公権力、官僚制）、理念・科学・芸術等が「神」であるかのような特別な「社会的」性格を宿したものとして市民に映るようになる。それらは、それぞれ、価値、役割、意味の体現者に位置づけられ、貨幣という媒介物を得ることが人生の目的のように感じられたり、役割の上昇が欲求されたり、合理化された観念の体系としての科学のようなものが知らしめる「意味」がありがたがられたりするようになる（真木／大澤, 2014, pp. 273-276）。

　こうしたがんじがらめの関係性の束のなかで、官僚制は守られているとも言える。ただし、すでに指摘したように、日本の場合、「人間」が自主的に「共に生きる」場としての「社会」を持たず、「国家」というシステムのなかで「国民」という部品として躾けられており、そこでは官僚が国家という隠れ蓑に隠れて国民を統治する「無人支配」がいまでも継続されている。

官僚の思考停止

　つぎに、すでに指摘した「なにも考えないでただ執行する」ことを旨とする官僚について考えたい。この問題の深刻さを理解するには、600万人とも言われるユダヤ人虐殺に手を染めたのが凡庸な官僚であったことを想起するところからはじめるのがよい。具体的には、アルゼンチンに逃亡中、イスラエルの諜報機関によって逮捕された後、人道（人類）への罪などで有罪となり1962年に絞首刑となったアドルフ・アイヒマンを取り上げてみよう。彼は親衛隊の情報部ユダヤ人担当課に属してい

た「官僚」であり、ドイツの法に従ってユダヤ人の収容所送りという「命令」を執行しただけであったと主張した。いわば、事務処理をこなす官僚が数百万人を死に至らしめたことになる。ゆえに、アーレントはこのアイヒマンの悪を「悪の陳腐さ（凡庸さ）」（vanality of evil）と呼んでいる。法の遵守のもとで思考停止してしまう凡庸な官僚であれば、だれしもが同じ罠にかかり、他人の生命をまったく平然と奪うことに加担できるのだ。

　問題は、法を遵守するだけでその執行を思考停止状態で行う官僚がいまでもあちこちにいるという現実である。アイヒマンと同じ論理で平然と権力をふるう官僚が存在する。しかも、官僚がもつエリート意識が断固とした権力行使を行わせることになる。

　凡庸な官僚が同じ過ちを繰り返さないようにするにはどうしたらよいのか。その答えは簡単ではない。アーレント自身は、「法を守るということは、単に法に従うということだけでなく、自分自身が自分の従う法の立法者であるかのように行動することを意味するという」、ドイツでごく一般的に見られる観念に同調しているようにみえるのだが、これは、法の背後にある原則や法が生じてくる源泉へと自分の意志を同化させなければならないというアーレントの主張とどう関係するのか（伊藤, 2003, p. 19）。官僚が遵法精神をもとに行動するのであれば、いかなる法であっても思考を停止して執行するだけでいいのか。

　この問題は究極的にはカントの主張に帰着する。すなわち、合法も違法も、「義務を果たす／果たさない」という同一の領域に属するだけであり、倫理は、この領域には収まりきれないのだ。「倫理は、法やその違反といった枠組みには収まらない」ことから出発しなければならないのである（Zupančič, 2000=2003, p. 27）。それは、「義務が課されていた以上、それに従って行動しただけだ」という官僚的言い訳にどう立ち向かうかを問うものと言える。しかも、こうした言い訳は官僚という職業をもつ者だけでなく、現代を生きる大多数の者にとっての言い訳になっている。

(3) 偶有性（contingency）の徹底

　ここまでの議論を別の角度から説明したい。それは、他でもありえた

かもしれない可能性を意味する偶有性（contingency）の徹底という視角である。[20] 民主主義は、複数の選択肢のなかからある一つの選択肢を民意によって選ぶ手続きの問題なのだから、まず、別の偶然があるかもしれないという偶有性を徹底的に想定し、そこから選択するという自由を確保しなければならない。つまり、民主主義の改革には、偶有性と自由の徹底が必要と考えられる。あるいは、「主体＝私」を疑うことは、意識をもつ「私」が無意識や身体を含む「自分」を必ずしも代表しておらず、別の「私」ないし別の「自分」がいるかもしれないという偶有性に気づくことを意味している。あるいは、それは、「主体＝私」が共同主観性を前提とした共同体の価値観を押しつけられたところにしか成立しない受動的なものであることを意識し、そうではない「この私」という、単独の「主体＝私」を取り戻す反覆を繰り返すことの重要性につながっている。他方で、「主権＝公」を疑うことは、主権国家が一つの主権から成り立っているわけではなく、別の意志決定もありうるという偶有性に気づくことを意味している。あるいは、「主権＝公」がキリスト教的な共同体を出発点とした同質的な複数の共同体を前提に構想された虚妄でしかないことに気づく必要性を示している。

　ここでは偶有性を、民主主義とは直接、関係のない法的規制に関連づけて考えてみよう。民主主義だけに偶有性を徹底しても意味はないからである。自由をより徹底するには、より多くの可能性からの選択を準備することが必要であり、その意味で、軍隊を国家がもつ必然性の有無も俎上にのぼるだろう。「軍の自由化」、つまり、民間軍事会社（Private Military Companies, PMC）が湾岸戦争やイラク戦争で重要な役割を果たしてきたのは事実であり、少なくとも軍事にかかわるロジスティクス（兵站）をPMCが担うのは当たり前になりつつある。加えて、戦闘行為そのものさえ、PMCが行う時代になりつつある。イラクとアフガニスタンでは、米国政府によって2万人以上の民間護衛兵が雇われているのが現状なのだ（*The Economist*, Nov. 17th, 2012）。[21]

　こうなると、国家対国家という戦争の主たる形態がますます失われ、民間会社による通常兵器戦が主流になるかもしれない。金銭で雇われた軍隊同士の戦闘が主流になると結局、大金をはたいて核兵器をカネで買うことのできる民間会社が世界を制覇するかもしれない。あるいは、ロ

ボットが人間と同じような活動をできるようになれば、ロボットを兵士として活用する道が拓けるだろう。そうなれば、ロボット同士の戦争が安易に引き起こされる可能性が生まれる。無人偵察機ばかりか無人戦闘機も実用化されている現在、兵士に求められる資質や能力も大きく変化しつつある。ゲーム機をうまく操縦できる人物こそ最高の兵士になれるかもしれない時代なのだ。

　別の偶然があるかもしれないという偶有性を重視する立場からみると、「軍隊＝国家所有」を疑うのは当然であり、そうした疑いが偶有性をそこかしこに見出すことになるのだ。その結果、そうした複数の可能性、一つ一つを選択肢としてそのなかから一つを選ぶところに自由を見出すことができる。もちろん、その選択は意識をもつ「私」によってなされるだけであり、そのとき無意識や身体という自分が反映されていないことを忘れてはならない。自由意志による選択にも偶有性が働いている。

　「法自体に偶有性をもたせよ」という議論も重要である。たとえば他にありようのないようにみえる憲法について、30年に一度、信任投票を含めて、憲法改正の議論を制度として内在化してしまうという方法がある。こうすれば、国民にとって遠い存在の憲法が他でもありえるかもしれない身近なものにみえてくるだろう。他の法律についても、サンセット方式、つまり時限立法のように期限つきの見直し規定を盛り込んだものに代えていくことが必要だろう。もちろん死刑囚については、他でもありえたかもしれないという可能性が完全に否定できない以上、死刑制度は廃止すべきだ。

　国家という共同体に生まれてしまうと、もうその共同体からの離脱を考えることはできないと思われてきた。すでに選択はなされてしまったものとして、そうでないかもしれないという可能性を否定されてしまっていたのだ。もちろん、どこの国で生まれるかの選択は、赤子にできるはずはない。それでも、成長した人間が自分の意思で国を選択できるという選択を体験できれば、そこに自由を見出すことができるし、責任も生じる。その自由の行使が、必ずしも「自分」を反映していない、意識をもった「私」によって行われるにしても、自らの所属のようなものを選択し直す意義は大きい。偶有性を国家という共同体自体に持ち込むことを真剣に検討すべきときだ。

終　章　21世紀の腐敗問題

　この問題は言語の問題でもある。国籍を選べるかもしれない偶有性が感じられるようになれば、母語以外に多くの国で共通して使える言語が必要になる。各国の国家語以外に、英語を共通語にしたり、スペイン語を共通語にしたりして、二重言語化が当たり前になるかもしれない。これは、これまで他にありえたかもしないと感じることのなかった重大事への選択可能性に多くの人々を直面させることになり、フリーライダーを大いに刺激できるだろう。

　名前についても同じことが言える。日本でもようやく夫婦別姓の議論が本格化しつつあるが、夫婦同姓が当たり前では姓の偶有性に気づきにくい。その偶有性に気づかなければ、姓を選択するときにありうる自由もまた得にくくなる。偶有性を増やす立場に立てば、あるいは、自由を尊重する立場に立てば、夫婦別姓は当然認められるべきことになる。その意味では名についても、もっと簡単に改称できるようにしてもいい。もちろん、こうした制度を悪用して多重債務者になることも可能かもしれないが、その問題はアーキテクチャの発展によって解決できるだろう。

　こうした主張は、「法の上に人をおく」という立場から出発している。主権国家がその主権を守るために暴力的に押しつけてくる法を制限するという明確な姿勢が必要なのだ。そのうえで、国家の意思決定を認める範囲を絞り込むことが必要になる。たとえば、国籍は本当に必要なのか。二重国籍はなぜ認められないのか。なぜ国家に婚姻を届け出る必要があるのか。国防軍といっても、民間委託可能であれば、民間軍事会社に任せられるのだから、どこまで国防軍の業務範囲はどこまで認められるのか。教育に国家が干渉することが本当に必要なのか。国家はなぜ納税者がどの機関にどれだけ税金を納めるかを決める自由を奪っているのか。国家は寄付金と納税とをなぜ区別するのか。税金をなぜ外貨で支払ってはいけないのか。こうした疑問はすべて、国家に対する国民の自由の問題であり、国民の側から国家に疑問を呈し、主権国家を厳しく制限する方向に向かわなければならない。

　ここでの主張は主権国家に対する抜きがたい不信感から派生している[22]。主権国家は義務教育を通じて主権国家の正当性・正統性を国民に刷り込む一方で、主権国家が本来果たすべき責務である人権保障の義務を忘れている。たとえば日本においてさえ、刑務所における人権はないがしろ

にされているし、取り調べの可視化さえできない現状はお粗末そのものだ。人権と主権との不可分の関係が軽視されている。国レベルでこれだけお粗末である結果、超国家体としての国際機関においては国際機関自体、主権国家のもつ虚妄性を重ね持つだけの権力機構に成り下がり、そこで働く国際官僚は主権国家に課された反腐敗の規則からも隔離された鵺的存在として闊歩している。

6. 結びにかえて

　ここで、反腐敗政策といった人間行動への規制には、2種類の考え方があることについて説明したい。ある行為を排除・撲滅するという方向性を明確にもった規制と、ある行為の撲滅はあきらめ、その抑止・制約をねらった規制である。なぜこんなことを指摘したいかというと、「悪」であっても、その「悪」が絶対的な「悪」であるのか、相対的な好ましくない行為にすぎないのかによって、規制そのものが大きく異なるからである。わかりやすくするために、逆の場合を考えてみよう。はじめから「善」を掲げてしまうと、もうなにもしなくても、その「善」を維持すればいいだけのことだが、「善」に近づくことをめざすことにすれば、たゆまぬ努力が求められることになる。たとえば日本の報道機関は中立性という「善」をはじめから標榜している。ゆえに、欺瞞に満ちている。中立性などという「善」はめざすべきものであって実現不可能なのだから。中立性をめざしてたゆまぬ努力をしていくと標榜すべきことになる。

　「悪」の場合も同じように考えてみればいい。殺人という「悪」を禁止するだけではなにもはじまらない。殺人を撲滅するのは不可能だという認識にたって、殺人の撲滅をめざすという方向性を強く打ち出し、その実現に向けて努力するにはどうしたらいいのか。本当は戦争における殺戮や暴力革命による惨殺についても、どう考えるべきかを慎重に熟考し、それへの対処を考えてみることが必要なのだ。堕胎は原則、禁止すべなのか否かという問題はもっとわかりやすいかもしれない。あるいはマリファナの使用は禁止すべきなのか、それとも使用は認め、その販売を厳しく監督するほうがいいのかという問題もわかりやすい。アルコール販売を禁止すれば、アルコール取引が闇社会で行われるようになり、

マフィアのような闇の勢力が勢いをもつようになることは米国の歴史が教えている。一方、マリファナのような麻薬（ソフトドラッグ）の使用禁止をあきらめて、その使用を合法化しているオランダのような国もある。2013年12月、ウルグアイは大麻を合法化し、その生産・販売・消費を規制する法律を制定した。市民による大麻栽培が一定限度内で認められることになった。

　ここで問題になるのは法における「正しさ」を希求する程度の変化であろう。すでに指摘したように、ギリシアの哲学者は、現前する目の前にあっても目にみえないノモスの「正しさ」に疑念をいだき、自然権を、「正しさ」に重きを置きながら理解していた。しかし、人間中心主義が支配的になると、つまり、「大文字の主体」としての人間が神と対等に、さらに打ち負かすようになると、神との契約ではなく人間が人為的に「社会」と契約しているのだという「社会契約論」のもとでは、人為による自然の支配、自然に対する契約の優位が説かれる。その結果、「正しさ」を問う、自然権から派生する法、つまり、神と人間との契約という法から、人が人である限りもつことが認められる「権原」を重視する方向へと変化してしまう。しかも「社会」という不可解な概念が創出され、その適用される領域・範囲が曖昧化してしまう。「社会」をせいぜい国家という共同体に限定しているだけなのに、この「社会契約」という曖昧な言葉を利用して、より普遍的な正当性をもつものとして主権国家化を促す。あるいは分業化が進み、「集団」が善悪を含む文化的価値を押しつけるようになる。

　"rights"の意味が、「正しさ」から「権利」（あることをするか、しないかという選択の自由にかかわる）に傾いてしまうのだ。それは、統治が「聖なる権威」から「俗なる権力」に移行した時期に呼応している。法を意味するlawは、あることをするか、しないかをどちらに決定する束縛を伴うものであり、その法が民主的手続きに則って制定されれば、その法が「正しい」ことを不可避的に内在することになり、法そのものへの懐疑の念を弱体化させ、法は束縛として人間を拘束することになる。しかも、この法は共同体を前提に制定されるものであって、神の命令としての自然法ははるか昔に忘れ去られ、人間がつくる共同体全盛の時代になってしまっている。

この記述の理解にはヴァルター・ベンヤミンの鋭い指摘が参考になる。彼は、「暴力批判論」のなかで、「正しい目的は適法の手段によって達成されうるし、適法の手段は正しい目的に向けて適用されうる」というドグマをめぐって、「手段の適法性と目的の正しさについて決定をくだすものは、決して理性ではない」と指摘、「前者については運命的な暴力であり、後者については――しかし――神である」とのべている（Benjamin, 1921=1994, p. 54）。「目的の正しさ」を決定する「神」がいなくなると、もう「正しさ」自体に真摯に向かい合うことがなくなってしまうのだ。
　腐敗についても、腐敗撲滅をめざすのではなく、腐敗を認め、それを抑止するための規制を考えるという方法が存在する。その典型が米国やカナダなどでみられる、ロビイストに腐敗の一端を担わせることで、腐敗を合法化しながら、全体として腐敗を抑止しようという試みである。「正しさ」だけを振りかざすのではない現実主義的なアプローチと言えなくもない。
　近代化以降、「神」との契約ではなく、人間同士の「社会契約」を前提とする近代的官僚制度のもとでは、官僚の役職上の権限が注目されるようになる。その権限がない官僚が金品を受け取っても、それは少なくとも収賄という刑事事件とはならない。人間同士の関係が重視されるようになった結果、権力の範囲も厳密化される。他方、支払う側が贈賄という刑法犯罪に問われるようになる。脅しで支払いを強制されたのであれば、それを理由に役人を訴えればいいという建前が成立すると、そうせずに金品を支払った側に邪な動機があるとされ、贈賄者も処罰の対象とされたわけである。権利・義務関係が「正しさ」への問いかけに勝るようになった結果と言えるだろう。なぜなら贈賄する側のほうが収賄側よりも弱い立場にあるケースが多いのは歴史が教えるところであり、だからこそ長く収賄側が「悪」であるとみなされてきたのだ。
　こうなると「社会契約」を前提とする近代国家自体について疑うことが必要になる。公務員をめぐる互酬性に犯罪性を見出すのは国家自体を厳しく律することで主権国家を正当化するためであった。それは個人の主体化を進めるために、自己を厳しく抑制するという指向に対応している。だが現実をみると、国家・組織・家庭を通じてなされるがんじがら

終　章　21世紀の腐敗問題

めの教育を通じて対国家・対組織・対家庭への自己責任が要請され、それが一つの統一体としての自己、すなわち、個人を単位に考えることを当然視する結果をもたらしている。ロックの『統治二論』を読めばわかるように、「社会契約論」でいう「社会」とは個人を前提にして夫婦の関係から出発し、家族へと広がり、会社へと広がる「仲間」として意識されたものだ。この仲間意識の延長線上に国家という主権者が生まれると、国家が今度は仲間意識を強制するにようになる。そして、個人という存在も当然視するようになる。なぜなら主体化を通じて生まれた個人という幻想が主権化を通じて生まれた国家という共同幻想を強化するからである。

　この国家と一体的な公務員をめぐる互酬取引を腐敗とみなし、刑罰の対象とする視線が生まれたのは、腐敗が主権国家を歪め、それが主権国家の正統性を支えている民主主義を形骸化させてしまうことに気づいたからにほかならない。腐敗の問題は国家の問題なのである。しかも、それは安全保障と深く結びついている。人間に備わっている互酬原理を支える原点には、贈物を受け取らない者を敵とみなすという視角があり、それが腐敗問題に通底しているからだ。だからこそ、本書では「腐敗は安全保障の問題である」と強調してきたのである。もっと正確に記せば「腐敗は共同体に内属して生きることを強いられている人間の安全保障の問題である」ということになる。

　最後の最後に、安全保障について考えてみたい。安全保障を意味する"security"は、ラテン語の"securus"（形容詞）ないし"securitas"（名詞）を語源とし、これらは欠如を意味する"se"（〜がない）という接頭辞と、気遣いを意味する"cura"の合成からなっている[24]。気遣いのない状態こそ安全を意味している。だが、気遣いのない状態は、気遣いなしには到達できないことに気づかなければならない。これは自由が不自由を意識できるところでしか意識化できないのとよく似ている。気遣いのない状態は気遣いという概念なしには語れないのである。気遣いと安全の関係に着目すると、「気遣いがあるから危険が立ち現れるのであり、また、危険が見出されるから、それへの気遣いが求められるのである」ということになる。これが安全保障問題を考察する際、もっとも重要な視角である。安全保障のための諸装置は、安全を脅かすある危険に

対して、それを除去・否定する気遣いに傾斜することで、別の危険に対する気遣いへの配慮を忘れ、結局、その諸装置の安全が脅かされかねない。これを避けるには、気遣いを再帰的に繰り返し継続することが必要になる。

　否定的な結果に対する気遣いこそ、人類の歴史そのものであると言えるかもしれない。ここで、「超自然的罰」（supernatural punishment）という結果への強迫観念が宗教を機能させてきた「歯車」であり、人間社会の統治という協力関係を可能にしてきたとするドミニク・ジョンソンの主張を紹介したい（Johnson, 2016, p. 238）。否定的結果は人類の生存に直結するからその影響力は絶大であった。人の可死性を克服するための不死の政治体として教会が生み出され、アウグスティヌスの「神の国」の発明によって、そこで人々は死後もなお共同体のなかに生き続けることが可能となった。

　実は「自己への配慮」を意味する"epimeleia heautou"（ギリシア語）や"cura sui"（ラテン語）は、多くの哲学教義のなかに繰り返し見出される命令である（Foucault, 1984=1987, p. 62）。「自己への配慮」、「自己陶冶」といった課題こそ、人間が共同体で生きるための生活術の核心をなしていたのである。その裏返しとしての「他者への配慮」こそ、安全保障に直結した問題であったと言えるだろう。序章の註（5）で紹介した「ハラスメント賄賂」のような強要された贈賄が目立つ共同体では、同調しなければ、自己が属する共同体から白い目でみられたり、排除されたりする脅威が強く働いている。共同体の統治は暴力だけでなく宗教上の信仰心や国王や国家への忠誠心によって保持されているので、そうした統治に合わせることで自分の身の安全をはかろうとするところに賄賂が出現する。その共同体の内部にあっては、賄賂が生きるための「配慮」、「気遣い」なのだが、外部からみると強要による腐敗と映るのだ。

　贈物を贈るのは気遣いの象徴であり、返礼も同じだ。それを受け取るかどうかで敵、味方が区別されるにしても、それを一度だけの出来事にしてはならないのである。国家・組織・家庭、それを構成する人間の間で、ゆるやかで多層的な連帯や徹底した自由を求め、その過程で民主主義を鍛えあげることが気遣いの再帰につながり、反腐敗への足がかりにもなると信じたい。そのためには、多層な共同体に属している人間に立

ち返ることが必要であり、それは共同体からの脱出、共同体を越えたところにある、「この私」という視角をときとして明確化することが求められている。

そこではもっとも強固な共同体として人間を縛りつけている主権国家の優位は認められない。国家単位で敵か味方かを区別するのではなく、別な多様性をもった規準を想定すればいい。こうした動きは主権国家を疑うことを意味し、個人の主体性を疑うことにつながる。それは個人を疑い、「分人」という奇妙な概念の必要性を高める。その分人がそれぞれに連帯し、自由や民主主義を徹底させるように努めることにつながる。あるいは共同主観性を押しつけられる共同体に属する人間の受動性、非自立性に気づき、共同体から少しでも離れたところに自分を位置づける工夫が求められる。

別言すれば、籤引きを用いた公務員試験や多数決への一部導入など、人間のもつ動物的とも言える無意識や偶有性を重視することが必要だ。こうした方向への不断の努力こそ、主権国家に従属する形で押しつけられている贈収賄や腐敗に対する見方を変えることにつながるのではないか。役人にだれでも簡単に就け、その任期が5年ないし10年であれば、役人が主権国家を体現しているとは感じなくなるだろう。そんなことをすれば、官僚の質の低下につながると懸念する向きもあるかもしれない。だが、「オープンガバメント」によって電子請願などを制度化すれば、国民の叡智を結集することは可能であり、なんの心配もいらない。

主権国家を体現しているかにみえる公務員だが、実際には各国公務員の主要な仕事は国連、IMF、OECDなどで決められたルールを各国の制度として導入・定着させることにすぎない。それほど、主権国家は国際法主権の影響下におかれているのが現状なのである。とすれば、公務員が各国の国民である必要はない。国際機関が直接採用する国際公務員が各国で幹部ポストを占めてなにが悪いのだろうか。少なくとも共同体の利益に毒された人物よりも、複数の共同体にまたがる国際機関に就職した人物のほうが個別の主権国家に影響されにくいのではないか。とすれば、各国政府の公務員が各国を代表して国際機関で働いている現状を改め、たとえば3分の2の職員は国際機関が独自に採用した者にすべきではないか。あるいは、二重国籍、多重国籍をもつ者しか国際機関で働

けないようにするといった工夫も必要になるだろう。もちろん、このとき、国際機関職員は、個人と個人、個人と組織、国家といった共同体に内属する仲間意識だけでなく、共同体間において、時代を超えた仲間意識をつなぐ空間としての"society"の一員という、単独者として「普遍的社会」と向き合うよう、教育されなければならない。既存の国際機関職員のように、主権国家にかかわる利己的利益を優先するような人々であってはならない。

　同じことは一国内部でも適用可能だ。中央政府の官僚の3分の2は独自採用し、3分の1は地方政府からの出向官僚で賄う。中央官僚の3分の1は常時、地方政府に出向させておくようにすべきだろう。出向期間は2〜3年とし、一定数の相互交流を義務づければいい。こうすることで官僚間だけで通用するルールを揺さぶるのだ。中央政府採用の3分の1は海外の国際機関やNGOに出向させる。海外からも外国人出向者を受け入れる。こうした交流が主権国家重視の価値観への疑いにつながるはずだ。

　主権国家を疑い、その根拠も幻想にすぎないことに気づけば、官僚の仕事の大部分が実は、法律という「プログラム」を実行するだけであり、コンピュータで置き換えたり、ローテーションで定期的に交代したりできることにもつながるだろう。真の「オープンガバメント」や「私が政府である」世界の到来が可能となる。そうなれば政治家や軍人を含む公務員を大幅に減らせるはずだ。公務員をめぐる贈与と返礼という互酬取引である腐敗そのものが大いに減少することになるだろう。筆者は2016年7月に『民意と政治の断絶はなぜ起きた』を上梓したが、そのなかで、Web2.0という情報の双方向交換を前提とする時代に対応するGovernment2.0への移行の必要性を強調している。これによって、Web2.0が可能にした仲介者の排除（disintermediate）という現象が政府にかかわる人物や作業で可能になることを論じている。公務員の多くの仕事をなくしても、なんら影響のない時代に入りつつあると言ってもいい。村上隆のいう「スーパーフラット」な世界が現実のものとなりつつあるのだ。

　忘れてならないのは、実は主権国家ごとに独自に決められてきた政策の多くが現在、国際機関で決められた政策の下請けになっていることだ。

各国の官僚はOECDやWTOなどで決められたルールを自国に適用するだけで自らの立案能力に欠けている[25]。はっきり言えば、国家公務員の数が多すぎる[26]。

　「ぎすぎすした関係」から「なめらかな関係」へ移行し、官僚を「規律と選抜」から解放するところに腐敗の縮減が可能となるはずだ。そのためには、同じ共同体に内属する個としての人間に言えることが万人にもあてはまると安直に類推したうえで、そのなかで選抜に勝利したり規律を守ったりできる者はそうでない者に比べて優秀であり、指導者として権威や権力をふるうことが当然だとみなす見方を厳しく問い直さなければならない。あるいは、同質を前提とする者だけからなる共同体で、選抜を潜り抜け、規律を遵守する者だけがエリートとしてその同質的共同体を指導することを受けいれるべきであるとみなす見方を批判すべきだ。こうした独我論を廃して、独我論を振り回すことで生まれた官僚のエリート意識をも葬り去らなければならない。それは、官僚を疑うという懐疑論によって可能なのではなく、その能力を批判するという立ち位置によって可能となる。

　そのために必要なのは、共同体が自閉的な自律性を確保するために作り出してきたさまざまの制度を創出する仕組みを明らかにすることである。共同体内の交換は、互酬性の原理に基づく贈与と返礼を基本としているのだが、共同体を守るために腐敗という視角をつくり出し、同じ贈与と返礼であっても「悪」とみなし、刑事罰に処するようになった。その仕組みを知れば、それが独我論に基づく人間の運動の一部にすぎないことがわかるだろう。

　本書はそのために書かれたものである。だがまだまだ先は長い[27]。問題は共同体に内属する形でしか生きられない人間が単独者として共同体と共同体の狭間で一回だけの自己の人生を取り戻す努力を反覆することにある。そうすれば、その単独者は時間や空間を超えた社会という関係のなかでより普遍的な価値観やものの見方により近づくことができるのではないか。だが主権国家のもとで押しつけられている義務教育は単独者の出現を阻んでいる。しかも生まれてくる前から、気づかぬままに独我論にひたりきった両親、親戚、その仲間たちが共同体のしがらみを押しつけてくる。それでも折にふれて「単独者たれ」と繰り返し繰り返し強

調するしかないように思われる。
　その「単独者」になるために必要なのは、たぶん「共同体感覚」を磨いて「共通感覚」を育てる意志をもつことだろう。その際、「共同体」としてなにを想定するかが問われることになる。だからこそ、目先の共同体を離れるという行為は「単独者たれ」を実践するには効果があるのだ。その実際の答えは時間と空間によって異なるだろうが、こうした繰り返しのなかで新たな価値観が練り上げられることを期待したい。

[註]

序章

(1) CPI の全般的問題点については、Hohnston（2001）を参照。

(2) タックスヘイブンについては、拙著『ウクライナ2.0』の付論「タックスヘイブンをめぐる嘘」を参照（塩原, 2015a）。

(3) 私的なものと、そうでない公的なものとを区別する視線はそう簡単には生まれない。ここでいう「公的」（public）という概念は難しい。ハンナ・アーレントは「公的」が二つの現象を意味しているとしている（Arendt, 1958 = 1994, pp. 75-87）。第一の現象はその公開性にある。「公に現れるものはすべて、万人によって見られ、聞かれ、可能な限り最も広く公示されるということを意味する」のだ。だからこそ、この万人の視線を通じて、公的領域や公的職務が区別されるようになるのである。第二の現象は、公的という用語が「世界」そのものを意味するというものだ。この「世界」は地球や自然を意味するのではなく、人間の工作物や人間の手が作った製作物に結びついており、さらに、この人工的な「世界」に共生する人々の間で進行する事象に結びついている。つまり、公的とは人間を結びつけるものとして意識されることになる。こうしてローマ市民が利用できる公共施設の建設、管理、運営をめぐって公的概念が明確化するのである。

(4) 権力腐敗アプローチについては、拙著（Shiobara, 2013）に詳しい。

(5) 過去に腐敗を理論的分析した業績としては、ローズ・アッカーマンによるものがよく知られている（Rose-Ackerman, 1975）。このモデルでは、各顧客（会社）が政府の契約を受けるために官吏を買収しようとする。官吏は賄賂の受け取りに対して処罰され、物的および道徳的損失を受けることが仮定されている。競争が企業間だけで生じ、官吏は独占的であると考える。そのうえで、［官吏の利得額］を、［売り手iによって支払われた賄賂額］から［予想される官吏の罰金］と［賄賂を受け取る官吏の道徳的コスト］を差し引いたものと定義する一方、［売り手iの利潤額］を、［売り手iの生産物の1単位当たり価格］と［政府によって必要とされる量］を乗じて得られる収入から、［売り手iのq単位の生産に要する総コスト］、［予想される売り手の罰金］、［賄賂を贈る売り手iの道徳的コスト］を差し引いたものとする。こうした前提にたって、「限界道徳コスト」や「限界予想罰金」が賄賂の増加とともに増加すると仮定して、［官吏の利得額］と［売り手iの利潤額］の関係を理論的に考察するわけだ。こうした見方から、彼らが腐敗をするかどうかの規準に功利主義的見方をとっていることがわかる。さらに複雑なモデルとして、企業iが投資額と社会財の水準を変数とする生産関数を有する一方、官吏は固定された税率で純生産

高に対する税金を徴収し、徴収された税金は生産を増加させる社会財に自動的に移転されなければならないが、賄賂により、その一部を贈賄企業への個別の補助金（社会部面の支援）ないし免税として供与すると仮定するモデルがある（Полтерович, 1998）。この場合、官吏は補助金額を賄賂からの利益と懲罰負担とを比較しながら決めることになる。つまり、彼も功利主義的見方を採用している。一方、すべての企業は等しい所与の流動資本（投資額＋「補助金1ルーブル当たりの価格」×「補助金」）を有していると仮定する。「補助金1ルーブル当たりの価格」は官吏への賄賂を意味している。この企業の流動資本を制約条件として、企業の利潤最大化を考えると、均衡が存在し、そこでは、各社はこの流動資産を投資と補助金に対する支払い（賄賂）という最適配分する一方、官吏は税収のうちどの程度を補助金として会社に移転し、残りを社会財に回すかを決める。この賄賂を前提とした均衡と、官吏が正直で税収をすべて社会財生産に向ける場合に生じる均衡との比較から、①課税率が「極度に高くない」、②生産は「十分に効率的」でなければならないという2点がわかるという。過度の税負担は、税収の社会財への移転が企業に十分な利益をもたらさないために、企業は直接的な補助金を求めて賄賂を支払うほうが利益になると思うのである。このふたつの例は主として企業の側から腐敗をモデル化したものだが、官吏の側から考察したモデルもある。シュライファー・ヴィシュニーモデルでは、まず、パスポート、道路利用権、輸入ライセンスのような政府によって供与される財を考える（Shleifer & Vishny, 1998）。このとき、買い手は政府の唯一の財を必要とし、官吏はこの財供給の独占者である。買い手は財の価格低下につれて需要量が増加する需要関数をもつと想定でき、官吏は摘発されたり罰せられたりせずに財供与を拒否したり、制限できるとする。この財の公式政府価格をpと仮定する。ここで、この財を生み出すためのコストが官吏にとってまったくとるにたらないものとする。このため、官吏は財生産に政府が負担するコストになんら関心をもっていない。このとき、この財を供給する官吏にとっての限界費用は、官吏がライセンスを政府価格＋賄賂で売り、政府価格分pが政府に渡されるときには、政府価格pになるが、官吏がこの販売を隠す場合（国家の収入を窃盗する場合）には、買い手が支払う価格は賄賂に等しくなる。この場合、賄賂が政府価格pよりも少ないケースも想定できる。このとき、官吏の限界費用は0である。官吏が買い手間で価格を区別できないとすれば、独占者として官吏は限界収入を限界費用に等しくなるように設定するだろう。なお、収賄で官吏を罰することは官吏の要求する賄賂の水準を変化させるが、問題の本質を変化させるわけではない。予想される懲罰が賄賂の水準とともに増加するとすれば、官吏は賄賂を引き下げ、供給を引き上げるかもしれない。他方、予想される懲罰が贈賄者数に応じて引き上げられるとすれば、官吏は供給を減らし、賄賂額を引き上げるだろう。彼らの分析もまた功利主義的見方をとっている。利益に応じて、腐敗行動をとるかどうかを決定づけるとい

う前提にたっているからだ。したがって、彼らのいう腐敗もまた、本書でいう経済腐敗を意味している。他方で、主体性の問題ないし自由の問題を間接的に重視する研究には、インドのバスらの研究がある (Basu, Bhattacharya & Mishra, 1992)。バスは、法的に受け取る資格がありながら賄賂を支払わなければならない腐敗を「ハラスメント賄賂」（harassment bribes）と呼び、腐敗を強いられる問題に注目している (Buse, 2011)。筆者の腐敗にかかわる論考として、塩原, 2012 や Shiobara, 2013 のほか、Шиобара, 2011a, 2011b がある。

（6）　ここでいう「互酬」は有名なカール・ポランニーの見解とは異なっている (Polanyi, 1957=1975)。ポランニーは経済過程の制度化がその過程に統一性と安定性を与えると考え、それは「互酬」、「再配分」、「交換」という三つの主要パターンの組み合わせによって達成されるとした（同, p. 269）。互酬とは、対照的な集団間の相対する点のあいだの移動をさす。再配分は、中央に向かい、そしてまたそこから出る占有の移動を表わす。交換は、市場システムにおいて発生する可逆的な移動をいう。彼が注目したのは、こうしたパターンが経済制度を生み出す条件や環境であった。互酬的基盤の形成には、親族関係、近隣関係などに応じた集団が形成され、その集団構成の範囲のなかで、軍事的、職業的、宗教的などの性格をもった自発的集団と半自発的集団が相互に依存し合う関係を築くようになる。再配分は、財がいったん、中央に集中され、それが習慣、法律などに基づいて再配分される制度であり、互酬と再配分はともに集団を統合させる傾向をもつ。交換は、価格決定市場というシステムの支えを必要とするが、その価格決定市場の成立は共同体内部および共同体間の統合を促す。こうして統一された安定的経済制度が徐々に構築されてきたことになる。

（7）　ここで忘れてはならないのは、「近代国民国家は、多かれ少なかれ「家族国家主義」的なのである」という上野千鶴子の指摘である（上野, 1994, p. 92）。この家族国家主義は家を国家の統制に直結するために邪魔になる中間集団を解体したのだ。その結果として、家族の共同体からの孤立が進み、明治期に入って親子心中が増加した。家族の問題も国家の問題と直結しているのだ。だが、明治の日本政府がとったのは家族の自然性を不可侵のものとみなして、その起源を問うことを禁止することであった（同, p. 96）。それによって国家による家族の搾取を隠蔽しようとしたのだ。もっと単刀直入に言えば、「近代国家は、それ自体「人間」をつくりだす一つの教育装置なのである」（柄谷, 2004a, p. 188）。それが「学制」と「徴兵制」ということになる。近代以前の家族をめぐっては、トッドの『家族システムの起源Ⅰユーラシア　上』、『同　下』が刊行されたばかりである。残念ながら、本書執筆の最終局面であったため、同書の論点を十分に反映させることはできていない。

（8）　比較的検証が容易な色の認知をめぐる問題でさえ、実は、それが遺伝によるものか、環境によるものかはよくわかっていない。ここで、色彩の区別と言語による認知の関係について分析したガイ・ドイチャーの興味深い考察を紹介

したい（Deutscher, 2010）。人間のもつ認識システムという"nature"部分と、教育を通じて受け継がれてきた"culture"部分とのどちらが色の認識や言語表現に影響をおよぼしてきたかを考察するとき、ついつい客観化を装いやすい、"nature"重視に陥りやすい。しかし、こうした安易な方法が誤りであったことがわかっている。"nature"部分を外部から受け継いでも、それがそのまま言語表現として継承されるわけではないのだ。いわば、法的－道徳的イデオロギーの外的呼びかけが"nature"として主体に良心という上位の審級、あるいは統制的権力の代行者を形成するのだが、その主体のなかで生じる、主体の反省性は「主体性＝服従化」を通じて、"nature"として受け取ったものとは異なる行動能力に転移する。そこに、"culture"の影響が働いている。色彩と言語という比較的客観化しやすい関係においてすら、実は"nature"と"culture"との関係は依然としてはっきりしていない。少なくとも"nature"部分の研究だけでは、現実を説明できないことがわかっている。"culture"も重要なのだ。この両者の対立は、人格形成や知能発達にかかわる"nature versus nurture"問題としても知られているが、ここでも一方が全面的に優勢であるわけではない（Harris, 1998 などを参照）。興味深いのは、culture（文化）を計量化して経済学の分析対象としようとする動きがあることである（たとえばLicht, et al., 2007）。経済学では、一般に価値観や規範といった文化にかかわる概念は所与とされ、「ブラックボックス」となってきたが、これを分析対象とする姿勢は決して間違いではない。しかし、計量化が優先され、結果として文化そのものへの分析が皮相な段階にとどまっているように思われる。
（9）　ただし霊長類の社会は明らかに母系であるという（Fisher, 1982=1983, p. 153）。その意味で、人間の社会も母系であったと推測されるが、トッドは起源的家族が夫婦を基本的要素とする核家族型であると主張している（Todd, 2011=2016 上, p. 51）。この核家族は国家と労働によって促された社会的分化が出現するまで、複数の核家族的単位からなる親族の現地バンドに包摂されていたが、この親族集団は女を介する絆と男を介する絆を未分化的なやり方で用いていたという意味で、双方的であったという。
（10）「主権」は「ある国家自身ないし別の国家を統治するための国家の権限」とでも訳すべき意味をもつ言葉である。フランスのジャン・ボダン（Jean Bodin）は『国家論6巻』（1576年）の冒頭において、「国家とは、多くの家族、およびそれらの家族に共通に属しているものの、一個の主権的権力（*puissance souveraine*）による統治である」と指摘した。彼は「国家」と「主権」という新しい秩序観念を発見したのである（Schmitt, 1941=1972, pp. 134-135）。ボダン自身は「自分が主権を発見した」と自慢したと言われているが、これも完全な間違いというわけではない。彼によれば、主権の存在は国家を他のあらゆる種類の人間的結合から区別するものである。家族はどんなに大きなものであろうと決して国家にならないが、国家はいかに小さくとも主権的であるかぎりは

註

いつまでも国家である。この主権は永久性と絶対性という本質的な特徴をもっている。これは主権が国家を土台としている以上、国家が永続的であるのと同じように主権も永続的であり、また、主権は法によって拘束されず、絶対的であることを意味している。重要なことはアレクサンダー・ダントレーヴが指摘するように、永久性も絶対性も、権力が最高あるいは究極的でなければならないこと、つまり、それより上位にあるなんらかの権力から派生したものではあってはならないという条件を満たしていなければならない点である（d'Entrèves, 1967=2002, p. 123）。こうした条件が徐々に満たされ、主権概念が見出されたのだが、それは state を国家とみなすようになる時期に対応している。主権がなくては state という国家は存在しなかったのである。ゆえにジョセフ・ストライヤーは「われわれが主権と呼ぶ権力の集中は国家の存在にとって絶対必要であった」と的確に指摘している（Strayer, 1970, p. 108）。こうした大きな変革を準備したのが中世であった。ローマ人は、法が立法者の意志に根差しており、慣習に対する成文法の優位を主張していたのに、中世になると、立法行為はある共同体において暗黙裡に受けいれられている規則の編纂、つまり慣習の認知にすぎなくなってしまう。法は「見出されるもの」であって、「造られるもの」ではないという見方が支配的になることで法の「非人格化」が進む。しかも支配者は単に法の執行官にすぎないとして、支配者の行使する権力は制限される。だがローマ法の研究を通じて、共同体のどこかに国民か君主か、それとも君主と国民が一体になったものか、いずれにしても国家の精髄たる権力があるとみなす考え方の存在が知られるようになる。法はこの最高の権力、至高の意志を背景に、共同体の変化に応じて行使される道具として統制されるのであれば、有効な諸規則とみなすことができるというのだ。この至高の意志はそれが最高であるがゆえに、自己以外の何物にも責任を負わないという理由によって法を超越する意志であり、それはそれより上位にあるなんらかの権力から派生したものではあってはならないという条件を満たすことで永久性と絶対性という主権の特徴を担保することになる。ここに主権が成立する。主権国家の生成をめぐっては、山影進（編著）（2012）が参考になる。同書にあるように、15世紀のイタリアで主権国家体系が準備されたと考えるべきであろう。

(11) 主権国家を説いたホッブズの社会契約論が個人を強調し、人間の存在性と規範意識を基礎づけている基盤の解釈を、一部の特権的勢力に独占させることなく、個々人が自己において果たすべきものとした点は評価できるが、そうした個人が社会契約に先立つ、共同体に共有された規準や基盤のもとに存在するという面が必ずしも明示的に表現されていない（関谷, 2003, pp. 51-52）。他方で、ロックは自然状態を、事前法の絆の内で自分の行為を秩序づけ、自分が適当と思うような自分の所有物と人格とを差配することができる完全に自由な状態」とみなしており、それは「全人類の一つの共同体」と位置づけられている。

そのうえで、ロックは自然状態の不都合（司法制度の欠如など）から、その救済策として市民政府を容易に承認している。個としての人間に共同体を対応させていることになる。国家の正当性とその限界について、ロックの自然状態から出発して考察したノージックもまた個を共同体に安直に結び付けている。ゆえに「複数の個人によって構成されるさまざまなグループが相互保護協会を形成することになろう」と仮定している（Nozick, 1974=1992, p. 19）。これに対して、ルソーは人間が相互依存的であり共同体的であるという見方を否定する。「自己愛」と「憐み」という二つの原初的感情をもった「原初の人間」にまで立ち戻って考察しているのだ。このため自然状態にある人間は、なんら相互関係をもたない孤立した人間として想定されている。そこでは、自己保存的なエゴイズムだけでなく、動物を含む他者への同情があり、人間は孤立しながらも自足できるとみなしている。

(12)　国家正義への疑問をつきつけたのは 17 世紀を生きたオランダの哲学者、バールーフ・デ・スピノザである。彼のいう契約は共同体を越えた社会との関係を前提とする単独性をもつ個人を前提としており、自然権を譲渡できるわけではない（柄谷, 1989, p. 168）。スピノザは、たった一人であるときの人間、すなわち単独者には自然権がないとみなしていたのであり、自然権を譲渡しようにもそんなものは単独者にはないのだ。単独者は複数の人間が共同して生活するという意味での「共同体的」な存在ではない。共同主観性を前提にして「私」を意識するのではなく、類や一般性のなかに入らない「この私」を意識すれば、その単独者は普遍性としての「神＝自然＝世界」と向き合うことが可能だとスピノザは考えたのである。スピノザは『エチカ』の第 4 部のなかで、「人間が自然の一部分でないということは、不可能であり、また人間が単に自己の本性のみによって理解されうるような変化、自分がその妥当な原因であるような変化だけしか受けないということも不可能である」としている（Spinoza, 1677=1951 下, p. 16）。人間の能力は、神あるいは自然の無限の能力、ないし、神あるいは自然の無限の本質の一部分でしかないからだ。ここでは、単独の人間が神や自然と直接対比されていることになる。その人間はあらゆる内在的原因である神に帰されてしまうのだ。そして、その神は実体として等置され、スピノザは「神即自然」という汎神論を説く。このスピノザの思想は、直観としての「思惟する自我」を認識の出発点に置いたルネ・デカルトに対して、直観としての「神の観念」を出発点としている。こうした単独の人間を想定すれば、そこには「社会契約論」は成立しないし、ましてや近代国家が神と同じ地位を獲得することなどできない。そもそも「人間は必然的に常に受動に隷属し、また自然の共通の秩序に従い、これに服従し、かつこれに対して自然が要求するだけ順応する、ということになる」だけのことだ（Spinoza, 1677=1951 下, p. 18）。ゆえに、人間には自立性がない。「社会契約」を結ぶ意志の自由そのものが人間にはないのだ。人間の意識はさまざまな無意識的な構造や制度によっ

て規定されており、その枠内でのみ人間は受動的に生きているだけなのに、こうした複雑な「原因」を知らないために、人間を自由な主体であるかのように想像しているにすぎないのだ（柄谷, 1989, p. 163）。スピノザは、「法律および自己保存の力によって確立されたこの社会を国家と呼び、国家の権能によって保護される者を国民と名づける」のだが、この国家状態においては、正義と不正義が問われることになる（Spinoza, 1677=1951 下, p. 50）。なぜなら、自然状態ではすべての人の合意に基づいて善あるいは悪であるような、いかなることも存在しないのだが、国家状態では、一般の合意に基づいてなにが善でありなにが悪であるかが決定されて各人が国家に服従することが前提とされているからである。彼は、人間は恐怖によって服従に導かれるのではなく、理性によって自由に生活しようと努めるかぎりにおいて、共同の利益を考慮し、国家の共同の決定に従って生活することを欲すると考えたのである。だが、これは、神の無限の知性の一部である人間精神のすべてを語っているわけではない。スピノザは、「正義ならびに不正義、罪過および功績は外面的概念であって、精神の本性を説明する属性ではないことが判明する」と結論づけている（同, p. 51）。いわば神の手のなかで、自由を誤解しているだけの人間にとって、その生活のためにつくり出される国家は人間の一部にしかかかわりをもてないのだ。これは、人間が自らを保護するためにつくり出す国家が神の至高の代理者ではありえないということにつながる。

(13) 傭兵による戦争が当たり前であった欧州では、王は戦争の費用を捻出するために多様な税金を徴収するようになる。①貢物（個人、集団などに課すもので、人頭税が代表的）、②レント（国家によって利用者に供与された土地・財・サービスに対する直接支払い、③フローに対する支払い（物品税、関税、通行料、取引税など）、④ストックに対する支払い（土地税や財産税など）、⑤所得税（収入や所得に対する課税）がそれである（Tilly, 1992, p. 87）。因みに、ウィリアム・ピットはフランスとの戦費を賄うために、1799 年に初の一般所得税を導入した（同, p. 103）。

(14) ハーバード大学の Glaeser および Shleifer による「法の起源」という論文（Glaeser & Shleifer, 2002）によれば、法執行者が力のある地方の利害関心によって暴力ないし賄賂で歪められることから、執行者をどう守るかが国家的な法システムの主たる目標であるとみなすことができるという。中世においては、基本的に領主に裁判権があったため、判事や陪審員は地方の封建領主の要求（脅迫）を満たす物的・金銭上のインセンティブに直面していた。暴力で脅されたり、賄賂で懐柔されたりするケースが日常的にみられたのである。

(15) ヨーロッパ大陸では、ラテン語の "supplicatio" が「嘆願」（supplication）を意味する言葉として使用され、400 年ころから後になると、教皇がこうした嘆願の主たる受け取り手となっていた（Kümin & Würgler, 1997, p. 4）。請願は古代の行政制度においてみられ、紀元前 2000 年には請願の起源がみられる

との説もある（Lafi, 2011, p. 2）。紀元前7世紀には、中東でも共通してみられるようになったという。ローマ帝国時代には、請願が制度化され、それがオスマン帝国に伝播し、1740年代には請願を受け付ける官庁まで設立されるに至る（同, p. 4）。ローマ帝国で皇帝に請願の手紙を送付できたのは、帝国の官僚、都市代表、元老院議員であった（Hauken, 1998, p. 301）。中世の身分制および立憲君主制における影響権（Einflußrechte）を経て、現代民主主義における大衆請願に至るというグラーフ・フィッツトゥームの見方もある（Vitzthum, 1985=1988, p. 8）。言葉に注目すると、請願を意味する英語の"petition"は14世紀以降、ときとして使用されてきたが、請求、嘆願、要求などの意味を主にもつようになったのは19世紀以降のことである（Würgler, 2002, p. 14）。英語で苦情を意味する"grievance"はラテン語のgravamen（複数形はgravamina）から派生したものだが、後者は中世後半に欧州で広まっていたとみられている。

(16) チャールズ2世は、1661年に「王または議会への公的請願などの準備・提出を装った反乱・無秩序に対抗する法」（Act against Tumultuous Petitioning）を制定し、王や議会への10人以上の請願は認められないことにした（Lunn & Day, 2002, p. 133）。

(17) 日本の場合、プロシア憲法に影響を受けた大日本帝国憲法の第30条で、請願をなすことができると規定された。「日本臣民ハ相当ノ敬礼ヲ守リ別ニ定ムル所ノ規程ニ従ヒ請願ヲ為スコトヲ得」というものだ。同憲法第50条では、帝国議会は「両議院ハ臣民ヨリ呈出スル請願書ヲ受クルコトヲ得」と規定された。これを受けて議院法で、請願書は議員の紹介により各議院において受理し、請願委員会に審査を付託、同委員会で本会議に付すべきと決したもの、または、議員30人以上の要求があったものにかぎり、本会議に付するものとされた。日本国憲法第16条においても請願権を保障している。「何人も、損害の救済、公務員の罷免、法律、命令又は規則の制定、廃止又は改正その他の事項に関し、平穏に請願する権利を有し、何人も、かかる請願をしたためにいかなる差別待遇も受けない」ということになっている。これを受けて1947年、請願法が制定され、「請願の事項を所管する官公署」宛てに請願書は提出される（第3条）。ここで重要なことは請願主体が「臣民」から「国民」へと変化したことで、請願が哀願的な性格から主権者たる国見の民主的性格を担うものへ転化したことである。憲法第16条の立法趣旨からみて、国民は議会だけでなく行政や裁判所などに対しても請願する権利を有しているはずだが、こうした権利を知る人は少ない。

(18) 1535年、聖職者、マイルズ・カヴァデールは聖書を英語に全訳したが、後述する「ムネラ」（munera）は"giftes"と訳しただけだった。ただ、一カ所、「ムヌス」（minus）が"brybes"と翻訳され、別の翻訳においても、"brybes"という訳語の使用される機会が徐々に増加したのである。とくに、1560年に

註

ジュネーブにおいてヘブライ語およびギリシア語から翻訳された聖書において、"bribe" という翻訳が2カ所で採用されたことが大きい。さらに、シェイクスピアによって "bribe" は人口に膾炙することになった。「ジュリアス・シーザー」、「尺には尺を」、「ヴェニスの商人」などの戯曲が貢献したのだ。とくに、「尺には尺を」(Measure for Measure) において、互酬的関係の本質が問題にされた。この戯曲では、婚前交渉で恋人を妊娠させ、死刑を言い渡された若い貴族クローディオの妹、イザベラが死刑の取り消しを懇願する過程で、ウィーンの公爵が留守中の領主代理、アンジェロがイザベラに恋をし、自分と寝るならばクローディオを助けてもよいと持ちかける、という話が展開される。イザベラは拒否するのだが、ここに、神が自分の体を投げ出して人類の罪を悪魔から買い取ったとされる贖罪と、イザベラが身を任せて兄を救うこと（いわばbribe）とが比較されているのだ。ともに、互酬的な関係をもたらすが、前者は「間違ったこと」ないし「悪」が犠牲によって救されるのであり、死刑を言い渡した者を買収するために差し出された賄賂とは違う。救い (mercy) は慈悲深いことによって得られるのであって、賄賂では得られない。つまり、イエスによる贖罪と賄賂を使った買収とは決定的に異なっていることになる。ここに、贈収賄の罪深さが示されているのだ。こうして、同じ互恵関係のようにみえても、イエスの贖罪と贈収賄との差が際立ち、それが贈収賄を刑罰の対象とする視角をより確固たるものにする。

第1章

（1）　犠牲を献げる行為は人間の共同体にとって重要な文化的行為であった（臼井, 1995, pp. 20-21）。古英語の犠牲 (gield) は現在のドイツ語では Geld（貨幣）なのである。犠牲は人間と神々との間で取り交わされるギブ・アンド・テイクを意味していたから、犠牲獣はすでに一種の通貨であったのかもしれない。臼井によれば、「犠牲を献げる行為から、事物の価値規範が生じており、これはやがて価値単位を構成し、そしてこの価値単位は後に貨幣の登場によって貨幣に移るが、その過程を今に残す単語が Geld である」という。生贄を共同で献げる生贄共同体がギルド (Gild) ということになる。他方、ギリシア語のノモスは Nemein という動詞の名詞化したものだが、動詞のもつ「取る」の名詞、取得や占領という意味をもつ。さらに、Nemein は取得したものを分割・分配することも意味していたから、ノモスは土地の分割・分配をも意味していた。

（2）　人間が意識をもつようになった時期についてはさまざまの議論がある。洞窟絵画を意識の端緒とみる多くの学者は3万年ほど前を意識の夜明けとみなすが、農業や集団化に意識の発生をみる人々は1万年ほど前を意識の発生時期と考える (Kuijsten, 2006, pp. 107-111)。ほかにも、モリス・バーマンは10万年前には「自己」と「世界」を分離して理解できるようになったとみなしている (Berman, 2000, p. 43)。ジュリアン・ジェインズはメソポタミアとエジ

プトのような場所で、紀元前1200年くらいに意識の発達がなされたと考えている（Jaynes, 1976, pp. 223-313）。意識そのものを追求した「本質」論については井筒俊彦著『意識と本質：精神的東洋を索めて』（井筒, 1982=1991）を参照。脳科学では、意識を事後の物語（複合心象）とみなすミハエル・ガザニガ（Gazzaniga, 2011）や幻想と考えるブルース・フッド（Hood, 2012）のほか、神経細胞の活動に還元するフランシス・クリック（Crick, 1994）などの見解がある。
（3） 一神教を最初に考えた民族はユダヤ人ではない。君主アメンホテプ4世のもとで前14世紀、唯一神アトンの宗教が強制され、一神教が国家宗教となった例がある（Seligman, 1948=1991, p. 46）。
（4） ローマ帝国によるキリスト教の国教化は地中海に広まっていたグノーシス派への弾圧となって現れた。同派は神を一種の権力者と考えるユダヤ教を批判し、神は人間の内面にあり、その内面を鍛えるために修業することを旨とする（関, 2016, p. 17）。
（5） この系譜はデモクリトスやエピクロスへと受け継がれ、紀元前1世紀のローマの詩人、ティトゥス・レクレティウス・カルスによって体系化された（Ridley, Matt, 2015, pp. 8-9）。その後忘れ去られたしまった彼の思想はアイザック・ニュートン、アダム・スミス、チャールズ・ダーウィンらに継承されていくのだ。

第2章
（1） ムハンマドが4人の妻を娶り、彼女たちへの平等の支援を命じたことがその後のイスラーム社会に与えた影響は大きい。だが、一夫多妻制自体は決して珍しい現象ではなく、むしろ、一夫一婦制を課したカトリックが稀有な例であることは指摘するまでもない。この問題については、Tucker（2014）を参照。
（2） ルソーのいう人民主権とは、各個人がそれぞれに裁判官であり判定権を有することを意味するものではない。主権者としての人民団体と臣民（subjects）としての各個人との契約において、両者の紛争を解決できる共通のいかなる優越者も実在しない以上、契約履行については、どちらか一方の契約当事者である主権者の判定に委ねられる（鈴木, 1987, p. 14）。この主権者の二元性を回避するために、ルソーは、主権者としていかなる者にも制約されない命令であると同時に、絶対に誤ることのない規範を想定する。前者は、自ら以外の身体を自ら自身によって拘束し、自ら自身は他者の選択に拘束されないことを意味しており、そこに主権が成立するとも言えるのだが、ルソーはその主権に無謬性を付加することで主権を神に近づけているのだ。ルソーの主権者はその理念において、神の二つの属性である正義と権力の両方をかねそなえたものとなる。そこで登場するのが理性法としての自然法なのである。その自然法は国家法に優越する権威であり、国家法は自然法に反することはなにも命じてはな

らないことになる。神の法である自然法が国家法より上に立つことで、人間界での国家をめぐる闘争、抵抗権を認めることが可能となる。ルソーは、グロティウス、プーフェンドルフらの大陸自然法とつらなり、「法の上に人をおく」ホッブズと決裂し、「人の上に法をおく」統治形態の構築をはかっているのだ（同, p. 15）。それは、「行政を核として下向的に形成される法」に対応している。別言すると、ルソーは共同体の安全保障を個人の安全保障に優越させて、共和制的な共同体を理想としたのだ（市野川, 2011, p. 216）。ここで問題になるのが、「一般意志」である。一般意志は法の実定化に際して、自然法に反することはなく、誤ることがないとされる。それは、すべての人間を救う「神の意志」に由来しているからである。問題は、そうした意志がどう形成されるかにある。この一般意志は、国民各人の特殊意志の総和としての全体意志とは異なって人間がつくり出す秩序の外部にある（東, 2011, p. 67）。「全員意志」は「私的な利益」を追求する「個別意志」の「総和」だが、一般意志は「共通の利益」のみを追求するものであり、「全員意志」に基づく「集合体」と峻別される「結合体」が一般意志に基づく結合のあり方を示すことになる（関谷, 2003, p. 247）。すべての人々の結合から形成される公的人格こそ「公共体」であり、その構成員は「公民」（citoyen）と呼ばれる。一般意志から公民へのつながりにおいて重要なことは、ルソーがあくまで「一般性」と「意志」に注目した点である。時空を超えた、あるいは神と向き合うような普遍性を議論の対象としていたわけではなく、あくまで「キリスト教共同体」という共同体を適切な規模たる真の社会に置き換えようと試みたにすぎないのである。

（3）　ヨーロッパでは、国家は最初、君主らが戦争を遂行するために建設されたという議論がある（Tilly, 1992, p. 76）。国家建設と戦争遂行との因果関係に普遍性があるとは思えないが、西周崩壊後の春秋戦国時代には上記の議論が妥当性をもつという見方がある（大澤, 2014, p. 473）。

（4）　商の時代には、天上の空にいる（先祖の）神様を「帝」と呼び、それを周の時代に「天」と呼ぶようになった（出口, 2014, p. 46）。周代において、天空の支配者と人間界の支配者が明確に分離するようになり、祭政分離に向かったと考えられる。天にも中心があり、天命を受けて支配する皇帝は、真北を背にして立たなければならない。北極星を背景にして立ったとき、皇帝は天子と認められるのである（大澤, 2014, p. 535）。恒星が北極星を中心に回転しているように見える以上、北極星と天子の位置を重ねわせることが必要なのだ。

（5）　興味深いのは、中国の道教思想の説く政治からの乖離が権力者の理想郷指向へと変容した点である。井波律子の論文「中国の理想郷」によれば、紀元前同6世紀末から同5世紀はじめころ、道家的思想家で風に乗る仙人と呼ばれた列子は「湯問篇」のなかで、「終北の国」と「東海の神山」の二つの理想郷を記述している（井波, 1997, p. 63）。前者は世界の北の果てにあり、周囲を高い山に囲まれている。温暖で、住民は国の中央にある「壺領」の山から湧き出る神

秘の水を飲むだけで無病息災であり、だれもが百歳まで生きる。みな気立てがよく、もめごとを起こさず、ただのんびりと遊んで暮らし、生活を楽しんでいる。終北の国は「山のユートピア」であり、支配・被支配の関係の撤廃、労働の否定、長生願望の実現を特徴とする。後者の「東海の神山」は東海のかなた、世界中の水が注ぎ込む深海に浮かぶ五つの神山で、これらの山には壮麗な金殿玉楼が立ち並び、群生する玉樹の実を食べて不老不死となった仙人が住み、空を飛び、五つの山を往来しながら楽しく暮らしている。こちらは、海の彼方に設定された「海のユートピア」だが、五つの神山のうち二つが失われてしまい、三つの神山となる。これが秦の始皇帝が探索させた「東海の三神山」だ。探索に費用がかかりすぎるため、理想郷探索は廃れるが、ミニチュアの理想郷を庭園につくることが流行し、池に三つの築山を浮かばせて三神山に見立てるという風習は漢の武帝、隋の煬帝などへと受け継がれる。やがて庭園それ自体を理想郷である、不老不死の仙人の住む仙界に見立てようとする庭園幻想は清の西太后までつづいた。

（6）　アジアとヨーロッパの区別はもともと日が昇る方向と沈む方向の区別にある。ハルフォード・マッキンダーが指摘するようにクレタ島の船乗り達が片方をアジア（出発、上昇を意味する）、他方をヨーロッパ（日没、日暮れを意味する）と呼ぶようになったのかもしれない（Mackinder, 1942=2008, p. 44）。

（7）　中国の近代化については、汪の興味深い研究がある（汪, 2006）。官僚制との関係で言えば、文字を扱うことが官僚の権威を支えていたことを考慮すると、中国における白話運動のような問題にまで遡って探究する必要がある。

（8）　「社会主義」概念が誤謬にみちていることについては鈴木（2012）や塩原（2013）を参照。

（9）　贈収賄を取り締まる一方で、請願制度の整備も進められた。中国の請願制度（信访, xinfang）は1951年6月7日付で出された決定によって制度化されたとみなされているが、同制度は、中国共産党が延安に拠点を置いた1930年代にまでさかのぼることができるという（Zou, 2006, pp. 1-2）。

第3章

（1）　福永光司の『道教思想史研究』によれば、日本の天皇思想は中国古代の宗教、道教の影響を受けている（福永, 1987）。鏡と剣をセットにして「神器」とみるのは3、4世紀の中国にあった見方だし、天神の子孫が天上世界から地上の世界に降臨するという見方は中国の道教では、2世紀半ばの『太平経』のなかにある（中村, 1993, p. 144）。津田左右吉のように、道教による天皇思想への「本質的な影響」はなかったとする説（「天皇考」）もあるが、天皇の思想が日本独自の発展を遂げたものではないことだけはたしかであろう。

（2）　井沢元彦は『週刊ポスト』誌上で長くつづいている連載『逆説の日本史』のなかで、日本文化の特徴として、「穢れ忌避」、「言霊信仰」、「怨霊鎮魂」を

強調している。筆者も基本的にこの意見に賛成である。こうした日本の特殊性のなかで「和」の重要性も考察すべきことになる。

（3）　ここでは、朝鮮半島の国々は取り上げなかった。井沢元彦の見解によれば、「事大主義」と「小中華思想」が朝鮮民族の特徴であるという（『週刊ポスト』, 2013年12月20/27日号）。事大主義は「大」に事えることを意味している。「大」とは中国であり、圧倒的に強力な中国には屈辱を受けても耐えるのみであることになる。しかし、自らを中国に次ぐ文明国である「小中華」と位置づけることで、中国のより周辺にある日本を野蛮な国と見下すのである。この主張の当否を検討するだけの紙幅はないが、きわめて興味深い見解であると思われる。

（4）　日本の官僚はグローバリゼーションの波にまったく追いついていない。世界中に広がる「ロビイスト」や電子請願の動きに日本がまったく取り残されているのがその証拠と言えるだろう（塩原, 2016a 参照）。そればかりではない。日本の行財政改革も、New Public Management と呼ばれる世界的な統治機構改革の一環としてなされただけであり、企業統治改革も世界の要請にしたがってなされてきただけにすぎない。国際的な政策の多くは G20 や OECD のレベルで決定されているのが実情であるのだが、こうした事実を知る日本人が少なすぎる。OECD で大活躍した唯一の日本人、重原久美春さえ知られていないのは、なんとも情けない状況と言わなければならない。

第4章

（1）　キケロが執政官（consul）になった B.C.63 年ころになると、不法に投票を懇請する犯罪を *ambitus* と呼び、これを禁止する法令がつくられた。これは候補者に好意をもたせたり、追従したりするようにするために人々にカネを払うことを意味していた。ここに至って政治家と住民との関係にも「正しさ」ないし「正義」の観念が持ち込まれたことになる。ローマ時代、国家はキケロのいう *res publica* として意識され、「国家は国民のものである」し、「国民とは、方法はどうであれ全部の人間を集めたものというのではなくて、法についての合意と利益の分有とによって結合された多数の人々の集団のことである」とされた（d'Entrèves, 1967=2002, p. 90）。ここには、どの政治的空間にも法の源泉である一個の最高権力があり、それがどこにあるかによって統治形態のみならず、国家の構造をも決定するという見方が潜んでいる。ローマの伝統的見解となったのはこの最高権力が「国民」にあり、法は国民の意志を示しているというものであった。キケロにとって、国民を団結させて国家となす紐帯は正義の尊重と共同の利益の存在であった。ただしここでいう国民は土地所有を前提する人々にすぎず、決してすべての人間を意味していたわけではない。

（2）　ギリシア時代、結婚は私的行為であり、家族が守るべき自ら定めた決まりに属していた（Foucault, 1984=1987, p. 100）。結婚はオイコス（家庭）の永続

性を確保するための慣行として、結婚前まで父親の行使していた後見人の役割を夫に移譲し、新妻を実質的にその夫に引き渡す行為を意味していた。だが、こうした私的契約に公的規制が徐々に加えられるようになり、結婚は公的な領域のなかに位置を占めるようになる。「つがう」という言葉にまでさかのぼれば、結婚についてもっと別の論点がみえてくる［Fisher, 1982＝1983, pp. 258-260］)。一夫一婦制や一夫多妻制の変遷や、20世紀初期の妻を家事労働に専念させようとした動き（妻子扶養のための「家族賃金」の導入）からその後期における女性労働の活用の拡大への変化などに注目しなければならないのだ（Tucker, 2014, p. 217）。21世紀に入って、結婚していない女性から生まれる子どもの割合がすでに急増している。1970年には、OECD平均は10％を下回っていたが、2012年には40％近くにまで上昇した。フランスやスウェーデンでは5割を超えている。日本は1970年の2％から若干、上昇しただけだが、女性労働の広がりにつれて婚外子の問題が深刻化するのは時間の問題だろう。

（3）　シモニアを厳しく批判したのはダンテである。『新曲』地獄篇第19歌において、ダンテは魔術師シモンを登場させ、ニコラウス3世、ボニファティウス8世、クレメンス5世などを批判した。ダンテはシモニアを大罪とみなしていたのだ（Noonan, 1984, p. 263）。こうした彼の見方が14世紀以降、宗教改革へと拍車をかけることになる。

（4）　欧州各国の資本の浸透度と王権の強度の差が戦費調達の状況に違いを生じ、それが国家のタイプに相違を引き起こしたとするのがチャールズ・ティリーである。王が領主と強く結びついて世襲を前提とする傾向が強かったロシア、ポーランドのような「強制力集約型」(coercion-intensive)、ヴェネツィア、ジェノア、オランダのような「資本集約型」(capital-intensive)、英仏普などの「資本強制力型」(capitalized-coercion) があるという（Tilly, 1992, pp. 143-160）。

（5）　王権が強まる過程で「同質性」(homogeneity) が重視されるようになり、外的脅威に対して統合する傾向を強めたことも忘れてはならない（Tilly, 1992, pp. 106-107）。常備軍はまさにこの傾向を強め、それがユダヤ教徒やイスラーム教徒への迫害につながるのである。フランス、スペインなどは改宗か移民かの選択を迫るようになる。1492年に、グラナダ征服を完了した直後、フェルナンドとイサベルはスペインのユダヤ人にこの選択を迫り、ポルトガルも1497年に追随した。

（6）　オスマン・トルコに支配された南欧では、序章第3節でのべた、ティマール制からチフトリキ制への移行によってムスリムへの提訴が難しくなり、地主による専横が強まり、キリスト教小作農の農奴への転落が加速化した。

（7）　14世紀に黒死病の大規模な被害を受けたヨーロッパでは、絶望的な状況に追い込まれた人々が土着の神々を呼び起こし、悪魔や魔女への「迫害」が本格化した。1347年から1350年までの4年間で、ヨーロッパ全体のペス

註

トによる死亡者は全人口の約3分の1にのぼったとみられている（McNeill, 1976=2007 下, p. 36）。まったく健康そうにみえる人が24時間もたたないうちに悲惨な死を迎えることが少なくない状況下で、人々は神秘主義に陥っていった。そして、「魔女迫害はやがて一つの産業になった」と言われるほど、裁判官、獄吏、拷問吏、執行吏、指物師、書記といった専門的職業を生み出した（Seligmann, 1948=1991, p. 295）。拷問吏はその仕事を続けるために、拷問を受ける魔女が共犯者の名を挙げることを強要するようになる。処刑場は、見物人を当て込んだ、土産物、聖画、ロザリオなどを売る店でにぎわったのである。

(8) こうした議論については、上田（1989, pp. 91-112）を参照。

(9) 勇敢、節制、穏和といった徳をすべて兼ね備えている「正義」に対して、「特殊的正義」はもっと限定的な正義を意味し、それは、名誉、財貨、その他およそ国の公民の成員の間に分かたれるものの配分である「配分的正義」と、不正によって不平等が生じたときにこれを回復するための「矯正的正義」からなる。前者は当事者間の価値に比例的に配分することを正義とし、後者は当事者の価値を考慮せず、損失の回復を原則とする。

(10) 複数の東インド会社やマサチューセッツ湾会社と類似した組織はロシアにもあった。1799年に設立されたロシア・アメリカ会社がそれである。これも、公的側面と私的側面を併せ持った会社であった。国家と民間会社の関係を考えるには、こうした会社の考察こそ重要なのだ。

(11) こう考えると、企業統治問題を国家の統治と比較したり関連づけたりすることが重要であることになる。にもかかわらず、こうした分析が十分になされていない。たとえば、ロシアの企業統治の最大の特殊性は連邦保安局（FSB）から派遣された者が企業内に職を得て、企業の安全保障問題などに大きな影響力を行使している点である。なぜ企業にまでFSB職員が内在するようになったかと言えば、それはもちろん、ソ連時代からの秘密警察職員の国有企業への派遣にある。それは革命期に経営・管理権を労働者評議会が求めていたことやその後の「三角形方式」（企業の管理部と党と労働組合の三系統による国有企業の指導）の採用が深く関係しているのではないかと思われる。

(12) 短期の兵役期間を前提とする徴兵制による国民軍という制度は、ナポレオンがイエナの戦闘で勝利した後、プロイセン軍を4万2000人に制限したことの結果として、プロイセンが兵役期間を短縮、人員の回転を早くして兵士育成をはかったことに由来する（Mackinder, 1942=2008, p. 185）。

(13) モスクワ大公国の時代から、請願は行われていたが、ピョートル大帝時代に、地方知事への請願など、差出先に応じた請願制度が整えられた。さらに、エカテリーナ2世やアレクサンドル1世などによって請願制度の整備が徐々に進んだ。

(14) 夜警の起源はフランク王国のメロヴィング朝にまでさかのぼることができるという（菊池良生, 2010, p. 71）。

(15) 1793～94年に少なくとも4万人以上が死刑執行されたのだから、これ自体、ヨーロッパ全体の人々を恐怖のどん底に突き落としたことになる。だが、ルイ16世の処刑がもたらした決定的な打撃は、生きる人間としての身体を抹殺しただけでなく、国家とともに永続的であるべき象徴的身体を法の名のもとに傷つけたところにある。国民は象徴的身体としての王のもとで、国民として統一されていたのに、その王を殺すことで国民自身を殺した（自殺した）のだから、その衝撃は大きく、その後の動乱はこの「王殺し」の余波としてヨーロッパ中に影響を及ぼすことになる。なお、フランス国内では、すでに存在した諜報活動を含む警察機構を受け継いだ調査委員会が1789年7月28日に国民議会によって設立されたが、それがやがて公的安全委員会になり、1796年1月には警察省になった（Zamoyski, 2014, p. 28）。

(16) 注意喚起すべきことは、「国家権力と党機構がそのなかで合体するように見え、そしてまさにそれが故に全体主義支配機構の権力中枢として正体をあらわす唯一の機関は、秘密警察である」とアーレントが指摘している点だ（Arendt, 1951=2014, p. 194）。軍は暴力的な潜在力はもつが、秘密警察は内外の問題についてともに権力中枢に利用される（軍は主に対外的に活動するだけだ）。心に留めるべきことは、自国のなか、ないし外国領土を征服した場合、軍は一貫して警察機構に籍を置く官僚の命令権下に置かれ、国防軍に所属する者は警察が配置した精鋭組織の風下に立たされることである。さらに全体主義的支配形態が出現するまでは、秘密警察は他のすべての政府機関に対する優位を与えられる、つまり、「客観的な敵」がだれであるかを決定する権利を留保しているが、全体主義が確立すると、最高指導者にすべての権利が奪われ、犯罪を摘発する任務さえ失う。いかなる犯罪が行なわれ、だれが犯人であるかを決めるのは最高指導者ということになる。

(17) このとき、イングランド銀行や主要な銀行・証券会社があるシティについては、その市政や警察権について、独立が維持された。これが、シティがいまでも「タックスヘイブン」ではないかとの議論につながっている（詳しくは塩原, 2015a 付論）。

第5章

（1） イギリス議会のもっとも重要な機能は国王を支援するための税金を拒否したり、不満の除去のために国王に請願したりすることだった（Berman, 2003, pp. 211-212）。議会は毎回、国王の意志に基づいて召集・解散された。議会は聖職者（主教と大修道院長）および世襲の貴族を構成メンバーとする上院（House of Lords）と、下院（House of Commons）からなる。

（2） 憲法修正第1条には言論の自由が含まれており、これによって格付機関が守られてきたことも注目に値する。だが、株式や債券を発行する企業などの発行者からカネをとって格付する機関が正当な格付をしているかについては

かねてから疑問視されてきた。そこで 2013 年 2 月、米司法省は初めて格付機関の Standard & Poor's を同社のあるカリフォルニアの連邦裁判所に提訴した。50 億ドルもの損害賠償を求めている。シティコープとバンク・オブ・アメリカが S&P の格付によって詐取されたという主張を展開している。いずれにしても言論の自由の不可侵性を過度に徹底すれば、矛盾をはらむ事態も生じうる。とすれば、今回の訴訟は画期的な意味がある。同じく、会計監査法人についても、その監査が正当に実施されているかが問題になっている。2001 年に明るみに出されたエンロンの不正経理事件では、監査を担当していたアーサー・アンダーセンの責任が問われたが、その後も監査法人を巻き込んだ不祥事が相次いでいる。たとえば、PricewaterhouseCoopers や Crowe Horwath は 2009 年に破綻した Colonial 銀行の横領を見抜けなかった不正確な報告に対する責任を問う訴訟を銀行関係者や米預金保険コーポレーションから起こされた。バーナード・マドフによる資金横領事件で、投資家から資金を集めていた Fairfield Sentry も PwC Canada の監査対象であり、投資家などから訴訟を受けている。2012 年には、日本の金融庁はあずさ監査法人（KPMG AZSA LLC）に対して業務改善命令を出した。オリンパスによる 1000 億円以上の損失隠しの存在にもかかわらず、当時から 2009 年 3 月期までずっと適正意見を出し続けたことや、新日本監査法人に経営上の疑問点を引き継がなかったことが理由となっている。中国企業の監査でも監査法人の不正が問題化している。たとえば、中国の金融ソフト会社、Longtop Financial Technologies の監査をしていた Deloitte Touche Tohmatsu、China Integrated Energy の監査担当、KPMG、Sino-Forest Corp. の監査法人、Ernst & Young といった監査法人がいずれも不正に関与した疑いがある。2014 年 10 月には、英国の小売業大手のテスコの 2014 年前半の利益予測ガイダンスが 2 億 5000 万ポンド（4 億 800 万ドル）もの過大なものであったことが明らかになり、ここでも監査にあたっていた PwC の責任が問われた。このように、監査法人も大きな問題をかかえている。

（3） 連邦政府の設立をめざすフェデラリストの一人、アレグザンダー・ハミルトンは、その理想的共和政として、「民主政」的な立法議会や人民がもつ権力の行き過ぎをチェックし、国民全体の利益をはかりながら遂行できる「強力な行政部」を備えた政体を主張した（愛甲, 2011, p. 217）。彼は、すべての軍隊を常備軍でなく民兵のみとすることは、緊急時の大規模な兵員動員において不合理であると考えていた。一方、ハミルトンと一時、連邦主義という点で協調関係にあったジェイムズ・マディソンは、当時、アメリカ市民の多数を占めていた独立自営農民こそが「公的自由の最良の基盤であり、公的安全の最強の防波堤」とみなしていたが、常備軍については、危険視しながらも容認する立場をとっていた。他方、アンチ・フェデラリストは、古代の小共和国をモデルにした州権強化の立場をとった。

（4）利益誘導には、「イヤマーク」が多用されている（軽部, 2009, pp. 131-145）。連邦予算のなかにもぐり込まされている地元への資金還元で、一種の補助金である。これにロビイストが絡むことでビジネスが成立するのである。
（5）数多くのロビイスト事務所のあった K ストリートはその後、ホワイトハウスの東側や M ストリートなどに移転したという（軽部, 2009, p. 55）。

終章
（1）18 世紀になってイングランドでは、産業革命によって農村から都市へ賃金労働者として移り住む人々が急増、賃金として支払うコインが不足する事態に至る。当時すでにロイヤル・ミント（王立鋳造局）がコインを鋳造していたが、金貨ギニーは金持ち向けに流通するだけで銀貨や銅貨は不足していた。とくに金への銀の交換レートが国内よりも中国で高かったので、銀貨を溶かして中国に輸出するケースが増加し、それが銀貨不足に拍車をかけた。ロイヤル・ミントは 18 世紀中ずっと銀貨シリングの鋳造の増加を拒んだから、既存の流通銀貨シリングの品質は悪化する一方だった。銀貨での賃金支払いが困難となった新興工業都市、バーミンガムの工場主らは銅貨ペニーで代替しようにも銅貨も少ないことに気づく。そこでマシュー・ボールトンは新しい硬貨の鋳造権を自分に認めるように議会に請願したが、結局拒絶されてしまう。そこでウェールズのトーマス・ウィリアムズは銅貨ペニーに交換できる代用硬貨（トークン）の生産を開始した。1787 年のことだ。このトークンを賃金支払い向けに鋳造してほしいというジョーン・ウィルキンソンのような人物が現れた。この新しい銅貨は軽量であったから、後に「ハーフ・ペニー」と呼ばれるようになる。
（2）ネット上の①電子化型、②ポイント型、③ラベリング型、④ゲーム型、⑤独自発行型——がある（鈴木 2001, p. 3）。①は、いわゆる電子マネーであり、従来の現金や小切手が担ってきた役割を電子的に代替するものだ。②は、商品の購入、サイトへの入会登録などをすると、ポイントがもらえて商品の購入に使うことができるシステムだ。だが、ポイント所有者同士が商品の売買を直接行ったりできないクローズドループのシステムなので貨幣とは言い難い。③は、財や貨幣のバスケット（同類のものの集まり）を貨幣とみなすタイプで、独自に信用創造がされているわけではないので、貨幣が発行されてはいない。④は、広い意味でのネットゲームのなかで、ゲームへのインセンティブを上げたり、ゲームをよりリアルにしたりする目的で貨幣が流通しており、ゲーム中の財を現実の貨幣と交換する者もいる。ヴァーチャル空間である Second Life では、Linden Dollars という通貨が使用され、ドルなどとも交換できる。中国の仮想空間 Tencent（QQ）では、Q coin が使用されてきた。⑤は、バーター取引を円滑化する BigVine（通貨として Trade Dollars を使用）や webswap（通貨として Swap Equalizer を使用）において B2B（Business to Business =

企業間取引）やC2C（Consumer to Consumer＝消費者間取引）の形でオンラインバーター取引が行われ、独自通貨を購入し決済に用いられた。たとえば2009年には、ビットコイン（Bitcoin）と呼ばれる通貨システムが発明された。ビットコインと現実の通貨との交換はマウント・ゴックスという東京の組織などで行われてきた。ただ2014年2月、マウント・ゴックスでのサービスが停止され、口座からの現金の引き出しができなくなるなど、大きな混乱が起きた。ビットコインの命運は尽きたと思う人が多いかもしれないが、どっこいビットコインは生き残っている（2016年4月現在、約70億ドル相当分が流通している）。売り手の買い手との通貨取引が銀行のような第三者機関を介さずに直接できるメカニズムの構築という発想自体はまっとうだからだ。電子コインを買う者にとって大切なのは過去の所有者がコインを二重使用していないことが検証でき、二重使用されないようにすることだが、ビットコインは公開型の取引履歴を監視することでこれを防止する。この取引履歴の台帳は「ブロックチェーン」（blockchain）と呼ばている。これまではこのブロックチェーンの信頼性が保障できなかったために、中央銀行や政府、決済銀行のような機関が二重使用を防ぐ役割を果たしてきた。だが、こうした集権的な機関の信頼性が崩れているいま、むしろブロックチェーンを活用した分散型の取引形態のほうがずっと簡便でコストもかからない、大きな可能性があると言える（Popper, 2015）。その証拠に、2015年9月、Goldman Sachs, JP Morgan, Credit Suisse, Barclaysなど9社は、ニューヨークのR3CEVが主導するブロックチェーン・コンソーシアムを設立した。その後も参加する会社が増加しており、日本のみずほ銀行も参加したほか、ロシア最大の銀行、ズベルバンクも参加の意向を示している。実はブロックチェーンを利用すれば、国家が独占してきたさまざまな規制を国家から奪い取ることも可能であり、この技術はきわめて注目に値する。

（3）「意識」には、①物質の属性にまで還元できるとする新実在論（内観において感じる主観的状態は系統発生的な進化をさかのぼれば、相互に作用する物質の基本的な属性にまでたどることができ、意識と意識されているものとの関係は天体間の重力の関係とすら変わらない）、②あらゆる生命体の基本的属性であり、単細胞動物の感応性が腔腸動物、原索動物、魚類、両生類、爬虫類、哺乳類、人類へと進化した結果であると考える、③意識の発生は物質とともにではなく、動物の誕生とともにでもなく、生命がある程度進化した特定の時点であったとみなし、その出現の判断規準として経験によってあるものが他のものへと結びつく「連合記憶」がうまれる起源を重視する、④単純な自然淘汰によって生物学的に進化した連続性の結果として生まれたのではなく、言語を話し、知性をもつ人類と、そうでない類人猿との間に不連続性を認めそこから意識が生まれたとみなす、⑤動物は進化し、その過程で神経系やその機械的反射作用の複雑性が増し、神経がある一定の複雑性に達すると、意識が発生すると

みなす、⑥物質のあらゆる属性はその物質が誕生する前の不特定の要素から創発したもので、生命体特有の属性は複雑な分子から創発し、意識は生命体から創発したと考える、⑦すべての行動はいくつかの反射とそれから派生した条件反射に還元でき、意識は存在しないという行動主義、⑧脊髄の上端から脳幹を経由して視床と視床下部へとつながり、そこへ感覚神経と運動神経があつまってきている「網様体」という部位に意識がかかわっているとする——といった見方がある（Jaynes, 1976=2005, pp. 13-30）。ここではジェインズにならって、意識は言語に基づいて創造される自分自身の世界であって、意識はどのような反応性に対しても働きかけ、関係ある場面を抜粋し、それらを比喩的な空間で物語化し、まとめて整合化させるとみなしたい。いわば「心」をもつようになるのだが、それは8万2000年前の宝石や墓所の登場に呼応している（Johnson, 2016, p. 202）。

（4） これを教えているのがアルバート・ハーシュマンである（Hirschman, 1977=2014）。中世ヨーロッパでは、聖アウグスティヌスによって提示された、権力欲、性欲、金銭欲を非難する見方が支配的で、いわば、驕慢、嫉妬、貪欲ないし野心、権力欲、強欲などの情念を「悪」であり、抑制すべきであるとみなしていた。だが、利益という概念が創出されたことで、情念を利益に対立させ、少なくとも金銭的な利益を求めることへの寛容な視線が生まれるようになるのである。大雑把に言えば、情念を悪とみなす社会では、情念の一つを形成する金銭欲を軽蔑するため、カネ儲けを悪とみなし、カネ儲けに専心する者を蔑視するような視線が支配的となる。それが商業を軽視し、商人を疎んじることにつながる。利子の徴収（徴利）をめぐる宗教的な問題もあって、より一層、守銭奴が唾棄されるようになる。これは、儒教において、商業が蔑まれたのとよく似ている。16世紀後半の西欧では、「インタレスト」は、関心、願望、便宜といった意味をもっていたのだが、そこには、個人の物質的幸福だけでなく、願望追求の方法についての打算の要素も含まれていた。この概念が「利益」という広範囲の概念をもつようになり国家、君主、領主、個人などに適用されるなかで、情念ではなく利益に導かれた世界という認識が広がるのである。それまでの強欲、貪欲、金銭欲などという情念が利益という概念に包摂されることで、野心、権力欲、性欲のような情念に対抗し抑制するのに有効ではないかとの見方が優勢になるのだ。「利益はうそをつかない」、「利益が世界を支配する」といったことわざが人口に膾炙するのである。「利益」への関心は「利潤」への関心を惹起するが、この「利潤」が最初に承認されるようになるのは、外国貿易や異邦の地への冒険的な旅行によって獲得されたものであった点が重要である（大澤, 2015b, p. 400）。

（5） 1515～1565年の間に、ハプスブルク家の所領であったオランダで海軍などの軍隊に多額の資金が必要とされ、それを新税と魅力的な利子で保証した年賦金の発行という形で調達するようになる（Tilly, 1992, p. 90）。これが国債の

原型となった。

（6） 個人を前提とする"society"について深く考えたのはイギリスの政治哲学者ジョン・ロックである。彼の"society"の議論には、王権神授説に基づく君主主権論をめぐる議論がある。治安維持、立法、軍事、執行、司法、貨幣鋳造、金銭賦課といった権限すべてを、完全なかたちで保有する絶対王政が誕生する背後には、すべての生物と大地を支配する支配権を神がアダムにのみ与えたことを根拠に、この父と子の関係のアナロジーとして、神がアダムのみを創造し、アダムに専制権力を与え、彼の長子系にその権力を属するように定め、その家父長制の系統に属する国王こそ絶対権力を有するという見方がある（関谷, 2003, p. 177）。このロバート・フィルマーの「家父長論」に代表される父権優先の見方に対して、ロックは「両親権」を説き、両親の対等の権利を認め、一人の人間による支配の成立根拠に疑問を呈している。ゆえに、ロックは、贈与によるアダムのすべての生物に対する支配権が父たる身分に由来する権限に帰結するものではなく、イブがアダムに服従したことも夫婦間の権力関係にすぎないとする。最初の"society"（「社会」）として、ロックが男と女との間の自然的契約に基づく夫婦をあげたのは、父権ではなく両親権を重視するという見方があったためなのだ。そのうえで、"political society"（「政治社会」）が想定され、その構成員の各自が自らの生命・自由・財産を他人の侵害から守る権利および自然法に反した犯罪者を裁いて処罰する権利を放棄して、「共同社会」に委ね、すべての構成員が「政治社会」によってつくられた法に保護を求めることを排除されないことが必要とされる。この「政治社会」はあくまである領域を前提とする共同体として語られている。だからこそ、ロックは、「どれほどの数であれ、一つの共同社会、具体的には政府を作ることに同意したならば、それに基づいて、彼らはすぐに結合して一つの政治体を作ることになる」とか、「自然状態から脱出して一つの共同体に結合する者は誰でも、過半の人々に明示的に同意しない限り、社会へと結合する目的遂行に必要な権力のすべてをその共同体の多数派に放棄すると理解されなければならない」と考えたのだ（同, pp. 179-180）。ただし、ここで想定されている「社会」は、せいぜい国家でしかない。共同体を越えた「社会」は考えられておらず、社会契約といっても、それは国家との契約の問題が議論されているにすぎない。ロックは17世紀後半に書いた『統治二論』の第二部において、"The first Society was between Man and Wife"と書いている（Locke, 1680-1690, 77-5）。ここで、"Man"と"Wife"が、"individual"（個人）として前提されている点が重要である。まさに、個人を前提にして、夫婦の関係から出発し、家族へと広がり、会社へと広がる「仲間」として、"society"がイメージされていたことになる（この前形はラテン語socius［仲間］を語源とするフランス語sociétéおよびラテン語societasであり、14世紀に英語に入ってきたもので、グロティウスはソキエタスを家族の結合体とみなした）。このとき、母親と赤ちゃんとの間に

"society" が生まれたとしなかった点に深い含意が込められている。夫婦の関係は、いわば「大人」の関係であり、「個人」と「個人」の関係から成り立っているとみるのが当然であろう。だからこそ、ロックは、「夫婦の "society" は男と女の間の自発的な盟約によってなされている」と書いている（Locke, 1680-1690, 78-1-2）。自発的ないし自由意志の盟約（voluntary compact）があって、初めて "society" というものが成り立つのである。"society" という概念が広まったのと同じころ、あるいは、その少し前に生まれた「本当の自分」をさらけ出す、「分けられない」存在としての個人という概念がこの "society" の前提にあると言える。ここで注意喚起しておきたいのは、この「仲間意識」の醸成がそれに対立するものとしてあった権力組織を、国家（state）と意識させるようになった点である。廣松は、18世紀を迎えると、資本主義的経済の自律的な論理が明確になってくるのと相即的に、旧来不可分の一体をなしてきた政治と経済の混淆（アマルガム）から経済の自律性が目立つようになり、政治的秩序と経済的秩序の区別（いわゆる市民社会と国家との区別）が意識されるようになると指摘している（廣松, 1989, p. 193）。その結果、ホッブズ・ロック的な国家＝社会理論において Common-Wealth キヴィタスという形で一体的にとらえられていたところの「生活共同体」＝「政治的共同体」が、今や社会と国家とに区別してとらえられるようになるという。この分離ののちに、「国家は、市民政府を形成するにいたった高度社会として理解される」ように位置づけられるのだ（同, p. 194）。アーレントによれば、この過程は「家族」オイキアあるいは経済活動の公的領域への侵入であり、それは私的領域に閉じ込められていた「労働」の公的領域への拡大を意味していた。それが「社会」の勃興につながり、その結果、私的領域と公的領域の相違はやがて完全に消滅し、両者はともに「社会的」なるものの領域に侵されてしまう（Arendt, 1958=1994, p. 98）。「社会」においては、もはや公的なるものは私的なるものの一機能になり、私的所有を保護するために政府が任命されるようになる。つまり、私的利益が公的関心にもなったのである。なお、日本の「社会」については木村（2013）を参照。

（7） 自然権の前提となる「自然」に対する理解するには、「自然」（ピュシス）と「ノモス」（人為の契約・慣習・実定法）を区別し、後者は自然でもなく、正しいことでもないのではないかという疑いにさらされるようになった人間を出発点にしなければならない（岡野, 2011, p. 122）。人間は自然を発見することで、その自然のもつ人為を超えたなにものかに「正しさ」の尺度をみようとするようになる。ここに自然権思想の起源がある。

（8） 「主権」を論じたジョルジョ・アガンベンの『ホモ・サケル』を紹介しておこう（Agamben, 1995=2003）。主権についての別の説明をするためだ。「ホモ・サケル」は「聖なる人間」を意味している。いわば、法のなかで規定されていない、法や規範の埒外におかれた人間であるために、この人間を殺害して

註

も処罰されないが、儀礼によって認められる形では殺害してはならない（決められた形で犠牲化してはならない）とされる。ホモ・サケルは、彼に対してすべての人間が主権者として振舞うことを可能にするが、主権者自身は彼に対してすべての人間が潜在的にはホモ・サケルであるような者として顕現する（同, p. 122）。主権者はその主権がおよぶ範囲内で、他者をどのように扱うことも許された者となる。国家が主権者と位置づけられるようになれば、国家はその主権のおよぶ範囲内の人間を殺しても殺人罪に問われない資格を獲得することになるのだ。問題はホモ・サケルがそもそも法にとっての「例外状態」として、「剥き出しの生」という自然状態にあり、法的状態とはまったく分離されていたのに、西洋の法においては当初、例外的な状況下で法的状態と自然状態が互いに互いをその内部に含み合うような関係になり、最終的には両者が重なり合い、まったく区別できないものになった点にある。法的な概念としての「主権」が確立すると、もともとは例外状態におかれていたホモ・サケルとの関係が他者全体にまで広がることになるというのだ。ところが、仏教のもとでは、あるいはカースト制においては、例外状態としての自然状態と法的状態があくまで分離されている。他方、キリスト教世界では、ホモ・サケルという例外状態が法的状態と重なり合うことで、法が機能するようになり、普遍性へと近づくのだ。ここに、「法の支配」（rule of law）を優先する、西洋のキリスト教世界がたまたま出現したことになる。どうしてそうなったかというと、それはイエス・キリストが神の子として、生身の人間の姿をとって現れたからである。人間は自然の一部であり、その人間でありながら神であるキリストがたまたま現れたことで、自然状態と超越的視点をもとに生じる法的状態が重ね合わされてしまったのである。西洋においてこの主権者の座に最初に君臨したのは「法権利」である。それは、「規制は例外があって生きる」ということを実践していることになる。つまり、「法権利は、法権利が例外化の排他的包含によって自分の内に捉えることのできる以外の生をもたない」のである（同, p. 43）。これは例外が主権の「構造」であることを意味している。ゆえに、アガンベンは、「主権とは、法権利が生を参照し、法権利自体を宙吊りにすることによって生を法権利に包含する場としての、原初的な構造のことである」としている（同, 44）。主権の構造を理解する手掛かりとして、ホモ・サケルを考察すると、神に生け贄にしてはならないホモ・サケルは、人間の裁判権の外におかれているだけでなく、神の裁判権のもとに移行されてはいないが、すでに神の側にあることになる。ホモ・サケルの犠牲化の禁止は、ホモ・サケルと奉献される生け贄とを同一視することを禁じるだけでなく、ホモ・サケルに加えられる暴力が聖なる事物に対して加えられるような冒瀆にはあたらないということを含意しているからだ。ゆえに、ホモ・サケルは犠牲化不可能という形で神に属し、殺害可能という形で共同体に包含されるのだが、主権による例外化において、法は自らを例外化から外し、例外事例から身を退くことによって、

例外事例へと自らを適用するのである。この手続きによって、法は自らを特権化する。こう主張するアガンベンからみると、ホッブズの主権に対する議論はおかしいことになる。万人の万人に対する戦いという自然状態は、都市が「まるで解体してしまっているかのよう」な例外状態として想定されたものであり、誰もが他の者に対して剥き出しの生でありホモ・サケルであるという状況としてみなさなければならないという（同, p. 151）。このとき、ここでの安全を確保するために臣民がとるべきなのは、自分の自然権を譲渡することだという論理で、主権権力を基礎づけることではない。その安全は主権者が自分の望む相手に対して望むことを行うという自分の自然権の保存に求められるべきであり、現に、国家は個人との自主的な契約に基づいているのではなく、主権的暴力が剥き出しの生を国家の内に排除的に包含することによって成り立っているのである。それは人々をホモ・サケルへと追いやる、締め出すことを意味している。ゆえに、「近代において、生は国家の政治の中心にしだいにはっきりと位置づけられ（フーコーの用語では、生政治的となり）、現代にあっては、すべての市民が、ある特殊な、だが現実的きわまる意味で、潜在的にはホモ・サケルの姿を呈している」と、アガンベンは主張するのである（同, p. 157）。

（9） 中国では、外国資本がインターネット産業に投資できないため、海外でIPOを行い、その中国系外国会社が直接、中国の情報関連産業を支配できないため、VIE（Variable Interest Entities, VIE）という形態が頻繁に利用されるようになった。まず、中国側はタックスヘイブンのケイマン諸島などに会社Aを登録し、その会社を米国でIPOするために、その会社が中国での営業活動を財務諸表で連結対象としていることを示さなければならない。そのため、Aは100%子会社Bを中国に設立する。だが、Bは中国からみると、外資企業とみなされるため、Bが直接、中国内でインターネット関連事業を展開することはできない。そのため、中国の国内企業としてCを設立し、Cの経営権や利益をBに譲渡する契約を結んで、Cの中国での営業の結果、得られる利益がAに移動し、結果的にAの株主に還元されることを保証するのである。この契約方式は「協議控制」とか「独占業務委託」とも呼ばれており、ここではCがVIEということになる。

（10） 無国籍者をめぐる問題については、新垣（2015）を参照。

（11） レンナーとバウアーの見解の微妙な相違点については、上条（2008）を参照。ほかに、太田（2009）も参考になる。

（12） ジル・ドゥルーズとフェリックス・ガタリはその著書『千のプラトー』のなかで、「資本とは、何よりもまず主体化の点なのである」（Deleuze & Guattari, 1980=1994, p. 152）と指摘している。資本は国家の主権化（＝主体化）と関連した概念であることを忘れてはならない。

（13） 鈴木啓史は、「共有とは法学概念的には共同所有の三形態、すなわち総有（共同体所有）、合有（協同組合的所有）、民法上の共有の総称を示し、民間所

有を前提とした共同所有のあり方である」としたうえで、この三つのうちマルクスもエンゲルスも「総有（共同体所有）をもとにした将来社会構想を語っている」と指摘している（鈴木, 2012）。この共有の区別こそ重要なのである。
(14)　「分人」については、塩原（2014）の pp. 219-220 および平野（2012a）を参照。
(15)　多数決の問題点については、木村亀二の「多数決原理の省察」を参照のこと（木村, 1927）。
(16)　フィンランドでは、いわゆる「電子請願」（e-pation）が 2012 年 3 月から可能となり、半年間に 5 万件の請願を集めれば議会に投票を求めることが可能になった。2013 年 3 月、請願によって、同性婚をめぐって、議会は同性婚の合法性について投票することが義務づけられた。
(17)　ここでハーバート・サイモンが管理（administration）は意思決定の世界であるとして、意思決定が管理論の中心課題であると主張したことを思い出そう（Simon, 1997, p. 7）。意思決定の前提となる情報収集においてテストしたり証明したりできる事実と、科学的に証明できない個人・集団の選好・価値とを区別することを提唱し、検証可能な前者を前提として考えた。意思決定そのものは複数の代案から一つを選択する過程ないし行為を意味しているが、彼の理論の基礎には効率的管理合理性がある。この合理性は目的と手段という論理に基づいており、目的を達成するための最善の手段を選ぶことが課題とされる。ただし彼は目的と手段の論理の限界に気づいていた。なぜなら手段と目的は全体として分離できず、目的はしばしば不完全で不明瞭であり、手段も目的も時間や状況変化によって影響されてしまうからである。そこで彼は合理性が限定されているとした。したがって、制約された合理性すなわち限界合理性（bounded rationality）のもとでの意思決定を問題にしたことになる。そのうえで彼は、個人は限定合理性のもとにあるため、個人を取り巻く世界に対して効果的に対処するために集団や組織に加わる必要があることに気づくと論じた（Denhardt, 2000, p. 78）。組織において、われわれは人間の行動を、われわれの目標を獲得する合理的パターンにはめ込む方法を見出すのだ。ここに古典的な効用最大化を前提とする "economic man" に代わって組織化・制度化された "administrative man" が登場する。"administrative man" は、組織の目標を意思決定の価値前提として受け入れ、協調的行動を習慣づけられる。この結果、合理性の意味合いがヒエラルキーに基づく上位権威者への従属という意味に変化する。"administrative man" は自らの効用を最大化するよりも自分と組織の関係のなかで満足できる解決策を求めていることになる。"administrative man" は限定合理性を前提にせざるをえないけれども、組織において合理的（効率的）組織行動を探求しなければならないということになる。だが、それは組織が合理的であることを意味しない。個人が合理的でありえない以上、組織も合理的ではありえないからだ。ここで重要なことは合理的意思決定を結果

からみるか、適切さからみるのかという問題だ。行動は予想される将来の望ましい結果に基づいているのだから、合理的意思決定は結果的にみるものだというのが前者である（サイモンもこれに近い）。こうした立場にたつと、費用便益分析や業績測定、リスク分析などに重点がおかれることになる。一方、後者では選択が意思決定の状況についてお互いに分かち合った理解に基づいているときに意思決定が適切であると考えられる、つまり合理的となるとみなす。こうした立場にたつと、手続きが重視され、制度的分析、歴史的分析などに重点がおかれることになる。サイモン自身は合理性の限界を意識していた。だがその後、この限界合理性が忘れられ結果からみた合理的意思決定が重視されるようになった。その現れが公共選択論の広範な受容につながっている。

(18) わかりやすいのは、柄谷が提示したライト・ミルズの見方だ（Karatani, 2014, p. 180）。ミルズは「ホワイトカラーは私企業において官僚層にあたる人である」とし、ホワイトカラーは科挙のような試験を受けることでその地位に就き、ブルーワーカーを支配することになる（Mills, 1951）。

(19) 公務員の実践的行動に注目したジェームズ・ウィルソンの議論がこれを教えてくれる（Wilson, 1989）。彼はマネジャーからみてエージェントの活動が観察できるか、その活動結果が観察できるかというふたつの違いに注目する。活動は教師、医者、法律家、警官などが毎日、行う仕事を意味する「アウトプット」のことをいう。一方、活動結果は、仕事の結果である成果を意味する「アウトカム」のことを意味している。こうしてエージェントの仕事はつぎの四つのタイプに区分することができることになる。マネジャーが、①アウトプットもアウトカムも観察できる、②アウトプットのみ観察できる、③アウトカムのみ観察できる、④どちらも観察できない——というのがそれである。彼は、①を生産組織（production organization）、②を手続き組織（procedural organization）、③を技能組織（craft organization）、④を対処組織（coping organization）とよぶ。以下にそれぞれの組織をみてみよう。生産組織はアウトプットもアウトカムも観察できるから、マネジャーは効率的なアウトカムを生み出すための遵守システムをデザインする機会をもっていることになる。内国歳入庁には、監査人の活動というアウトプットや、徴税額というアウトカムの存在によってマネジメント上の問題を簡単化することができる。同じく郵便庁の場合、郵便区分け係や配達者の活動というアウトプットと、郵便の配達というアウトカムがある。だが、観察可能なアウトプットとアウトカムをもつといっても、これらの庁をマネジメントすることが簡単になるとは言えない。いずれの庁の運営も複雑であり、こうしたアウトカムをもとに管理しようとしても、それでうまくゆくというものではない。たとえばアウトカムを生み出す仕事は計測できないアウトカムを生み出す仕事を駆逐してしまう。「悪貨は良貨を駆逐する」というグレシャムの法則のように、測定可能なアウトカムを生み出す仕事ばかりに力点が移り、結果として全体の行政サービスが悪化しかねな

註

いのである。手続き組織ではマネジャーは部下がなにをしているかを観察することはできても、その結果を知ることはできない。精神治療所の管理者は医療スタッフの仕事ぶりをわかっても治療の結果を簡単に知ることはできない。職業安全保健所のマネジャーもそのスタッフの仕事ぶりを知ることはできても、工場などの安全や保健状態が改善したかどうかを知るのは難しい。こうした条件は専門家尊重主義の発展を促す。しかし、政府の省庁は、その活動のアウトカムが議論になるようなときには、裁量権を現場のスタッフに委ねるだけの余裕がない。そこで、手続き組織では、「手段」を指向したマネジメントが行われるようになる。結果がわからなくても手続きさえしっかり管理できれば、アウトカムが伴うはずだと考えるわけだ。このため標準的オペレーティング手続き（SOP）というものが広まることになる。平和時の軍隊においてはSOPが適用される。戦争時までアウトカムはわからないのだから。戦時になると、多くの軍隊は手続き組織から技能組織に変化する。平和時には軍人はマネジャーである幹部の直接、目の届く範囲内で行動していたが、戦時なると戦闘が行われているから、マネジャーは軍人ひとりひとりの行動を掌握することはできない。だが戦闘結果については比較的わかりやすい。技能組織ではオペレーターの活動を観察するのは難しいが、そのアウトカムを評価するのは相対的に容易なのだ。こうした組織では、目標指向のマネジメントが実践されやすい。警察の捜査部署は犯罪解決で評価され、軍隊では、攻撃成果が指向される。しかし、そこでは目標達成のためには「手段」を選ばないという風潮が生まれかねないから、個人の行動を制御するための道徳のようなものが求められる。具体的に言えば、戦争に勝つという「目的」のためには、原爆でも水爆であっても、生物化学兵器であっても、それらを開発し実践に使用することは「手段」として肯定されかねない。対処組織では、マネジャーは部下のアウトプットもアウトカムもわからない。学校管理者は教師がどのように教えているか、知らないし、その結果、生徒がなにを獲得したかもわからない。外国に住む外交官の場合、その活動の多くは本国では観察できず、その結果も簡単には判断できない。マネジャーはこうした困難にうまく対処しなければならない。そこで、マネジャーは最善の人を雇用し、優れた仕事に資する環境を創出しようとする。

(20) ここでいう"contingency"はリチャード・ローティが強調したものである（Rorty, 1989=2000。ローティは、「言語」、「自己」、「リベラルな共同体」といった、人間を取り囲む言説が偶有性、偶然性、不確実性を伴っているということを強調したのだが、偶有性によく似た概念として、内発的な展開を意味する"evolution"の全面化をはかったのがマット・リドレイである（Ridley, 2015）。それは、上からの計画やデザインを拒否する立場であり、きわめて重要な視角を提供している。

(21) 他方で、軍を保有しない国家もわずかずつではあるが、増加していることも忘れてはならない。軍隊のない国家は、アンドラ（1278年）、サンマリノ

(16世紀ごろ)、モナコ (1740年)、ルクセンブルク (1867年)、リヒテンシュタイン (1868年)、アイスランド (1918年)、ヴァチカン (1929年)、コスタリカ (1948年)、サモア (1962年)、モルディブ (1965年)、クック諸島 (1965年)、モーリシャス (1968年)、ナウル (1968年)、ニウエ (1974年)、ソロモン諸島 (1978年)、トゥヴァル (1978年)、セントルシア (1979年)、セントヴィンセント・グレナディンズ (1979年)、キリバス (1979年)、ヴァヌアツ (1980年)、ドミニカ国 (1981年)、グレナダ (1983年)、セントクリストファー・ネヴィス (1983年)、ミクロネシア連邦 (1986年)、マーシャル諸島 (1986年)、パラオ (1994年)、パナマ (1994年)、ハイチ (1995年) となっている (前田, 2008, pp. 249-250)。

(22) 主権と人権との関係を重視するアレン・ブキャナンは、人権保障の一次的責任を負っているのが国家だとしている (Buchanan, 2004)。その責務を果たさない国家に対しては、EU諸国やカナダなどの「人権レコード優等生」を自任する諸国家の「有志連合」による介入の必要性を認めている。あるいは、井上達夫は、「中途半端な強さ」をもった「諸国家のムラ」による国際秩序を構想している (井上, 2012)。いずれも国家に重きを置いているが、インターネットのプロバイダーなどを通じて個人のe-mail情報などを盗み見る「プリズム」と呼ばれるシステムを密かに稼働させ、その秘密を暴露したエドワード・スノーデンを、国家機密を漏らした罪で罰しようとする米国のような国家に人権を守ることなど、そもそもできるのだろうか。

(23) 筆者が拙著『核なき世界論』のなかで行ったことは、実際に核戦争が起きることを想定したうえで、準備をすることの必要性を説くことであった (塩原, 2010)。それは、ソ連崩壊を真面目に現実的なものとして想定していなかった人類がその崩壊を目の当たりにしたとき、あまりにひどい対応しかできなかったことへの猛省として書かれたものであった。

(24) これらのラテン語は、エピクロスらが人間の到達すべき理想としたギリシア語の「アクラシア」(合成語で「心が乱されていない状態」を意味する) の訳語・対応語として用いられた (市野川, 2011, p. 211)。他方、安全という日本語は、かなり古くから、たとえば『平家物語』第三巻の「医師問答」で「願はくは子孫繁栄絶えずして (……) 天下の安全を得しめ給へ」という形で用いられており、その意味も今日と同様、危険のないこと、平穏無事なこと、である (『日本国語大辞典』小学館, 第2版, 2000年)。しかし、この「安全」という言葉は当初、英語の"security"の訳語としては用いられず、これには「安心」「安穏」などがあてがわれる一方、"safety"の訳語として用いられた (ヘボン『和英語林集成』, 1867年)。市野川の調べでは、1884年の『明治英和辞典』で初めて (safetyと同時に) "security"の訳語として「安全」が登場する。"safety"と"security"の両方に対応できるドイル語の"Sicherheit"に対しては、すでに1872年の『和訳独逸辞典』で「安全」という訳語があてられてい

註

る（市野川, 2011, p. 211）。
(25) もっとも典型的なのは、行財政改革であった。日本では、戦後、1962年に臨時行政調査会（第一次臨調）が設置され、1964年に基本答申が提出された。1981年に第二次臨調設置、1983年に最終答申が出た。1983-86年に第一次臨時行政改革推進審議会（行革審）が設置された。1987-90年に、第二次行革審が行われ、1990-93年に第三次行革審に至った。その後の改革は規制緩和（行政改革委員会、1994年設置）と地方分権（地方分権推進委員会、95年設置）に力点を置いて進められた。「政官財癒着」への批判のなかで、1996年に行政改革会議が設置され、中央省庁の再編への道筋がつけられた。1998年6月、中央省庁等改革基本法が成立し、2001年1月、中央省庁の再編が実施された。内閣のもとには、内閣府（外庁として、国家公安委員会、防衛庁など）および10の省が生まれた。1府21省庁体制から1府14省庁体制に移行したことになる。2000年12月、行政改革大綱が閣議決定された。①各特殊法人などについて、個別の事業の見直しおよび組織形態の見直しの基準に基づき、廃止、整理縮小、民営化、独立行政法人化など、その事業および組織形態について講ずべき措置を内容とする「特殊法人等整理合理化計画」を策定する、②政策評価にかんする標準的ガイドラインを決定し、公表する、③一般会計・特別会計を連結した「国の貸借対照表」（試案）の改善を重ねる、④地方分権の推進、⑤行政事務の電子化――などの方針が決定された。2001年6月、特殊法人等改革基本法が施行された。同年12月には、特殊法人等整理合理化計画を閣議決定するまでに至った。同月、「今後の経済財政運営及び経済社会の構造改革に関する基本方針」（いわゆる「骨太の方針」）が閣議決定され、行政改革を継続して行く方針が示された。だが、こうした動きはOECDが推進していたNew Public Managementを日本国内に適用するための動きにすぎない。決して日本独自の動きではなかった。2002年11月、財政制度等審議会（財務大臣の諮問機関）は公会計改革に向けて「公会計基本小委員会」を設置することを決めた。2003年6月には、「公会計に関する基本的考え方」がまとまった。予算・決算における発生主義会計への移行の必要性を認めつつ、複数年度予算については、国会承認との関係から憲法上、その導入が困難としたのだが、こうした公会計改革もまた「強いられた改革」であり、日本の官僚は「下請け」作業を行うなかで、ささやかな抵抗を示したにすぎないのだ。
(26) 国家公務員の数を国際比較するのは難しい。国家が雇用する構成員は通常、「一般政府」が雇用する者と国有企業従業員に分けられ、前者は中央政府と地方政府とからなる。国によって、軍人や警官の占めるウエートも異なっている（軍人が相対的に多い韓国に対して、少ない英国）し、もちろん、国家公務員と地方公務員のウエートも違う（中央政府の役人のウエートが相対的に高いのはニュージーランドやオランダ。低いのは米国やフォンランド）。こうした不備を前提にすると、日本の公務員の数は相対的に目立って多いわけではない。

だが、その仕事の質まで踏み込んで調査すれば、その怠惰な仕事ぶりが明らかになるはずだと信じている。ついでに付言すれば、若手官僚が海外に留学する際、「下駄をはかされて」大学院などに行くことが知られている。本来であれば、海外において実力で学位を取得できた人物だけを公務員として雇用し、彼らをさらに鍛えていくことが望まれるのだが、日本の場合、日本固有の記憶力に偏した学力試験に合格した、最初から国際水準に到達していない者を、税金を使って「遊学」させているにすぎない。

（27）　本書を書きながら、筆者は『サイバー空間の平和学』（仮題）を執筆している。「サイバー空間」という空間をめぐって国家主権や個人がどうかかわっているのかという現状について、その問題点を本書で考察したような人間の歴史から分析するねらいがある。まだ完成稿にはほど遠いが、解き明かすべき課題として格闘する毎日だ。関心のある者は拙稿を参照（塩原, 2015b）。

［参考文献］

Acton, Lord=John Emerich Edward Dalberg（1887=2013）*Acton-Creighton Correspondence*, The Online Library of Liberty, http://oll.libertyfund.org/title/2254.
Agamben, Giorgio（1995）Homo Sacer: Il potere sovrano e la nuda vita, Einaudi=（2003）高桑和巳訳『ホモ・サケル：主権権力と剥き出しの生』以文社.
愛甲雄一（2011）「共和政は平和的か？：ハミルトンとマディソンに見るアメリカ国政政治思想の一断面」『アジア太平洋研究』，成蹊大学アジア太平洋研究センター, Vol. 36, No. 11.
Allard, Nicholas, W.（2008）"Lobbying Is an Honorable Profession: The Right To Petition and the Competition To Be Right," the Board of Trustees of the Leland Stanford University.
アライ，ヒロユキ（2014）『天皇アート論：その美、〝天〟に通ず』社会評論社.
Arendt, Hannah（1982 → 1992）*Lectures on KANT'S Political Philosophy*, Edited and with an Interpretive Essay by Beiner, Ronald, Paperback edition, The University of Chicago.
　　── （1970 → 1972）On Violence, in *Crises of the Republic*, A Harvest Book
　　── （1963）*On Revolution*=（1995）志水速雄訳『革命について』ちくま学芸文庫.
　　── （1958）*The Human Condition*, University of Chicago Press=（1994）志水速雄訳『人間の条件』ちくま学芸文庫.
　　── （1958）"The Modern Concept of History," *The Review of Politics*, Vol. 20, No. 4, in *Between Past and Future: Eight Excercises in Political Thought*（1968）Viking Press =（2002）引田達也・斎藤純一訳『過去と未来の間：政治思想への8試論』みすず書房.
　　── （1951）The Origins of Totalitarianism, Part Three, Totalitarianism=（1974, 1981, 2014）『全体主義の起源　3』大久保和郎・大島かおり訳，みすず書房.
Arnhart, Larry（2013）The Evolution of Darwinian Liberalism, Paper to the Mont Pelerin Society.
新垣修（2015）「無国籍条約と日本の国内法：その接点と隔たり」, http://www.unhcr.or.jp.
有賀貞（1984）「アメリカにおけるアメリカ革命史研究の展開」『一橋大学研究年報・法学研究』Vol. 14.
Atherton, Susan C., Blodgett, Mark S., & Atherton, Charles A.（2011）"Fiduciary Principles: Corporate Responsibilities to Stakeholders, *Journal of Religion and

Business, Vol. 2, Issue 2, Article 5.

Atkinson, Anthony, B.（2015）*Inequality: What Can Be Done?*, Harvard University Press=（2015）『21世紀の不平等』山形浩生・森本正史訳, 東洋経済新報社.

東浩紀（2011）『一般意志2.0』講談社.

Baldwin, John W.（1959）"The Medieval Theories of the Just Price: Romanists, Canonists, and Theologians in the Twelfth and Thirteenth Centuries, *Transactions of the American Philosophical Society*, Vol. 49, No. 4.

Basu, K.（2011）*Beyond the Invisible Hand: Groundwork for A New Economics*, Princeton University Press.

Basu, K., Bhattacharya, S. & Mishra, A.（1992）"Note on Bribery and the Control of Corruption," *Journal of Public Corruption*, Vol. 48.

Benjamin, Walter, B. S.（1921）Zur Kritik der Gewalt（Critique of Violence）=（1994）野村修編訳『暴力批判論』岩波文庫.

Berman, Harold, J.（2003）*Law and Revolution*, Ⅱ*: The Impact of the Reformations on the Western Legal Tradition*, Harvard University Press.

——（1983）*Law and Revolution*, Harvard University Press.

Berman, Morris（2000）*Wandering God: A Study in Nomadic Spirituality*, State University of New York Press.

尾藤正英（2000）『日本文化の歴史』岩波書店.

Binswanger, Hans, Christoph（1985）*Geld und Magie. Deutung und Kritik der modernen Wirtschaft anhand von Goethes Faust*. Mit einem Nachwort von Iring Fetscher, Edition Weitbrecht =（1992）清水健次訳『金（かね）と魔術：『ファウスト』と近代経済』法政大学出版局.

Blatter, Joachim K., Erdmann, Stefanie and Schwanke, Katja（2009）Acceptance of Dual Citizenship: Empirical Data and Political Contexts, Working Paper Series "Global Governance and Democracy" 02, Institute of Political Science, University of Lucerne.

Bowles, Samuel & Gintis, Herbert（2011）*A Cooperative Species: Human Reciprocity and Its Evolution*, Princeton University Press.

Braudel, Fernand（1979）*Civilisation matérielle, économie et capitalisme*（xve - xviiie *siècles*）, Armand Colin, 3 volumes=（1985）村上光彦訳『物質文明・経済・資本主義：一五世紀－一八世紀』（Ⅰ-2　日常性の構造2）, みすず書房.

Buchan, Bruce（2012）"Changing Cotours of Corruption in Western Political Thought, c. 1200-1700," *Corruption: Expanding the Focus*, Edited by Barcham, Manuhuia, Hindess, Barry and Larmour, Peter, ANU E Press.

Чернобаева, Н.В.（2009）«Характеристика взяточничества как однойиз самых опасных форм коррупциив России», Экономика и право, Вып. 2.

参考文献

Crick, Francis (1994) *The Astonishing Hypothesis: The Scientific Search for the Soul*, Scribner.
檀上寛 (1978)「明王朝成立期の軌跡：洪武朝の疑獄事件と京師問題をめぐって」『東洋史研究』Vol. 37, No. 3.
Dawson, John P. (1960) *A History of Lay Judges*, Harvard University Press.
出口治明 (2014)『仕事に効く教養としての「世界史」』祥伝社.
d' Entrèves, Alexander Passerin (1967) *The Notion of the State: An Introduction to Political Theory*, Clarendon Press= (2002) 石上良平訳『国家とは何か』みすず書房.
Deleuze, Gilles, & Guattari, Félix (1980) *MILLE PLATEAUX: Capitalisme et schizophrénie*= (1994) 宇野邦一・小沢秋広・田中敏彦・豊崎光一・宮林寛・守中高明訳『千のプラトー：資本主義と分裂症』河出書房新社.
Dempsey, John S. & Forst, Linda S. (2008) *An Introduction to Policing*, 5th Edition, Cengage Learning.
Denhardt, Robert (2000) *Theories of Public Organization*, Third Edition, Harcourt Brace College Publishers.
De Puydt, Paul Emile (1860) *Panarchy*, Revue Trimestrielle= (2001) *Panarchy: Understanding Transformations in Human and Natural Systems*, Island Pr.
Panarchy
Deutscher, Guy (2010) *Through the Language Glass: Why the World Looks Different in Other Languages*, Metropolitan Books, Henry Holt and Company.
Dickenson, Donna (2008) *Body Shopping, The Economy Fuelled by Flesh and Blood*, Oneworld= (2009) 中島由華訳『ボディショッピング』河出書房新社.
Engels, Jens Ivo (2006) "Politische Korruption in der Moderne: Debatten und Praktiken in Großbritannien und Deutschlandim 19. Jahrhundert, *Historische Zeitschrift Band 282*.
Eser, Albin (1996) "Major Stages of Criminal Law Reform in Germany," *Israel Law Review*, 30.
Fisher, Helen, E. (1982) *The Sex Contract: The Evolution of Human Behavior*, William Morrow & Company= (1983) 伊沢紘生・熊田清子訳『結婚の起源：女と男の関係の人類学』どうぶつ社.
Flusin, Bernard (2006) La civilization byzantine, PUF = (2009) 大月康弘訳『ビザンツ文明：キリスト教ローマ帝国の伝統と変容』白水社.
Foucault, Michel (1984) *Le souci de soi* (Volume 3, de HISTOIRE DE LA SEXUALITÉ) = (1987) 田村俶訳『性の歴史Ⅲ　自己への配慮』新潮社.
藤岡一郎 (1979)「賄賂罪の一考察」『同志社法学』Vol. 31, No. 1.
福永英男 (2002)『『御定書百箇条』を読む』東京法令出版.

福永光司(1987)『道教思想史研究』, 岩波書店.
Fukuyama, Francis (2012) *The Origins of Political Order: From Prehuman Times to the French Revolution*, Profile Books.
Gambetta, Diego (2004) "Corruption: An Analytical Map," *Corrupt Histories*, edited by Krieke, Emmanuel & Joedan, William Chester, University of Rochester Press.
Gauchet, Marcel (2001) *La démocratie contre ell-méme*, Gallimard.
Gazzaniga, Michael (2011) *Who's in Charge?: Free Will and the Science of the Brain*, HarperCollins.
Glaeser, Edward L. & Shleifer, Andrei (2002) "Legal Origins," *The Quarterly Journal of Economics*, November.
河宗根(1997)「マックス・ウエーバーの歴史社会学と「儒教と道教」(2)」『名古屋大學法政論集』Vol. 167.
Hakari, Andrea (1999) Corruption and Controversy: Simony, lay investiture, and clerical marriage and celibacy in the Catholic Church during the eleventh and the twelfth centuries, University of Wisconsin.
Hamilton, William, Donald (1964) "The Genetical Evolution of Social Behaviour. I," *Journal of Theoretical Biology*, 7.
服藤弘司(2010)『『公事方御定書』研究序説』創文社.
Harris, Judith (1998) *The Nurture Assumption: Why Children Turn Out the Way They Do*, The Free Press.
橋場弦(2012)『賄賂とアテナイ民主政』山川出版社.
橋本直人(1996)「M・ウェーバーの官僚制化テーゼの再構成に向けて:団体間闘争への適応としての官僚制化」『一橋論叢』115 (2).
Hauken, Tor (1998) Petition and Response: an Epigraphic Study of a Petitions to Roman Emperors, 181-249, Monographs from the Norwegian Institute at Athens Vol. 2.
Hayek, F. A. (1976) *Law, Legislation and Liberty, Vol. 2: The Mirage of Social Justice*= 篠塚慎吾訳(1987)『ハイエク全集9:法と立法と自由Ⅱ, 社会正義の幻想』春秋社.
Heidenheimer, Arnold, J. (1970) *Political Corruption: Reading in Comparative Analysis*, Holt, Rinehart and Winston, Inc..
Hill, Lisa (2012) "Ideas of Corruption in the Eighteenth Century: The competing conceptions of Adam Ferguson and Adam Smith," *Corruption Expanding the focus*, Edited by Marcham, Manuhuia, Hindess, Barry and Larmour, Peter, Australian National University.
平子友長(2008)「近代自然法思想の再評価:自然法と先住権問題」, 名古屋哲学研究会2008年度総会シンポジウム.

参考文献

平松義郎（1988）『江戸の罪と罰』平凡社.
平野啓一郎（2012a）『私とは何か――「個人」から「分人」へ』講談社現代新書.
―――（2012b）『ドーン』講談社文庫.
Hirschman, Albert O. (1977) *The Passions and Interests: Political Arguments for Capitalism before Its Triumph*, Princeton University Press= 佐々木毅・旦祐介訳（2014）『情念の政治経済学』法政大学出版局.
廣松渉（1989）『唯物史観と国家論』講談社学術文庫.
Hohnston, Michael (2001) "Measuring corruption: Numbers versus knowledge versus understanding," *The Political Economy of Corruption*, Edited by Jain, Arvind, K., Routledge.
Holman, Craig (2009) Lobbying Reform in the United States and the European Union: Progress on Two Continents, http://www.citizen.org.
―――（2006）*Origin, Evolution and Structure of the Lobbying Disclosure Act*, Public Citizen.
Holman, C. & Luneburg, W. (2012) Lobbying and transparency: A comparative analysis of regulatory reform, Interest Groups & Advocacy, Macmillan Publishers Ltd.
Holman, C. & Susman, T. (2009) Self-Regulation and Regulation of the Lobbying Profession, Global Forum on Public Governance, OECD.
Hood, Bruce (2012) *The Self Illusion: How the Social Brain Creates Identity*, Oxford University Press.
Huntington, Samuel, P. (1968) "Modernization and Corruption," *Political Order in Changing Societies*, Yale University Press= (1970) reprinted in *Political Corruption*.
市野川容孝（2011）「安全性の論理と人権」『人権の再問』法律文化社.
池田知久（2007）「秦漢帝国による天下統一」『中国思想史』東京大学出版会.
池内恵（2008）『イスラーム世界の論じ方』中央公論新社.
井波律子（1997）「中国の理想郷」『歴史における理想郷：東と西』（国際研究集会報告書），国際日本文化研究センター.
井上浩一（2009）『ビザンツ文明の継承と変容』京都大学学術出版会.
―――（2005）「ローマ皇帝からビザンツ皇帝へ」，笠谷和比古編『公家と武家の比較文明史』思文閣出版.
井上達夫（2012）『世界正義論』筑摩書房.
犬塚元（2012）「クラレンドンのホッブズ『リヴァイアサン』批判（1） スチュアート王党派の「君主主義」思想とその系譜分類をめぐって」『法学』，東北大学法学会, Vol. 76, No. 3.
―――（2002/03）「ヒュームの『完全な共和国』論：ローマ、ハリントン、政治対立」東京大学社会科学研究所 Discussion Paper Series, J-108.

石丸博（1994）「官僚制の組織原理」『組織とネットワークの社会学』宮本孝二・森下伸也・君塚大学編，新曜社.
伊藤幹治（1996）「贈与と交換の今日的課題」『贈与と市場の社会学』岩波書店.
── (1984)「日本社会における贈答の研究」『日本人の贈答』，伊藤幹治・栗田靖之編著，ミネルヴァ書房.
伊藤正博（2003）「ハンナ・アーレントが言わなかったこと」『芸術』(26)，大阪芸術大学.
Iqbal, Zafar & Lewis, Mervyn K. (2002) "Governance and Corruption: Can Islamic Societies and the West Learn from Each Other?," *The American Journal of Islamic Social Siences*, Vol. 19, No. 2.
井筒俊彦（1982=1991）『意識と本質：精神的東洋を索めて』岩波文庫.
── (1959) *The Structure of the Ethical Terms in the Koran*, 慶應義塾大学語学研究所＝牧野信也訳（1992, 2015）『井筒俊彦全集　第11巻　意味の構造』慶應義塾大学出版会.
Jacoby, Henry (1969) *Die Bürokratisierung der Welt: Ein Beitrag zur Problemgeschichte* = (1973) *The Bureaucratization of thw World*, translated by Kanes, Eveline, University of California Press.
Jain, Arvind, K., edited (2001) *The Political Economy of Corruption*, Routledge.
Jaynes, Julian (1976, 1990) *The Origin of Consciousness in the Breakdown of the Bicameral Mind* = 柴田裕之訳（2005）『神々の沈黙：意識の誕生と文明の興亡』紀伊國屋書店.
Johnson, Dominic (2016) *God Is Watching You: How the Fear of God Makes Us Human*, Oxford University Press.
Johnson Jr., Joseph F. (2005) "Natural Law and the Fiduciary Duties of Business Managers," *Journal of Markets & Morality*, Vol. 8. Number 1.
Kaiser, Robert G. (2010) *So Dawn Much Money: The Triumph of Lobbying and the Corrosion of American Government*, Vintage Books.
上条勇（2008）「民族問題思想におけるレンナーとバウアー：オーストロ・マルクス主義の民族的自治論を中心にして」『金沢大学経済論集』Vol. 29, No. 1.
神島裕子（2015）『ポスト・ロールズの正義論：ポッゲ・セン・ヌスバウム』ミネルヴァ書房.
柄谷行人（2014）『帝国の構造』青土社.
　── (2012)『哲学の起源』岩波書店.
　── (2011)『「世界史の構造」を読む』インスクリプト.
　── (2010)『世界史の構造』岩波書店.
　── (2004a)『定本　柄谷行人集1　日本近代文学の起源』岩波書店.
　── (2004b)『定本　柄谷行人集3　トランスクリティーク：カントとマル

クス』岩波書店.
　――（2001）『トランスクリティーク：カントとマルクス』批評空間.
　――（2000）『倫理21』平凡社.
　――（1993）『ヒューモアとしての唯物論』筑摩書房.
　――（1989）『探究Ⅱ』講談社.
Karatani, Kojin（2014）*The Structure of World History*, Duke University Press.
軽部謙介（2009）『ドキュメント　アメリカの金権政治』岩波新書.
河島太朗（2006）「米英独仏における外国人の政治献金規制」『ISSUE BRIEF』No. 542, 国立国会図書館.
川島優子（2011）「江戸時代における『金瓶梅』の受容－曲亭馬琴の記述を中心として－（2）」『龍谷紀要』Vol. 32, No. 2.
菊池秀明（2010）「日中の政治・社会構造の比較」『日中歴史共同研究』.
菊池良生（2010）『警察の誕生』集英社新書.
菊谷和宏（2015）『「社会（コンヴィヴィアリテ）」のない国、日本：ドレフュス事件・退学事件と荷風の悲嘆』講談社.
木村亀二（1927）「多数決原理の省察」『思想』No. 72.
木村直恵（2013）「「社会」以前と「社会」以後：明治期日本における「社会」概念と社会的想像の編成」『東アジアにおける知的交流：キイ・コンセプトの再検討』国際研究集会報告集, 鈴木貞美・劉建輝編, 国際日本文化研究センター.
Kiselewich, Bebecca（2004）Cicero's pro Caelio and the Leges de vi of Rome in the Late Rupublic, Williams College.
小島毅（2010）「思想、宗教の伝播と変容」『日中歴史共同研究』.
　――（2007）「唐宋の変革」『中国思想史』東京大学出版会.
Klaveren, Jacob van（1970）"Corruption as a Historical Phenomenon," in Heidenheimer, Arnold J.（ed.）, *Political Corruption: reading in comparative analysis*, Holt, Rinehart and Winston, Inc..
Kuijsten, Marcel（2006）"Consciousness, Hallucinations, and the Bicameral Mind: Three Decades of New Research," *Reflections on the Dawn of Consciousness: Jullian Jaynes's Bicameral Mind Theory Revisited*, Edited by Kuijsten, Marcel, Julian Jaynes Society.
Kümin, Beat & Würgler, Andreas（1997）Petitions, Gravamina and the early modern state: local influence on central legislation in England and Germany (Hesse), http://www.ashgate.com/pdf/tis/9780860785361_ROW.pdf.
Lafi, Nora（2011）Petitions and Accommodating Urban Change in the Ottoman Empire, Özdalga（Elisabeth）Özervarlı（Sait）Tansuğ（Feryal）(eds.), *Istanbul as seen from a distance. Centre and Provinces in the Ottoman Empire*, Istanbul, Swedish Research Institute.

Leijonhufvud, Madeleine（1999）"Corruption - A Swedish Problem?," *Madeleine Leijonhufvud: Corruption – A Swedish Problem?*, Stockholm Institute for Scandianvian Law 1957-2009.

Lessig, Lawrence（2011）*Republic, Lost: How Money Corrupts Congress-and a Plan to Stop It*, Twelve Hachette Book Group.

───（2001）*The Future of Ideas*, Random House=（2002）山形浩生訳『コモンズ』翔泳社.

Liang, Hsi-huey（1992）*The rise of modern police and the European state system from Metterich to the Second World War*, Cambridge University Press.

Licht, Amir, Goldschmidt, Chanan, & Schwartz, Shalom（2007）"Culture rules: The foundations of the rule of law and other norms of governance," *Journal of Comparative Economics*, 35.

Lindgren, James（1993）"The Theory, History, and Practice of the Bribery-extortion Distinction," *University of Pennsylvania Law Review*, Vol. 141, No. 5.

Lindner, Ralf & Reihm, Ulrich（2009）"Electronic Petitions and International Modernization: International Parliamentary E-Petition Systems in Comparative Perspective," *eJournal of eDemocracy and Open Government*, Vol. 1, No. 1.

Locke, John（1680-1690）*The Second Treatise of Government, An Essay Concerning the True Original, Extent, and End of Civil Government* =（1988）edited by Laslett, Peter, Cambridge University Press.

Lunn, Ken & Day, Ann（2002）"Deference and Definance: The Changing Nature of Petitioning in British Naval Dockyards, *Petitions in Social History*, Oxford University Press.

Lynch, Joseph H.（1976）*Simoniacal Entry into Religious Life from 1000 to 1260: A Social, Economic, and Legal Study*, Ohio State University Press.

Mackinder, Halford, John（1942）Democratic Ideals and Reality=（2008）曽村保信訳,『マッキンダーの地政学：デモクラシーの理想と現実』原書房.

前田朗（2008）『軍隊のない国家：27の国々と人びと』日本評論社.

真木悠介（2008）『自我の起原』岩波現代文庫.

───（1981）『時間の比較社会学』岩波書店.

真木悠祐／大澤真幸（2014）『現代社会の存立構造／『現代社会の存立構造』を読む』朝日出版社.

Манько, Александр（2012）Коррупция в России: особенности национальной болезни, АГРАФ.

升味準之輔（2011）「比較研究：議会政治史（三）」『政治経済研究所年報』第3号，武蔵野大学.

松井今朝子（2007）『辰巳屋疑獄』ちくま文庫.

松井志菜子（2004）「人権法の歴史と展開」『長岡技術科学大学言論・人文科学論

集』第 18 号.
松本健一（2008）『近代アジア精神史の試み』岩波現代文庫.
松本礼子（2013）「18 世紀後半パリのポリスと反王権的言動」博士論文，一橋大学社会学研究科博士後期課程.
Mauss, Marcel (1924) Mélanges offerts à M. Charles Andler par ses amis et ses élèves, Publications de la Faculté des lettres de l'Université de Strasbourg, Paris= (2014) 森山工訳『贈与論』岩波文庫.
———(1921) Une forme ancinne de contrat chez les Thraces= (2014) 森山工訳『贈与論』岩波文庫.
Mazzucato, Mariana (2013) *The Entrepreneurial State: Debunking Public vs. Private Sector Myths*, Anthem Press.
———(2011) The Entrepreneurial State, Demos, http://www.demos.co.uk.
McNeill, William H. (1976) Plagues and Peoples, Anchor Press= (2007) 佐々木昭夫訳『疫病と世界史（上・下）』中央公論社.
Mesoudi, Alex (2011) *Cultural Evolution: How Darwinian Theory Can Explain Human Culture and Synthesize the Social Sciences*, The University of Chicago Press = (2016)『文化進化論：ダーウィン進化論は文化を説明できるか』野中香方子・竹澤正哲訳，NTT 出版.
Mills, C. White (1951) *White Collar: The American Middle classes*, Oxford University Press.
Minzner, Carl, F. (2006) "*Xinfang*: An Alternative to Formal Chinese Legal Institutions," *Stanford Journal of International Law*, Vol. 42, No. 103.
三田村泰助（2012）『宦官』中公新書.
Мизерий, А.И. (1998) История борьбы с коррупцией в России.
水田大紀（2012）「パトロネジの「終焉」」『パブリック・ヒストリー』大阪大学.
Mulgan, Richard (2012) "Aristotle on Legality and Corruption," *Corruption Expanding the focus*, Edited by Marcham, Manuhuia, Hindess, Barry and Larmour, Peter, Australian National University.
室伏哲郎（1981）『汚職の構造』岩波書店.
Murrin, John, M. (1980) "The Great Inversion, or Court versus Country: A Comparison of the Revolution Settlements in England (1688-721) and America (1776-1816)," in J.G.A. Pocock, ed., *Three British Revolutions: 1641, 1688, 1776*, Princeton University Press.
長尾光之（1976）「「水滸」集団の形成と性格」『福島大学教育学部論集』第 28 号の 2.
中神由美子（1994）「アルジャノン・シドニーの政治思想―自由・権利・徳―」『本郷法政紀要』第 3 号.
中村雄二郎（1993）『中村雄二郎著作集第Ⅱ巻　制度論』岩波書店.

中尾央（2015）『人間進化の科学哲学』名古屋大学出版会.
Negri, Antonio & Hardt, Michael（2009）Commonwealth =（2012）水嶋一憲監訳，幾島幸子・古賀祥子訳『コモンウェルス（上・下）』NHKブックス.
新田浩司（2009）「憲法保障の具体的方法に関する比較法的研究」『地域政策研究』（高崎経済大学地域政策学会），第11巻，第4号.
Noonan, Jr., John, T.（1984）*Bribery*, University of California Press.
Nørretranders, Tor（1991）*The User Illusion: Cutting Consciousness Down to Size*=（2002）柴田裕之訳『ユーザーイリュージョン』紀伊國屋書店.
Nozick, Robert（1974）*Anarchy, State, and Utopia*, Basic Books=（1992）嶋津格訳『アナーキー・国家・ユートピア：国家の正当性とその限界』木鐸社.
Nussbaum, Martha（2013）*Political Emotions: Why Love Matters for Justice*, Harvard University Press.
Nye, J. S.（1967）"Corruption and Political Development: A Cost-Benefit Analysis'," *American Political Science Review*, 111（2）=（1970）reprinted in Heidenheimer, A., *Political Corruption*, Holt, Rinehart and Winston, Inc.
大江泰一郎（1999）「法と秩序の歴史的構造：ロシアと西洋」『静岡大学法政研究』Vol. 3, No. 3-4.
大黒俊二（2004）『嘘と貪欲：西欧中世の商業・商人観』, http://ir.library.osaka-u.ac.jp/dspace/bitstream/11094/921/1/f_2004-18920h.pdf.
大澤真幸（2015a）『＜世界史＞の哲学　イスラーム篇』講談社.
　――（2015b）『社会システムの生成』弘文堂.
　――（2014a）『＜世界史＞の哲学　東洋篇』講談社.
太田仁樹（2009）「民族性原理と民族的自治：属地的自治と属人的自治」『マルクス・エンゲルス・マルクス主義研究』No. 50.
大竹弘二（2015）「公開性の根源：ブランツ・カフカ、生権力の実務家」『atプラス』太田出版.
大塚久雄（1969）『大塚久雄著作集　第一巻　株式会社発生史論』岩波書店.
小川正廣（1997）「「運命の秤」についての一考察」『名古屋大学文学部研究論集（文学）』.
小川晃一（1964）「ロックの自然法論」『北大法学論集』Vol. 14, No. 3-4.
岡野八代（2011）「フェミニズムと人権：普遍性の困難の在り処」『人権の再問』法律文化社.
Philp, Mark（1997）"Defining Political Corruption," *Political Studies*, X LV.
Polanyi, Karl（1957）"The Economy as Instituted Process," *Trade and Market in the Early Empires*, edited by Polanyi, et al., The Free Press=（1975）石井溥訳「制度化された過程としての経済」『経済の文明史』玉野井芳郎・平野健一郎編訳，日本経済新聞社.
Полтерович, В. М.（1998）«Факторы коррупции», Экономика и математические

методы, 1998, т .34, No 3.
Popper, Nathaniel（2015）*Digital Gold: Bitcoin and The Inside Story of The Misfits and Millionaires Trying to Reinvent Money*, HarperCollins Publishers.
Potter, Gary（2014）The History of Policing in the United States, eBook.
Противодействие коррупции（2012）http://www.edu53.ru/np-includes/upload/2012/07/13/2631.pdf.
Quddus, Munir, Bailey, Henri, & White, Larry（2005）"Business Ethics – Perspectives from Judaism, Christianity and Islam," Proceedings of the Midwest Business Economics Association.
賴鈺菁（2013）「幕末・明治初期における「讒言」の変遷と終焉：下級武士の忠誠観を中心に」，名古屋大学大学院国際言語文化研究科博士学位論文.
Ridley, Matt（2015）*The Evolution of Everything: How New Ideas Emerge*, Fourh Estate.
Rorty, Richard（1989）*Contingency, Irony, and Solidarity*, Cambridge University Press＝斎藤純一，山岡龍一，大川正彦訳（2000）『偶然性・アイロニー・連帯』岩波書店.
Rose-Ackerman, Susan（1975）"The Economics of Corruption," *Journal of Public Economics*, Vol.4.
阪口修平（編著）（2010）『歴史と軍隊：軍事史の新しい地平』創元社.
桜井英治（2011）『贈与の歴史学：儀礼と経済のあいだ』中公新書.
櫻井敬子（2002）「通貨発行権に関する考察」『金融研究』日本銀行金融研究所，No. 9, pp. 143-172.
佐々木亘・村越好男（2001）「トマス・アクィナス公正価格論の展望」『鹿児島純心女子短期大学研究紀要』第 31 号.
佐藤俊樹（1993）『近代・組織・資本主義：日本と西欧における近代の地平』ミネルヴァ書房.
Savage, James, D.（1994）"Corruption and Virtue at the Constitutional Convention," *The Journal of Politics*, Vol. 56, No. 1.
Saxonhouse, Arlene W.（2012）"The Corrupt: The Ambiguity of the language of corruption in ancient Athens," *Corruption Expanding the focus*, Edited by Marcham, Manuhuia, Hindess, Barry and Larmour, Peter, Australian National University.
Schmitt, Carl（1941）"Staat als knnkreter, an eine geschichtliche Epoche gebundener Begriff," in *Verfassungsrechtliche Aufsätze*（1958）Duncker & Humblot, Berlin＝（1972）長尾龍一訳，『リヴァイアサン：近代国家の生成と挫折』福村出版.
―― （1938）*Der Leviathan in der Staatslehre des Thomas Hobbes ― ― Sinn und Fehlschlag eines politischen Symbols*, Hanseatische Verlagsanstalt,

Hamburg=（1972）長尾龍一訳，『リヴァイアサン：近代国家の生成と挫折』福村出版．

『請願制度改革：国会への市民参加制度の第一歩として』（2012）市民がつくる政策調査会 国会改革「請願制度」検討プロジェクト・チーム．

関曠野（2016）『なぜヨーロッパで資本主義が生まれたか：西洋と日本の歴史を問いなおす』NTT出版．

―― （1997）『歴史の学びについて：「近現代史論争」の混迷を超える』窓社．

関谷昇（2003）『近代社会契約説の原理：ホッブス、ロック、ルソー像の統一的再構成』東京大学出版会．

Seligman, Kurt（1948）The History of Magic, Pantheon Books=（1991）平田寛訳，『魔法：その歴史と正体』人文書院．

Shaxson, Nicholas（2011）*Treasure Islands: Uncovering the Damage of Offshore Banking and Tax Havens*, PalgraveMacmillan.

嶋田襄平（1996）『初期イスラーム国家の研究』中央大学出版部．

清水真木（2014）『感情とは何か：プラトンからアーレントまで』ちくま新書．

下向井龍彦・光谷哲郎（2000）「『小右記』にみえる「起請」について：王朝国家における「法」形成の一側面」，「平安時代の「起請」について：王朝貴族の腐敗防止法」（平成10年度～平成11年度科学研究費補助金研究成果報告書．

新谷尚紀（2003）『なぜ日本人は賽銭を投げるのか：民族信仰を読み解く』文春新書．

塩原俊彦（2016a）『民意と政治の断絶はなぜ起きた：官僚支配の民主主義』，ポプラ社．

―― （2016b）『プーチン露大統領と仲間たち：私が拉致された背景』社会評論社．

―― （2015a）『ウクライナ2.0：地政学・通貨・ロビイスト』社会評論社．

―― （2015b）「サイバー空間と国家主権」『境界研究』No. 5．

―― （2014）『ウクライナ・ゲート：「ネオコン」の情報操作と野望』社会評論社．

―― （2013）『すべてを疑いなさい：バカ学生への宣戦布告』（Kindle版）．

―― （2012）『プーチン2.0』東洋書店．

―― （2010）『核なき世界論』東洋書店．

―― （2007）『パイプラインの政治経済学』法政大学出版局．

―― （2004）『現代ロシアの経済構造』慶應義塾大学出版会．

―― （2003）『ビジネス・エシックス』講談社現代新書．

―― （2000）『探求・インターネット社会』丸善．

Shiobara, T.（2013）*Anti-Corruption Policies*, Maruzen Planet.

Шиобара, Т.（2011a）"Коррупция и модернизация: новая теория: новая теория," Экономическая наука современной России, No. 3（54）．

――（2011b）"Новый подход к исследованию коррупции,"Материалы международной конференции «Институциональная экономика: развитие, преподавпние, приложения», ФГБОУВПО «Государственный университет управления», Выпуск 2.

――（2010）"Вопросы модернизации в современной России,"Япония наших дней, Институт Дальнего Востока РАН, No. 1 (3).

――（2008）"Государственные корпорации как новый институт реализации российской политики,"Манеджмент и Бизнес-Администрирование, No. 1.

――（2007）"Глобализация и властные отношения,"Экономическая наука современной России, No. 2.

――（2006）"Корпоративное управление в России,"Экономическая наука современной России, No. 2.

Shleifer, Andrei & Vishny, Robert W. (1998) *The Grabbing Hand*, Harvard University Press.

Shleifer, Andrei (2005) *A Normal Country: Russia after Communism*, Harvard University Press.

蒋立峰・王勇・黄正建・呉宗国・李卓・宋家鈺・張帆（2010）「日中古代政治社会構造の比較研究」『日中歴史共同研究』.

Simon, Herbert (1997) *Administrative Behavior: A Study of Decision-Making Processes in Administrative Organization*, 4th edition, Free Press.

Smith, D. J. (2014) "Minority territorial and non-territorial autonomy in Europe: theoretical perspectives and practical challenges," *Autonomies in Europe: Solutions and Challenges*, ed. By Kantor, Z., L' Harmattan.

Sombart, Werner (1913) Krieg und Kapitalismus, Verlag von Duncker & Humblot=（2010, 2014）金森誠成訳,『戦争と資本主義』講談社学術文庫.

Spinoza, Benedictus (1677) *Ethica, Ordine Geometrico Demonstrata*=（1951）畠中尚志訳,『エチカ（上，下）』岩波文庫.

Spiro, Peter J. (2009) Dual Citizenship as Human Right, Legal Studies Research Paper, No. 2009-41, Temple University, Beaslev Shool of Law.

Strayer, Joseph R. (1970 [the first edition], 2005 [the second edition]) *On the Medieval Origins of the Modern State*, with new forewords by Vharles Tilly and William Chester Jordan, Princeton University Press.

Störig, Hans Joachim (1961) Kleine Weltgeschichte der Philosophie, 8. Aufl, Kohlhammer Verlag=（1967）草薙正夫ら訳,『世界の思想史（上）』白水社.

栖原学（2001）「ロシアの市場経済化と法文化」『経済科学研究所紀要』31号.

鈴木啓史（2012）「利潤分配制と社会主義：日本における大正期から昭和戦後期に至るまでの受容と変容の歴史」大阪大学博士論文（2010年度）.

鈴木健（2013）『なめらかな社会とその敵：PICSY・分人民主主義・構成的社会

契約論』勁草書房.
――― (2006) 設計研第 7 回：鈴木健講演（1），http://ised-glocom.g.hatena.ne.jp/ised/13010114.
――― (2001)「ネットコミュニティ通貨の玉手箱」，http://sacral.c.u-tokyo.ac.jp/~ken/gets/tamatebako.html.
鈴木直志 (2010)「カントン制度再考」『歴史と軍隊』阪口修平編著，創元社.
鈴木聡 (1987)「C. シュミットにおける＜悪と権力＞、＜規範と決断＞をめぐる問題」『東京大学教育学部紀要』第 27 巻.
竹村厚士 (2010)「「セギュール規則」の検討」『歴史と軍隊』阪口修平編著，創元社.
田中文憲 (2007)「フランスにおけるエリート主義」『奈良大学紀要』35 号.
田中秀夫 (2008)「アメリカ啓蒙における二つの共和国論の系譜」経済学史学会.
田中嘉彦 (2011)「英国における内閣の機能と補佐機構」『レファレンス』No. 12.
――― (2006)「請願制度の今日的意義と改革動向」『レファレンス』No. 6.
Tilly, Charles (1992) *Coercion, Capital, and European States, AD 990-1992*, revised paperback edition, Cambridge, MA: Blackwell.
Todd, Emmanuel (2011) *L' Origine des systêms familiaux*, Tome I, *L' Eurasie*, Gallimard= (2016) 石崎晴己監訳『家族システムの起源 Ⅰ ユーラシア上，下』藤原書店.
――― (1999) *La diversité du monde*, Seui 1= (2008) 荻野文隆訳『世界の多様性：家族構造と近代性』藤原書店.
冨谷至 (2007)「儀禮と刑罰のはざま：賄賂罪の變遷」『東洋史研究』66 (2).
――― (1995)『古代中国の刑罰』中公新書.
Trivers, Robert, L. (1971) "The Evolution of Reciprocal Altruism," *The Quarterly Review of Biology*, Vol. 46, No. 1.
Троцкий, Л. (1936) Что такое С. С. С. Р. и куда он идет ?, Éditions Slovo= (1991) Преданная революция, НИИ культуры= (1992) 藤井一行訳『裏切られた革命』岩波文庫.
辻清明 (1992)『新版日本官僚制の研究』東京大学出版会.
辻本弘明 (1999)『中世武家法の史的構造：法と正義の発展史論』岩田書院.
鶴見太郎 (2010)「なぜロシア・シオニストは文化的自治を批判したのか：シオニズムの「想像の文脈」とオーストリア・マルクス主義民族理論」『スラヴ研究』No. 57.
Tucker, Aviezer (2010) The Panarchist Solution: Soverignty without Territory, Emigration without Movement, http://www.panarchy.org/aviezer/panarchistsolution.html.
Tucker, William (2014) *Marriage and Civilization: How Monogamy Made Us Human*, Regnery Publishing.

参考文献

Tuttle, Lisa (1986) *Encyclopedia of Feminism*, Longman.
上田辰之助 (1989)『西欧経済思想史』上田辰之助著作集、みすず書房.
上野千鶴子 (1996)「贈与交換と文化変容」『贈与と市場の社会学』岩波書店.
────(1994)『近代家族の成立と終焉』岩波書店.
上山春平 (1985)『天皇制の深層』朝日選書.
鵜養幸雄 (2009)「「公務員」という言葉」『立命館法学』5・6号.
宇野重規 (2011)「保守主義と人権」『人権の再問』法律文化社.
臼井隆一郎 (1995)『パンとワインを巡り神話が巡る』中公新書.
van Voss, Lex, Heerma (2002) "Introduction," *Petitions in Social History*, Oxford University Press.
Vitzthum, Graf, Wolfgang (1985) Petitionsrecht und Volksvertretung: Zu Inhalt und Schranken des Parlamentarishen Petitionsbehandlungsrechts, Neue Darmstädter, Verlagsanstalt = (1988) 渡辺久丸訳『請願権と議会』文理閣.
和歌森太郎 (1981)「村の交際と義理」『和歌森太郎著作集』9, 弘文堂.
Wallis, John Joseph (2006) "The Concept of Systematic Corruption in American History," *Corruption and Reform: Lessons from America's Economic History*, The University of Chicago Press.
汪暉 (2006)『思想空間としての現代中国』岩波書店.
王雲海 (1998)『賄賂の刑事規制:中国・米国・日本の比較研究』日本評論社.
渡辺久丸著 (1995)『請願権』新日本出版社.
Weber, Max (1921-1922) Typen legitimer Herrschaft = (1970)『支配の諸類型』世良晃志郎訳, 創文社.
────(1921-1922) Bürokratie, Gyundriß der Sozialökonomik, Ⅲ = (2012) 阿閉吉男・脇圭平訳『官僚制』恒星社厚生閣.
Weinstock, Daniel M. (2010) "On Voting Ethics for Dual Nationals," *After the Nation? Critical Reflections on Nationalism and Postnationalism*, edited by Breen, Keith & Shne O'Neill, Palgrave Macmillan.
Wilson, James (1989) *Bureaucracy: What Government Agencies Do and Why They Do it*, Basic Books.
Wittforgel, Karl A. (1957) *Oriental Depotism; A Comparative Study of Total Power*, Yale University Press.
Würgler, Andreas (2002) "Voices From Among the "Silent Masses": Humble Petitions and Social Conflicts in Early Modern Central Europe, *Petitions in Social History*, Oxford University Press.
山口房司 (2009)「アメリカにおける自由と生得の財産権との結合:植民地時代から連合規約にかけて」『山口大學文學會』Vol. 59.
山影進 (編著) (2012)『主権国家体系の生成:「国際社会」認識の再検証』ミネルヴァ書房.

山本理顕（2015）『権力の空間／空間の権力：個人と国家の〈あいだ〉を設計せよ』講談社.
矢野智司（2008）『贈与と交換の教育学：漱石、賢治と純粋贈与のレッスン』東京大学出版会.
Young, Witforgel Stephen B.（2007）"Fiduciary Duties as a Helpful Guide to Ethical Decision-Making in Business," *Journal of BusinessEthics*, Vol. 74.
Zamoyski, Adam（2014）*Phantom Terror: The Threat of Revolution and the Repression of Liberty 1789-1948*, William Collins.
Zou, Keyuan（2006）The Right to Petition in China: New Developments and Prospects, East Asian Institut, National University of Singapore, May 10.
Zupančič, Alenka（2000）*Ethics of the Real: Kant and Lacan*, Verso=（2003）冨樫剛訳『リアルの倫理：カントとラカン』河出書房新社.

［著者紹介］
塩原俊彦（しおばら・としひこ）
高知大学大学院准教授。学術博士。元朝日新聞モスクワ特派員。
著書に、『民意と政治の断絶はなぜ起きた：官僚支配の民主主義』（ポプラ社、2016年）、『プーチン露大統領とその仲間たち：私が「KGB」に拉致された背景』（社会評論社、2016年）、『ウクライナ2.0：地政学・通貨・ロビイスト』（社会評論社、2015年）、『ウクライナ・ゲート：「ネオコン」の情報操作と野望』（社会評論社、2014年）、*Anti-Corruption Policies*（Maruzen Planet、2013）、『プーチン2.0：岐路に立つ権力と腐敗』（東洋書店、2012年）、『「軍事大国」ロシアの虚実』（岩波書店、2009年）、『ビジネス・エシックス』（講談社、2003年）など多数。

官僚の世界史――腐敗の構造

2016年9月20日　初版第1刷発行

著　　者＊塩原俊彦
装　　幀＊右澤康之
発行人＊松田健二
発行所＊株式会社社会評論社
　　　　東京都文京区本郷2-3-10　trl. 03-3814-3861/fax. 03-3818-2808
　　　　http://www.shahyo.com
組版・印刷・製本＊ミツワ

Printed in Japan

マルクス主義と水の理論
アジア的生産様式論の新しき視座
●福本勝清
A5判★3400円

西欧社会とは異なるアジア社会におけるデスポティズム。水利社会と農民との関係、共同体と土地所有の関係、共同労働と賦役労働などの構造に着目したマクロヒストリー。

アジア的生産様式論争史
日本・中国・西欧における展開
●福本勝清
A5判★3400円

西欧起源のマルクス主義にとって、より東方の社会をどう理解するのか。マルクス主義とその歴史学におけるアポリアとしてあった、「アジア的なるもの」をめぐる論争史。

K・A・ウィットフォーゲルの東洋的社会論
●石井知章
四六判★2800円

帝国主義支配の「正当化」論、あるいはオリエンタリズムとして今なお厳しい批判のまなざしにさらされているウィットフォーゲルのテキストに内在しつつ、その思想的・現在的な意義を再審。

中国革命論のパラダイム転換
K・A・ウィットフォーゲルの「アジア的復古」をめぐり
●石井知章
四六判★2800円

「労農同盟論」から「アジア的復古」を導いた「農民革命」へ。K・A・ウィットフォーゲルの中国革命論の観点から中国革命史における「大転換」の意味と、現代中国像の枠組みを問い直す。

文化大革命の遺制と闘う
徐友漁と中国のリベラリズム
●徐友漁／鈴木賢／遠藤乾／川島真／石井知章
四六判★1700円

大衆動員と「法治」の破壊を特色とする現代中国政治のありようには、いまだ清算されていない文化大革命の大きな影がある。北海道大学で行なわれたシンポジウムにインタビュー、論考を加えて構成。

帝国か民主か
中国と東アジア問題
●子安宣邦
四六判★1800円

「自由」や「民主主義」という普遍的価値を、もう一度、真に人類的な価値として輝かしていくことはアジアにおいて可能か。

スターリンと新疆
1931-1949年
●寺山恭輔
A5判★5200円

民族問題とエネルギー問題の要地・新疆。そこはスターリン時代のソ連の強い影響力の下にあった。ソ連側資料を駆使して分析。

周縁のマルクス
ナショナリズム、エスニシティおよび非西洋社会について
●ケヴィン・B・アンダーソン
A5判★4200円

西洋中心主義的な近代主義者マルクスではなく、非西洋社会の共同体を高く評価した、近代の批判者としてのマルクス。思想的転換を遂げた、晩期マルクスの未完のプロジェクトがその姿を現す。

表示価格は税抜きです。